高等学校实践实验教学系列

# 环境资源法

## 实验案例教程

谢伟 编著

Huanjing Ziyuanfa
Shiyan Anli Jiaocheng

 中国政法大学出版社

2015·北京

# 高等学校实践实验教学系列教材
## 编委会

**主任：**杜承铭

**成员：**邓世豹　鲁晓明　幸　红　陈建清

邓立军　李爱荣　柳　飒　谢根成

刘　红　叶三方　邬耀广　董兆玲

陈玉博

## ❖ 作者简介

**谢　伟**　男，广东财经大学法学院副教授，法学博士，经济学博士后，主要研究方向为环境资源法的理论和实践问题。

# ◆◇ 编写说明

　　法律人才的职业性特点，决定了法学实验实践性教学在法学教育中不可或缺的地位，实验教学应当成为与理论教学紧密衔接、相互促进的教学内容与环节。基于这一理念，我们在进行课程教学时，始终将实验教学贯穿于理论教学之中，突出实验教学的地位和功能，实现理论教学与实验教学的有机结合。在理论教学基础上，通过法学实验教学进一步深化学生对法学专业知识的理解，训练学生法律实践技能，强化对学生的法律职业伦理教育，塑造法科学生的法律人格，从而实现法律人才素质的法律知识、法律能力、法律职业伦理和法律人格四者的统一。

　　法学实验教学改革应当以培养学生法治理念、实践创新能力和提高法律职业素养与技能为宗旨，以高素质实验教学队伍和完备的实验教学条件为保障，融知识传授、能力培养、素质提高为一体，通过实验教学培养学生探寻法律事实的能力、法律事务操作能力和综合表达能力，培养其法律思维能力与创新思维能力，最终实现法律知识、法律能力、法律职业伦理和法律人格四者的统一。然而，在我国的法学教育中，较普遍地存在理论与实践脱节的现象，学生难以在短期内适应法律事务部门的工作。近年来，法学教育中的实验实践性教学环节的重要性越来越受到法学教育界的重视，教育部"教学质量与教学改革工程"中开展的国家级法学实验教学中心的建设就清楚地表明了这一点。通过法学实验教学改革，我们力求达到如下目标：

　　第一，促进法学理论与实践相结合。通过实验教学，使学生直接面对将来的工作环境与工作要求，促使学生将所学理论知识运用于实务之中，使学生在校时就具备适应未来法律工作所必需的心理素质、知识结构和操作能力。

第二，构建模拟法律职业环境，为学生提供充分的动手操作机会。通过建立仿真实验环境，使学生在分析案件事实、收集证据、人际交往和沟通、起草法律文书等技能方面的训练得到强化，培养学生从事法律职业所需要的专业技能。

第三，提供师生互动平台，变"填鸭式"教学为学生主动学习。实验教学是以学生主动学习为基础展开的，在实验教学模式下，学生也被赋予了一定的责任，在实验过程中，学生可以同指导教师就实验中遇到的问题进行无障碍的沟通。

第四，提高师资队伍的教学水平。要进行法学实验教学，仅有书本知识，没有丰富的实践经验是远远不够的，这就要求指导教师必须深入法律实务部门，掌握相应的专业技能。实践经验的丰富，无疑可以帮助教师更好地讲授相关法律专业知识，促进教学水平的提高。

我校历来重视法学实验教学在法学教育和法律人才培养中的重要地位，早在 1993 年法学本科专业设立之初就着手法学实验室和实验教学的设计和规划。1996 年竣工的法学实验室（包括模拟法庭和司法技术实验室）是当时广东省唯一的法学专业实验场地。1997 年实验教学正式纳入教学计划，在物证技术学、法医学、侦查学、刑事诉讼法、民事诉讼法、行政诉讼法学等 6 门课程中开设 28 个实验项目。2007 年学校整合全部法学实验教学资源，成立了由法律实务实验室、法庭科学综合实验室、开发设计实验室、网络学习实验室和模拟法庭组成的法学实验教学中心。2009 年中心被评为省级法学实验教学示范中心。

二十多年来，我们开展了法律实务实训教学（如案例分析诊断、庭审观摩、法律实务模拟等）、法庭科学实验教学（如法医学、物证技术学和侦查学实验）、社会专题调查（地方立法调查、法律援助调查、乡村法律服务等）、实践与实习（包括法律诊所、社会实践和毕业实习）等四种模式组成的实验教学活动，形成了有我校特点的"两大部分、三个层次、四大模块"法学实验教学的内容体系：①从实验教学的空间来看，包括校内实验和校外法律实践两大部分；②从实验教学的性质来看，包括基础型实验（如课程实验）、综合型实验（如专项实验、仿真实验）和法律实践（如见习、实习等）三个层次；③从实验教学的类型来看，包括实验、实训、调研和实习四个模块。其中，实验模块主要由法庭科学的实验课程组成，包括法医学、侦查学、物证技术鉴定等；实训模块主要包括庭审观摩、案例诊断、司法实务（民事法律实务、刑事法律实务、行政法律实务）、企业法律实务、警察行政执法程序、调解与仲裁等；调研模块包括地方立法、法律援助等专题调研；实习模块包括法律诊所、基于经济与管理实验教学中心平台的"企业法律法务仿真实习"和毕业实习等内容。

　　通过多年的努力建设和广大教师的辛勤劳动，我校法学实验课程和实验项目体系建设取得了较为丰硕的成果，建设了包括基础型、综合设计型、研究创新型等实验类别在内的 129 个实验项目、18 门实验课程，以及 28 门涉及相关知识内容的课程。所有这些实验项目体系，通过作为实验课程建设直接成果的法学实践实验教学系列教材公开出版。本套法学实践实验教学系列教材是我校教师长期从事法学实验教学改革和研究的直接成果。我们相信，这些成果的出版将有力地推动我校法学实验教学改革和法律人才培养目标的实现，我们也希望能够得到广大从事法学教育特别是从事法学实验教学的专家、学者的鼓励、交流、批评和指正。

杜承铭

广东财经大学法学实验教学中心

2015 年 4 月 11 日

# ∵前　言

## 一、本书出版的背景和原因

从实践的角度，法律的生命不仅在于逻辑，更在于经验。法学院学生最终要运用所学到的法学理论服务于社会实践，满足现实社会需要是法学教学的最终目的，因此，学生在校学习的法学理论需要通过相应的法学实践加以体会和验证。通过理论教学和实践教学的有机结合，可以不断提高学生的动手能力。

党的十八大把生态文明建设提高到战略高度，形成与经济建设、政治建设、文化建设、社会建设相并列的中国特色社会主义五位一体的总布局。在此背景下，尽管环境资源法学是一门年轻的部门法学，但亦获得了强大的发展动力。环境资源法的实验教学是环境资源法学教学的重要组成部分，纵观环境资源法的历史发展，无不是先有环境污染和资源破坏的先例，才有环境资源法制建设的不断发展和更新。这些生动的环境资源法案例为学生验证环境法学理论，进行环境法律技能培训，深入理解和领会环境资源法的发展历程、理论演化与变革提供了丰富的素材，并提供了形式多样、种类各异、内容丰富的训练机会。

## 二、本书的特点

目前国内关于环境资源法案例的教程可以说是五花八门，本书当然会参考国内的一些环境资源法案例教程，但本书又不同于这些案例教程，那么本书的特色又在哪里呢？

（一）仔细选择案例：首要的是真实性

本书精心挑选了在环境资源法发展历史上具有较大影响的、具有标志性作用的多个事件，以及近年来中外发生的重大环境资源法案例，本着真实性、形象性、代表性的原则，在挑选案例时，注重与社会应用实践密切联系，注重环境污染和自然资源保护发展的实际紧密结合。本书选编的所有案例都是真实发生的案例，是环境资源法发展历史上真真切切发生的现实案例，因而非常生动、形象。

不过，中国的环境资源法治建设突飞猛进、日新月异，环境资源法案例也层出不穷，不断有更新的、影响更大的、对中国环境资源法治更具有标志性作用的案例出现，但受制于篇幅，本书难以涵盖所有案例。随着中国环境法治的进步，根据实际需要，本书会不断完善补充最新最酷的环境资源法案例。

（二）明确适用对象：针对初入法门的本科生

本书的设计初衷主要是面对刚刚接触环境资源法的高校法学本科生，目的在于结合高校环境资源法学本科教学大纲知识点，学生通过阅读真实的环境资源法案例，回答案例提出的环境资源法理论或实践问题，加深其对环境资源法学基础理论的理解，使其自觉运用课堂上学习的环境资源法学理论来解决环境资源法律实践问题，尤其是结合案例分析的具体细节，逐渐学会在案例中发现事实、寻找证据、进行逻辑推理、判断正确的案件关键点等法律技能。

（三）逻辑和语言深入浅出、通俗易懂

本书既然服务于本科新生，在逻辑和语言上自然偏重于朴素直观，尽量少运用学术语言，意在通过浅显易懂的语言，培养本科新生对环境资源法学的兴趣，使艰深枯燥的环境资源法学理论、法律规范更易于接受，这也是实验教学的主要目的所在，也是本书最大和最终的目标。另外，朴实无华、通俗直观的语言也可使得缺乏法学背景的读者阅读本书更加容易。

（四）密切配合环境资源法教材，涵盖大纲知识点

本书针对环境资源法学大纲理论知识点设计，注重配合当前我国的环境资源法学课程体系进度安排，专门配备了案例教程结构图，在一些案例中还

适当配备了插图，以提高阅读的趣味性，方便本科学生紧密结合所用环境资源法理论教材使用，实现基础与前沿、经典与现代的有机结合。每个案例都主要阐明一个子部门法，所提法律问题和法理分析涵盖该子部门法所包括的大纲知识点。学生在阅读本书时，既要紧密结合教材，以教材所具有的知识点为问题指引，阅读案例，加深对知识点的理解；又要脱离教材，接触一个真实的案件，逐渐学会在实际生活中处理该案例所涉及的环境法律问题，以及在自身环境权益受到侵害时实现自我救济等法律技能。

**三、如何使用本书**

本书的使用应紧密结合环境资源法学课堂教学，紧密结合教学大纲知识点，非常适合于初入法门的法科生使用。学生可以结合主干教材使用，既可以在课堂教学前作为预习案例使用，也可以在课后使用，作为对课堂教学内容不甚理解之处的补充性和解释性材料，还可作为法学实验课程选用案例，在环境资源法的案例教学课、模拟法庭、法律诊所或解决案件工作坊等场合使用。本书把环境资源法发展历史进程中出现的重大或有代表性的环境资源法案例集中起来，配备相应的环境资源法律制度加以阐释，又从环境资源法学理论的角度讲解，强化了理论和实践的结合。同时，也考虑到中国国情，比如，从社会主义新农村建设的角度出发，选择农村环境保护的案例；考虑到我国当前环境公益诉讼的发展，选择相应的环境公益诉讼案例，以促进学生认知和理解我国环境公益诉讼制度的构建和完善。

本书还可以用作教师或其他环境资源法爱好者的案例资料来源。本书在案例的背景、案情描述等方面都比较详细，在案例所涉及的环境资源法律制度的介绍方面也比较丰富。特别是本案例教程紧密结合最新的环境资源法进展，包括环境资源法律、法规、规章、司法解释和其他规范性文件，突出体现本书"新颖性"的显著特点，便于读者掌握最新的环境资源法律发展动态，这也是国内相关环境资源案例书籍中不多见的。

**四、案例设计说明**

每个案例都包含有案例名称、案例所属部分、大纲知识点、案例背景、案情描述、法律问题、法理分析、参考法律规范等8个部分。其中，"案例所属部分"主要说明该案例主要依据的是环境资源法部门法中的哪一个子部门法，或者环境资源法学教科书体系中所列的哪一类的子部门法学。例如，"镉大米事件"这个案例主要阐述的是镉大米严重影响食品安全，而镉大米来源于被污染的耕地，属于环境污染防治法中的土壤污染防治法这个子部门法。"大纲知识点"的内容主要涵盖该案例所主要阐明和讲解的环境资源法教学大纲要求的知识点；"案例背景"是为了使读者更好地理解该案例，主要介绍该案例发生的来龙去脉、发生原因和条件等内容。"案情描述"具体说明该案例发生的细节，以便学生在课堂上和课下作案例分析讨论之用，目的在于提供后续案例分析所需要的事实、证据等内容，也为后面的法理分析奠定基础。"法律问题"部分主要结合该案例主要反映和体现的法律问题，突出对该案例作出判决或裁定的法律依据，理论结合实际，提高学生从案例中发现问题的能力，使他们更善于找到适合该案例的法律规范。"法理分析"则旨在训练学生逐渐学会如何运用法律知识分析实际案例，提高学生的法律逻辑分析能力，锻炼学生的法律逻辑推理能力，使其学会适应和满足不同环境资源法案例要求的不同的证据、不同的事实、不同的法律责任构成要件、不同的免责情形、不同的责任追究形式等内容，逐步掌握把环境资源法学理论和环境法律规范相结合，并自觉运用于解决环境资源法实际案例中的能力。"参考法律规范"是将案例分析中可能涉及的法律规范予以列举，以方便读者找到相应的法律依据。

　　本书在案例设计中充分考虑到学生对环境资源法学初次接触的特点，没有进行更深入的法理分析，而是从提高、促进学生认知、理解和领会环境资源法律制度的目的出发，重点阐明、解释案例所涉及的特定的环境资源法律制度，以配合环境资源法教材的使用。

　　由于作者水平有限，书中的错讹之处在所难免，恳请读者批评指正。

谢 伟

2015 年 5 月

# ❖ 环境法实验案例教程结构图

　　为方便读者更好地了解本书案例涵盖的范围，本书特设计了以下结构图，以便读者掌握本书的案例框架，明确本书所选案例基本覆盖的环境资源法的教学大纲知识点。

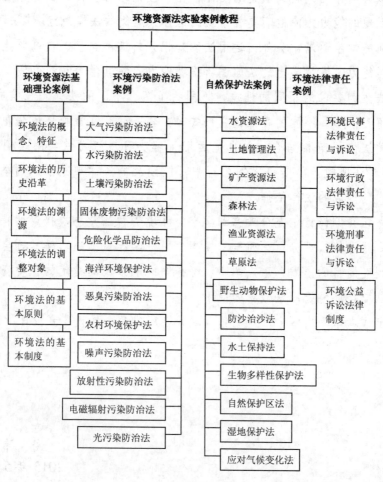

# ❖目 录

第一章

# 环境资源法基础理论

　　环境资源法，是调整因保护和改善生活环境与生态环境，合理开发利用自然资源，防治环境污染和其他公害而产生的社会关系的法律规范的总称，包括环境资源法律、法规、规章和其他规范性文件。环境资源法的基础理论包括环境资源法的概念和特征、历史沿革、渊源、调整对象等多个知识点，本章因篇幅所限，选择了一些重要但比较难理解的知识点，基本涵盖了环境资源法基础理论的主要内容。

## 第一节　环境法概述

### 一、环境法的概念和特征

**案例一：　　水俣病之殇——世界最早工业废水污染引发的公害病**

[所属部分] 环境资源法基础理论之环境法的概念和特征
[大纲知识点] 环境法的内涵和外延、环境法的特征
[案例背景]
　　日本熊本县水俣湾外围有一个被九州本土和天草诸岛围起来的内海，那里海产丰富，是渔民们赖以生存的主要渔场，被称为"不知火海"。水俣镇是水俣湾东部的一个小镇，有4万多人居住，周围的村庄还（居）住着1万多农民和渔民。"不知火海"丰富的渔产使小镇格外兴旺。1925年，日本氮肥公司在熊本县水俣湾建厂，后又开设了合成醋酸厂。1949年后，这个公司开始生产氯乙烯（$C_2H_5Cl$），年产量不断提高。1953～1956年，随着日本经济复苏，日本工业高速发展，日本氮肥公司生产的氯乙烯产量很快就超过了6000吨。与此同时，

工厂把没有经过任何处理的废水排放到水俣湾中。[1]

**[案情描述]**

　　1956 年，水俣湾附近发现了一种奇怪的病。这种病症最初出现在猫身上，被称为"猫舞蹈症"。病猫步态不稳，抽搐、麻痹，甚至跳海死去，被称为"自杀猫"，但当时尚未引起注意，一年内，投海自杀的猫总数达五万多只。接着，狗、猪也发生了类似的发疯情形。随后不久，此地也发现了患这种病症的人。患者由于脑中枢神经和末梢神经被侵害，轻者口齿不清、步履蹒跚、面部痴呆、手足麻痹、感觉障碍、视觉丧失、浑身震颤、手足变形；重者精神失常，或酣睡，或兴奋，身体弯弓高叫，直至死亡。当时这种病由于病因不明而被称为"怪病"。这种"怪病"就是日后轰动世界的"水俣病"，是最早出现的由于工业废水排放污染造成的公害病。不久，在新泻县也发现了同样的病例（被称为"新泻水俣病"）。此外，天草诸岛、芦北町、鹿儿岛县也发现了水俣病患者。水俣病患者中，不仅有小孩和成年人，还有因在母亲腹中受到影响，一出生就患病的胎儿。

　　到底是什么原因引发的水俣病呢？这个问题曾经长期困扰着科学界。实际上，"水俣病"的罪魁祸首正是当时掌握世界化工业尖端技术的氮生产企业。氮用于肥皂、化学调味料等日用品以及醋酸（$CH_3COOH$）、硫酸（$H_2SO_4$）等工业用品的制造上。日本的氮产业始创于 1906 年，其后由于化学肥料的大量使用而使化肥制造业飞速发展，甚至有人说"氮的历史就是日本化学工业的历史"，日本的经济成长是"在以氮为首的化学工业的支撑下完成的"。然而，这个"先驱产业"的肆意发展，却给当地居民及其生存环境带来了严重的灾难。

　　氯乙烯和醋酸乙烯在制造过程中要使用含汞（Hg）的催化剂，这使排放的废水含有大量的汞。当汞在水中被水生物食用后，会转化成甲基汞（$CH_3HgCl$）。这种剧毒物质只要有挖耳勺一半的大小就可以使人致命，而当时由于氮的持续生产已使水俣湾的甲基汞含量达到了足以毒死全国人口 2 次都有余的程度。水俣湾由于常年的工业废水排放而被严重污染了，水俣湾里的鱼虾也因此被污染了。这些被污染的鱼虾通过食物链又进入了动物和人的体内。甲基汞通过鱼虾进入人体，被肠胃吸收，侵害脑部和身体其他部分。进入脑部的甲基汞会使脑萎缩，侵害神经细胞，破坏掌握身体平衡的小脑和知觉系统。据统计，有数十万人食用了水俣湾中被甲基汞污染的鱼虾，由于人们食用了被汞污染和富集了甲基汞的鱼、虾、贝类等水生生物，造成大量居民中枢神经中毒，1997 年 10

─────────────

〔1〕　王京："1956 年日本水俣病事件"，人民网，http：//www.people.com.cn/GB/huanbao/41909/42116/3082717.html，2004 年 12 月 27 日。

月，由官方所认定的受害者高达 12 615 人，当中有 1246 人已死亡。1995 年 12 月 15 日，在日本政府的调解下，受害者获得排污企业人均 260 万日元的一次性赔偿。

[法律问题]

1. 环境法究竟是一个什么样的部门法？其内涵和外延如何确定？

2. 本案体现出环境法具有哪些基本特征？

[法理分析]

本案是世界上第一个由工业污染排放废水引发的环境公害病案例。从 1932 年首次排放含汞的废水到 1956 年首例患者被确诊，再到 1968 年政府令企业停止排污行为，该期间跨度长达 36 年，所造成的直接损害以及为消除损害所支付的费用高达 3000 亿日元，而且这个数字每天还在增加。1995 年、2009 年分别有 11 000 人、65 000 人申请赔偿，潜在患者不断被发现，还有大量的人根本不知道自己的病是汞中毒造成的。日本至今不能给出水俣病患者的确切数据，有关人士认为，可能有 10 万人患病，而受害者更是难计其数。

水俣病致病机理的发现经历了漫长的过程。从 1953 年首次发现该病，到 1956 年水俣病确诊，再到 1967 年 8 月，熊本大学的水俣病医学研究组经过几年的艰苦研究，从氮肥公司排入水俣湾的废水中提取出了甲基汞，并用这些甲基汞和从水俣湾中捕获的毒鱼做了喂猫实验，结果用于实验的 400 只猫全部出现了典型的水俣病症状。研究人员又对因患水俣病死亡的人的脑组织进行了病理学检查，在显微镜下发现大脑、小脑细胞的病理变化均与甲基汞中毒的病理变化完全一致，才真正揭开水俣病的神秘面纱。在铁的事实面前，日本政府和氮肥公司才不得不在 1968 年承认水俣病是人们长期食用受氮肥公司排出的含汞废水污染的毒鱼、毒贝引发的。正是建立在充分可靠的科学研究的基础上，1967 年，针对水俣病的《环境污染控制基本法》通过，并通过法律规定政府必须建立相应的机制，帮助污染公害中的受害公民。也就是从那时起，日本政府改变了以前的"经济优先"理念，转变为"以人为本"的态度。其后，日本相继制定了《公害对策基本法》、《污染防止法》、《噪音规制法》、《排烟规制法》等环境法律法规。

本案促使日本制定了本国的《环境污染控制基本法》，并由此掀开了环境立法的序幕，在随后的 70 年代，日本环境法制定达到高潮，国会颁布了多部环境法。这些新颁布的法律与以前的法律有明显的不同。首先，这些法律的调整对象不同于以前的法律。这些法律调整的都是由于生态环境受到污染，为防治环境污染而产生的社会关系。

就本案来说，体现出环境法所具有的一个显著特征，就是环境法的科学技术性。环境法与其他部门法相比较，必须建立在环境科学研究的基础上，必须建立在具有充分科学依据的基础上。环境法律规范必须遵循生态规律，遵循自然规律，依据环境科学技术测定的结果确定行为模式和法律后果。这是因为环境法是为保护自然环境、防治环境污染和其他公害而设立的，其必然要遵循自然环境的生长和发展规律。比如，美国在制定大气污染物排放标准时，根据现有污染防治技术可能达到的最高水平，同时考虑采取污染防治措施在经济上的可行性，采用最佳可得技术制定排放标准。根据污染物在环境中输送扩散规律，按数学模式，推算出能满足环境质量标准要求的污染物排放量，也是一种制定环境污染排放标准的常用方法。再如，保护臭氧层，减少或禁止耗损臭氧层物质的使用，也是建立在科学研究发现南极上空出现一个臭氧空洞的基础上。出现臭氧空洞是因为人类大量使用氯氟烃类物质，为此，人类制定了《保护臭氧层国际公约》和《蒙特利尔议定书》。正是由于环境法的科学技术性特征，美国《国家环境政策法》规定："在作出可能对人类环境产生影响的规划和决定时，采用一种能够确保综合自然科学、社会科学以及环境设计工艺的系统的多学科的方法。"

环境法的基本特征除了科学技术性之外，还有调整对象和方法的综合性、公益性等特征。由于环境问题涉及面极为广泛，环境法的体系中，除环境基本法以外，还可分为环境污染防治法、自然资源保护法、能源法等；在环境污染防治法中，又有大气污染防治法、水污染防治法、土壤污染防治法、噪声污染防治法等；在自然资源保护法中，又有土地管理法、森林法、水法、自然保护区法等。环境法既有实体性规定，也有程序性规定。如环境影响评价法、环境标准法、环境行政法等，都是既包含实体法规范，也包含程序法规范。环境法的实施既有民事、行政、刑事方法，也有宣传教育、指导说服、经济手段等方法。

环境法的法益本质上是一种公益，因为环境法调整的是人们之间因为防治环境污染而产生的社会关系，而自然环境是一种公共品，具有消费不排他性和不可独占性。保护好环境，既对当代人有利，也会对后代人有利；既满足发达国家需要，也满足发展中国家要求。而环境质量的恶化，是对全人类都有影响的不利后果。因此，环境法的公益性也是其一个基本特征。

[参考法律规范]

1.《日本公害对策基本法》（1967年颁布）
2.《中华人民共和国环境保护法》（1989年颁布，2014年修订）
3.《中华人民共和国大气污染防治法》（1994年颁布，2000年修订）

## 二、环境法的历史沿革

### 案例二： 多诺拉烟雾事件——美国清洁空气法的产生和发展

[所属部分] 环境资源法基础理论之环境法的历史沿革

[大纲知识点] 环境法的产生和发展

[案例背景]

1945 年之后的美国，是第二次世界大战最大的赢家，作为当时世界上最强国家，经济发展日新月异。然而，由此也产生了严重的环境污染问题。1948 年发生的多诺拉烟雾事件，是美国历史上一个著名的环境公害案件。

多诺拉是美国宾夕法尼亚州的一个小镇，位于匹兹堡市南边 30 公里处，有居民 1.4 万多人。多诺拉镇坐落在一个马蹄形河湾内侧，两边高约 120 米的山丘把小镇夹在峡谷中。多诺拉镇是硫酸厂、钢铁厂、炼锌厂的集中地，多年来，这些工厂的烟囱不断地向空中"喷烟吐雾"，以致多诺拉镇的居民们对空气中的怪味都习以为常了。

[案情描述]

1948 年 10 月 26 日~31 日，持续的雾天使多诺拉镇看上去格外昏暗，气候潮湿寒冷，天空阴云密布，一丝风都没有，空气失去了上下的垂直移动，出现逆温现象。在这种死风状态下，工厂的烟囱却没有停止排放，就像要冲破凝住了的大气层一样，不停地喷吐着烟雾。两天过去了，天气没有变化，但是大气中的烟雾却越来越厚重，工厂排出的大量烟雾被封闭在峡谷中。空气中散发着刺鼻的二氧化硫气味，令人作呕。空气能见度极低，除了烟囱之外，工厂都消失在烟雾中。[1]

随之而来的是小镇中 6000 人突然发病，症状为眼病、咽喉痛、流鼻涕、咳嗽、头痛、四肢乏倦、胸闷、呕吐、腹泻等，其中有 20 人很快死亡。死者年龄多在 65 岁以上，大都原来就患有心脏病或呼吸系统疾病。

这次的烟雾事件发生的主要原因，是由于小镇上的工厂排放的含有二氧化硫等有毒、有害物质的气体及金属微粒在气候反常的情况下聚集在峡谷中积存不散，这些毒害物质附着在悬浮颗粒物上，严重污染了大气。人们在短时间内大量吸入这些有毒害的气体，引起各种症状，以致暴病成灾。

多诺拉烟雾事件和 1930 年 12 月的比利时马斯河谷烟雾事件，以及多次发生

---

[1] 王京："1948 年美国多诺拉烟雾事件"，人民网，http://www.people.com.cn/GB/huanbao/41909/42116/3082710.html，2004 年 12 月 27 日。

的伦敦烟雾事件、1959 年墨西哥的波萨里卡事件一样，都是由于工业排放烟雾造成的大气污染公害事件。

然而，更要命的是，多诺拉烟雾事件仅仅是个开始。始于 1943 年的洛杉矶光化学烟雾事件，不仅造成严重的生态破坏，造成远离城市 100 公里以外的海拔 2000 米高山上的大片松林因此枯死，更要命的是，光化学烟雾给人们的生命健康造成严重损害。1955 年，因呼吸系统衰竭死亡的 65 岁以上的老人达到四百多人，同时这种环境污染的持续时间越来越长，1959 年持续 187 天，1962 年持续 212 天，其结果是到 1970 年，约有 75% 的市民患上了红眼病。除洛杉矶外，美国芝加哥、纽约、费城、凤凰城等地，都陆续出现了光化学烟雾。

这两起严重空气污染案件产生的直接后果是 1955 年联邦政府颁布了第一部《大气污染控制法》，这部法律结束了联邦政府没有空气污染控制法的历史，美国的空气污染防治法从此由地方立法转向联邦立法为主。随后的科学研究证实，洛杉矶光化学烟雾事件的主要是由城市汽车排放的污染物造成的。美国国会 1965 年颁布了《机动车空气污染控制法》，授权公共卫生局局长对机动车产生的空气污染影响进行一项全面研究，并尽快向国会提交一份报告。其后，美国政府相继颁布了多部空气污染控制法，直到 1990 年《清洁空气法修正案》的颁布，标志着美国大气污染防治法正式确定。从 1990 年至今，《清洁空气法》为防治美国大气污染、保证美国的清洁空气起到了巨大的作用。

从 1970 年到 2000 年，美国环境空气质量标准规定的几乎所有空气污染物都有显著降低，一氧化碳降低了 31%，二氧化硫降低了 27%，微粒污染物（PM10）降低了 71%，而铅则降低了 98%。从 1990 年到 2008 年，《清洁空气法》的实施使得 6 种主要空气污染物的排放降低了 41%，而 GDP 却上涨了 64%，挥发性有机化合物排放降低了 31%，一氧化碳排放降低了 46%，二氧化硫排放降低了 51%。2006 ~ 2008 年的统计数据表明，在 126 个臭氧不达标的区域中，有 95 个区域的臭氧空气质量得到改善，铅含量降低了 92%。

[法律问题]

1. 本案中体现出美国环境法的历史沿革有哪些特征？
2. 联系本案分析环境法的历史沿革。

[法理分析]

美国早期的环境立法主要是自然资源保护方面的立法，如 1866 年制定的《矿业法》、1870 年和 1972 年制定的《木材种植法》、《木材和石头法》、《沙漠土地法》等。从 19 世纪 90 年代开始，美国进入都市化和工业化社会，伴随着"黑色文明"逐渐产生日益严重的煤烟型空气污染，城市里浓烟蔽日，对人们的日常生活造成了极大的损害，但早期的人们并没有意识到这种新型公害问题需要颁布专门的法律治理，大多数城市运用的是普通法中的侵权法（主要是妨害法）来对因空气污染受到损害的人提供救济，但这种私人的排除妨害请求权必须是基于财产所有人在使用自己的财产时不得侵犯他人权利的原理，侵害必须是直接具体的，而空气污染很多情况下都是无形的、不可触摸的，因此侵权法对空气污染的法律救济很快就力所不及。各州和地方政府开始颁布控制煤烟排放的法令，例如，美国著名的工业城市圣路易斯，从 1893 年颁布《烟尘控制条例》开始，到 1940 年圣路易斯通过新的《控制煤烟型污染条例》。美国早期控制空气污染的努力主要集中于地方政府，人们对空气污染的认识还不够深入，没有认识到空气污染的流动性、扩散性特征，同时从整体上还对环境污染的本质和发生原因不清楚，而经济发展依然是人们需要头等考虑的大事情，直到世界八大公害事件发生，其中的美国洛杉矶光化学烟雾事件和多诺拉烟雾事件是空气污染的典型案例。由于仅仅依靠地方政府一家之力难以控制流动的空气污染，美国联邦政府开始介入，从 1955 年颁布第一部联邦《空气污染控制法》开始，联邦政府相继制定颁布了《1960 年清洁空气法》、《1965 年机动车空气污染控制法》、《1967 年空气质量法》、《1970 年清洁空气法修正案》、《1977 年清洁空气法修正案》、《1990 年清洁空气法修正案》。

从美国大气污染防治法的产生和发展历程看，美国环境法的历史沿革突出表现为从生活环境保护、重污染防治到保护生态环境、重生态环境保护，从自然资源保护到环境和自然资源共同保护，从公民生命健康权保护到自然与公民共同保护，从地方政府立法到联邦政府立法的显著特征。

日本早期的环境立法也主要是自然保护立法，如 1898 年的《森林法》、1919 年的《狩猎法》、1932 年的《国家公园法》等，之后随着工业化的发展，也出现了煤烟污染，日本颁布了《工场法》，对煤烟的控制进行了诸多规定。直到 20 世纪，日本迅速发展工业，尤其是第二次世界大战之后，日本为摆脱战争创伤，飞速发展经济，结果造成了严重的环境污染，四日市哮喘、水俣病、痛痛病和米糠油事件直接导致了日本在 20 世纪 70 年代颁布了《公害对策基本法》、《公害健康损害补偿法》、《公害等调整委员会设置法》等一大批公害防治法律，逐渐形成日本环境法律体系。

欧洲主要国家也呈现出类似的特征。即早期环境立法主要是自然保护立法，然后随着经济发展，工业化进程加快，出现严重工业污染，导致大量公害案件发生，针对工业污染的环境立法大量出现。随着人们对环境污染认识的深入和单纯治理污染立法的不足，20 世纪 70 年代之后，国际环境法的发展和环境问题的全球性，全球一体化的环境立法开始出现，可持续发展战略逐渐成为环境法的主导理念，全方位环境保护、兼顾自然保护和环境污染的综合性立法逐渐成为主流。

[参考法律规范]

1.《日本公害对策基本法》（1967 年颁布）

2.《中华人民共和国环境保护法》（1989 年颁布，2014 年修订）

3.《美国国家环境政策法》（1969 年颁布）

## 三、环境法的渊源

### 案例三：　　清华大学学生伤熊事件——我国动物保护法的缺失

[所属部分]　环境资源法基础理论之环境法的渊源

[大纲知识点]　环境法的渊源

[案例背景]

北京动物园熊山位于动物园东北角，原址为稻田，1952 年动工兴建熊山，占地面积 4275 平方米，原由黑熊和白熊两个下沉式露天馆舍组成，白熊山位于东侧，内有假山和水池。黑熊山位于西侧，分南北两个部分，南侧场地较大，有假山和水池，里面安置的是棕熊。北侧场地较小，仅有水池一座，里面安置的是黑熊。本案的故事就发生在黑熊山。

2002 年的 1 月，北京的天气异常寒冷，在北京动物园熊山黑熊和棕熊的展区，几只黑熊、棕熊正在悠闲自得地玩耍，虽然这里的黑熊和棕熊不能像它们的野生同类一样，在吃饱喝足并积累了足够的脂肪之后冬眠，但毕竟不用自己去费劲寻找食物，食得嗟来之食也就习惯了。

熊山外的游人熙熙攘攘，纷纷给这些可爱的黑熊、棕熊拍照，或投喂食物给它们，而这些黑熊、棕熊也乐得接受游客的食物，争先恐后地抢夺游客投放的零食，有的黑熊或棕熊还会为获得食物而向游客作揖，憨态可掬，游客不时被逗得开怀大笑，着实给游客带来不少乐趣。

然而，这些可爱的熊却没有想到，致命的危险正悄然来临。

[案情描述]

2002 年 1 月 29 日，一位瘦瘦高高、满脸稚气、戴着眼镜的年轻人，鬼鬼祟祟地来到北京动物园的熊山围栏外。他手里提着一个塑料袋，里面装的是什么呢？是给黑熊和棕熊准备的食物吗？只见他看看四周，确定没有人注意之后，就把塑料袋投向熊山上的几只熊，那几只熊正眼巴巴地看着游客，希望能有所收获，此时一见有它们熟悉的塑料袋飞来，立刻高兴地去争抢，然而，这几只熊在吃了袋中的"食物"之后，却痛苦地惨叫起来。游人立刻哗然，人群躁动起来，慌乱之中也分不清到底是谁做的，而投放"食物"的年轻人趁乱迅速逃离现场。2 月 23 日，与上次狗熊受伤间隔还不到 1 个月，上次作案的年轻人又一次来到北京动物园熊山，这次他又带了一个塑料袋，而这一次他直接就把塑料袋投向黑熊，只见塑料袋中的液体很快泼溅到黑熊身上和脸上，这几只熊立刻痛苦地大叫，不停地用爪子抓挠自己的面部和身上被液体烧伤的部位。而"行凶者"也当场被警察、现场群众和动物园工作人员抓获。[1]

图 1    被灼伤的黑熊

这到底是怎么回事？投放"食物"的年轻人是谁？他为什么要去伤害无辜、可爱、为游客带来欢乐的狗熊呢？

原来，这位年轻人居然是清华大学电机系大四的高材生，名叫刘海洋，今年即将毕业保研，他来北京动物园熊山投放"食物"的目的，居然是为了验证"笨狗熊"的说法是否正确，居然是为了证实"熊的嗅觉敏感，分辨东西能力强"这句话的正确性，竟然将硫酸和火碱（氢氧化钠）溶液混在饮料中，先后2次泼向北京动物园的5只熊。事后检验证实，3只黑熊、1只棕熊和1只马熊的嘴巴、背部和臀部受到不同程度的烧伤，而其中1只受伤最严重的黑熊恰好被泼到眼睛和嘴巴，口腔严重灼伤，两只眼睛也被硫酸烧得几乎失明。

---

〔1〕 本案参考资料：①佚名："资料：清华大学学生刘海洋伤熊事件"，腾讯教育，http：//edu. qq. com/a/20060124/000075. htm，2006年1月24日；②佚名："清华一学生伤熊事件"，中央电视台新闻频道，http：//www. cctv. com/special/435/index. shtml，2013年11月20日；③佚名："刘海洋伤熊事件"，搜狐新闻，http：//news. sohu. com/51/68/subject147976851. shtml，2013年11月20日；④付涛："各界人士抨击清华大学学生'伤熊事件'"，搜狐新闻，http：//news. sohu. com/47/52/news1479 85247. shtml，2002年2月26日。

[法律问题]

1. 本案应该适用什么法律追究行为人的法律责任？

2. 联系本案分析环境法的渊源。

[法理分析]

自 2002 年 2 月 23 日刘海洋被公安机关抓获，实施刑事拘留以来，到 2003 年 3 月 25 日，北京西城法院正式受理该案，中间历经 1 年多的时间，这起曾在社会上引起广泛关注的刘海洋用硫酸伤熊案件才得到公诉机关的正式追究。

西城区检察院以涉嫌故意毁坏财物罪对刘海洋提起公诉。22 岁的刘海洋原系清华大学机电系学生。据检察机关指控，2002 年 1 月 ~2 月间，他先后两次在北京动物园熊山黑熊、棕熊展区，分别将事先准备的氢氧化钠（俗称"火碱"）溶液、硫酸溶液，向上述展区内的黑熊和棕熊进行投喂、倾倒，致使 3 只黑熊、2 只棕熊（均属国家二级保护动物）受到不同程度的损伤，给北京动物园造成了一定的经济损失。

那么，为什么检察院要以故意毁坏财物罪起诉，而并非如大多数人期望的那样，以非法杀害珍贵野生动物的名义起诉呢？

实际上，在对刘海洋行为究竟应该如何定性、依据什么法律处罚的问题上，学者争议很大。有学者认为，在我国《刑法》中只有非法猎捕、杀害珍贵、濒危野生动物罪，《刑法》第 341 条规定："非法猎捕、杀害国家重点保护的珍贵、濒危野生动物的，处 5 年以下有期徒刑或者拘役，并处罚金。"而黑熊、马熊是否列在我国重点保护的动物名目中有待商榷，且圈养的动物并非野生状态，因而刘海洋的行为难以适用《刑法》的这一规定。但在我国《刑法》中还有故意毁坏公私财物罪。《刑法》规定，故意毁坏公私财物数额较大或者有其他严重情节的，处 3 年以下有期徒刑、拘役或者罚金。公私财物不仅包括没有生命的财产，也包括活着的动物。针对动物园里的动物而言，它们被饲养、被游人观赏，具有经济价值，就应该属于国家的财产。因而刘海洋的伤熊行为应适用《刑法》的这款规定。也有学者认为，刘海洋的行为是伤害、虐待动物的行为，但谈不上杀害，刑法上的伤害、虐待都是针对人的，而非动物。按照罪刑法定原则，这里确实存在法律空白。有学者认为，无论是刑法还是野生动物保护法及其司法解释都没有对这种行为作出规定，但刘海洋仍然触犯了《刑法》规定的故意毁坏财物罪。因为对动物园和国家来说，被伤害的熊是宝贵的财富，是一种特殊的"物"，因此，应定为故意损坏公私财物罪。还有一些支持此观点的人认为，动物园里人工繁殖的黑熊，在法律性质上已不属于野生动物，而应视为国家财产。国家培育一只黑熊花费了大量的人力、物力，因此应属于"财物"的范围。动物到底能不能算是"财物"，也有学者持相反意见，认为这里的"财物"是不包括动物在内的。

《中华人民共和国野生动物保护法》第 31 条规定："非法捕杀国家重点保护野生动物的，依照关于惩治捕杀国家重点保护的珍贵、濒危野生动物犯罪的补充规定追究刑事责任。"但对伤害人工驯养条件下的国家重点保护动物的行为却没有惩处规定。由此可见，我国在保护动物（无论是野生动物还是圈养、驯养动物）方面的立法还很不完善，难以满足现实的需要，特别是针对伤害、虐待动物的行为没有作出明确的法律规制。而在人类文明发展到今天，可持续发展成为时代主流，促进人与自然和谐相处、保护动物、善待人类的朋友、维持生态平衡、保持生物多样性等理念已经得到举世公认，很多国家为此制定实施了动物保护立法，例如，几乎所有欧盟国家都制定颁布了动物福利保护的法律或法令，英国从 1911 年的《动物保护法》发展到 1995 年的《动物福利法》，形成了一套完整的动物保护和福利的立法体系，其《动物福利法》旨在保障宠物的基本福利，包括获得适合动物居住的环境、适量的饮食、与主人或其他宠物交流的权利、避免患病或受伤的必要措施等。如果主人没有做到以上任何一点，都会遭到处罚，包括被禁止饲养宠物、缴纳最多 2 万英镑的罚款以及最多入狱51 周。日本的《动物保护法》规定："虐待动物（遗弃、不给水或食物等）最高可判罚 30 万日元。杀害动物最高可判刑 1 年并处罚金 100 万日元。"美国早在1966 年就通过了《动物福利法》，并分别于 1970、1976、1985 和 1990 年修正。

刘海洋伤害黑熊事件的处罚争议，折射出我国在虐待、残害野生动物（包括人工驯养野生动物）方面的立法严重不足，这是我国环境法律不够完善的一个体现，由此延伸出我国环境法的渊源问题。

所谓环境法的渊源，就是环境法的具体表现形式。我国环境法主要有宪法、法律、行政法规、部门规章、地方性法规、地方性规章、国际公约、条约等多种不同的表现形式，其中的核心部分是环境法律，这是我国环境法渊源中承上启下、最为重要的组成部分。"承上"是指具体实施《宪法》关于保护环境和自然资源的规定，"启下"是指环境法律是环境行政法规、部门规章、地方性法规等制定和实施的依据。目前，我国已经制定有基本环境法 1 部，即《环境保护法》；特殊环境保护法 3 部，即《防沙治沙法》、《水土保持法》、《海洋环境保护法》；污染防治法 5 部，即《水污染防治法》、《大气污染防治法》、《环境噪声污染防治法》、《固体废物污染环境防治法》、《放射性污染防治法》；自然资源保护法 8 部，即《水法》、《土地管理法》、《野生动物保护法》、《森林法》、《草原法》、《渔业法》、《矿产资源法》、《煤炭法》，其他专门环境法律 5 部，即《环境影响评价法》、《清洁生产促进法》、《循环经济促进法》、《节约能源法》、《可再生能源法》。其他还有很多环境行政法规和部门规章，以及地方环境法规、政府规章和规范性法律文件。据不完全统计，从 1979 年至 2008 年，我国制定和修改了近 30 部环境与资源保护法律、六十多部环境保护方面的行政法规、六百多部环境保护规章和地方法规、一千多部各类环境标准。环境立法约占中国全部立法的 1/10，但是，我国现有环境法还不够完善，很多重要的环境法位阶低，无法发挥该法应有的作用，很多重要的环境法律缺失，例如，《野生动物保护法》对虐待、残害动物的行为缺乏处罚规定，《野生植物保护条例》、《自然保护区条例》还停留在行政法规层次，生态补偿立法还没有制定，等等。

[参考法律规范]

1.《野生动物保护法》（1988 年颁布，2004 年修订）

2.《中华人民共和国环境保护法》（1989 年颁布，2014 年修订）

3.《英国动物福利法》（1995 年颁布）

四、环境法的调整对象

**案例四：　　　　塞拉俱乐部诉莫顿案——树木有诉讼资格吗?**

[所属部分] 环境资源法基础理论之环境法的调整对象

[大纲知识点] 环境法的调整对象

[案例背景]

在美国加利福尼亚州美丽的矿金峡谷中，风景秀美，森林茂密，这里是加利福尼亚州图莱里县的一处国家森林，被国会特别法案确定为国家禁猎区，这就是著名的红杉树国家公园。

美国林业部，法律赋予的角色是国家森林的托管者，负责保护并管理国家森林，自 20 世纪 40 年代末期就开始考虑对矿金峡谷进行可能的休闲开发。林业部在 1965 年发表了一份计划书，并开始进行招标，美国著名的沃特迪斯尼公司经过激烈竞标，获得了一份为期 3 年的许可证，对峡谷进行详细的测量和勘探后，迪斯尼公司制定出最终方案，计划在矿金峡谷中建设一座滑雪场，该计划获得林业部的最终批准，这个项目需耗资 3000 万，占用 80 英亩的峡谷林地。

[案情描述]

塞拉俱乐部，这是美国历史上最悠久、规模最庞大的一个草根环境组织。塞拉俱乐部的使命是：探索、欣赏和保护地球的荒野；实现并促进对地球的生态系统和资源负责任的使用；教育和号召人们来保护并恢复自然环境和人类环境的品质；运用一切合法手段完成这些目标。

塞拉俱乐部支持基本保持矿金峡谷现在的状况，它也一直密切关注峡谷休闲区规划的发展，力图保护峡谷中的荒原本色。1969 年 6 月，该俱乐部在加利福利亚州北区联邦地方法院提出了诉讼，要求判决宣告迪斯尼公司计划中的开发项目违反了关于国家公园、森林和禁猎区保护的联邦法律和法规，并要求法院颁发临时性及永久性禁止令，禁止联邦官员批准或者颁发与矿金峡谷项目有关的许可。请求人塞拉俱乐部是作为一个"对国家森林、禁猎区和森林的保护和合理的保养有特殊利益"的会员公司起诉的，并援引了行政程序法的司法审查条款。经过两天的听证之后，地方法院批准了预备性禁止令。该院驳回了答辩人对塞拉俱乐部的诉讼资格提出的挑战，并认可听证会提出的"关于可能的超越法定权限的问题，该问题足够的重要与严重，可以作为批准预备禁止令的理由"。答辩人提出了上诉，第九巡回上诉法院推翻了原срок裁决。关于诉讼人的诉讼资格，该院注意到，"除了他们个人不喜欢或者讨厌这种行为之外，诉讼中没有指出塞拉俱乐部的成员会受到（答辩人）行为的影响"，并认定："我们不认为俱乐部仅凭这种关注，而不用证明更直接的利益，就可以获得法律意义上足够的诉讼资格，来挑战两位内阁级的政府官员根据国会和宪法的授权代表全体公民履行职责。"上诉法院判定，塞拉俱乐部没有足够的证据证明不可挽回的损害以及在实体问题上胜诉的可能性，以支持颁发预备性禁令，因此该院撤销了禁令。塞拉俱乐部提出了调卷申请令，要求审查案件涉及的联邦法律问题，该院批准了申请。

1971 年，美国联邦最高法院审理了著名的塞拉俱乐部诉莫顿案（SIERRA CLUB, Petitioner V. Rogers C. B. MORTON, Individually, and as Secretary of the Interior of the United States, et al.），该案于 1972 年 4 月 19 日作出裁决。联邦最高法院认为，塞拉俱乐部指称工程将对矿金峡谷的作用造成损害，并将会对该地区的美学价值和生态产生不利改变。因此，考虑修建通过红杉国家公园的高速公路的开发计划，将会"毁灭或者对国家公园的自然景观、历史遗迹和野生动物带来不利影响，同时威胁下一代享受矿金峡谷地区的生态及美学的权利"。法院不怀疑这种损害是否构成行政程序法确立的损害标准。美学和环境方面的福利，就像优裕的经济生活一样，是我们社会生活质量的重要组成部分，许多人而不是少数人享受特定环境利益的事实并不减低通过司法程序实施法律保护的必要性。事实上的损害并不仅仅只要求存在一个可以辨认的损害，它还要求申请进行司法审查的当事人本身就属于受到损害的人中的一员。矿金峡谷环境的改变并不会对每一个公民造成无差别的影响，因此，塞拉俱乐部所声称的损害可能只能被那些利用矿金峡谷和红杉国家公园的人，以及那些认为高速公路和滑雪场会减损该地区的美学和休闲价值的人感受到。塞拉俱乐部并未主张它

或它的成员的任何活动或娱乐会受到迪斯尼开发项目的影响。[ 1 ]

[法律问题]

1. 环境法的调整对象是什么？

2. 联系本案谈谈环境法的调整对象。

[法理分析]

本案是一起典型的由环境非政府组织代表环境提起诉讼的代表性案例。从上述最高法院判决可以看出，美国联邦最高法院已经确立了基于环境资源利益的起诉权，即美学和环境方面的福利，是社会生活质量的重要组成部分，是可以通过司法程序保护的。虽然一个环境组织不能代表其自身起诉，但可以在损害证据的基础上代表那些审美或休闲利益受到损害的成员起诉。因为这些人既是申请司法审查的当事人，也是受到损害的人。

对此，1972 年美国学者 C. D. 斯通针对前述美国联邦最高法院的判例就"自然"是否享有诉讼的原告适格问题进行了探讨，发表了著名的论文——《树木的诉讼资格》，斯通在文中提出，自然物应具有法的权利，应当在行政、司法上予以考虑，并将其与程序的保障相联系。后来，美国学者 R. F. 纳什又在《自然的权力》一书中提出了"人类应当在对自然予以敬畏的同时确认自然的权利"，主张在环境伦理发展的进程中建立自然的权利。

联合国大会于 1982 年 10 月 28 日通过的《世界自然宪章》也明确规定："所有生命形式都有其固有价值，不论它对人类是否有价值都应当予以尊重，应尊重自然，不损害自然的基本过程，不得损害地球上的遗传活力，各种生命形式都必须至少维持其足以生存繁衍的数量，保障必要的栖息地。"

尽管学界和国际社会都确立了自然权利的思想，但截至目前，并没有直接规定或认可自然物权利的法律，也没有直接承认自然物有权独立作为原告参加诉讼的案例，即便是环境法治发达的欧美国家，也没有这样的先例。实际上，在美国所有关于自然物的诉讼中均有共同诉讼参与人，即与该自然物的存在有直接"利害关系"的人或者非政府组织作为共同原告。

环境法是调整因保护和改善环境、防治污染和其他公害而产生的各种社会关系的法律规范的总称，环境法调整的社会关系就是环境法律关系，这种关系

---

〔1〕　本案参考资料：①参见汪劲、严厚福、孙晓璞译：《环境正义：丧钟为谁而鸣——美国联邦法院环境诉讼经典判例选》，北京大学出版社 2006 年版；②Stone C. D., "Should Trees Have Standing?" S. C. LR, Vol. 45：40, 1972. 转引自汪劲：《环境法学》，北京大学出版社 2006 年版，第 82 ~ 84 页；③［美］R. F. 纳什：《大自然的权利》，杨进通译，青岛出版社 1999 年版。见汪劲、严厚福、孙晓璞译：《环境正义：丧钟为谁而鸣——美国联邦法院环境诉讼经典判例选》，北京大学出版社 2006 年版，第 82 页。

是环境法律关系主体在保护环境和自然资源过程中形成的权利义务关系，这种关系是一种人与人之间形成的特定社会关系。环境法律关系的主体、客体非常广泛，主体主要有国家、国家机关、公民、法人、非法人社会团体等；客体主要有法律确定的自然环境要素，如大气、水、海洋、土地、矿藏等；还有特定的行为，如开发利用行为、回收和恢复行为、排污行为等；还有人工改造或人为划分的区域，如开发区、排污企业、排污设施等。环境法律关系的内容主要是环境法律关系主体在环境开发利用和保护、保存等过程中产生的权利义务关系，如排污企业利用环境容量排污形成的权利义务关系、自然资源开发利用者在自然资源开发利用过程中形成的权利义务关系等。

[参考法律规范]

1. 《环境保护法》（1989 年颁布，2014 年修订）
2. 《世界自然宪章》（联合国 1982 年颁布）

## 第二节　环境法的基本原则

环境法的基本原则，是环境法中规定或体现，涉及环境保护法治全局的，具有指导意义的根本准则，是贯穿于环境立法、执法、司法和守法全过程的、普遍适用的理念。它具有三个显著特征：一是普遍适用性，即普遍适用于整个环境法领域；二是环境法专属性，它是环境法这个新兴部门法学所特有的；三是高度抽象性、概括性和确定性。基本原则的内容，只能通过抽象思维才能完整地了解和掌握其精髓。[1] 本节选择了经济社会发展与环境保护相协调原则、预防为主、综合治理原则和公众参与原则等三个大纲知识点。

### 一、经济社会发展与环境保护相协调原则

**案例五：** 　　　　　未经环评，"愚公移山"被叫停

[所属部分] 环境资源法基础理论之环境法的基本原则
[大纲知识点] 经济社会发展与环境保护相协调原则
[案例背景]

经济发展和环境保护从来都存在着尖锐的矛盾，为此应采取与环境保护相协调的经济发展模式，即可持续发展模式。随着中国经济的发展，土地的需求

---

[1] 韩德培主编：《环境保护法教程》，法律出版社 2012 年版，第 71～72 页。

日益紧张。人多而可耕种地少，耕地稀缺的状况已经成为制约中国经济发展的瓶颈因素之一。中国很多县级城市处于丘陵山区，拥有很多低丘缓坡荒滩等未利用地，在城市周边和平原地区的可利用地已几近耗竭的情况下，为促进工业化、城镇化和农村新居建设，有效减少工业、城镇及农村新居建设占用城市周边和平原地区优质耕地，切实保护耕地特别是基本农田，统筹优化城乡用地结构和布局，充分开发未利用土地，增加建设用地有效供给，缓解土地供需矛盾，促进经济社会发展与土地资源利用相协调，国土资源部在全国范围内开展低丘缓坡荒滩等未利用地开发利用试点工作，专门出台了《低丘缓坡荒滩等未利用地开发利用试点工作指导意见》，甘肃省就是其中一个试点省份。

**［案情描述］**

甘肃省根据国土资源部的要求，专门制定了《甘肃省人民政府关于低丘缓坡等未利用地开发利用试点工作的指导意见》和《甘肃省土地整治规划（2011～2015年）》，全省将依托国家低丘缓坡荒滩等未利用土地开发利用试点政策，在兰州、白银、定西等地移山造地0.67万公顷。经国土资源部同意，确定在兰州、白银两市开展低丘缓坡等未利用地开发利用试点，其中，兰州3000公顷，白银2000公顷。兰州市根据本市的特点，制定下发了《兰州市人民政府办公厅关于做好低丘缓坡荒滩沟壑等未利用地开发利用有关工作的通知》，编制了《兰州市低丘缓坡荒滩沟壑等未利用地综合开发利用试点工作方案》和《兰州市低丘缓坡沟壑等未利用地综合开发利用专项规划》。移山造地项目将重点开工建设青什（青白石、什川）片和沙中（沙井驿、中川）片，整个移山造地项目可平整出土地267平方公里，兰州的城区用地面积将扩大1倍，等于再造一个兰州城。项目实施区域包括黄河北岸两片荒山荒沟，其中，青什片位于城关区青白石街道至皋兰县什川镇，面积约168平方公里，该地块经移山造地后初步定位为"城市综合发展区"；沙中片位于安宁区沙井驿乡至皋兰县中心乡，面积约99平方公里，该地块经移山造地后初步定为"城市工业产业区"，项目投资初步估算约530亿元。[1]

自2012年10月，兰州市主城区附近的青白石乡白道坪村荒山地间，挖土机等工程车辆密集，在此进行山坡平整，建设兰州新城。当地人形象称之为"愚公移山"，而媒体更是高度赞美，称"'现代愚公'创造神话"、"削山造地、重大项目纷至沓来"、"向荒山要地，向荒沟要地，填沟造地，兴建工业小区"等。而兰州市的经济发展计划并不限于此，在2012年兰州新区成为第五个国家级新

---

〔1〕 本案参考资料：丁思："兰州大规模移山造地被叫停 官方称未经环评不能开工"，中国新闻网，http://www.chinanews.com/gn/2013/06－04/4893491.shtml，2013年6月4日。

区后，兰州市将在城关区投资超 200 亿元，整体推移山丘 700 余座，打造出一座面积约 160 平方公里的新城。

但这样一个大规模的开发利用系统工程，居然没有进行全面和具体的环境影响评价就开工了。由此也产生了严重的环境问题，短期内最明显的环境污染就是由于大规模移山造城产生的扬尘污染，环保部门通过对交通道路、建筑物拆除场地、建筑施工场地及平山造地场地的扬尘监测分析，各类扬尘导致的污染均较为严重。2013 年 3 月 19 日，兰州市通报 3 月份空气质量优良天数仅为 3 天，而去年同期优良天数为 17 天。为降低工程对城市环境的影响，兰州市政府出台指导意见，要求施工方加强现场洒水抑尘环节。位于兰州市青白石街道白道坪村的移山造地工程已经安装 100 台巨型喷雾器，加湿施工现场，降低浮尘。但是从长远来看，兰州的大规模削山造城，在全国是规模最大的，在世界上也没有同样规模的先例可资借鉴，因此，该项目实施后对生态环境造成的影响都是个未知数，由于黄土湿陷，造成水土流失、崩塌、泥石流、植被破坏等现象的可能性就不容小觑。2013 年 6 月 4 日，备受热议的兰州大规模"移山造地"工程终因没有进行环评问题被当地政府叫停。

[法律问题]

1. 什么是经济社会发展与环境保护相协调原则？我国环境法中有哪些关于该原则的规定？

2. 联系本案谈谈经济社会发展与环境保护相协调原则。

[法理分析]

兰州市地处干旱半干旱气候区，是黄河唯一贯穿而过的城市，处于黄河河谷中，四周是相对高度 200～600 米的大山。由于被大山包裹，气候又干旱少雨，冬季静风率高达 87%，逆温层存在的频率高达 99%，空气水平、垂直流通均受阻，污染气体难以扩散。同时，兰州的自然条件较差、生态承载力低下，水土流失严重，森林资源匮乏。据林业部门统计，全市 2010 年森林覆盖率为 12.21%，与全省的 13.42% 和全国 20.36% 差距较大；全市水土流失面积达 12 471 平方公里，占总土地面积的 96%。同时，由于地形复杂，地质构造运动强烈，断裂、褶皱发育，岩土体破碎，加之近年来人类工程活动对区内地质环境的影响，使得境内泥石流、崩塌、滑坡、地面塌陷等地质灾害十分严重，全市现有地质灾害隐患点达 863 处，受威胁人口 66.7 万人。区域生态环境脆弱，生态建设需求突出。

从兰州产业结构看，中重度污染企业居多，国家"一五"计划将优先发展重工业作为经济建设的战略重点，106 项重点工程中，在西部地区建设的有 21 个。目前，城区的三大电厂、中石油兰州石化公司，城区周边的电厂、钢厂、铝厂等，几乎清一色是高耗能重污染工业企业。产业发展仍然以重点支柱产业为支撑，五大支柱产业占全市工业的比重分别是：石化产业占 30.3%，能源电力占 17.84%，农副产品深加工占 15.1%，装备制造占 14.83%，有色冶金占10.37%。从兰州市的布局情况来看，兰州市产业布局呈"城区强化、郊区弱化"的非均衡状态，城区集聚了全市约 80% 的地区生产总值，约 80% 的工业增加值，约 80% 的第三产业增加值；兰州郊区产业分布分散，仅占全市 GDP 的20%。在兰州城区，工业废气占到大气污染物排放总量的 50% 左右。在国家重点监控的 47 个城市中，兰州的可吸入颗粒物年均排放浓度最高。

在这样一个生态环境本身就很脆弱的城市里发展经济，必须注意和环境的协调，必须严格遵守经济发展和环境保护相协调原则，也就是"可持续发展原则"。环境资源，是生产力的基本要素，是经济社会发展的物质基础和前提条件。可持续发展原则包含纵向和横向两个维度，从纵向上讲，可持续发展是指既满足当代人需要，又不对后代人满足其需要构成威胁的发展，即"代际公平"；从横向上讲，可持续发展是既满足经济社会需要，又满足环境保护需要，对环境无害或少害的发展，即"代内公平"。自然环境中的物质循环、能量流动和信息传递有自身规律，环境的生产、再生、承载和净化有一定限度，使发展立足于环境可持续性基础之上，不超出环境资源的承载力，而环境保护则立足于现有社会经济条件，不超出现有社会经济承受能力，这是自然规律、生态规律和经济社会发展规律的客观要求。经济发展与环境保护相协调原则，要求在发展经济过程中，在遵循经济社会发展规律的基础上，遵循自然生态规律，使经济发展和环境保护最大限度保持一致。

经济社会与环境保护相协调原则得到我国多部环保法的确认，例如，2014年修订的《环境保护法》第 4 条规定："国家采取有利于节约和循环利用资源、保护和改善环境、促进人与自然和谐的经济、技术政策和措施，使经济社会发展与环境保护相协调。"再如，《水污染防治法》第 4 条规定："县级以上人民政府应当将水环境保护工作纳入国民经济和社会发展规划。"

具体到本案中，就是要严格执行环境影响评价制度。近年来，随着兰州城市化步伐的加快和城市建设力度的加大，建筑施工、房屋拆迁、环卫清扫、道路开挖、拉运遗撒等形成的扬尘污染日益严重，且防控和管理难度较大。而兰州市的移山造地工程自开工以来，据不完全统计，兰州市周边有平山造地开挖点 191 处，开挖面积 6.39km$^2$，分布在兰州市城区近郊，平山造地施工工期较长，开挖面积较大，扬尘污染不易控制，特别是在有风的情况下，对环境空气质量影响较大，而且影响范围较广。而工程项目对自然环境的影响，往往需要经过一段时间的发展才会显示出最终的影响结果，一旦这样的结果发生就是严重的自然灾害。比如，兰州是泥石流的常发地区，但山里的沟壑是泥石流的天然排减沟，如果削山方案没有考虑到或考虑不妥，堵塞了这些通路，就会有造成泥石流的潜在风险。

具体到本案，兰州的削山造城工程，涉及的环境影响评价包括规划环评和建设项目环评。规划环评是对兰州削山造城工程规划进行环评，侧重于该规划实施后对环境造成的潜在影响，并注意吸收公众和专家参与，根据评价结果修改完善该规划，而各项工程建设项目也要做好环评，侧重于该建设项目实施后对环境造成的潜在环境影响和拟采取的救济措施，必须强调：没有环评或达不到环评要求，任何规划和建设项目都不得随意开工。

[参考法律规范]

1.《环境保护法》（1989 年颁布，2014 年修订）

2.《土地管理法》（1986 年颁布，1988 年、2004 年修订）

3.《环境影响评价法》（2002 年颁布）

**二、预防为主、综合治理原则**

### 案例六：　　　　世界最严重海洋石油泄漏——墨西哥湾漏油事故

[所属部分] 环境法基础理论之环境法基本原则

[大纲知识点] 预防为主、综合治理原则

[案例背景]

在人类开发利用海洋的过程中，曾经发生过多起较大规模的海洋石油污染事件。例如，1989 年发生的"埃克森·瓦尔迪兹号"漏油事件，造成美国阿拉斯加地区捕捞业损失近 200 亿美元、旅游业损失近 190 亿美元，泄漏原油对生态造成的破坏更难以用金钱衡量。

2001 年，一项由美国国家海洋和大气管理局（NOAA）资助的科学研究表明，即使过去十余年，事发地"威廉王子港"的海岸上仍残存 8000 升的原油，在基奈半岛和卡特迈国家公园，原油污染已经扩散到 450 英里远的地方。原油降解的速率不过每年 4% 左右，因此，原油污染的彻底清除需要花费几十年甚至一个世纪的时间。而这期间，虽然像苯、甲苯这样的单环烃类可能挥发掉，但是更具毒性的多环芳烃类物质却基本保持着和泄漏事故发生之初相同的水平。

2009 年，《科学美国人》杂志为纪念"埃克森·瓦尔迪兹"号油轮漏油事件 20 周年，以"为下一次漏油事件准备"为题，总结预防海洋石油污染的相关措施。然而，20 年后，"埃克森·瓦尔迪兹"号漏油事件——这件"美国历史上曾经最为严重的环境危害"被墨西哥湾漏油事故改写。[1]

[**案情描述**]

墨西哥湾，位于北美洲大陆东南沿海水域，因濒临墨西哥而得名。墨西哥湾面临着多个旅游胜地，如亚拉巴马州南部的格尔夫海岸、佛罗里达州的彭萨科拉海滩等都是著名的旅游胜地。然而，这些旅游胜地却受到了史上最严重的石油污染。

2010 年 4 月 20 日夜间，位于墨西哥湾的"深水地平线"钻井平台发生爆炸并引发大火，大约 36 小时后沉入墨西哥湾，11 名工作人员死亡。沉没的钻井平台每天漏油达到大约 5000 桶，海上浮油面积不断扩张。此次漏油事件造成了巨大的环境和经济损失，海湾底部油井漏油量从每天 5000 桶上升到 2.5 万桶至 3 万桶，水面油污演变成美国历来最严重的漏油大灾难（1989 年埃克森·瓦尔迪兹"号漏油总量仅相当于"深水地平线"钻井平台四天的泄漏量）。原油漂浮带长 200 公里，宽 100 公里，而且还在进一步扩散。6 月 23 日，墨西哥湾原油泄漏事故再次恶化，原本用来控制漏油点的水下装置因发生故障而被拆下修理，滚滚原油在被部分压制了数周后，重新喷涌而出，继续污染墨西哥湾广大海域。漏油一直持续到 2010 年 7 月 15 日，英国石油公司（BP）宣布，新的控油装置已成功罩住水下漏油点，"再无原油流入墨西哥湾"，至此总计持续 87 天的原油泄漏终于停止。

这次漏油事件给 BP 公司和美国造成巨大的经济损失。BP 公司股票因此下跌，还要承担 200 亿美元"托管基金"和上不封顶的赔偿，而美国墨西哥湾沿岸诸州的渔业、旅游业则遭受重创，美国整个近海石油开发全部叫停，大量石油产业工人失业。除此之外，对生态的破坏也是无法用金钱计算的，有"生态 9·11"之称。根据美国地球之友 2010 年 7 月 16 日公布的调查数据，截至当天，在墨西哥湾地区，共发现 1387 只海鸟、444 只海龟和 53 只哺乳动物直接死于这场污染。而其造成的潜在生态影响则是无法准确估量的。研究表明，原油泄漏不仅直接导致藻类、无脊椎动物、海鸟、哺乳动物的急性死亡，而且原油泄漏后残存的有毒物质将长期处于亚致死量水平，危害海洋生物和生态环境。《自然》援引生态经济学家的话，墨西哥漏油事件给生态环境带来的损失要远远大于 BP 公司承担的 200 亿美元的保证金，至少在 340 亿到 6700 亿美元之间。

[**法律问题**]

1. 造成墨西哥湾漏油事故的主要原因是什么？从墨西哥湾漏油事故中我们

---

〔1〕 本案参考资料：刘伯宁："墨西哥湾漏油事件：没有吸取教训的悲剧"，南方周末，http://www.infzm.com/content/46970，2010 年 7 月 23 日。

应吸取哪些经验和教训？

2. 什么是预防为主、综合治理原则？我国环境法中都有哪些关于预防为主原则的规定？

3. 联系本案分析预防为主、综合治理原则。

[法理分析]

墨西哥湾漏油事故是人为原因造成的。客观分析，深海石油钻探是一项风险极高的事业，但此次墨西哥湾漏油事故却不是风险高能解释的，而是由于英国石油公司的人为疏忽造成的。"深水地平线"装备一套自动备用系统，这套系统应在工人未能启动"防喷阀"时激活它，但当时也没有发挥作用。事发后，英国石油公司企图借助水下机器人启动"防喷阀"，未能奏效。而幕后真正的原因是英国石油公司为赶工期，而美国则放松了对深海石油钻探的监管。实际上，在墨西哥湾漏油事故发生之前，由于联邦政府监管人员放松设备检测后，数年间数座钻井平台的"防喷阀"未能发挥应有作用。至少14起事故与防喷阀有关，这些事故多发生在2004年之后。2013年1月4日，瑞士越洋钻探公司（Transocean）就墨西哥湾漏油事故与美国政府达成和解，越洋钻探公司承认其钻井平台操作人员在墨西哥湾漏油事故中存在疏忽，违反《清洁水法》，该公司将支付14亿美元（约合人民币87亿元）罚金了结这场官司。

对泄漏原油最为安全有效的处理办法，也许当属利用微生物对污染海域进行"生物修复"。自然界中每年有130万吨的原油通过渗透泄漏到海洋，但是这些原油绝大多数可以被"嗜油菌"降解掉。这些"嗜油菌"包括深海食烷菌（Alcanivorax）、解环菌属（Cycloclasticus）等。原油中的烃类物质，对于它们来说成了生长必需的碳源。人们可以利用这些"嗜油微生物"，来降解原油中的烃类物质，甚至多环芳烃。但是人为原因造成的原油泄漏，会远远超过以上自然菌群的分解能力。目前，人们利用自然界中分离出的超级"嗜油菌"或者实验室里构建的基因工程菌，通过向其生长环境添加其他氮源、无机磷等营养成分，促进这些"嗜油菌"生长繁殖，达到污染海域生物修复的目的。这种技术已经在1989年"埃克森·瓦尔迪兹号"油轮漏油事件中得到了应用。

墨西哥湾漏油事故带给人们更多的是应该反思如何进行海洋石油勘探开发，特别是深海石油开发，应实行预防为主、综合治理的原则。所谓预防为主、综合治理原则，实际上包含三个互相联系的方面：①预防为主原则，是指在预测人为活动可能对环境产生不良影响的前提下，事先采取防范措施，防止环境问题的产生或扩大，或把不可避免的环境污染或自然破坏控制在许可的限度之内；②防治结合原则，是指不仅要以预防为主，对已经产生的环境污染或资源破坏，要运用科学技术方法消除或减轻有害影响；③综合治理原则是指要对环境污染和生态破坏采取整体的、系统的、全程的、多种环境媒介的防治，综合运用多种手段、措施和对各种防治方法的优化组合。根据该原则，应该将有关预防、治理污染和管理环境的各种措施和制度结合起来，将末端控制和源头控制、废物控制和产品控制的措施和制度结合起来，全面规划、合理布局、宏观调控，建立健全环境影响评价、经济发展综合决策、清洁生产、循环经济、综合利用、排污申报登记、污染集中治理、排污权交易等各种制度。

预防为主、综合治理原则在我国多部环保法中得到确认。例如，2014 年修订的《环境保护法》第 5 条规定："环境保护坚持保护优先、预防为主、综合治理、公众参与、损害担责的原则。"再如，《水污染防治法》第 3 条规定："水污染防治应当坚持预防为主、防治结合、综合治理的原则，优先保护饮用水水源，严格控制工业污染、城镇生活污染，防治农业面源污染，积极推进生态治理工程建设，预防、控制和减少水环境污染和生态破坏。"

将该原则应用到墨西哥湾漏油事故上，首先，应该建立完善深海石油勘探的法律法规体系，特别是对深海石油开采领域的准入制度、检查制度和定期考核的约束性制度，在目前对深海石油开发还存在很多的问题没有搞清楚时，应该构建严格的程序来弥补技术的不足可能带来的损失，对深海石油开采应实行严格的准入制度，即使已经获得准入资格，也要在开采过程中实行严格的定期检查和考核制度；其次，对应对事故发生后的应急处理，应事先建立深海石油开发预警制度、应急处理制度，做到防患于未然；最后，为有效解决事故发生后企业难以赔偿的问题，应由深海石油开采企业预先设立风险基金，一旦发生事故可以有效弥补受害方的损失。

[参考法律规范]
1.《美国石油污染法》（1990 年颁布）
2.《联合国海洋法公约》（1982 年颁布）
3.《美国清洁水法》（1972 年颁布）

### 三、公众参与原则

**案例七：　　　公众参与缺位——江苏吴江垃圾焚烧发电厂停建案**

[所属部分] 环境资源法基础理论之环境法的基本原则
[大纲知识点] 公众参与环境事务原则
[案例背景]
在美丽的太湖流域东部，有一个风景秀美的城市——吴江。京杭大运河纵贯南北穿城而过，太浦河横穿东西。古语云："上有天堂、下有苏杭"，而在苏

杭中间镶嵌着的绿色明珠就是吴江市平望镇。史书记载：隋唐以来，自南向北有塘路鼎分于葭苇之间，天光水色一望皆平，故名平望。平望自古农桑繁盛、街巷鼎沸，五千余年的历史积淀，自然资源与历史文化有机融合在一起，聚汇江南水乡之独特神韵。然而，就是在这样一个景色秀美之地，却要修建一座垃圾焚烧发电厂。

吴江生活垃圾焚烧发电厂项目是江苏省发改委在 2006 年 11 月立项批准的，当时我国刚好经历了 2005 年的"环评风暴"，举国上下都非常重视建设项目的环境影响评价。在这个背景下，原国家环保总局组织专家对该项目的环境影响报告书进行了严格评估，于 2007 年 11 月份获国家环保总局的批复，同年底该项目获省发改委批复同意，2008 年 5 月正式动工建设，截至 2009 年 10 月，该项目已完成设备安装、调试工作，计划在 21 日点火运营。[1]

据《吴江市垃圾焚烧发电厂项目环境影响评价报告书》，工程预计总投资 32 001 万元人民币，其中，环保投资 5000 万元人民币，占项目总投资的 15.6%。报告书设定的垃圾焚烧厂卫生防护距离为 300 米，将从控制来源、减少炉内形成、避免炉外低温再合成等三方面入手减少二噁英产生。吴江市垃圾焚烧发电厂项目在建设过程中亦十分重视环保建设，生产过程中采用半干法中和去除烟气中的酸性气体，建设高效布袋除尘器，加装活性炭喷射装置，进一步吸附、去除污染物，烟气污染物排放达到《生活垃圾焚烧污染控制标准》（GB18485 - 2001），二噁英排放每立方米不超过 1.0TEQng（当量纳克）。废气排放安装在线连续监测装置并与环保部门联网，实现实时监控。垃圾渗滤液收集、处理系统分为三部分：生化部分、管式超滤系统和卷式 NF 系统，达到三级排放标准后接管于平望镇污水处理厂再次进行处理。

该项目有利于实现废物资源化，促进循环经济的发展。该项目采用吴江市各环卫部门统一收集的生活垃圾为燃料，绝不处理除生活垃圾以外的工业废物、医疗废物等危害物品，更不接纳市区外垃圾。垃圾运输车辆采用全密闭自卸载专用车，具有防臭味扩散、防抛散、防渗滤液滴漏等功能。

---

〔1〕 本案参考资料：①佚名："吴江垃圾发电厂停建调查"，网易财经，http://money.163.com/09/1029/00/5MOKQE0O002524SO.html，2009 年 10 月 29 日；②顾秋萍："江苏平望垃圾焚烧电厂停建 恐污染太湖流域生态"，搜狐新闻，http://news.sohu.com/20091023/n267682461.html，2009 年 10 月 23 日；③佚名："吴江垃圾焚烧发电厂"，好搜百科，http://baike.haosou.com/doc/6397115.html，2015 年 1 月 31 日；④邓丽："吴江垃圾发电厂停建调查：焚烧废气产生致癌物"，和讯新闻，http://news.hexun.com/2009-10-29/121503699_1.html，2009 年 10 月 29 日。

**[案情描述]**

自从听说垃圾焚烧发电厂会排放二噁英以来，特别是 2009 年 9 月 1 日国际二噁英大会的召开，吴江平望垃圾焚烧发电厂附近的居民认识到二噁英的可怕之处，他们终于坐不住了。人们认识到，二噁英是一种无色无味、毒性严重的脂溶性物质。大气环境中的二噁英 90% 来源于城市和工业垃圾焚烧。含铅汽油、煤、防腐处理过的木材以及石油产品、各种废弃物特别是医疗废弃物在燃烧温度低于 300℃ ~400℃ 时容易产生二噁英。聚氯乙烯塑料、纸张、氯气以及某些农药的生产环节和钢铁冶炼、催化剂高温氯气活化等过程都可向环境中释放二噁英。二噁英包含 210 种化合物，难以自然降解，毒性是氰化物的 130 倍、砒霜的 900 倍。

2009 年 9 月，有居民不断向吴江市城市管理局表达抗议，很多居民通过向市政府打电话、网上发帖等多种不同方式表达诉求和不满。事情一直发展到 2009 年 10 月 21 日早上 8 点，电厂的门外开始聚集抗议的居民，人们打着反对的标语横幅，四处散发传单，人群渐渐聚集，越聚越多，有人提出公布 "环评报告"，但电厂方面无人应答；第二天，平望前一天发生的事情通过手机短信、网络迅速扩散，很多住在外地的平望居民纷纷返乡，人群很快聚集到数万人，一场群体性事件导致的公共危机已不可避免。聚集的居民有近万人冲进了电厂，在撕碎了几个本子之后被驱逐出工厂，拥挤的人们又涌上国道，阻塞了附近的 318 国道，曾一度导致交通瘫痪，并围住了前来紧急协调的副市长。之后，吴江市政府紧急召开新闻发布会，称项目尚未完工，因存在争议，现停止建设。实际上，早在 2007 年 12 月 24 日，一名居民就已经向吴江市环保局提出了质疑："平望垃圾发电厂产生的二噁英，众所周知对人产生极大的损害，发达国家早就抛弃了这种处理垃圾的方式，为什么我们还要建造？"环保局对此的答复只有一句："该项目已经国家环保总局批准同意建设。"而另一位距电厂西北数百米处的南新社区居民说："我们也向吴江市、苏州市反映过此类问题，但同样没人回答。"

项目停止建设带来的损失是巨大的。该项目经核准的注册资本为 7000 万，账上使用资金 2000 多万，一期工程概算达 32 001 万元，其中 2 亿多资金来自银行贷款。

**[法律问题]**

1. 什么是环境公众参与原则？我国环境法都有哪些关于公众参与原则的主要规定？

2. 联系本案分析环境公众参与原则。

[法理分析]

江苏吴江平望生活垃圾焚烧发电厂项目的下马是环境公众参与原则的必然体现和最终结果。所谓环境公众参与原则，是指公众有权通过各种途径和形式参与国家对环境事务的管理，参与一切与公众环境权益相关的经济开发利用等活动，并有权受到相应的法律保护和采取救济措施。

公众参与环境事务已经得到普遍认可和法律保障。欧盟1998年通过了《在环境问题上获得信息、公众参与决策和诉诸法律的公约》（奥尔胡斯公约），该公约确立的基本原则就包括缔约国应保证其政府部门和人员在环境问题上协助和指导公众设法获取环境信息、促进参与决策和诉诸法律等。美国不仅制定了《行政程序法》、《环境信息法》等多部法律保障公众参与环境行政管理，还在《清洁空气法》、《清洁水法》等多部环境法律中规定了公民诉讼制度，保障公民提起环境公益诉讼的权利。

公众参与原则主要体现在几个方面：一是在环境影响评价和其他涉及公众利益的许可程序中建立公众参与制度；二是建立和决策相关的环境信息公开和披露制度；三是鼓励各类非政府环境组织代表公众参与环境决策；四是建立公众参与的司法保障制度，如建立环境公益诉讼制度。[1]

我国在《环境影响评价法》、《环境噪声污染防治法》、《环境影响评价公众参与暂行办法》等环境法律法规中普遍建立了公众参与制度，但却只规定了在必须有公众参与的前提下，缺乏公众参与的环评有关单位、人员应承担相应的法律责任，而没有明确规定缺乏公众参与的环境影响评价是否有法律效力，"公众反对"是否有法律效果，缺乏法律规定的公众参与的环境活动或环境行为是否有法律效力等问题。

我国环境法对"公众参与"规定的不完善导致实践中"公众参与"执行的不足。本案中，在环评程序中的公众参与如果能严格按法定程序认真执行，确保公众的环境事务参与权得到保证和落实，也不会造成这样的巨额损失。本案中，虽然企业确实做了公众参与的过程，项目机构委托环评机构开展环境影响评价，环评机构完成报告书（草案）后在当地公示，随后，由环保部国家环境评估中心随机抽取专家评估，但是并没有直接征求附近居民意见，比如召开由当地居民参加的听证会。

目前，我国环境法应切实贯彻公众参与原则。一是完善环境保护立法，从法律上明确规定公众参与环境保护事务的权利，尤其是程序性规制应不断完善；二是加强环境保护宣传教育，提高公众认识水平和参与观念，确立公众参与意

---

〔1〕　汪劲：《环境法学》，北京大学出版社2006年版，第180～181页。

识；三是建立环境信息公开制度，扩大公民的环境知情权，为公众参与提供条件；四是建立环境保护公益诉讼制度，赋予公众环境公益诉权，支持公众通过司法途径参与环境事务；五是发展民间环保组织，加强社会监督，拓宽参与环境事务的"公众"范围。

[参考法律规范]

1.《环境影响评价法》（2002 年颁布）

2.《环境噪声污染防治法》（1996 年颁布）

3.《环境影响评价公众参与暂行办法》（原国家环保总局 2006 年颁布）

## 第三节　环境法的基本制度

所谓环境法的基本制度，是指为实现环境法的目的和任务，依据环境法的基本原则制定的，调整某一类或某一方面环境保护社会关系的，具有重大意义和起主要作用的法律规范的统称。它是环境法的重要组成部分，与环境法基本原则相比较，它具有具体性、系统性和特定性的主要特征。[1] 本节选择了环境法的九个基本制度，包括环境标准制度、环境影响评价制度、环境监测制度、环境许可制度、排污权交易制度、环境规划制度、环境突发应急事件处理制度、生态补偿制度和三同时制度等九个大纲知识点。

**一、环境标准制度**

**案例八：** **PM2.5——中国之痛**

[所属部分] 环境资源法基础理论之环境法的基本制度

[大纲知识点] 环境标准制度

[案例背景]

2013 年 1 月 10 日夜间起，北京大雾迷城、雾霾笼罩。北京市当天上午空气质量监测数据显示，北京几乎所有区域都处于最严重的 6 级污染，PM 2.5 指数高达 456。另根据美国驻中国大使馆监测结果显示，北京 PM2.5 指数中午 12 时更飙升到 472，下午更是一度达到 699，都属于相当危险的范围。而在周四夜间以及 1 月 9 日上午的大部分时间里，由当地政府监测机构及美国大使馆提供的污染数据（主要是 PM2.5 浓度数据）都完全处于"严重污染"或"危险"水平。

---

〔1〕韩德培主编：《环境保护法教程》，法律出版社 2012 年版，第 86 页。

相比之下，根据香港环境保护署网站上的数据，1 月 9 日上午 9 时在香港污染最严重的中区和西区，每立方米空气中 PM2.5 颗粒物含量为 60.7 毫克。

实际上，过去两周的大部分时间里，北京就一直笼罩在令人窒息的浓密雾霾之中，不仅仅是北京，河北中南部、天津南部、山东北部和西部、河南东部、苏皖中北部、浙江西北部、湖北东南部、四川盆地等地部分地区，都有能见度低于 1000 米的雾，局部地区能见度更不到 200 米。而从 2013 年 1 月 1 日以来，我国中东部地区雾霾天气多发，大部地区雾霾天数超过 20 天，其中，东北地区南部、华北地区东南部、江汉东部、江南、华南及西南地区东部等地雾霾天数较去年 1 月份偏多 5～10 天，局地偏多 11～13 天。1 月出现如此多雾霾天气，已经打破历史极值。

1 月 29 日，中东部地区再度被大范围雾霾持续笼罩。29 日中央气象台两度发布霾黄色预警，这也是我国首次发布霾黄色预警。此前，中国气象局刚针对霾预警信号标准进行了修订，首次将 PM2.5 作为发布预警的重要指标之一。根据最新修订后的指标，霾预警分为黄色、橙色和红色预警，结合能见度和 PM2.5 浓度两个指标发布，一般来说，能见度 3～5 公里，PM2.5 浓度 100～200 之间，就发布霾黄色预警。

[案情描述]

2012 年 6 月 5 日，国务院新闻办举行新闻发布会，通报《2011 中国环境状况公报》。[1] 公报显示，在 325 个地级及以上城市（含部分地、州、盟所在地和省辖市）中，按老标准评价，环境空气质量达标城市比例为 89.0%，超标城市比例为 11.0%。但执行新的空气质量标准后，我国城市空气中的细颗粒物（PM2.5）污染将逐步显现，从 2011 年部分试点监测城市的监测结果来看，按新的环境空气质量标准进行评价（PM2.5 年均值的二级标准为 35 微克/立方米），多数城市细颗粒物超标，年均值为 58 微克/立方米。

在这次新闻发布会上，环保部副部长吴晓青回应了"对外国驻华使领馆监测我国 PM2.5 且发布数据"的提问。吴部长认为，个别国家驻华使领馆监测空气质量并发布信息，在技术上既不符合国际通行的要求，也不符合中国的要求，既不严谨，也不规范。从法律上讲，中国环境保护法和大气污染防治法等有关法律规定，国务院环境保护行政主管部门建立监测制度，制定监测规范，会同

---

〔1〕　本案参考资料：①王姝："环保部：不能用他国标准评中国空气"，载《新京报》2012 年 6 月 6 日；②吴晶晶、华春雨："我国现行环境保护标准共 1307 项"，新华网，http：//news. xinhuanet. com/socie-ty/2012－03/02/c_ 111595868. htm，2012 年 3 月 2 日；③韩萍："青海出台三江源生态环保标准"，法制网，http：//www. legaldaily. com. cn/locality/content/2012－02/29/content_ 3382201. htm？ node＝31658，2012 年 2 月 29 日。

有关部门组织监测网络，加强对环境监测的管理；国务院和省、自治区、直辖市人民政府的环境保护行政主管部门应当定期发布环境状况公报。另外，根据维也纳外交关系公约和维也纳领事关系公约，外交人员有义务尊重接受国法律法规，不能干涉接受国内政。中国空气质量监测及发布，涉及社会公共利益，属政府的公共权力，个别国家驻华领事馆自行开展空气质量监测，并在互联网上发布空气质量信息，既不符合维也纳外交关系公约、维也纳领事关系公约的精神，也违反了环境保护法的有关规定。从技术上讲，空气质量的监测，应该符合相关技术规范，这涉及监测点位的布设、监测人员的资质、分析方法的选择以及监测设备选型等多种因素，并需要采取严格的质量控制和质量保证措施，才能保证监测结果科学和准确。首先，用一个点位的监测数据对一个区域的空气质量进行评价是不科学的，其所监测的数据不代表那个城市的整体空气质量水平。例如，美国现有PM2.5监测点位1000个，法国700个，英国400个。再例如，美国纽约城市监测点位20个，巴黎18个，伦敦31个，他们用这些城市点位群组成监测网络，从而来完整发布城市空气质量日均值和年均值。其次，用日均值来评价这个点一小时的状况，不符合国际通行监测技术规范，更不能反映整个城市的空气质量状况。另外，从标准上看，今年年初，我国参考世界卫生组织（WHO）空气质量指导值，制定了我国的空气质量标准。这个标准既考虑了我国现阶段发展水平，又初步与国际进行了接轨，这是符合我国当前实际情况的一个标准。世界各发达国家，包括美国，关于PM2.5的标准也是逐步提高的。比如，美国1997年发布PM2.5 Ⅱ级标准的时候，制定的上限是65微克/立方米。事隔十年，2006年修改这个标准的时候，才到35微克/立方米。因此，环境质量标准的制修订要与经济的发展水平和技术条件紧密相连，而中国现在发布的新的空气质量标准，其中，PM2.5日均值75微克/立方米，是根据中国的发展水平和技术条件决定的。北京、上海发布的PM2.5监测数据，与个别领事馆发布的监测数据日均值是基本一致的，但评价结果相差很大，主要原因是他们用本国的空气质量标准来评价我国的空气质量，这是明显不合理的。其他国家用35微克/立方米这样的日均值来评价，而中国是用75微克/立方米的日均值来评价。

从环境质量监测信息的发布上看，还要进一步加大监测信息发布力度，及时发布和公开环境质量监测信息。从2012年下半年开始，国家重点监控的74个城市，所有国控监测点都将陆续发布空气质量监测信息，让公众及时了解监测信息情况，而且发布的监测信息和数据将更加完整，更加全面，一次发布二氧化硫、二氧化氮、臭氧、PM10、PM2.5、一氧化碳共六项污染物指标的实时浓度值，并配以空气质量AQI指数，监测项目更全、监测点位更多、更具有代表性。尤其是按照新标准的要求，监测数据更加精准，也更加规范，完全能够满足公众以及各国驻华机构和人员对环境质量信息的需求。所以，希望个别驻华领事馆尊重我国相关法律法规，停止发布不具有代表性的空气质量信息。

[法律问题]

1. 什么是环境标准制度？我国环保法有哪些环境标准制度的主要规定？

2. 联系本案谈谈 PM2.5 标准制度。

[法理分析]

本案是一起典型的因大气环境质量标准不同而引发的纠纷。不同的环境质量标准会产生不同的环境污染预防和处理结果，也会对公众产生不同的影响，较低的环境质量标准对公众的健康损害会大一些，因此，环境标准对预防环境污染，保护公众身心健康具有重要意义和价值。所谓环境标准，是指为保护人体健康、保护环境、维持生态平衡，对环境质量以及各种污染物的排放、环境监测以及其他需要制定的事项，按照法定程序制定的各种技术指标和规范的总称。按照级别划分，环境标准可以分为国家级和地方级两种。按类型分，可以分为环境质量标准、污染物排放标准、环境监测方法标准、环境基础标准、环境标准样品标准。按制定和执行主体划分，可分为国际环境标准、国家环保部标准、行业环境标准、企业环境标准等。

环境质量标准是为保护自然环境、人体健康，限制环境中有害物质和因素所做的控制规定，如《环境空气质量标准》、《地表水环境质量标准》、《土壤环境质量标准》等，环境质量标准是使环境达到规定使用功能和生态环境质量的基本要求。本案中涉及的 PM2.5 就是空气环境质量标准中所规定的一个指标。污染物排放标准是为实现环境质量标准，结合技术经济条件，限制排入环境中的污染物或对造成环境危害的其他因素所做的控制规定。如《恶臭污染物排放标准》、《大气污染物综合排放标准》、《污水综合排放标准》等。污染物排放标准是针对污染物排放所规定的最大限值，编制污染物排放标准的主要依据就是环境质量标准，并按照不同的功能分区分别规定不同的排放限值。环境监测方法标准、环境标准样品标准和环境基础标准属于推荐性标准。

截至"十一五"末期，我国累计发布环境保护标准 1418 项，其中现行的标准有 1307 项、被更新或废止的标准有 111 项。我国环境保护标准自 1973 年创立以来，经过三十余年发展完善，已形成了"两级五类"环境保护标准体系。其中，"两级"指国家级环境保护标准和地方级环境保护标准，"五类"即指以环境质量标准、污染物排放（控制）标准和环境监测规范等三类标准为核心，包含环境基础标准与标准制修订规范、管理规范类环境保护标准二类标准在内的国家环境保护标准体系。"十一五"期间，我国环境保护标准数量快速增长，共发布国家环境保护标准 502 项，平均每年发布 100 项。目前，环境保护标准的影响范围已覆盖水、空气、土壤、噪声与振动、固体废物与化学品、生态、核与电磁辐射等领域。在现行标准中，包括国家环境质量标准 14 项、国家污染物排放（控制）标准 138 项、环境监测规范 707 项、环境基础标准与标准制修订规范 18 项、管理规范类环境保护标准 430 项。环境质量标准、污染物排放（控制）标准、环境监测规范等重要环境保护标准体系已经基本建立，国家环境保护标准体系基础框架已经形成。同时，地方环境保护标准工作开始起步，"十一五"期间已依法在国家备案的地方环境保护标准共 72 项，其中，现行标准 63 项，已废止或被代替标准 9 项。现行地方环境保护标准比"十五"末期增加了 40 项。"十二五"以来，我国继续加大地方环境标准制定力度，比如仅截止到 2012 年 2 月，青海省针对三江源区的自然生态环境保护和生态环境改善就制定了 87 个关于三江源区生态监测、自然生态保护改善和生态环境管理的地方标准。

世界各国对大气颗粒物的监控经历了标准由宽到严、监测对象由大到小的发展过程，欧美国家和部分发展中国家已逐步将 PM2.5 纳入当地空气质量标准以进行强制性限制。

PM2.5 是指大气中直径小于或等于 2.5 微米的颗粒物，也称为可入肺颗粒物，它的直径还不到人的头发丝粗细的 1/20。虽然 PM2.5 只是地球大气成分中含量很少的组分，但它对空气质量和能见度等有重要影响。与较粗的大气颗粒物相比，PM2.5 粒径小，富含大量的有毒、有害物质且在大气中的停留时间长、输送距离远，因而对人体健康和大气环境质量的影响更大。

PM2.5 是形成灰霾天气的元凶。当大量细颗粒物浮游在空中，大气能见度就会变小，天空看起来就会灰蒙蒙的，气象学把这一现象叫做"灰霾天"。而造成这种灰霾天的罪魁祸首就是细颗粒物。国际通行的衡量空气污染的标准是测量每立方米空气中所含的悬浮微细粒子，世界卫生组织的标准是 20 微克。但中国只有 1% 的城市居民生活在 40 微克的标准以下，却有 58% 的城市居民生活在 100 微克标准以上的空气中。

PM2.5 标准始于 20 世纪 70 年代，欧美国家开始注意到颗粒物污染与健康问题之间的联系。一项始于 1982 年后成果发表于《美国医学会杂志》的研究表明，PM2.5 会导致动脉斑块沉积引发血管炎症和动脉粥样硬化，最终导致心脏病或其他心血管问题。这项研究还证实当空气中 PM2.5 的浓度长期高于 $10\mu g/m^3$ 就会带来死亡风险的上升。浓度每增加 10 $\mu g/m^3$，总的死亡风险会上升 4%，心肺疾病带来的死亡风险上升 6%，肺癌带来的死亡风险上升 8%。此外，PM2.5 极易吸附多环芳烃等有机污染物和重金属，使致癌、致畸、致突变的概率明显升高。而随着科学技术的发展和研究的深入，现在许多研究成果已证实细颗粒物会对呼吸系统和心血管系统造成伤害，导致哮喘、肺癌、心血管疾病、出生缺陷和过早死亡。

颗粒物的大小决定了它们最终在呼吸道中的位置，较大的颗粒物往往会被纤毛和黏液过滤而无法通过鼻子和咽喉，而小于 10 微米的颗粒物（即可吸入颗粒物 PM10）可以穿透这些屏障到达支气管和肺泡，小于 2.5 微米的颗粒物（即细颗粒物 PM2.5）比 PM10 更易吸附有毒害的物质。由于体积更小，PM2.5 具有更强的穿透力，可能抵达细支气管壁，并干扰肺内的气体交换。最小的颗粒物直径≤100 纳米，其带来的危害更为严重，有证据表明这些颗粒物可以穿过细胞膜到达其他器官（包括大脑），有研究指出这些微粒可能引发脑损伤，包括老年痴呆症。值得注意的是，柴油发动机产生的微粒直径通常在 100 纳米左右。

科学上越来越多的确凿证据表明，空气中颗粒物的危害非常大。从二十世纪七八十年代开始，欧美国家开始发布量化指标限制空气中颗粒物的浓度。起初，欧美空气质量准则对颗粒物的限定比较笼统，没有对颗粒物的大小进行细分。1987 年，美国联邦环保局首次制定了针对 PM10 的限定标准。1997 年，美国在《国家环境空气质量标准》中增加了对 PM2.5 浓度上限的要求。2006 年，美国修订空气质量标准，对 PM2.5 浓度提出了更为严格的限定标准。

按照美国目前的标准，PM10 日均浓度上限为 150 微克/立方米，相当于世卫组织对 PM10 确定的第一个过渡时期的目标值，PM2.5 日均浓度上限为 35 微克/立方米，年均浓度上限为 15 微克/立方米，大致相当于世卫组织对 PM2.5 确立的第三个过渡时期目标值。

2012 年 2 月 29 日，我国颁布了新的环境空气质量标准，增设了颗粒物（粒径小于等于 2.5 μm，即 PM2.5）浓度限值。总体上看，新的《环境空气质量标准》中，污染物控制项目实现了与国际接轨，但由于我国还是一个发展中国家，经济技术发展水平决定了 PM10、PM2.5 等污染物的限值目前仅能与发展中国家空气质量标准普遍采用的世卫组织第一阶段目标值接轨。从这个意义上说，新标准仅仅与世界"低轨"相接。新标准颁布后，环保部立即印发了《关于实施〈环境空气质量标准〉的通知》、《空气质量新标准第一阶段监测实施方案》等一系列文件，明确提出了新标准实施的"三步走"目标，明确了开展第一阶段监测的范围、内容和要求，对新标准监测实施工作进行了全面部署。一些重点城市也已经开始发布 PM2.5 的监测信息，但与之配套的监测方法标准、规范却无法满足要求。主要问题在于缺乏仪器适用性检测技术要求。环保部已经迅速公开了《环境空气颗粒物（PM10 和 PM2.5）连续监测系统技术要求及检测方法（试行）》等 6 项国家环境保护标准，以规范包括 PM2.5 在内的监测工作，

[参考法律规范]

1. 《2011 中国环境状况公报》（环境保护部 2012 年发布）
2. 《美国国家环境空气质量标准》（1997 年颁布）
3. 中国国家《环境空气质量标准》（2012 年颁布）

## 二、环境影响评价制度

**案例九：**　　　　　**环评不合格，老太太逼停京港澳大桥**

[所属部分] 环境资源法基础理论之环境法的基本制度
[大纲知识点] 环境影响评价制度
[案例背景]

　　港珠澳大桥是一座连接香港、珠海和澳门的巨大桥梁，跨越珠江口伶仃洋海域，对促进香港、澳门和珠江三角洲西岸地区经济的进一步发展具有重要战略价值。这座跨海大桥全长接近 50 公里，主体工程长度约 35 公里，包含离岸人工岛及海底隧道，将会形成"三小时生活圈"，缩减穿越三地时间。该大桥属于珠三角环线高速的一部分，设计时速每小时 100～120 公里。工程建设内容包括港珠澳大桥主体工程、香港口岸、珠海口岸、澳门口岸、香港接线以及珠海接线。大桥主体工程采用桥隧组合方式，大桥主体工程全长约 29.6 公里，海底隧道长 6.7 公里。大桥还将建设景观工程，拟设白海豚观赏区和海上观景平台。大桥将采用最高建设标准，抗震达 8 度（地震烈度），能抗 16 级台风，设计使用寿命 120 年，预计于 2016 年完工。大桥落成后，将会是世界上最长的六线行车沉管隧道，及世界上跨海距离最长的桥隧组合公路，并成为仅次于美国庞恰特雷恩湖桥、我国宁波杭州湾大桥和胶州湾大桥的世界第四长桥。

[案情描述]

　　港珠澳大桥是中国首座涉及"一国两制"三地的世界级跨海大桥，围绕这座大桥的争议持续了 26 年，大桥的施工难度和协调难度均为前所未有，大桥着陆点、桥型线位、口岸模式、融资安排成三方博弈的四大焦点。然而，这座全长近 50 公里、工程造价逾 700 亿港元的港珠澳大桥，在获得政府协调统一之后，竟然被一位家住香港东涌的 66 岁老太通过法律途径挡住建设步伐，反观珠港澳大桥内地段已经开工经年，其中人工岛挖泥工程已完成近九成。而珠港澳大桥的香港段，原定于 2009 年初动工，至今仍未有动静，阻碍大桥施工的正是家住香港东涌富东邨的居民——66 岁老太朱绮华，计划 2016 年通车的港珠澳大桥香港段工程或许无法如期完工。[1]

香港东涌66岁的老太朱绮华于2010年通过申请法律援助入禀（上诉）香港高等法院，就大桥香港段环评报告申请司法复核，要求推翻环保署2009年10月通过的港珠澳大桥香港口岸段及香港接线段的两份环评报告。朱绮华在司法复核中指出，根据《环境影响评估条例》中研究概要及技术备忘录的要求，环评报告应包括指出、预计及评估有关工程对环境的影响，让环保署长及市民能了解影响。若环评报告未能符合研究概要及技术备忘录的要求，环保署长应该否决该报告。环保署长批准港珠澳大桥的两份环评报告，没有评估臭氧、二氧化硫及悬浮微粒的影响，是不合理的，也是不合法的，尽管港珠澳大桥对三地经济发展和区域融合具有极端重要性，但政府不应因为经济利益和加速区域融合，而放弃行之有效的监督机制，比如通过环境评估保护生态和公众利益，因而要求推翻环保署向港珠澳大桥香港段发出环境许可证的决定。

2011年3月，司法复核在香港高等法院开庭进行。4月18日下午，香港高院正式裁定港珠澳大桥香港段环评报告不合规格，要求环保署长撤销环境许可证，并支付朱绮华1/3诉讼费。法官霍兆刚的判词指出，环保署长批核的环评报告，欠缺关于空气质素的独立评估，未能符合港珠澳大桥研究概要及技术备忘录的要求。有关环评报告只提出兴建两段道路后对空气造成的影响，而对于不兴建两段路的空气情况则没有给出数据，所以作出的判断缺乏基础。高院判词指出，如新环评报告可提供工程相关的环境影响，环保署长届时可决定可否批准工程再动工。同时，败诉的环保署需支付朱绮华1/3诉讼费，其余诉讼费则由法律援助按规定支付。而环保署则表示，会研究高等法院的判词，并就下一步行动征询法律意见。

[法律问题]

1. 什么是环境影响评价制度？我国环保法有哪些环境影响评价制度的主要规定？

2. 联系本案谈谈环境影响评价制度。

[法理分析]

本案是一起典型的因建设工程的环境影响评价存在瑕疵而导致该建设项目无法开工建设的案例。环境影响评价的后果是，如果该规划或建设项目的环评没有通过，则该规划或建设项目不得实施，已经实施的，则必须停工建设或拆

---

〔1〕　本案参考资料：①佚名："香港66岁老太通过司法逼停港珠澳大桥建设"，腾讯网，http://news.qq.com/a/20110420/001445.htm，2011年4月20日；②李伟宽："香港老太逼停港珠澳大桥续：88亿额外拨款获批"，东南网，http://www.fjsen.com/h/2012-05/26/content_8471478_2.htm，2012年5月26日。

除。本案中，因为珠港澳大桥的环评报告不符合香港《环境影响评估条例》的规定，造成该项目停工，即使该项目具有非常重大的战略意义，也必须遵守法律的规定。可见，环境影响评价制度是一项保护人类免受环境污染之害的极为重要的法律制度。

所谓环境影响评价制度，是指在某项人为活动之前，对实施该项活动可能造成的环境影响进行分析、预测和评估，并提出相应的预防或者减轻不良环境影响的措施和对策，在该活动进行过程中还应跟踪监测，并根据实际情况进行调整、修改和完善的方法和制度。

环境影响评价制度是预防为主原则的具体体现，该制度的实施可以有效预防人类行为对环境的侵害，防患于未然。这项制度在美国首创后，迅速风靡全球。我国早在 1979 年《环境保护法（试行）》中就提出对建设项目实施环境影响评价，后来颁布的《水污染防治法》、《海洋环境保护法》、《大气污染防治法》等多部环境法律都规定了环境影响评价制度。2002 年，为进一步提高环境影响评价制度的执行力，我国出台了《环境影响评价法》。

环境影响评价制度，是有关环境影响评价的适用范围、评价内容、审批程序、法律后果等一系列法律规定的总称。一般而言，环境影响评价制度包括战略环评和建设项目环评两类，战略环评是指对政府的宏观决策活动（如立法、政策、计划等）的环评；建设项目环评是指对具体的建设项目进行的环评。我国《环境影响评价法》第 2 条规定："本法所称环境影响评价，是指对规划和建设项目实施后可能造成的环境影响进行分析、预测和评估，提出预防或者减轻不良环境影响的对策和措施，进行跟踪监测的方法与制度。"从而规定了我国环境影响评价适用于规划和建设项目两类。

对各类规划按其性质不同，实行不同程度的环境影响评价。对综合指导规划，包括国务院有关部门、设区的市级以上地方人民政府及其有关部门组织编制的土地利用的有关规划、区域、流域、海域的建设、开发利用规划，应当在编制规划过程中同步组织环境影响评价，并编写该规划有关环境影响的篇章或说明；对专项规划，包括对国务院有关部门、设区的市以上地方人民政府及其有关部门组织编制的工业、农业、畜牧业、林业、能源、水利、交通、城市建设、旅游、自然资源开发的有关专项规划，应当在该专项规划草案上报审批前组织进行环境影响评价，并向审批该专项规划的机关提出环境影响报告书。对各类建设项目，根据其对环境的影响程度，实行分类管理。可能造成重大环境影响的，应当编制环境影响报告书，对产生的环境影响进行全面的评价；可能造成轻度环境影响的，应当编制环境影响报告表，对产生的环境影响进行分析或专项评估；对环境影响较小、不需要进行环境影响评价的，应当填报环境影响登记表。1999 年，原国家环保总局分别按照建设项目对环境可能造成的重大影响、轻度影响、影响很小的界定原则编制了《建设项目环境保护分类管理目录（试行）》。

对拟定的综合指导规划所需编制的环境影响篇章或说明文书，主要内容包括：对规划实施后可能造成的环境影响作出分析、预测和评估，提出预防或减轻不良环境影响的对策和措施两部分。对拟定的专项规划所需编制的环境影响报告书，主要内容包括：实施该规划对环境可能造成影响的分析、预测和评估，预防或减轻不良环境影响的对策和措施，环境影响评价的结论三部分。对拟建的建设项目所需编制的环境影响报告书，主要内容包括：建设项目概况；建设项目周围环境现状；建设项目对环境可能造成影响的分析、预测和评估；建设项目环境保护措施及其技术、经济论证；建设项目对环境影响的经济损益分析；对建设项目实施环境监测的建议；环境影响评价的结论七部分。

本案中，朱绮华老太之所以能够提出诉讼并获得法院认可，就在于按照环境影响评价制度的规定，应该对建设项目现有的周围环境现状作出评估，而香港环保署的环评报告并未对现有的空气质量进行评估，因而是违反环评制度规定的。

[参考法律规范]

1. 《香港环境影响评估条例》（1997 年颁布）

2. 《环境影响评价法》（2002 年颁布）

**三、环境监测制度**

**案例十：　　　　深圳蛇口环境监测站诉香港凯达公司环境污染案**

[所属部分] 环境资源法基础理论之环境法的基本制度

[大纲知识点] 环境监测制度

[案例背景]

1979 年，中国第一个外向型经济开发区——深圳蛇口工业区成立了。该工业区位于深圳南头半岛东南部，东临深圳湾，西依珠江口，与香港新界的元朗和流浮山隔海相望。外向型经济发展模式有力地促进了蛇口工业区的发展，蛇口很快就从一个偏僻荒芜的小渔村，发展成为今日环境优美、经济发达、社会繁荣稳定、投资环境和基础设施完善、社区功能齐全的新型海滨城区。然而，在蛇口经济迅速发展的过程中，也曾经产生过严重的环境污染。

香港凯达公司于 1981 年 9 月与深圳特区招商局签订协议，在蛇口工业区独资建厂生产各种塑料玩具，投资 1600 万美元，职工 1200 人。1982 年 2 月，该公司开始正式生产后，浇模车间产生恶臭和有毒气体，未经处理即向大气排放，呛人喉鼻，使人呼吸困难；同时，机器发出的噪声震耳欲聋，使人烦躁。对此，附近企事业单位、机关团体、居民纷纷向监测站反映，要求政府严肃处理。

　　蛇口区环境监测站根据群众的强烈要求，从 1983 年 5 月初开始，多次督促凯达公司对污染进行治理，并先后聘请广州有关科研单位的专家、教授和技术人员到凯达公司多次进行勘测，提供治理方案，协助治理污染，但凯达公司均未采纳。1983 年 10 月 22 日，蛇口区环境监测站向被告发出限期治理的通知。对此，凯达公司仍未采取有效措施进行治理。[1]

　　[案情描述]

　　由于香港凯达公司的环境污染已经严重影响到周围居民的身心健康，又拒绝执行蛇口区环境监测站的限期治理通知，监测站不得不在 1983 年 12 月 27 日向深圳市中级人民法院提起诉讼，要求凯达公司对其产生的环境噪声和废气进行彻底治理以达到国家规定标准，并支付聘请环保科技人员前来勘测产生的有关费用。

　　香港凯达公司答辩称：1983 年 10 月 22 日前，原告从未向我公司提供有关环境污染方面的具有法律效力之科学鉴定资料和国家有关标准，却指控我公司在生产中有噪声和排放恶臭，使人困惑不解；要我公司耗费 4 万美元安装"过滤装置"更难以接受；原告限我们在 1983 年 12 月 25 日前将污染治理好，实在无法办到，而且浇模车间已按限期停止生产。深圳市中级人民法院受理此案后，经多方调查，查明：①噪声问题：国家规定，企业的工人每个工作日接触噪声 8 小时，允许 85 分贝；工业集中区噪声白天为 65 分贝。但是，凯达公司浇模车间工人每天工作均在 8 小时以上，其噪声最大值为 106 分贝，最小值为 91 分贝；空气机房白天发出的噪声为 87 分贝，都大大超过国家标准；②排放废气问题：凯达公司浇模车间生产所用原材料的物理、化学性能，一直不向原告提供，经原告聘请科技人员到生产现场取样，作光谱定性分析，才检验出原材料的主要成分是聚氯乙烯并加入大量的磷苯二甲酸二辛酯增塑剂，加热成型时会放出恶臭气体。36 台浇模机产生的废气未加处理向大气排放，造成空气污染。1984 年 1 月，诉讼开始后，被告才将增塑剂成分的外文资料交与原告，经翻译后证明该增塑剂属脂肪酸类的发臭团。

　　深圳市中级人民法院审理认为：《中华人民共和国环境保护法（试行）》第

---

　　〔1〕　本案参考资料：①佚名："深圳市蛇口区环境监测站与香港凯达企业有限公司环境污染案"，110 法律咨询网，http：//www. 110. com/ziliao/article－37230. html，2008 年 6 月 26 日；②佚名："深圳市蛇口区环境监测站与香港凯达企业有限公司环境污染案"，中国法院网，http：//www. chinacourt. org/article/detail/2002/11/id/17769. shtml，2002 年 11 月 4 日。

6 条规定："一切企业、事业单位的选址、设计、建设和生产，都必须充分注意防止对环境的污染和破坏。在进行新建、改建和扩建工程时，必须提出对环境影响的报告书，经环境保护部门和其他有关部门审查批准后才能进行设计；其中防止污染和其他公害的设施，必须与主体工程同时设计、同时施工、同时投产；各项有害物质的排放必须遵守国家规定的标准。已经对环境造成污染和其他公害的单位，应当按照谁污染谁治理的原则，制定规划，积极治理。"但是，被告在建厂、生产过程中，不仅没有向环保部门提出环境影响报告书，申报生产原材料的化学成分，而且要求环保部门提出恶臭根源和科学数据，是完全没有道理的。当原告依法向被告提出限期治理污染后，被告虽于 1983 年 12 月 24 日停机生产，但从 1984 年 1 月 3 日到 13 日又开机生产，继续排污。被告的以上行为都是违法的。据此，深圳市中级人民法院依照《环境保护法（试行）》第 6 条、第 16 条和第 32 条的规定，判决：①被告对浇模车间的噪声、恶臭，限于 1984 年 10 月 31 日前，按照国家规定标准全面治理。②被告对原告依法提出的限期治理污染的通知，不仅不采取有效措施，积极进行治理，而且继续生产、排污。对这种违法行为，处以 2 万港元的罚款，上缴国库。③原告聘请有关科技人员，多次到被告工厂测试、勘验所支出的费用人民币 810 元，由被告负担。④本案诉讼费 1740 港元，由被告负担。宣判后，被告服判。

　　最高人民法院审判委员会第 232 次会议在总结审判经验时，认为广东省深圳市中级人民法院在审理该案中，严格执行《环境保护法（试行）》，判决正确，制止了污染环境的行为，保护了人民的健康。

　　[法律问题]

　　1. 什么是环境监测制度？我国环境法对环境监测制度有哪些主要规定？

　　2. 联系本案谈谈环境监测制度。

　　[法理分析]

　　本案是一起比较典型的环境监测机构执法案例。所谓环境监测，是指依法从事环境监测的机构及其工作人员，按照有关法律法规规定的程序和方法，运用物理、化学或生物的方法，对环境各项要素或污染物的状况进行测定的活动。环境监测制度是指依据法律对环境监测的机构、对象、范围、内容、程序和监测结果的效力所作的一系列规定，是环境监测活动的法定化、制度化。[1]

　　环境监测按照监测对象，可以分为：环境质量监测、污染源监督性监测、突发性环境污染监测、为环境状况调查和评价等环境管理活动提供监测数据的其他环境监测活动等。按照监测方法，可以分为：定点监测、流动监测、连续

〔1〕　蔡守秋主编：《环境法案例教程》，复旦大学出版社 2009 年版，第 91 页。

性监测、间断性监测、自动监测、手动监测等。

环境监测工作是县级以上环境保护部门的法定职责。县级以上环境保护部门应当按照数据准确、代表性强、方法科学、传输及时的要求，建设先进的环境监测体系，为全面反映环境质量状况和变化趋势、及时跟踪污染源变化情况、准确预警各类环境突发事件等环境管理工作提供决策依据。环境监测的任务，是对环境中各项要素进行经常性监测，掌握和评价环境质量状况及发展趋势；对各有关单位排放污染物的情况进行监视性监测；为政府部门执行各项环境法规、标准全面开展环境管理工作，提供准确、可靠的监测数据和资料；开展环境测试技术研究，促进环境监测技术的发展。

环境保护部门所属环境监测机构按照其所属的环境保护部门级别，分为国家级、省级、市级、县级四级。各级环境监测机构应当按照国家环境监测技术规范进行环境监测，并建立环境监测质量管理体系，对环境监测实施全过程质量管理，并对监测信息的准确性和真实性负责。

本案中，蛇口区环境监测站就是对香港凯达公司的排放污染物情况进行监测，并根据主管部门的授权范围，对破坏和污染环境的行为行使监督和检查权力。2007年，原国家环保总局颁布了《环境监测管理办法》，该办法明确规定了县级以上环境保护部门所属环境监测机构具体承担环境监测技术支持工作，主要包括：①开展环境质量监测、污染源监督性监测和突发环境污染事件应急监测；②承担环境监测网建设和运行，收集、管理环境监测数据，开展环境状况调查和评价，编制环境监测报告；③负责环境监测人员的技术培训；④开展环境监测领域科学研究，承担环境监测技术规范、方法研究以及国际合作和交流；⑤承担环境保护部门委托的其他环境监测技术支持工作。因此，环境监测部门不再承担监督、检查污染和破坏环境的行为。

我国目前尚无专门具体规定环境监测制度的法律。1983年颁布的《环境监测管理条例》是在社会主义市场经济体制尚未确立、我国刚刚开始改革开放时制定的，它已经严重滞后，不能满足现实需要；原国家环保总局2007年颁布的《环境监测管理方法》规定过于概括，缺乏具体、可操作的规定，操作性不强。此外，我国的农业部、水利部、科技部等多个部门以及一些地方的相关管理部门都设立有环境监测站，环境监测工作处于一个多头管理之下，各部门都有各自不同的管理规范，最终导致不同部门依据不同的监测规范和方法得出的环境监测数据不统一，因此，应尽快建立健全环境监测法律法规，加快制定统一的环境监测标准和方法，统一规范环境监测，提高我国环境监测数据的可执行性。2014年修订的《环境保护法》在这方面有所进步，该法第17条规定："国家建立、健全环境监测制度。国务院环境保护主管部门制定监测规范，会同有关部门组织监测网络，统一规划国家环境质量监测站（点）的设置，建立监测数据共享机制，加强对环境监测的管理。"从而为进一步完善我国的环境监测制度奠定了法律基础。

［**参考法律规范**］

1. 《环境保护法》（1989 年颁布，2014 年修订）
2. 《环境监测管理条例》（原城乡建设环境保护部 1983 年颁布）
3. 《环境监测管理办法》（原国家环保总局 2007 年颁布）

**四、环境许可制度**

**案例十一：** **取水许可——河北廊坊高尔夫球场违法取水案**

［**所属部分**］ 环境资源法基础理论之环境法的基本制度

［**大纲知识点**］ 环境许可制度

［**案例背景**］

"高尔夫"是荷兰文 kolf 的音译，意思是"在绿地和新鲜氧气中的美好生活"。然而青翠欲滴的草坪，一望无际的绿色，却需要大量水不断浇灌。自从中国第一个高尔夫球场 1984 年在广东中山落成，至今中国高尔夫球场已经发展到约四百多个，并且还在继续保持迅猛的发展势头。

中国河北省，一个极度缺水的省份。按照国际界定标准，人均水资源量 500 立方米以下属于极度缺水，而河北省人均水资源量只有 305 立方米。每年全省提供的水资源量为 167 亿立方米，而需求量却达到 220 亿立方米左右，不足的部分只有依靠超采地下水来补足。从 20 世纪 70 年代起，河北省就开始大规模开采地下水。20 世纪 70 年代初，因为大搞农田水利建设，河北省打了七八万口机井，地下水开采量大概是六七十亿立方米。之后地下水的开采量就逐年加大，到 20 世纪 90 年代以后，地下水的开采量达到了一百多亿，到 2000 年左右，地下水开采量达到了比较高的水平，一般年份有 150 亿左右，最高的年份竟高达 170 亿。与此形成鲜明对比的是，河北地下水的水质逐渐下降，水位也逐渐降低。刚开始的时候，水位是十几米，现在下降到三十多米。从 1976 年到现在，河北省每年平均超采地下水 40 亿立方米，三十多年共超采 1200 多亿立方米，相当于 200 个白洋淀蓄水量。由于长期超采地下水，目前河北省已形成面积近 4 万平方公里的罕见的"地下漏斗群"，这个漏斗群有着几百亿立方米的空间。由于水资源严重短缺，已经制约着整个河北经济社会的快速发展，成为河北可持续发展的重要瓶颈。2001～2003 年，第二次河北省水灾评价的结果是全省水资源总量有 205 亿立方，人均不足 300 立方，比第一次评价结果更低，是全国人均的

1/7，国际公认的缺水标准是1000立方，严重或者极度缺水是500立方，按此标准河北省属于极度缺水地区。

**[案情描述]**

河北廊坊，一个极度缺水的城市，然而，在廊坊市香河县却开建了中信国安第一城高尔夫式花园球场。该球场占地面积1800亩，为保持草坪的绿色新鲜，需要经常灌溉，每天的用水都要超过1000立方。到春秋的时候，因为风大，一天的用水量最高可能达到六七千立方，相当于三百多个家庭一个月的用水量。而据不完全统计，在华北地区，一平方米的草坪每年大概需0.5~0.6吨的水。按一个球场的草坪面积是30万~40万平方米来计算，则每个球场每年所需用水量在15万~24万吨，这仅仅是理论值，即高尔夫球场的最少用水量，如果球场的管理人员不注意节水的话，这个数值将会大大增加。在目前缺水比较严重的华北地区，其耗水效应则更为突出。如此高耗水的高尔夫球场如何控制耗水成本呢？由于河北省内的很多河流都断流或水量不足，高尔夫球场灌溉用水都来自球场在地上打的井，把井里的水调到湖里，然后水通过湖里的管道流入泵站，再喷出来。同样的井，在这1800亩地的球场上一共有3口。这么多的用水量，球场却可以完全免费使用。[1]

根据保护地下水的相关法律规定，开采地下水需要当地水利部门批准，获得许可证后才可施工，所以高尔夫球场都会准备一个明井，来应付上面的检查。而另外的井（被称为暗井）所抽取的地下水是不花钱的。香河中信国安第一城高尔夫式花园球场就有3个暗井。按照球场的运营规定，每天的浇水时间都是有限的，要保证顾客打球，如果在有限时间内完不成灌溉，达不到要求，他们就会更倒霉。球场不仅偷偷打暗井，而且为了保持充足的水量，还往往把井打得很深。因为浅层地下水经常开采，已经抽不出水了。而深层地下水很难恢复，恢复的年份往往以万年为单位。

高尔夫是从国外引进的一项运动，实际上西方国家早就注意到它的高耗水问题。美国乔治亚州（Georgia）政府曾在6年前颁布了一项限制高尔夫用水的规定。而据《纽约时报》报道，因为担心全球变暖会引发更严重的干旱天气，美国各州政府早就开始执行向高尔夫球场经理们咨询节水策略的制度。例如，美国的加州存在着干旱问题，但是高尔夫球场建得比较多，民众对高尔夫用水

---

〔1〕 本案参考资料：①于文静："水利部公布查处的一批高耗水服务业用水典型案件"，新华网，http://news.xinhuanet.com/2012-01/19/c_122608851.htm，2012年1月19日；②佚名："高尔夫球场违规用水占了一半"，新浪财经，http://finance.sina.com.cn/china/20120120/033511245176.shtml，2012年1月20日；③曹国厂、白林、武思宇："河北省违规高尔夫球场清理整治情况调查"，中央政府门户网站，http://www.gov.cn/jrzg/2011-08/31/content_1937674.htm，2011年8月31日。

提出了同样问题。截至 2007 年，美国乔治亚州高尔夫球场管理员协会旗下 97%
的高尔夫俱乐部都采取了最佳节水管理方法。据估计，3 年内节省用水达 25%。

2011 年 8 月 5 日，媒体报道"河北高尔夫球场偷采地下水，恢复水层需上
万年"。其后，水利部在全国开展了一次全国高耗水服务业用水专项检查行动，
各省份重点查处了一批违规取水、无证取水和浪费用水单位。2011 年 8 月 11
日，廊坊市香河县水政监察大队根据《中华人民共和国水法》第 69 条的规定，
"有下列行为之一的，由县级以上人民政府水行政主管部门或者流域管理机构依
据职权，责令停止违法行为，限期采取补救措施，处 2 万元以上 10 万元以下的
罚款；情节严重的，吊销其取水许可证：①未经批准擅自取水的；②未依照批
准的取水许可规定条件取水的。"针对河北廊坊中信国安第一城高尔夫式花园球
场作出了处罚，对未经批准的三眼机井进行封停，并处罚金 6 万元。2012 年 1
月 19 日，水利部公布了一批全国查处的典型案件，其中的第一个典型案件就是
"河北省廊坊市香河中信国安第一城高尔夫式花园球场违法取水案"。

[法律问题]

1. 什么是环境许可证制度？我国环保法有哪些环境许可证的规定？

2. 联系本案谈谈环境许可证制度。

[法理分析]

本案是一起典型的取水许可证违法案件。取水许可证是环境许可证的一种
类型。所谓环境许可证制度，是指从事对环境产生影响的各种开发利用活动以
及各种设施的建立和经营之前，经营者必须向有关主管机关提出申请，经审查
批准，发给许可证后，方可进行该活动的法律制度。它是环境行政许可的法律
化，是环境行政管理机关进行环境保护监督管理的重要手段。采取环境许可证
制度，可以把各种有害或可能有害环境的活动纳入国家统一管理的轨道，并将
其严格控制在国家规定的范围内；有利于对开发利用环境的各种活动进行事先
审查和控制；便于发证机关对持证人实行有效的监督和管理。环境许可证从其
作用上看有三种类型：一是预防环境污染许可证。如排污许可证，危险废物收
集、贮存、处置许可证，放射性同位素与射线装置的生产、使用、销售许可证，
废物进口许可证，危险化学品生产、运输、销售和使用许可证等。二是防止环
境破坏许可证。如林木采伐许可证、渔业捕捞许可证、野生动物特许捕猎证、
驯养繁殖许可证等。三是整体环境保护许可证。如建设规划许可证等。

环境保护许可证与其他方面的许可证制度一样，都要有申请、核审、颁发、
中止或吊销等一整套程序和手续。以排污许可证为例，许可证发放以后，发证
单位必须对持证单位进行严格的监督管理，使持证单位按许可证的要求排放污
染物。这种监督管理包括对排污情况的监测、对排污数据的报送、对持证单位

排污情况定期和不定期的检查等。对违反许可证排污的，要依法给予处罚，直到吊销许可证。

我国在环境资源法律法规中广泛采用了环境许可证制度。例如，《农药登记规定》中关于农药的生产、销售、使用和进口，《中华人民共和国海洋环境保护法》中关于向海洋倾倒废弃物，《放射性同位素与射线装置安全和防护条例》中关于生产、销售、使用放射性同位素和射线装置，《危险废物经营许可证管理办法》关于危险废物的经营许可，《森林法》规定的林木采伐许可证，《野生动物保护法》规定的狩猎许可证等，都要经过申请、登记和批准、颁发许可证后方能开始活动。

环境管理实践表明，许可证制度是加强国家对环境管理的行之有效的好办法。在环境管理中采用许可证制度的国家越来越多，采用许可证管理的对象越来越广。

**［参考法律规范］**

1. 《水法》（1988 年颁布，2002 年修订）
2. 《取水许可和水资源费征收使用管理条例》（国务院 2006 年颁布）
3. 《森林法》（1984 年颁布，1998 年修正）

**五、排污权交易制度**

**案例十二：　　　　　我国首例排污权交易——南通二氧化硫排污权交易**

［所属部分］环境资源法基础理论之环境法的基本制度

［大纲知识点］排污权交易制度

［案例背景］

排污指标可以像其他商品一样买卖，是美国等发达国家广泛采用的一种控制污染物排放的市场运作方式，近年来，我国已在水污染物排放指标交易方面做了尝试，但二氧化硫排污权交易仍为空白。1999 年，国家环保总局与美国环保局签署合作协议，在中国开展"运用市场机制减少二氧化硫排放的研究"项目，南通市被列为该项目试点城市之一，而南通天生港发电有限公司则是南通市的首批试点单位之一。

江苏南通市天生港发电有限公司多年来一直是电力系统的"一流火电企业"，近年来通过烟气脱硫等技术改造和强化管理、提升管理效率，使排污总量不断下降，每年二氧化硫实际排放量与环保部门核定的排污指标相比，有数百吨富余空间。南通醋酸纤维有限公司是位于南通市区的一家年产值数十亿元的大型化工企业，因生产规模的扩大，急需增加二氧化硫排放总量，但该公司早已核定的排污总量已没有富余指标。[1]

**[案情描述]**

在中美专家的指点和南通市环保局、天电公司等单位的积极配合下，经过近 1 年的技术准备和协调磋商，南通天生港发电有限公司与南通醋酸纤维有限公司达成国内排污权交易协议。根据双方达成的协议，天电公司将 1800 吨的二氧化硫排放权有偿转让给了买方，供买方在今后 6 年内使用，相当于每年"卖给"南通醋酸纤维有限公司 300 吨的二氧化硫排污权指标；在为期 6 年的交易期限里，买方南通醋酸纤维有限公司以每吨 250 元的价格，一次性给卖方付清了款项。买方得到的是排污权的年度使用权，合同期满后排污权仍归卖方所有。2001 年南通天生港发电有限公司收到了醋酸纤维有限公司的第一笔二氧化硫排污权转让费 20 万元，这是我国首例成功的二氧化硫排污权交易，标志着中美合作项目"运用市场机制控制二氧化硫排放"取得了开拓性成果。此次交易的成功，不仅首次确立了排污权的概念，强调了环境作为一种资源的有偿性，也为排污权交易今后在我国的全面实行积累了宝贵经验。

排污权还可以进行二手交易。曾通过中国首例气体污染物排放权交易获得 6 年共计 1800 吨二氧化硫排污权指标的南通醋酸纤维有限公司，有效地控制了污染物排放后，就向别的企业转让了为期 3 年共计 1200 吨的排放指标。

作为买方的南通醋酸纤维有限公司，在随后投资 21.58 亿元的生产四期扩建工程中，通过实施清洁生产和发展循环经济，采用国内最为先进的技术与装备，全面对排放的污染物进行围剿。特别是在国内率先建成了每台集尘面积达到 2632 平方米的三电场除尘器等，使二氧化硫排放浓度大大下降，不仅实现了二氧化硫的总量控制，而且手中还有了可观的富余指标。

恰在这时，列为世界 500 强的日本王子制纸株式会社，看中了南通经济技术开发区这块临江偎海的"风水宝地"，计划投资 139 亿元建成迄今日本向海外投资的最大工业项目。这个特大型的造纸项目，尽管采用了世界上先进的烟气脱硫措施，但每年还要向大气环境中排放 790 吨二氧化硫污染物。作为一个新建项目，这家会社手中已没有排污总量控制指标，必须通过区域内其他排污企业腾出环境容量，才能建设投产。为此，南通经济技术开发区通过扩大集中供热面积，关停取缔了一批小锅炉，腾出了 400 吨的二氧化硫排放指标，而其余排污指标则必须向市场去购买。为保证南通市最大的外资项目如期建成投产，

---

〔1〕　本案参考资料：①佚名："国内排污权交易案"，110 法律咨询网，http：//www.110.com/falv/huanjingbaohufa/hjbhfal/2010/0802/205281.html，2010 年 8 月 2 日；②佚名："南通排污权买卖又爆新鲜事"，http：//finance.sina.com.cn/roll/20041102/09401125420.shtml，2004 年 11 月 2 日。

南通市环保局出面当"红娘",通过牵线搭桥把南通醋酸与王子制纸撮合在一起,进行二氧化硫排污指标的"买卖"洽谈。洽谈结果为南通醋酸愿意从富余的排污指标中,每年拿出400吨二氧化硫排放指标,"卖给"王子制纸,为期3年共计1200吨。根据南通市的市场行情,每吨二氧化硫排放权的"成交价格"已上涨到了1000元。双方很快签订合同,并一次性付款到位。至此,又一桩二氧化硫排污权交易在南通市成交。这样,既保证了王子制纸的顺利开工建设,又使得南通醋酸有了"赚头",还实现了南通市二氧化硫排放总量的有效控制。

[法律问题]

1. 什么是排污权交易制度?我国环境法有哪些排污权交易制度的主要规定?

2. 联系本案分析排污权交易制度。

[法理分析]

本案是我国首例成功的二氧化硫排污权交易,具有代表性和典型性。所谓排污权交易,是指在总量控制的前提下,在一定区域内的各污染源之间通过买卖富余排污指标的方式相互调剂排污量,从而达到减少排污量,保护环境的目的。其核心思想是通过排污许可证建立合法的排污权,允许排污权像商品一样买卖,进行污染物的排放控制。

排污权交易起源于美国。美国经济学家戴尔斯于1968年最先提出了排污权交易的理论,随后被美国联邦环保局(EPA)用于大气污染源及河流污染源管理,排污权交易在美国的试行获得了很大的成功,并被迅速推广到世界其他各国,德国、澳大利亚、英国等都相继实行了排污权交易。

排污权交易的主要程序是:首先由政府根据一定区域的环境质量目标,评估该区域的环境容量;然后推算出污染物的最大允许排放量,并将最大允许排放量分割成若干规定的排放量,形成若干排污权;最后由政府选择不同的方式分配这些权利,并通过建立排污权交易市场使这种权利能合法地买卖。在排污权市场上,排污者从其利益出发,自主决定其污染治理程度,从而买入或卖出排污权。

我国目前还没有专门在法律中对排污权交易作出规制,各地方在试点过程中出台了一些地方性的法规、规章或规范性文件。如本案中江苏省出台的《电力行业二氧化硫排污权交易管理暂行办法》、《广东省排污权有偿使用和交易试点管理办法》等。尽管立法还不够健全,但排污权交易在实践中不断发展。在南通市首例二氧化硫排污权成功交易之后,江苏省也发生了第二例异地排污权交易成功实例——国电常州发电有限公司和谏壁发电厂二氧化硫排污权交易。2002年以来,国家环保部在全国7个省市开展了排污权交易的综合试验,其目标是在社会主义市场经济条件下,运用经济杠杆的作用,充分调动企业主动削减污染物排放总量的积极性，以最小成本实现减排目标。目前，在我国开展排污权交易的试点和项目示范的省市中，有我国经济最发达、市场经济发育较成熟的上海市、江苏省；二氧化硫排放量最高的山东省；重工业和能源基地山西省；工业大城市天津市以及最早建立股份制、拥有电力行业发电容量近 1/10 的中国华能集团股份公司等。在广西柳州市，已实现了二氧化硫排放总量控制及排放许可证规范化管理。环保部和项目专家组的中外专家一致认为，排污权交易政策已在中国落地生根、开花结果。目前，二氧化硫排污权交易管理和运行机制构架已见雏形，交易案例具有明显的社会、经济、环境效益。

[参考法律规范]

1.《美国清洁空气法》（1970 年颁布）

2.《江苏省电力行业二氧化硫排污权交易管理暂行办法》（江苏省环境保护厅 2002 年颁布）

**六、排污收费制度**

案例十三：　　　　　　山西省环保局滥用排污收费案

[所属部分] 环境资源法基础理论之环境法的基本制度

[大纲知识点] 排污收费制度

[案例背景]

排污收费历来是由环境行政主管部门收取，用以资助环保事业发展的主要经费来源。2011 年全国排污收费额突破 200 亿元，全国共向近 44 万户排污单位征收排污费 202 亿元，同 2010 年相比，金额增加 24.3 亿元，增幅为 13.6%。

审计署向全国人大常委会做审计工作报告始于 1996 年。从 1998 年开始，审计署每年都查出了多起大案要案，2003 年审计署推出审计结果公开制度，6 月 25 日，审计署提交了一份长达 22 页的审计报告，并首次在第一时间全文公布了牵涉很多重要部门的审计报告。2004 年 6 月 23 日，审计长代表国务院向全国人大常委会提交了一份很重要的审计报告，该报告揭露出很多中央部委的问题，且占到 9 成以上篇幅。报告中的 18 项内容，每一项都足够震撼，这就是所谓的"审计风暴"。在这场审计风暴中，山西环保系统被查出了一个"惊天大案"[1]

---

[1] 本案参考资料：①佚名："环保部：2011 年全国排污收费突破 200 亿元"，中国经济网，http：//hj.ce.cn/news/2012-02-01/6669.html，2012 年 2 月 1 日；②王立侠："700 万专项资金被挪用 审计揭开山西环保资金黑洞"，搜狐财经，http：//business.sohu.com/2004/06/26/49/article220724937.html，2004 年 6 月 26 日。

**［案情描述］**

山西是我国的煤炭大省，但由此产生了严重的煤烟污染，排污收费历来是山西环保系统的一个重大收入来源，但是，按照排污收费制度的规定，排污收费必须专款专用，只能作为环境保护补助资金，用于补助企业污染治理和综合治理工程。然而，2002年经国家审计署调查发现，山西省环保局挪用三千多万元排污费盖环保局大楼，山西省一些环保部门通过所属企业将下拨给排污企业的环保资金收回，用于办公经费、奖金福利和所属企业的对外投资，长期占用环境治理的专项资金。

经审计署调查，山西省环保局挪用了三千多万元排污费以"监测用房"的名义修建办公大楼，这座大楼共9层，面南背北，楼的侧面有绿色的环保标志，建筑面积达9200多平方米。经查，山西省环保局的这座新办公楼以"监测用房"的名义立项，计划总投资5216万元。立项审批文件要求资金由省计委和省环保局自行解决。如此高额的建楼费从哪里出呢？山西省环保局找省计委要了1000万元，但还有巨额的资金缺口，山西省环保局主要领导想到了排污收费。山西省排污收费历来是一块"肥肉"，包括历年节余的排污费，这座大楼一共用了三千多万元。至2002年8月审计时，该项目已完成投资1600万元，其中挪用历年排污结余资金达1000万元。山西省环保局还向它下属的环保基金有限公司贷了200万污染防治专项资金用于工程建设，这笔钱至今未还。

山西省环保局下属的山西环保基金有限公司于2001年6月至2002年4月将700万元环保专项资金存入太原市商业银行南内环支行，参与非法高息吸存活动。存款到期后，该公司只将利息中的15万元入账，其余75万元存放在账外。2003年审计结束时，该公司仍有200万元环保专项资金未能收回。另外，1998年10月至2000年8月，该基金公司先后将210万元环保专项资金和200万元公司贷款，以"投资"名义转入太原市某典当行。2001年1月，公司收回"投资"，仅支付银行贷款利息就有14万元，而获得的所谓"收益"只有3万元。

经过国家审计署山西特派办的审计调查，原国家环保总局于2004年5月21日通报全国环保系统，对山西一些环保部门严重违反财经纪律侵占环保资金的问题进行了查处。2004年6月7日，原山西环保基金有限公司会计因涉嫌挪用环保资金进行非法投资而被判刑。2004年6月1日，为防止环保部门通过所属企业将下拨给排污企业的环保资金收回，用于环保部门办公经费、奖金福利和所属企业的对外投资或通过下属单位长期占用环境治理的专项资金等现象的发生，国家环保总局重申：各级环保部门要全面掌握排污费征收管理政策，进一步清理所办经济实体，对侵占环保资金的行为，要追究直接责任人的责任。

**［法律问题］**

1. 什么是排污收费制度？我国环境法有哪些排污收费制度的主要规定？

2. 联系本案分析排污收费制度。

**［法理分析］**

本案是一起典型的违法排污收费案例。所谓排污收费制度，是指环境保护行政管理部门依照法定的权限和程序，按照法定的标准，对排污者征收排污费的一种制度。排污收费制度运用经济手段要求污染者承担社会责任，把外部不经济性内部化，促进污染者积极治理污染。

我国不仅在《大气污染防治法》、《水污染防治法》、《海洋环境保护法》等多部环境法律中规定了排污收费制度，还出台了专门的排污收费行政法规，即国务院 2003 年颁布的《排污费征收使用管理条例》。排污费制度主要包括排污费征收对象、征收标准、征收程序、排污费的使用和管理等内容。

根据我国排污收费制度的规定，直接向环境排放污染物的单位和个体工商户（即排污者），应当缴纳排污费。排污者向城市污水集中处理设施排放污水、缴纳污水处理费用的，不再缴纳排污费。县级以上人民政府环境保护行政主管部门、财政部门、价格主管部门应当按照各自的职责，加强对排污费征收、使用工作的指导、管理和监督。

排污费的使用管理规定：必须严格实行"收支两条线"，征收的排污费一律上缴财政，环境保护执法所需经费列入本部门预算，由本级财政予以保障。排污费应当全部专项用于环境污染防治，任何单位和个人不得截留、挤占或者挪作他用。排污费必须纳入财政预算，列入环境保护专项资金进行管理，主要用于下列项目的拨款补助或者贷款贴息：①重点污染源防治；②区域性污染防治；③污染防治新技术、新工艺的开发、示范和应用；④国务院规定的其他污染防治项目。县级以上地方人民政府财政部门和环境保护行政主管部门每季度向本级人民政府、上级财政部门和环境保护行政主管部门报告本行政区域内环境保护专项资金的使用和管理情况。

排污费的征收程序：排污者应当按照国务院环境保护行政主管部门的规定，向县级以上地方人民政府环境保护行政主管部门申报排放污染物的种类、数量，并提供有关资料。县级以上地方人民政府环境保护行政主管部门，应当按照国务院环境保护行政主管部门规定的核定权限对排污者排放污染物的种类、数量进行核定。污染物排放种类、数量经核定后，由负责污染物排放核定工作的环境保护行政主管部门书面通知排污者。

负责污染物排放核定工作的环境保护行政主管部门，应当根据排污费征收标准和排污者排放的污染物种类、数量，确定排污者应当缴纳的排污费数额，并予以公告。排污费数额确定后，由负责污染物排放核定工作的环境保护行政主管部门向排污者送达排污费缴纳通知单。排污者应当自接到排污费缴纳通知单之日起 7 日内，到指定的商业银行缴纳排污费。商业银行应当按照规定的比例将收到的排污费分别解缴中央国库和地方国库。排污者因不可抗力遭受重大经济损失的，可以申请减半缴纳排污费或者免缴排污费。排污者因未及时采取有效措施，造成环境污染的，不得申请减半缴纳排污费或者免缴排污费。

排污者应当按照下列规定缴纳排污费：①依照《大气污染防治法》、《海洋环境保护法》的规定，向大气、海洋排放污染物的，按照排放污染物的种类、数量缴纳排污费。②依照《水污染防治法》的规定，向水体排放污染物的，按照排放污染物的种类、数量缴纳排污费；向水体排放污染物超过国家或者地方规定的排放标准的，按照排放污染物的种类、数量加倍缴纳排污费。③依照《固体废物污染环境防治法》的规定，没有建设工业固体废物贮存或者处置的设施、场所，或者工业固体废物贮存或者处置的设施、场所不符合环境保护标准的，按照排放污染物的种类、数量缴纳排污费；以填埋方式处置危险废物不符合国家有关规定的，按照排放污染物的种类、数量缴纳危险废物排污费。④依照《环境噪声污染防治法》的规定，产生环境噪声污染超过国家环境噪声标准的，按照排放噪声的超标声级缴纳排污费。排污者缴纳排污费，不免除其防治污染、赔偿污染损害的责任和法律、行政法规规定的其他责任。

我国当前的《排污费征收使用管理条例》构筑了以总量控制为原则、以环境标准为法律界限的新的排污收费框架体系。但正如本案所暴露出的问题一样，排污收费制度在实际运行中出现了一些问题，主要有：①由于政府执法不严、干预不够、监测手段落后、企业刻意逃避征管等原因导致排污费不能足额征收，影响了污染治理资金的筹集和环保设施的建设；②排污收费标准缺乏灵活性，经济发达地区和欠发达地区实行一样的收费标准，使得发达地区的企业出现缴费购买污染权，而欠发达地区的排污费又难以收缴的问题；③少数地方政府和机关截留、挪用、挤占排污费，影响环境污染防治。特别是有一些基层环保部门，征收的排污费严重不足，很大部分用于人员经费和办公费支出；④主要污染物排污费征收标准偏低，不能弥补污染治理成本，不利于污染物的治理和减排。造成企业违法成本低、守法成本高，不利于调动企业治污积极性。因此，应针对以上问题，迅速完善我国的排污收费制度。

[参考法律规范]

1. 《排污费征收使用管理条例》（国务院 2003 年颁布）
2. 《环境保护法》（1989 年颁布，2014 修订）

## 七、环境规划制度

### 案例十四： 广州荣获联合国环境规划优秀示范奖

[所属部分] 环境资源法基础理论之环境法的基本制度

[大纲知识点] 环境规划制度

[案例背景]

联合国环境规划署、《半月谈》杂志社、《中国名牌》杂志社共同组织发起"中国区环境规划优秀示范奖"系列评选活动，有新华网、半月谈网、新浪网、中央电视台、人民日报等18家媒体支持，在全国范围内评选。评选标准有：

1. 环境可持续发展：能够正确处理环境保护与经济发展和社会进步的关系，在发展中落实保护，在保护中促进发展，坚持节约发展、安全发展、清洁发展。

2. 科学的环境规划：在环境治理和生态文明建设方面成绩突出。在环境规划和环境保护工作中实现独具特色的运行模式，具有在全国乃至世界发展中国家推广的意义。主要表现在以下几个方面：①科学制定环境规划，依靠科技进步，加大投入；②重点行业污染物排放明显下降；③重点地区水土流失和生态修复面积增加；④矿山环境明显改善，地下水超采趋势明显减缓，生态功能稳定，水源干净，空气清洁，食物放心。

3. 环保技术创新：环保技术及工艺设备取得重大突破，达到世界一流水平。能够大力研发环境技术、节能减排技术、循环经济技术、低碳技术，通过技术创新，促进环境问题解决，并符合以下两个条件：①重大技术的标准必须列入国家科技支撑计划、获得国家部委技术奖励；②重点难点技术的攻关取得突破，对提高所在行业、地区、城市的自主创新能力具有重大意义。

4. 发展循环经济：大力发展循环经济，资源产出指标、资源消耗指标、资源综合利用指标、废物排放指标等必须符合国家规定要求，在以下方面取得突出成就：①在建设资源回收利用网络体系、挖掘"城市矿产"、强化废弃物的资源化利用、产品再制造方面成绩突出；②高度重视循环经济技术、低碳技术的研发和应用，尤其是涉及原料的减量化利用、有毒有害原料的替代利用、有利于多次循环利用技术的开发以及产业间链接耦合关键技术的开发和应用。

5. 严格遵守国家法律，环境保护工作突出：①各级人民政府对具有代表性的、各种类型的自然生态系统区域，珍稀、濒危的野生动植物自然分布区域，重要的水源涵养区域，具有重大科学文化价值的地质构造、著名溶洞和化石分布区、冰川、火山、温泉等自然遗迹，以及人文遗迹、古树名木等保护工作成绩突出；②坚持生态保护与治理并重，重点控制不合理的资源开发活动。优先保护天然植被，坚持因地制宜，重视自然恢复；③继续实施天然林保护、天然草原植被恢复、退耕还林、退牧还草、退田还湖、防沙治沙、水土保持和防治石漠化等生态治理工程；④严格控制土地退化和草原沙化，能够加强生态功能保护区和自然保护区的建设与管理；⑤加强矿产资源和旅游开发的环境监管，做好红树林、滨海湿地、珊瑚礁、海岛等海洋、海岸带典型生态系统的保护工作；⑥天然林草、河湖水系、滩涂湿地、自然地貌及野生动物等自然遗产，努力维护地区生态平衡。

6. 水资源保护：以饮水安全和重点流域治理为重点，加强水污染防治。能够科学划定和调整饮用水水源保护区，切实加强饮用水源保护，解决城市备用水源完好、农村饮水安全问题。淮河、海河、辽河、松花江、三峡水库库区及上游、黄河小浪底水库库区及上游、南水北调水源地及沿线、太湖、滇池、巢湖、渤海等重点海域和河口地区为本次评选活动工作的重点。[1]

[案情描述]

广州环境建设再获一大奖——在 2011 年 12 月举行的"中国区环境规划优秀示范奖"颁奖大会上，广州市荣获联合国环境规划署颁发的"中国区环境规划示范城市优秀案例"奖，同时，广州市林业和园林局喜得"中国区环境规划示范单位优秀案例"奖。据悉，"中国区环境规划优秀示范奖"系列评选活动由联合国环境规划署、新华社非洲总分社举办，经过为期 4 个月的推荐申报、网络和读者投票及专家评审等环节，广州市、广州市林业和园林局在众多候选单位中脱颖而出。此次评选活动是在人类赖以生存的自然资源加速耗竭，生态环境被严重破坏，残酷自然灾害频繁发生，全球环境接连不断地经历着灾难和考验的大背景下开展的。评选征集的范围是中国范围内在环境与发展领域做出突出贡献的地区或单位。

根据建设生态城市的总体目标，2003 年，广州市委、市政府启动了"青山绿地、碧水蓝天"大型生态建设工程。由此，广州市开始了城市发展由传统经济发展模式向生态城市发展模式的转型。"青山绿地工程"的实施，使城市绿地规模大力增加，各项绿化指标迅速提升，城乡绿化面貌焕然一新。到 2010 年，建成区绿化覆盖率达到 40.15%、绿地率 35.5%、人均公共绿地面积 15.01 平方米，全市森林覆盖率达到 41.4%、林木绿化率 44.8%，城市公园达到 232 个，

---

〔1〕本案参考资料：①全杰、梁怡雄、杜辉："广州获联合国环境署颁'中国区环境规划优秀示范奖'"，广州日报，2011 年 12 月 23 日；②佚名："中国区环境规划优秀示范奖"，百度百科，http://baike. baidu. com/view/6102841. htm，2013 年 8 月 1 日；③林言："环境保护部部长：搞好顶层设计 助力生态文明建设"，人民网，http://fujian. people. com. cn/n/2012/1118/c339482 - 17734068. html，2012 年 11 月 18 日。

森林公园和自然保护区达到 51 个，绿道网建成 1060 公里。

评论认为，此次获奖，是对广州能够正确处理环境保护与经济发展和社会进步的关系，在发展中落实保护，在保护中促进发展，坚持节约发展、安全发展、清洁发展，在环境治理和生态文明建设方面有突出成绩的表彰。

广州市林业和园林局有关负责人表示，林业和园林在生态城市建设和环境保护工作中发挥着重大作用，站在新的历史起点上，广州市将紧密围绕建设国家中心城市这一总体目标，以白云山麓湖周边环境升级改造、岭南花园等建设项目为抓手，继续推动城市向高质量、高速度、高效益、低污染、生态化方向发展，促使城市功能不断优化和提升，城乡人居环境达到国际水平，生态文明观念在全社会牢固树立，建成城外青山延百里、城内青山半入城的具有岭南园林特色和亚热带自然风光的花园城市。

[法律问题]

1. 什么是环境规划制度？我国环境法有哪些环境规划制度的主要规定？
2. 联系本案分析环境规划制度。

[法理分析]

本案是一起典型的环境规划成功案例。所谓环境规划，是国民经济和社会发展计划的一部分，是对一定时期内国家经济和社会发展计划中的环境保护、生态建设的具体目标和采取措施的统筹安排，是一国政府按照法定程序编制的一定时空范围内对环境质量控制、污染物排放、污染治理、自然资源保护等环境资源有关事项的总体计划，是经济发展和环境保护协调原则、预防为主原则的具体体现。

在世界各国的环境立法中，环境规划都是一项重要的环境法基本制度。我国多部环境法律都规定了环境规划制度。例如，《环境保护法》第 13 条明确规定："县级以上人民政府应当将环境保护工作纳入国民经济和社会发展规划。国务院环境保护主管部门会同有关部门，根据国民经济和社会发展规划编制国家环境保护规划，报国务院批准并公布实施。县级以上地方人民政府环境保护主管部门会同有关部门，根据国家环境保护规划的要求，编制本行政区域的环境保护规划，报同级人民政府批准并公布实施。"再如，《水污染防治法》第 15 条规定："防治水污染应当按流域或者按区域进行统一规划。国家确定的重要江河、湖泊的流域水污染防治规划，由国务院环境保护主管部门会同国务院经济综合宏观调控、水行政等部门和有关省、自治区、直辖市人民政府编制，报国务院批准。"

环境规划的类型：按环境要素可分为污染防治规划和生态规划两大类，前者还可细分为水环境、大气环境、固体废物、噪声及物理污染防治规划，后者还可细分为森林、草原、土地、水资源、生物多样性、农业生态规划。按规划地域划分，可分为国家、省域、城市、流域、区域、乡镇乃至企业环境规划。按照规划期限划分，可分为长期规划（大于20年）、中期规划（15年）和短期规划（5年）。按照环境规划的对象和目标的不同，可分为综合性环境规划和单要素的环境规划。按照性质划分，可分为生态规划、污染综合防治规划和自然保护规划。

编制实施环境保护规划，是我国环境保护部门的一项基本职能，也是我国不断深化提升环境保护水平的重要抓手。回顾历史，我国的环境保护规划从无到有、从简单到复杂、从单项到综合、从局部突破到整体全面发展，形成了具有中国特色的环境规划体系。

中国的环境保护规划经历了从量变到质变的过程。在规划体系上，环境保护规划由"五五"到"六五"期间的单项规划、国民经济与社会发展专章，发展到"九五"到"十二五"期间的总体规划和多项专项规划总分结合、各负其责的规划体系；在规划类型上，从就环境论环境、污染防治型，向社会、经济、环境协调发展型规划转变；在规划重点任务上，由最初的工业"三废"治理、城市污染治理，向削减总量促进绿色发展、改善质量保障民生、防范风险安全发展以及推进环境公共服务促进协调发展转变；在规划的重点领域上，由废水、废气和固体废弃物处置处理，向水体、大气、土壤、生态、核与辐射全要素转变，由常规污染物达标排放向重金属、危险废物、危险化学品、持久性有机污染物、细颗粒物等影响人体健康的新型环境问题控制转变；在规划约束力上，由宏观指导预期型向可分解、可评估、可考核的约束性规划转变。

1984年成立的国务院环境保护委员会职责为：研究审定环境保护方针、政策，提出规划要求，领导和组织协调我国的环境保护工作。1988年，国务院决定将国家环保局从城乡建设环境保护部中分出，以加强全国环境保护的规划和监督管理。2008年，为加大环境政策、规划和重大问题的统筹协调力度，国务院组建了环境保护部，负责拟订并组织实施环境保护规划、政策和标准，组织编制环境功能区划，监督管理环境污染防治，协调解决重大环境问题等。

与此同步，我国环境保护规划事业也在不断发展、提升。1973年，第一次全国环境保护会议召开，提出全面规划、合理布局等环境保护32字方针。1975年，国务院环境保护领导小组编制了我国历史上第一个环境保护十年计划，标志着我国环境保护规划正式起步。1983年全国第二次环境保护大会提出环境保护是基本国策，制定了"三同步、三统一"方针（经济建设、城乡建设、环境建设同步规划、同步实施、同步发展，经济效益、社会效益、环境效益统一）。"七五"期间，全国广泛开展环境调查、环境评价和环境预测工作，环境保护规划工作结合国民经济和社会发展第七个五年计划开展，并作为独立文件发布。"九五"规划要求实现"一控双达标"目的，推出总量控制计划、中国跨世纪绿色工程规划两项重大举措。"十一五"期间国家环境保护规划确定将总量控制指标作为国民经济和社会发展的约束性指标，严格落实环境保护目标责任制，推进环境保护的历史性转变。

40年来，我国环境保护规划批复实施的行政级别不断提升。1982年，环境保护作为一个独立的篇章，首次被纳入《国民经济与社会发展第六个五年计划（1981—1985年）》。1996年，国务院批复实施《国家环境保护"九五"计划和2010年远景目标》，这是国家环境保护五年计划第一次经国务院批准实施。2007年，国务院印发《国家环境保护"十一五"规划》，这是首个由国务院印发实施的环境保护五年规划。2011年，在"十二五"的开局之年，国务院印发了《国家环境保护"十二五"规划》，"十二五"环保规划有11项由国务院批准印发，约占同期由国务院批准的专项规划总数的1/8。

从不同历史时期国民经济和社会发展规划对环境保护相关内容的安排这一独特的视角，也可以看出环境保护作用定位演变历程。"六五"、"七五"期间，国家主要关注伴随工业增长的工业污染防治工作；"八五"期间，将环境保护规划目标放在社会发展领域，与科技教育等并列；"九五"、"十五"规划，将环境保护目标纳入可持续发展目标领域，"九五"规划把环保作为污染治理放在"社会事业发展"里，"十五"规划把它当作预期目标放在可持续发展能力目标中；"十一五"规划主要是从转变经济增长方式的角度来考虑环保；"十二五"规划则更多地关注民生、绿色发展、安全发展。

建设生态文明，是新时期党和政府对全国人民的庄严承诺，也是环境保护的历史使命。时代发展为环境保护提供了历史性机遇，中国的环境保护规划，将努力把环境保护融入经济绿色转型、调结构、转方式、惠民生的发展潮流中，以解决影响可持续发展及损害群众健康的环境问题为重点，以总量控制、质量改善、风险防范和环境公共服务为四大战略性规划任务，全面推进环境保护历史性转变，为生态文明建设奠定坚实的环境基础。环保"十一五"规划由国务院直接印发，将两项污染物排放总量指标作为约束性指标，纳入国民经济与社会发展规划纲要，将规划目标和任务层层分解到各级政府和重点企业，实施严格的目标责任制考核。2009年，国务院召开第99次常务会议，审议国家环境保护"十一五"规划实施情况的中期评估报告，将评估结果印发给各省人民政府，极大地促进了环境保护规划的实施。"十一五"期间，国家将环境保护指标作为约束指标纳入国民经济与社会发展规划，规划所需的中央政府环境保护投资在规划报批过程中基本落实，环境保护规划实施评估和考核被提上日程。"十一五"环保规划,是我国历史上执行得最好的一个五年环保规划。

"十二五"期间的环保规划对水、气、危险废物、核与辐射、土壤、海洋、危险化学品等各主要领域、要素等实现了全覆盖,标志着环境保护基本进入按照规划进行系统管理、有序推进的新阶段,环境保护的地位、内涵、领域、政策、手段都发生了翻天覆地的变化,形成了具有鲜明中国特色和时代特征的中国环境保护制度。

[参考法律规范]

1.《中共中央关于制定国民经济和社会发展第十一个五年规划的建议》(2005 年颁布)

2.《中共中央关于制定国民经济和社会发展第十二个五年规划的建议》(2010 年颁布)

3.《国家环境保护"十一五"规划》(国务院 2005 年颁布)

4.《国家环境保护"十二五"规划》(国务院 2011 年颁布)

**八、环境突发事件应急处理制度**

案例十五:　　　　　　　　松花江流域特大水污染案

[所属部分] 环境资源法基础理论之环境法的基本制度

[大纲知识点] 环境突发事件应急处理制度

[案例背景]

2005 年 11 月 13 日下午 1 点 45 分,吉林省吉林市,突然发出了山崩地裂般的一声闷响,紧接着又是一声闷响,大地在剧烈地颤抖着,爆炸产生的巨大气浪和冲击波,震碎了附近很多工厂和居民住宅的玻璃,黑黄色带刺鼻气味的浓烟像蘑菇云一样,在吉林市的上空升起。这里发生了什么?是在拍战争片吗?

不,这是真实的爆炸,是现实生活中的剧烈爆炸。

这是吉林石化公司双苯车间发生的爆炸。据统计,吉林石化公司爆炸事故共造成 8 人死亡,60 人受伤,直接经济损失 6908 万元,事故造成新苯胺装置、1 个硝基苯储罐、2 个苯储罐报废,导致苯酚、老苯胺装置、苯酐装置等四套装置停产,约 100 吨苯类物质(苯、硝基苯等)流入松花江,造成了江水严重污染，沿岸数百万居民的生活受到影响。[1]

[案情描述]

2005年11月21日，哈尔滨市政府向社会发布公告称全市停水4天，"要对市政供水管网进行检修"。此后市民怀疑停水与地震有关出现抢购。同年11月22日，哈尔滨市政府连续发布2个公告，证实上游化工厂爆炸导致了松花江水污染，动员居民储水。

国家环保总局有关负责人向媒体通报，受中国石油吉林石化公司爆炸事故影响，松花江发生重大水污染事件，吉林、黑龙江两省人民政府启动了突发环境事件应急预案，采取措施确保群众饮水安全。

中国石油吉林石化公司爆炸事故发生后，监测发现苯类污染物流入松花江，造成水质污染。接到污染报告后，国家环保总局高度重视，立即派专家赶赴黑龙江现场协助地方政府开展污染防控工作，实行每小时动态监测，严密监控松花江水环境质量变化情况。

污染事件发生后，吉林省有关部门迅速封堵了事故污染物排放口；加大丰满水电站的放流量，尽快稀释污染物；实施生活饮用水源地保护应急措施，组织环保、水利、化工专家参与污染防控；沿江设置多个监测点位，增加监测频次，有关部门随时沟通监测信息，协调做好流域防控工作。黑龙江省财政安排1000万元资金专项用于污染事件应急处理。从11月13日16时30分开始，环保部门对吉化公司东10号线周围及其入江口和吉林市出境断面白旗、松江大桥以下水域、松花江九站断面等水环境进行监测。14日10时，吉化公司东10号线入江口水样有强烈的苦杏仁气味，苯、苯胺、硝基苯、二甲苯等主要污染物指标均超过国家规定标准。松花江九站断面5项指标全部检出，以苯、硝基苯为主。从三次监测结果分析，污染逐渐减轻，但右岸仍超标100倍，左岸超标10倍以上。松花江白旗断面只检出苯和硝基苯，其中苯超标108倍，硝基苯未超标。随着水体流动，污染带向下转移。11月20日16时到达黑龙江和吉林交界的肇源段，硝基苯开始超标，最大超标倍数为29.1倍，污染带长约80公里，持续时间约40小时。监测数据分析表明，江水污染程度呈现下降趋势。11月22

〔1〕　本案参考资料：①杨小豹："吉林石化公司爆炸已确认造成五人死亡一人失踪"，新浪网，http：//www.sina.com.cn，2005年11月14日；②王京："环保总局通报松花江污染案 污染带长约80公里"，新浪网，http：//www.sina.com.cn，2005年11月23日；③佚名："国务院对松花江水污染事件作出处理"，网易网，http：//money.163.com/06/1124/13/30MR0FCO00251OBC.html，2006年11月24日；④赵胜玉："松花江辽河流域重大突发水污染事件应急预案出台"，中国新闻网，http：//www.chinanews.com/gn/news/2007/02-17/876637.html，2007年2月17日；⑤佚名："2005年：松花江发生重大水污染事件"，腾讯网，http：//news.qq.com/a/20090729/001188.htm，2009年7月29日。

日 18 时，吉林省境内松花江干流所有断面苯和硝基苯已全部达到国家地表水环境质量标准。11 月 22 日 23 时，肇源断面硝基苯浓度已大大降低，超标 0.42 倍。11 月 23 日始，该断面未检出苯超标。23 日零时硝基苯浓度为 0.021mg/L，超标 0.24 倍，23 日 1 时，浓度为 0.0154mg/L，达标。

俄罗斯对松花江水污染对中俄界河黑龙江（俄方称阿穆尔河）造成的影响表示关注。中国向俄道歉，并提供援助以帮助其应对污染。2005 年 11 月底，国家环保总局称，对这次污染事故负主要责任的是吉化公司双苯厂。国家环保总局局长解振华因这起事件提出辞职，新任国家环保总局局长周生贤于 2006 年 1 月 7 日要求，松花江流域水污染防治工作要规划到省、任务到省、目标到省、资金到省、责任到省，确保沿江群众吃上干净水。

国务院事故及事件调查组经过深入调查、取证和分析，认定中石油吉林石化分公司双苯厂"11·13"爆炸事故和松花江水污染事件是一起特大安全生产责任事故和特别重大水污染责任事件。爆炸事故的直接原因是：硝基苯精制岗位外操人员违反操作规程，在停止粗硝基苯进料后，未关闭预热器蒸气阀门，导致预热器内物料气化；恢复硝基苯精制单元生产时，再次违反操作规程，先打开了预热器蒸气阀门加热，后启动粗硝基苯进料泵进料，引起进入预热器的物料突沸并发生剧烈振动，使预热器及管线的法兰松动、密封失效，空气吸入系统，由于摩擦、静电等原因，导致硝基苯精馏塔发生爆炸，并引发其他装置、设施连续爆炸。爆炸事故的发生也暴露出中国石油天然气股份有限公司吉林石化分公司及双苯厂对安全生产管理重视不够、对存在的安全隐患整改不力及安全生产管理制度和劳动组织管理等存在的问题。

污染事件的直接原因是，双苯厂没有事故状态下防止受污染的"清净下水"流入松花江的措施，爆炸事故发生后，未能及时采取有效措施防止泄漏出来的部分物料和循环水及抢救事故现场消防水与残余物料的混合物流入松花江。

污染事件的间接原因是，吉化分公司及双苯厂对可能发生的事故会引发松花江水污染问题没有进行深入研究，有关应急预案有重大缺失；吉林市事故应急救援指挥部对水污染估计不足，重视不够，未提出防控措施和要求；中国石油天然气集团公司和股份公司对环境保护工作重视不够，对吉化分公司环保工作中存在的问题失察，对水污染估计不足、重视不够，未能及时督促采取措施；吉林市环保局没有及时向事故应急救援指挥部建议采取措施；吉林省环保局对水污染问题重视不够，没有按照有关规定全面、准确地报告水污染程度；国家环保总局在事件初期对可能产生的严重后果估计不足，重视不够，没有及时提出妥善处置意见。

按照事故调查"四不放过"的原则，国务院同意给予中石油集团公司副总经理、党组成员、中石油股份公司高级副总裁段文德行政记过处分，给予吉化分公司董事长、总经理、党委书记于力、吉化分公司双苯厂厂长申东明等9名企业责任人员行政撤职、行政降级、行政记大过、撤销党内职务、党内严重警告等党纪政纪处分；同意给予吉林省环保局局长、党组书记王立英行政记大过、党内警告处分，给予吉林市环保局局长吴扬行政警告处分。

为了吸取事故教训，国务院要求各级党政领导干部和企业负责人要进一步增强安全生产意识和环境保护意识，提高对危险化学品安全生产以及事故引发环境污染的认识，切实加强危险化学品的安全监督管理和环境监测监管工作。要求有关部门尽快组织研究并修订石油和化工企业设计规范，限期落实事故状态下"清净下水"不得排放的措施，防止和减少事故状态下的环境污染。要结合实际情况，不断改进本地区、本部门和本单位《重大突发事件应急救援预案》中控制、消除环境污染的应急措施，坚决遏制和防范重特大安全生产事故和环境污染事件的发生。

作为对吉林石化厂爆炸案引发重大水污染事件的反思和经验教训，松花江辽河流域水利委员会迅速出台了应对重大突发性水污染事件的应急预案。该预案的出台，建立了松花江辽河流域应对重大突发性水污染事件的有效机制，显著提升了应对重大突发性水污染事件的能力，使松辽委在应对重大突发性水污染事件中能够更好地履行流域机构职责。松花江辽河流域随着流域经济社会的快速发展，水污染事件时有发生，特别是松花江重大水污染事件发生后，松辽委根据水利部授权和松辽委职责，为更好地配合国务院有关部门和流域内各省、自治区做好重大突发性水污染事件的处置工作，经过多次修改完善，出台了《松辽水利委员会应对重大突发性水污染事件应急预案》。这一预案的适用范围，涵盖了松花江辽河流域内涉及省、自治区界缓冲区水体、重要水域、直管江河湖库、跨流域调水及国际河流等重大突发性水污染事件。预案要求，决定实施应对行动后，要在1小时内调集完成应对工作所需人员、设备、物资，奔赴现场，开展水质监测，开展调查，实时与有关省、自治区交流信息，掌握事态发展情况，及时将监测调查结果和分析预测成果向有关部门报告。该预案特别强调，如发生重大突发性水污染事件时，在1小时内将有关情况报告水利部和国务院有关部门，通报有关省级人民政府及其有关部门。特别紧急的，在报告水利部的同时，可直接报告国务院。这一预案按重大突发性水污染事件的严重程度、可控性和影响范围，将应对行动分为Ⅰ、Ⅱ两个级别。预案共有总则、主要职责及组织机构分工、预警、应对、应对保障、预案管理、演习和附则八个部分。

［法律问题］

1. 什么是环境突发事件应急管理制度？我国环境法有哪些突发环境事件应急管理制度的主要规定？

2. 联系本案分析环境突发事件应急管理制度。

［法理分析］

本案是一起典型的环境突发事件，本案的发生极大地促进了我国环境突发事件应急管理制度的发展，尤其是重大水污染事件的应急制度。所谓"突发公共事件"，是指突然发生的，造成或者可能造成重大人员伤亡、财产损失、生态环境破坏和严重社会危害、危及公共安全的紧急事件。而突发环境事件，则是突发公共事件中的一种。所谓"环境事件"，是指由于违反环境保护法律法规的经济、社会活动与行为以及意外因素的影响或不可抗拒的自然灾害等原因，致使环境受到污染、人体健康受到危害、社会经济与人民群众财产受到损失，造成不良社会影响的突发性事件。"突发环境事件"是指突然发生的，造成或者可能造成重大人员伤亡、重大财产损失和对全国或者某一地区的经济社会稳定、政治安定构成重大威胁和损害，有重大社会影响的、涉及公共安全的环境事件。"环境应急"是指针对可能或已发生的突发环境事件需要立即采取某些超出正常工作程序的行动，以避免事件发生或减轻事件后果的状态，也称为紧急状态；同时也泛指立即采取超出正常工作程序的行动。"预案分类"是指根据突发环境事件的发生过程、性质和机理，突发环境事件主要分为三类：突发环境污染事件、生物物种安全环境事件和辐射环境污染事件。突发环境污染事件包括重点流域、敏感水域水环境污染事件；重点城市光化学烟雾污染事件；危险化学品、废弃化学品污染事件；海上石油勘探开发溢油事件；突发船舶污染事件等。生物物种安全环境事件主要是指生物物种受到不当采集、猎杀、走私、非法携带出入境或合作交换、工程建设危害以及外来入侵物种对生物多样性造成损失、对生态环境造成威胁和危害事件；辐射环境污染事件包括放射性同位素、放射源、辐射装置、放射性废物辐射污染事件。

在本案中，由于吉林石化双苯厂缺乏针对石化厂一旦爆炸应急反应处置的管理制度，致使爆炸产生的有毒化学品流入松花江，造成重大水污染事故。这是一起典型的突发环境污染事件，事件造成的惨痛后果是发人深省的。

为规范突发环境事件应急预案管理，完善环境应急预案体系，增强环境应急预案的科学性、实效性和可操作性，我国已经建立了环境污染事件应急管理的法律框架。其中，既有环境法的原则性规定，也有具体法律法规的详细规范。例如，《环境保护法》第47条规定："各级人民政府及其有关部门和企业事业单位，应当依照《中华人民共和国突发事件应对法》的规定，做好突发环境事件的风险控制、应急准备、应急处置和事后恢复等工作。县级以上人民政府应当建立环境污染公共监测预警机制,组织制定预警方案;环境受到污染,可能影响公众健康和环境安全时,依法及时公布预警信息,启动应急措施。企业事业单位应当按照国家有关规定制定突发环境事件应急预案,报环境保护主管部门和有关部门备案。在发生或者可能发生突发环境事件时,企业事业单位应当立即采取措施处理,及时通报可能受到危害的单位和居民,并向环境保护主管部门和有关部门报告。突发环境事件应急处置工作结束后,有关人民政府应当立即组织评估事件造成的环境影响和损失,并及时将评估结果向社会公布。"再如,《水污染防治法》第 66 条规定:"各级人民政府及其有关部门,可能发生水污染事故的企业事业单位,应当依照《中华人民共和国突发事件应对法》的规定,做好突发水污染事故的应急准备、应急处置和事后恢复等工作。"

除了环境保护法的原则性规定之外,《中华人民共和国突发事件应对法》、《国家突发公共事件总体应急预案》、《国家突发环境事件应急预案》、《突发环境事件应急预案管理暂行办法》等法律法规。其中,环境突发事件应急管理的主要法律依据是《国家突发环境事件应急预案》和《突发环境事件应急预案管理暂行办法》。

我国突发环境事件应急预案制度的主要内容有:

1. 突发环境事件分级制度:按照突发事件严重性和紧急程度,突发环境事件分为特别重大环境事件(Ⅰ级)、重大环境事件(Ⅱ级)、较大环境事件(Ⅲ级)和一般环境事件(Ⅳ级)四级。①特别重大环境事件(Ⅰ级)一般是指发生 30 人以上死亡,或中毒(重伤)100 人以上;或者因环境事件需疏散、转移群众 5 万人以上,或直接经济损失 1000 万元以上等情形;②重大环境事件(Ⅱ级)一般是指发生 10 人以上、30 人以下死亡,或中毒(重伤)50 人以上、100人以下等情形;③较大环境事件(Ⅲ级)一般是指发生 3 人以上、10 人以下死亡,或中毒(重伤)50 人以下或因环境污染造成跨地级行政区域纠纷,使当地经济、社会活动受到影响等情形;④一般环境事件是指(Ⅳ级)发生 3 人以下死亡;或因环境污染造成跨县级行政区域纠纷,引起一般群体性影响等情形。

2. 突发环境事件的组织指挥体系和职责。

(1)组织体系。国家突发环境事件应急组织体系由应急领导机构、综合协调机构、有关类别环境事件专业指挥机构、应急支持保障部门、专家咨询机构、地方各级人民政府突发环境事件应急领导机构和应急救援队伍组成。在国务院的统一领导下,全国环境保护部际联席会议负责统一协调突发环境事件的应对工作,各专业部门按照各自职责做好相关专业领域突发环境事件应对工作,各应急支持保障部门按照各自职责做好突发环境事件应急保障工作。专家咨询机构为突发环境事件专家组。地方各级人民政府的突发环境事件应急机构由地方人民政府确定。突发环境事件国家应急救援队伍由各相关专业的应急救援队伍组成。环保总局应急救援队伍由环境应急与事故调查中心、中国环境监测总站、核安全中心组成。

（2）综合协调机构。全国环境保护部际联席会议负责协调国家突发环境事件应对工作。贯彻执行党中央、国务院有关应急工作的方针、政策，认真落实国务院有关环境应急工作指示和要求；建立和完善环境应急预警机制，组织制定（修订）国家突发环境事件应急预案；统一协调重大、特别重大环境事件的应急救援工作；指导地方政府有关部门做好突发环境事件应急工作；部署国家环境应急工作的公众宣传和教育，统一发布环境污染应急信息；完成国务院下达的其他应急救援任务。各有关成员部门负责各自专业领域的应急协调保障工作。

（3）有关类别环境事件专业指挥机构。全国环境保护部际联席会议有关成员单位之间建立应急联系工作机制，保证信息通畅，做到信息共享；按照各自职责制定本部门的环境应急救援和保障方面的应急预案，并负责管理和实施；需要其他部门增援时，有关部门向全国环境保护部际联席会议提出增援请求。必要时，国务院组织协调特别重大突发环境事件应急工作。

（4）地方人民政府突发环境事件应急领导机构。环境应急救援指挥坚持属地为主的原则，特别重大环境事件发生地的省（区、市）人民政府成立现场应急救援指挥部。所有参与应急救援的队伍和人员必须服从现场应急救援指挥部的指挥。现场应急救援指挥部为参与应急救援的队伍和人员提供工作条件。

（5）专家组。全国环境保护部际联席会议设立突发环境事件专家组，聘请科研单位和军队有关专家组成。主要工作为：参与突发环境事件应急工作；指导突发环境事件应急处置工作；为国务院或部际联席会议的决策提供科学依据。

3. 突发环境事件的预防和预警。

（1）信息监测。全国环境保护部际联席会议有关成员单位按照早发现、早报告、早处置的原则，开展对国内（外）环境信息、自然灾害预警信息、常规环境监测数据、辐射环境监测数据的综合分析、风险评估工作。国务院有关部门和地方各级人民政府及其相关部门，负责突发环境事件信息接收、报告、处理、统计分析，以及预警信息监控。环境污染事件、生物物种安全事件、辐射事件信息接收、报告、处理、统计分析由环保部门负责；海上石油勘探开发溢油事件信息接收、报告、处理、统计分析由海洋部门负责；海上船舶、港口污染事件信息接收、报告、处理、统计分析由交通部门负责；环境污染事件和生物物种安全预警信息监控由环保总局负责；海上石油勘探开发溢油事件预警信息监控由海洋局负责；海上船舶、港口污染事件信息监控由交通部负责；辐射环境污染事件预警信息监控由环保总局（核安全局）负责。特别重大环境事件预警信息经核实后，及时上报国务院。

（2）预防工作。开展污染源、放射源和生物物种资源调查。开展对产生、贮存、运输、销毁废弃化学品、放射源的普查，掌握全国环境污染源的产生、种类及地区分布情况。了解国内外的有关技术信息、进展情况和形势动态，提出相应的对策和意见。开展突发环境事件的假设、分析和风险评估工作，完善各类突发环境事件应急预案。加强环境应急科研和软件开发工作。研究开发并建立环境污染扩散数字模型，开发研制环境应急管理系统软件。

（3）预警及措施。按照突发事件的严重性、紧急程度和可能波及的范围，突发环境事件的预警分为四级，预警级别由低到高，颜色依次为蓝色、黄色、橙色、红色。根据事态的发展情况和采取措施的效果，预警颜色可以升级、降级或解除。收集到的有关信息证明突发环境事件即将发生或者发生的可能性增大时，按照相关应急预案执行。

（4）预警支持系统。建立环境安全预警系统。建立重点污染源排污状况实时监控信息系统、突发事件预警系统、区域环境安全评价科学预警系统、辐射事件预警信息系统；建设重大船舶污染事件应急设备库和海空一体化船舶污染快速反应系统；建立海洋环境监测系统；建立环境应急资料库；建立突发环境事件应急处置数据库系统、生态安全数据库系统、突发事件专家决策支持系统、环境恢复周期检测反馈评估系统、辐射事件数据库系统；建立应急指挥技术平台系统。根据需要，结合实际情况，建立有关类别环境事件专业协调指挥中心及通信技术保障系统。

4. 环境突发事件的应急响应。

（1）分级响应机制。突发环境事件应急响应坚持属地为主的原则，地方各级人民政府按照有关规定全面负责突发环境事件应急处置工作，环保总局及国务院相关部门根据情况给予协调支援。按突发环境事件的可控性、严重程度和影响范围，突发环境事件的应急响应分为特别重大（Ⅰ级响应）、重大（Ⅱ级响应）、较大（Ⅲ级响应）、一般（Ⅳ级响应）四级。超出本级应急处置能力时，应及时请求上一级应急救援指挥机构启动上一级应急预案。Ⅰ级应急响应由环保总局和国务院有关部门组织实施。

（2）应急响应程序。Ⅰ级响应时，环保总局按下列程序和内容响应：开通与突发环境事件所在地省级环境应急指挥机构、现场应急指挥部、相关专业应急指挥机构的通信联系，随时掌握事件进展情况；立即向环保总局领导报告，必要时成立环境应急指挥部；及时向国务院报告突发环境事件基本情况和应急救援的进展情况；通知有关专家组成专家组，分析情况。根据专家的建议，通知相关应急救援力量随时待命，为地方或相关专业应急指挥机构提供技术支持；派出相关应急救援力量和专家赶赴现场参加、指导现场应急救援，必要时调集事发地周边地区专业应急力量实施增援。

省级地方人民政府突发环境事件应急响应，可以参照Ⅰ级响应程序，结合本地区实际，自行确定应急响应行动。需要有关应急力量支援时，及时向环保总局及国务院有关部门提出请求。

（3）信息报送与处理。突发环境事件报告时限和程序：突发环境事件责任单位和责任人以及负有监管责任的单位发现突发环境事件后，应在1小时内向所在地县级以上人民政府报告，同时向上一级相关专业主管部门报告，并立即组织进行现场调查。紧急情况下，可以越级上报。负责确认环境事件的单位，在确认重大（Ⅱ级）环境事件后，1小时内报告省级相关专业主管部门，特别重大（Ⅰ级）环境事件立即报告国务院相关专业主管部门，并通报其他相关部门。地方各级人民政府应当在接到报告后1小时内向上一级人民政府报告。省级人民政府在接到报告后1小时内，向国务院及国务院有关部门报告。重大（Ⅱ级）、特别重大（Ⅰ级）突发环境事件，国务院有关部门应立即向国务院报告。

（4）指挥和协调。指挥和协调机制：根据需要，国务院有关部门和部际联席会议成立环境应急指挥部，负责指导、协调突发环境事件的应对工作。环境应急指挥部根据突发环境事件的情况通知有关部门及其应急机构、救援队伍和事件所在地毗邻省（区、市）人民政府应急救援指挥机构。各应急机构接到事件信息通报后，应立即派出有关人员和队伍赶赴事发现场，在现场救援指挥部的统一指挥下，按照各自的预案和处置规程，相互协调，密切配合，共同实施环境应急和紧急处置行动。现场应急救援指挥部成立前，各应急救援专业队伍必须在当地政府和事发单位的协调指挥下坚决、迅速地实施先期处置，果断控制或切断污染源，全力控制事件态势，严防二次污染和次生、衍生事件发生。应急状态时，专家组组织有关专家迅速对事件信息进行分析、评估，提出应急处置方案和建议，供指挥部领导决策参考。根据事件进展情况和形势动态，提出相应的对策和意见；对突发环境事件的危害范围、发展趋势作出科学预测，为环境应急领导机构的决策和指挥提供科学依据；参与污染程度、危害范围、事件等级的判定，为污染区域的隔离与解禁、人员撤离与返回等重大防护措施的决策提供技术依据；指导各应急分队进行应急处理与处置；指导环境应急工作的评价，进行事件的中长期环境影响评估。发生环境事件的有关部门、单位要及时、主动向环境应急指挥部提供应急救援有关的基础资料，环保、海洋、交通、水利等有关部门提供事件发生前的有关监管检查资料，供环境应急指挥部研究救援和处置方案时参考。

（5）应急监测。环保总局环境应急监测分队负责组织协调突发环境事件地区环境应急监测工作，并负责指导海洋环境监测机构、地方环境监测机构进行应急监测工作。根据突发环境事件污染物的扩散速度和事件发生地的气象和地域特点，确定污染物扩散范围。根据监测结果，综合分析突发环境事件污染变化趋势，并通过专家咨询和讨论的方式，预测并报告突发环境事件的发展情况和污染物的变化情况，作为突发环境事件应急决策的依据。

（6）信息发布。全国环境保护部际联席会议负责突发环境事件信息对外统一发布工作。突发环境事件发生后，要及时发布准确、权威的信息，正确引导社会舆论。

（7）安全防护。应急人员的安全防护：现场处置人员应根据不同类型环境事件的特点，配备相应的专业防护装备，采取安全防护措施，严格执行应急人员出入事发现场程序。受灾群众的安全防护：现场应急救援指挥部负责组织群众的安全防护工作，主要工作内容如下：根据突发环境事件的性质、特点，告知群众应采取的安全防护措施；根据事发时当地的气象、地理环境、人员密集度等，确定群众疏散的方式，指定有关部门组织群众安全疏散撤离；在事发地安全边界以外，设立紧急避难场所。

（8）应急终止。①应急终止的条件：事件现场得到控制，事件条件已经消除；污染源的泄漏或释放已降至规定限值以内；事件所造成的危害已经被彻底消除，无继发可能；事件现场的各种专业应急处置行动已无继续的必要；采取了必要的防护措施以保护公众免受再次危害，并使事件可能引起的中长期影响趋于合理且尽量低的水平。②应急终止的程序。现场救援指挥部确认终止时机，或事件责任单位提出，经现场救援指挥部批准；现场救援指挥部向所属各专业应急救援队伍下达应急终止命令；应急状态终止后，相关类别环境事件专业应急指挥部应根据国务院有关指示和实际情况，继续进行环境监测和评价工作，直至其他补救措施无需继续进行为止。③应急终止后的行动。环境应急指挥部指导有关部门及突发环境事件单位查找事件原因，防止类似问题的重复出现；有关类别环境事件专业主管部门负责编制特别重大、重大环境事件总结报告，于应急终止后上报。④应急过程评价。由环保总局组织有关专家，会同事发地省级人民政府组织实施。根据实践经验，有关类别环境事件专业主管部门负责组织对应急预案进行评估，并及时修订环境应急预案。参加应急行动的部门负责组织、指导环境应急队伍维护、保养应急仪器设备，使之始终保持良好的技术状态。

5. 应急保障。一是资金保障，部际联席会议各成员单位根据突发环境事件应急需要，提出项目支出预算报财政部审批后执行。二是装备保障，各级环境应急相关专业部门及单位要充分发挥职能作用，在积极发挥现有检验、鉴定、监测力量的基础上，根据工作需要和职责要求，加强危险化学品检验、鉴定和监测设备建设。增加应急处置、快速机动和自身防护装备、物资的储备，不断提高应急监测、动态监控的能力，保证在发生环境事件时能有效防范对环境的污染和扩散。三是通信保障，各级环境应急相关专业部门要建立和完善环境安全应急指挥系统、环境应急处置全国联动系统和环境安全科学预警系统。配备必要的有线、无线通信器材，确保本预案启动时环境应急指挥部和有关部门及现场各专业应急分队间的联络畅通。四是人力资源保障，有关类别环境应急专业主管部门要建立突发环境事件应急救援队伍；各省（区、市）加强各级环境应急队伍的建设，提高其应对突发事件的素质和能力；在计划单列市、省会城市和环境保护重点城市培训一支常备不懈、熟悉环境应急知识、充分掌握各类突发环境事件处置措施的预备应急力量；对各地所属大中型化工等企业的消防、防化等应急分队进行组织和培训，形成由国家、省、市和相关企业组成的环境应急网络。保证在突发事件发生后，能迅速参与并完成抢救、排险、消毒、监测等现场处置工作。五是技术保障，建立环境安全预警系统，组建专家组，确保在启动预警前、事件发生后，相关环境专家能迅速到位，为指挥决策提供服务。建立环境应急数据库，建立健全各专业环境应急队伍，地区核安全监督站和地区专业技术机构随时投入应急的后续支援和提供技术支援。六是宣传、培训与演练，各级环保部门应加强环境保护科普宣传教育工作，普及环境污染事件预防常识，编印、发放有毒有害物质污染公众防护"明白卡"，增强公众的防范意识和相关心理准备，提高公众的防范能力。各级环保部门以及有关类别环境事件专业主管部门应加强环境事件专业技术人员日常培训和重要目标工作人员的培训和管理，培养一批训练有素的环境应急处置、检验、监测等专门人才。各级环保部门以及有关类别环境事件专业主管部门，按照环境应急预案及相关单项预案，定期组织不同类型的环境应急实战演练，提高防范和处置突发环境事件的技能，增强实战能力。七是应急能力评价，为保障环境应急体系始终处于良好的战备状态，并实现持续改进，对各级环境应急机构的设置情况、制度和工作程序的建立与执行情况、队伍的建设和人员培训与考核情况、应急装备和经费管理与使用情况等，在环境应急能力评价体系中实行自上而下的监督、检查和考核工作机制。

6. 后期处置。一是善后处置，地方各级人民政府做好受灾人员的安置工作，组织有关专家对受灾范围进行科学评估，提出补偿和对遭受污染的生态环境进行恢复的建议。二是保险，应建立突发环境事件社会保险机制。对环境应急工作人员办理意外伤害保险。可能引起环境污染的企业事业单位，要依法办理相关责任险或其他险种。

为规范突发环境事件应急预案管理，完善环境应急预案体系，增强突发环境事件应急预案的科学性、实效性和可操作性，根据《中华人民共和国突发事件应对法》、《国家突发公共事件总体应急预案》、《国家突发环境事件应急预案》及相关环境保护法律、法规，环保部制定了《突发环境事件应急预案管理暂行办法》。所谓突发环境事件应急预案，是指针对可能发生的突发环境事件，为确保迅速、有序、高效地开展应急处置，减少人员伤亡和经济损失而预先制订的计划或方案。

1. 环境应急预案的编制应当符合以下要求：①符合国家相关法律、法规、规章、标准和编制指南等规定；②符合本地区、本部门、本单位突发环境事件应急工作实际；③建立在环境敏感点分析基础上，与环境风险分析和突发环境事件应急能力相适应；④应急人员职责分工明确、责任落实到位；⑤预防措施和应急程序明确具体、操作性强；⑥应急保障措施明确，并能满足本地区、本单位应急工作要求；⑦预案基本要素完整，附件信息正确；⑧与相关应急预案相衔接。

2. 县级以上人民政府环境保护主管部门编制的环境应急预案应当包括以下内容：①总则，包括编制目的、编制依据、适用范围和工作原则等；②应急组织指挥体系与职责，包括领导机构、工作机构、地方机构或者现场指挥机构、环境应急专家组等；③预防与预警机制，包括应急准备措施、环境风险隐患排查和整治措施、预警分级指标、预警发布或者解除程序、预警相应措施等；④应急处置，包括应急预案启动条件、信息报告、先期处置、分级响应、指挥与协调、信息发布、应急终止等程序和措施；⑤后期处置，包括善后处置、调查与评估、恢复重建等；⑥应急保障，包括人力资源保障、财力保障、物资保障、医疗卫生保障、交通运输保障、治安维护、通信保障、科技支撑等；⑦监督管理，包括应急预案演练、宣教培训、责任与奖惩等；⑧附则，包括名词术语、预案解释、修订情况和实施日期等；⑨附件，包括相关单位和人员通讯录、标准化格式文本、工作流程图、应急物资储备清单等。

3. 企事业单位的环境应急预案：①向环境排放污染物的企业事业单位，生产、贮存、经营、使用、运输危险物品的企业事业单位，产生、收集、贮存、运输、利用、处置危险废物的企业事业单位，以及其他可能发生突发环境事件的企业事业单位，应当编制环境应急预案。②企业事业单位的环境应急预案包括综合环境应急预案、专项环境应急预案和现场处置预案。对环境风险种类较多、可能发生多种类型突发事件的，企业事业单位应当编制综合环境应急预案。

综合环境应急预案应当包括本单位的应急组织机构及其职责、预案体系及响应程序、事件预防及应急保障、应急培训及预案演练等内容。对某一种类的环境风险，企业事业单位应当根据存在的重大危险源和可能发生的突发事件类型，编制相应的专项环境应急预案。专项环境应急预案应当包括危险性分析、可能发生的事件特征、主要污染物种类、应急组织机构与职责、预防措施、应急处置程序和应急保障等内容。对危险性较大的重点岗位，企业事业单位应当编制重点工作岗位的现场处置预案。现场处置预案应当包括危险性分析、可能发生的事件特征、应急处置程序、应急处置要点和注意事项等内容。③企业事业单位编制的综合环境应急预案、专项环境应急预案和现场处置预案之间应当相互协调，并与所涉及的其他应急预案相互衔接。④工程建设、影视拍摄和文化体育等群体性活动有可能造成突发环境事件的，主办单位应当在活动开始前编制临时环境应急预案。⑤企业事业单位编制的环境应急预案中除了环保部制定的《突发环境事件应急预案管理暂行办法》第6条规定的内容外，还应当包括以下内容：本单位的概况、周边环境状况、环境敏感点等；本单位的环境危险源情况分析，主要包括环境危险源的基本情况以及可能产生的危害后果及严重程度；应急物资储备情况，针对单位危险源数量和性质应储备的应急物资品名和基本储量等。⑥县级以上人民政府环境保护主管部门和企事业单位，应当组织专门力量开展环境应急预案编制工作，并充分征求预案涉及的有关单位和人员的意见。有关单位和人员应当以书面形式提出意见和建议。环境应急预案涉及重大公共利益的，编制单位应当向社会公告，并举行听证。企业事业单位可以委托相关专业技术服务机构编制环境应急预案。

4. 突发环境事件应急预案的评估。①县级以上人民政府环境保护主管部门应当在环境应急预案草案编制完成后，组织评估小组对本部门编制的环境应急预案草案进行评估。环境保护主管部门环境应急预案评估小组的组成人员应当包括环境应急预案涉及的政府部门工作人员、相关行业协会和重点风险源单位代表以及应急管理和专业技术方面的专家。②企业事业单位应当在环境应急预案草案编制完成后，组织评估小组对本单位编制的环境应急预案进行评估。企业事业单位环境应急预案评估小组的组成人员应当包括环境应急预案涉及的相关部门应急管理人员、相关行业协会、相邻重点风险源单位代表、周边社区（乡、镇）代表以及应急管理和专业技术方面的专家。③环境应急预案评估小组应当重点评估环境应急预案的实用性、基本要素的完整性、内容格式的规范性、应急保障措施的可行性以及与其他相关预案的衔接性等内容。环境应急预案的编制单位应当根据评估结果，对应急预案草案进行修改。

5. 突发环境事件应急预案的备案。①县级以上人民政府环境保护主管部门编制的环境应急预案应当报本级人民政府和上级人民政府环境保护主管部门备案。企业事业单位编制的环境应急预案，应当在本单位主要负责人签署实施之日起 30 日内报所在地环境保护主管部门备案。国家重点监控企业的环境应急预案，应当在本单位主要负责人签署实施之日起 45 日内报所在地省级人民政府环境保护主管部门备案。工程建设、影视拍摄和文化体育等群体性活动的临时环境应急预案，主办单位应当在活动开始 3 个工作日前报当地人民政府环境保护主管部门备案。②受理备案登记的环境保护主管部门应当在收到报备材料之日起 60 日内，对报送备案的环境应急预案进行审查，对符合环保部制定的办法第 6 条、第 10 条规定并通过评估小组评估的，予以备案并出具《突发环境事件应急预案备案登记表》；对不符合环保部制定的《突发环境事件应急预案管理暂行办法》第 6 条、第 10 条规定的，不予备案并复函说明理由，由申请备案的环境保护主管部门或者企业事业单位自行纠正后重新报送备案。《突发环境事件应急预案备案申请表》和《突发环境事件应急预案备案登记表》的格式由环境保护部统一制定。

6. 突发环境事件应急预案的实施与监督。①县级以上人民政府环境保护主管部门应当将环境应急预案的监督管理作为日常环境监督管理的一项重要内容。县级以上人民政府环境保护主管部门和企业事业单位，应当采取有效形式，开展环境应急预案的宣传教育，普及突发环境事件预防、避险、自救、互救和应急处置知识，提高从业人员环境安全意识和应急处置技能。②县级以上人民政府环境保护主管部门或者企业事业单位，应当每年至少组织一次预案培训工作，通过各种形式，使有关人员了解环境应急预案的内容，熟悉应急职责、应急程序和岗位应急处置预案。③县级以上人民政府环境保护主管部门应当建立健全环境应急预案演练制度，每年至少组织一次应急演练。企业事业单位应当定期进行应急演练，并积极配合和参与有关部门开展的应急演练。环境应急预案演练结束后，有关人民政府环境保护主管部门和企业事业单位应当对环境应急预案演练结果进行评估，撰写演练评估报告，分析存在问题，对环境应急预案提出修改意见。④县级以上人民政府环境保护主管部门或者企业事业单位，应当按照有关法律法规和规定，根据实际需要和情势变化，依据有关预案编制指南或者编制修订框架指南修订环境应急预案。环境应急预案每 3 年至少修订一次。环境保护主管部门或者企业事业单位，应当于环境应急预案修订后 30 日内将新修订的预案报原预案备案管理部门重新备案；预案备案部门可以根据预案修订的具体情况要求修订预案的环境保护主管部门或者企业事业单位对修订后的预案进行评估。

7. 违反环境突发事件应急预案制度的应当承担的法律责任。应当编制或者修订环境应急预案的环境保护主管部门不编制环境应急预案、不及时修订环境应急预案或者不按规定进行预案备案的，由上级人民政府环境保护主管部门责令改正。应当编制或者修订环境应急预案的企业事业单位不编制环境应急预案、不及时修订应急预案或者不按规定进行应急预案评估和备案的，由县级以上人民政府环境保护主管部门责令限期改正；逾期不改正的，依据有关法律、法规给予处罚。环境保护主管部门或者企业事业单位不编制环境应急预案或者不执行环境应急预案，导致突发环境事件发生或者危害扩大的，依据国家有关规定对负有责任的主管人员和其他直接责任人员给予处分；构成犯罪的，依法追究刑事责任。

当前，我国关于环境污染事件应急管理的法律框架已经初步建立，但配套的行政法规、规章和标准还不够完善，有些法律法规的操作性不强，执法不严还是一个突出问题，必须认识到，环境污染突发事件管理应当是全过程管理，预防为主，预防与应急相结合，在依法加强对环境污染风险的控制方面，在应对突发事件时，应避免或减少对环境造成损害方面；在突发环境污染事件应急处置工作结束后，应及时组织评估事件造成的环境影响和损失等方面，不断完善，尽量减少突发环境事件造成的人员伤亡和财产损失，尤其是对生态环境的破坏，以及补偿和恢复生态环境损失。

值得一提的是，在 2014 年修订环境保护法之后，国务院迅速对《国家突发环境事件应急预案》进行了修订，与 2005 实施的《国家突发环境事件应急预案》相比，2014 年修订的《预案》吸纳了近年来突发环境事件应对工作的有效经验，主要从以下几个方面进行了调整：一是明确了突发环境事件的定义和预案的适用范围，对突发环境事件进行了界定，明确包括大气污染、水体污染、土壤污染等突发性环境污染事件和辐射污染事件。二是完善了应急组织指挥体系，按照分级负责、属地管理为主的体制要求，明确了国家、地方的组织指挥体系架构及其相应职责，并要求地方根据需要设立现场指挥部，将各部门在应对突发环境事件中的职责放在附件，通过国家环境应急指挥部组成及工作组职责方式进行阐述。三是完善了监测预警和信息报告机制，细化了预警信息发布和预警行动措施，从预警分级、预警信息发布、预警行动、预警级别调整和解除四方面进行了系统阐述，并对信息获取、报告、通报等提出了进一步要求。四是完善了事件分级和分级响应机制，明确了各级响应的责任主体，初判发生特别重大、重大突发环境事件，启动Ⅰ级、Ⅱ级应急响应，由事发地省级人民政府负责应对工作；发生较大突发环境事件，启动Ⅲ级应急响应，由事发地市级人民政府负责应对工作；发生一般突发环境事件，启动Ⅳ级应急响应，由事发地县级人民政府负责应对工作。五是完善了应急响应措施，进一步明确了国家层面的应对工作，分为环境保护部工作组、国务院工作组和国家环境应急指挥部三个层级，细化了应对流程，并对具有共性的现场污染处置、应急监测等进行了系统描述，突出了环境污染处置特点。六是调整了分级标准，从人员伤亡、经济损失、生态环境破坏、辐射污染和社会影响几方面对事件分级具体标准进行了统一规定，并从正文调整到附件，增加了正文的可读性。这次修订是在《环境保护法》修订实施的背景下，落实中共中央和国务院对生态文明建设和环境保护新常态的要求，总结近年来突发环境事件应对工作实践经验，通过反复研究和论证完成的。由此可以预见，我国的突发环境事件应急预案制度必将日益完善，以满足应对我国突发环境事件的实际需要。

[参考法律规范]

1.《突发事件应对法》（2007 年颁布）

2.《国家突发公共事件总体应急预案》（国务院 2006 年发布）

3.《国家突发环境事件应急预案》（国务院 2006 年发布，2014 年修订）

4.《突发环境事件应急预案管理暂行办法》（环境保护部 2010 年发布）

5.《船舶污染海洋环境应急防备和应急处置管理规定》（交通运输部 2011 年发布，2013、2014 年修订）

**九、生态补偿制度**

**案例十六：　浙江安徽联手监测水质——中国首个跨流域生态补偿案**

[所属部分] 环境资源法基础理论之环境法的基本制度

[大纲知识点] 生态补偿制度

[案例背景]

千岛湖，形成于 1959 年，是一个人工湖泊，1959 年新安江水库蓄水，新安江的下游河段就变成这个拥有众多岛屿的湖泊。千岛湖面积大致与百个杭州西湖相当，最深处有 117 米，是个典型的深水湖泊。千岛湖碧波荡漾、湖水清澈见底，两岸的风光无限美好，在多数人眼中，千岛湖是旅游胜地，但事实上，它的更大意义是浙江重要饮用水源地，还是中国经济最发达的长江三角洲地区的战略备用水源。[1]

---

〔1〕　本案参考资料：①佚名："国内首个跨省流域生态补偿进入实质操作"，http：//hj. ce. cn/news/2012 – 02 – 10/6937. html，2012 年 2 月 10 日；②陈丽平："生态补偿条例草稿已经形成"，法制网，http：//www. legaldaily. com. cn/rdlf/content/2013 – 02/21/content_ 4214012. htm？node = 34018，2013 年 2 月 21 日；③佚名："河北省流域生态补偿机制实现四个'首次'"，中国经济网，http：//hj. ce. cn/news/2012 – 02 – 09/6897. html，2012 年 2 月 9 日；④杨林国："贵州出台红枫湖流域水污染防治生态补偿办法"，法制网，http：//www. legaldaily. com. cn/locality/content/2012 – 08/27/content_ 3795129. htm？node = 31321，2012 年 8 月 27 日；⑤何伟："青海探索建立三江源生态补偿长效机制"，法制网，http：//www. legaldaily. com. cn/locality/content/2012 – 11/13/content_ 3980609. htm？node =31649，2012 年 11 月 13 日。

千岛湖是国内水质最好的湖泊之一。这样的水文特征，决定了千岛湖一旦被污染，将极难修复。千岛湖的湖水取自新安江，而新安江是浙江母亲河钱塘江的正源，总长359公里，干流的2/3在安徽境内，发源于安徽黄山市休宁县的山间，被称作黄山人的母亲河。

近些年来，随着经济的高速发展，新建、扩建、改建的工厂，人口的持续增加……太湖、滇池、黄河、松花江等都受到不同程度的污染，这些曾经美丽的江河湖泊不断拉响水质警报，和中国所有大江大河在工业文明大跃进时代遭遇的困境一样，新安江、千岛湖也将面临不可避免的水质污染问题，但时至今日，千岛湖依然是全国水质最棒的湖泊之一。然而，千岛湖水质的优劣很大程度取决于邻居安徽，因为千岛湖68%的水来自安徽。

1998年，千岛湖第一次被蓝藻侵袭，2010年5月，千岛湖的部分湖面出现蓝藻异常增加繁殖。在新安江污染物甚少的年代，千岛湖水营养物质也少（称作贫营养化水质），如今水质正从中营养化向富营养化转变。水中的氮、磷等营养物质多了，其危害显而易见，藻类会借助营养物质大肆繁殖，消耗水中的氧气，让鱼儿缺氧，让水质变坏。

千岛湖水质恶化趋势与上游新安江来水有多大关系？一组2001~2008年的持续监测数据能说明一切。新安江奔淌两百多公里，在安徽黄山市歙县街口镇进入浙江省境。2001~2007年，街口江段水质是较差的四类水，2008年变成更差的五类水，个别月份看总氮这项关键污染指标，甚至是最差的劣五类水。8年间，街口江段总氮这一污染指标攀升了34.5%，总磷污染指标攀升44%，江水透明度则下降了18.5%，变成243厘米。浙江和安徽两省开始联手在两省交界处的新安江江段监测水质，意味着全中国第一个跨省流域生态补偿进入实质操作阶段。

**[案情描述]**

新安江的上游是安徽黄山市，下游是杭州的淳安县和建德市。同饮一江水，跨过一条省境，经济社会发展水平相去甚远，且这种差距还有拉大之势。经济先发的浙江愈发关注环境质量，关注大水缸千岛湖的安全；而经济后进的黄山市更加迫切的愿望是经济发展提速。[1] 一组数字可体现黄山市的经济状况：安徽一共16个地级市，地级市黄山只有590户规模以上的工业企业，只占全省的4%，这座城市2010年的工业增加值约101亿元，只占安徽省的2%，排名地级

---

〔1〕 规模以上企业这是一个统计术语，一般以年产量作为企业规模的标准，国家对不同行业的企业都制订了一个规模要求，达到规模要求的企业就称为规模以上企业。国家统计时，一般只对规模以上企业作出统计，达不到规模的企业就没有统计。规模以上企业在2010年之前是指主营业务收入在500万元及以上的法人工业企业；2011年是指年主营业务收入在2000万元及以上的法人工业企业。

市倒数前三。经济数据催黄山人奋进，而黄山也正面临着难得的发展机遇：沿海地区制造业成本高的企业，数不清的工厂选择内迁，距离苏浙等发达省份较近的安徽成为产业转移的优选地。只因地处长三角大水缸千岛湖的上游，黄山不得不设置环保准入高门槛，不得不忍痛放弃大好的发展机会。据统计，近些年黄山拒绝的大投资有四十多项，投资总额超过40亿元。一边是不得不保的千岛湖水质，一边是不得不顾的黄山人的富裕之路，新安江环保在浙皖两省相左的利益诉求中变得踯躅。一味要求邻居牺牲经济发展速度以保住新安江上游的一江碧水，而下游的浙江人尽享环保果实，于情理不合。

国际上，位于同一条河流上的两个地方，上游保护了环境，下游对上游给予生态补偿，符合惯例，但在中国，现有法律、法规及政策无一条涉及生态补偿，跨省的生态补偿如何操作更是难度倍增。

安徽和浙江两省的协商基于"利益共享，责任共担"的共识：上游的安徽为保护环境放弃发展机会，付出机会成本，下游的浙江从中受益，上游地区应该和下游地区共享经济社会发展成果，下游应和上游共担环保责任。

2008年，财政部、环保部开始酝酿在新安江流域首推跨省生态补偿，经过4年磋商、磨合，一套中央及两省共同认可的合作规则终于成型。具体操作规则是：中央财政拿出3亿元，这3亿元无条件划拨安徽，用于新安江治理。3年后，若两省交界处的新安江水质变好了，浙江地方财政再划拨给安徽1亿元，若水质变差，安徽划拨给浙江1亿元，若水质没有变化，则双方互不补偿。规则不复杂，但两省最终达成共识还是跨越了两大分歧：

第一个分歧是，评判交界处新安江的水质变好或是变差，以哪个水质数值作为基准标准？安徽省环保厅副厅长殷福才说，河流水质的三类水就能做饮用水源地，就用河流水质的三类水作为评判基准。浙江方面则认为，千岛湖是一个湖泊，应该以湖泊二类水水质为基准。河流三类水和湖泊二类水两个标准间有个难以妥协的差异：河流三类水质不监测水的富营养化指标，而湖泊二类水却把富营养化指标看得很重，而富营养化是湖泊污染的大敌。双方的分歧源于对新安江的地理认知：安徽认为在境内新安江是一条河流，该采用河流水质标准，浙江认为，新安江流到我的境内已形成湖泊型的水库，自然该用湖泊水质标准衡量。最终双方都能接受的方案是，把新安江最近3年的平均水质作为评判基准，3年后新安江水质变好或是变坏，以此为参照。双方出现的第二个分歧是：评判未来3年交界处的新安江水质，是依照浙江的监测结果还是安徽的？若依浙江，是评判湖泊水质的一套指标，若依安徽，则是评判河流水质的指标。双方妥协的结果是在街口建一个水质自动监测站，以自动站的数据为依据，并参考两省联合监测的数据。为尽量减少对下游水质的威胁，黄山月底拆除新安江上的 5000 网箱，因为网箱养鱼，投放饲料难免，饲料会对下游水质造成威胁。街口镇位于千岛湖水库库区，五十多年前蓄水后，这里的村民失去了赖以为生的土地，如今在新安江里网箱养鱼是他们维持生计的主要方式。五千多个大大小小的网箱在这个月底前就要被拆除，尽管不舍，村民们还是在动手。政府的补偿标准是，竹制网箱每平方米补偿 23 元，钢制网箱每平方米补偿 45 元。这个两省交界处的镇子未来的打算是，洗脚上岸，转而依靠生态旅游觅出路。整个黄山市已经为保护新安江源头行动起来：利用国家下拨的资金，江两岸已组建了 7 支专业打捞队，专事清理江面垃圾，沿江 10 个乡镇建起垃圾中转站或焚烧炉，100 个村庄有了专业保洁队，收集村里的生活垃圾送往处理场。在黄山全境，威胁江水的造纸、印刷、纤维板、水泥四大类工厂全部被关闭。

［法律问题］

1. 什么是生态补偿制度？
2. 联系本案分析我国的生态补偿制度。

［法理分析］

本案是我国第一例比较成功的跨省生态补偿案例。生态补偿，是国际上广泛采用的一种因经济发展导致环境污染和自然资源破坏而给予恢复、补偿或综合治理的法律制度，如森林生态效益补偿、河流生态补偿、矿产资源生态补偿制度等。其有广义和狭义两种含义。广义地说，任何对环境和自然资源的开发利用活动都可能造成环境资源问题，因此任何对环境资源的开发利用活动都应该给予一定的补偿，即恢复因开发利用活动造成的环境资源破坏；狭义地说，是指为保护生态环境和自然资源，相关区域内丧失发展机会或降低发展水平的公民、法人或其他组织应获得的资金、实物等补偿。发达国家广泛利用生态补偿制度促进经济发展和保护环境之间的协调。例如，1981 年英国《野生动植物和农村法》第 39 条规定，农场主和国家公园主管机关按照自愿参与原则达成协议，目的是对促进并增强自然景观和野生动植物价值的农场主提供补偿；德国 2000 年颁布《生态税持续改革法案》，为实施生态补偿制度提供充足的资金。

我国早在 20 世纪 50 年代就开始了生态补偿制度的实践。1981 年，中共中央、国务院联合颁布了《关于保护森林发展林业若干问题的决定》指出："建立国家林业基金制度。"1993 年国务院颁布的《关于进一步加强造林绿化工作的通知》指出："要改革造林绿化资金投入机制，逐步实行征收生态效益补偿费制度。"这些行政法规的出台，为我国生态补偿制度奠定了良好的发展基础。其后，在我国制定颁布的《森林法》等法律中也规定了生态补偿制度。同时，为有效实施这些法律确定的生态补偿制度，我国还颁布实施了大量的环境行政法规和部门规章，如国务院颁布的《全国生态环境建设规划》规定，加强已建立的林业基金、牧区育草基金的使用管理，切实用于水土保持、植树种草等生态环境建设，积极开辟新的投资渠道，按照"谁受益、谁补偿、谁破坏、谁恢复"的原则，建立生态补偿制度。2007 年原国家环境保护总局发布了《关于开展生态补偿试点工作的指导意见》等。2011 年 11 月党的十八大报告更是明确提出：要"建立反映市场供求和资源稀缺程度、体现生态价值和代际补偿的资源有偿使用制度和生态补偿制度"。

目前，随着我国环境与经济发展的矛盾日益激化，生态补偿制度作为一项富有操作性的制度逐渐发展起来。2012 年 2 月 13 日，长沙出台《长沙市境内河流生态补偿办法（试行）》，主要是针对跨区域的河流，上游的污染要为下游买单。从目前的情况看，河流生态补偿的污染因子主要是化学需氧量和氨氮这两种主要的污染物，每一条河流的横断面就是一个排污口，目前制定的标准就是化学需氧量每吨 800 元，氨氮是每吨 900 元，环保部门今后还要根据河流具体的水质情况，适时调整生态补偿的因子的种类和补偿标准。为确保补偿资金专款专用，长沙市专门有一个具体的要求，如各区县市政府应该安排生态环境保护的补偿资金，要按照要求上交市财政，由市财政设置流域生态的补偿专户，根据这些情况统筹安排，促进区域环境污染的治理和环境质量的提升。

河北省环保厅申报的"流域生态补偿机制"，获得第六届"中国地方政府创新奖"，这是全国首个获得此奖的环保类项目。自 2008 年 4 月起，河北省在子牙河流域的 5 市实施跨界断面目标考核和生态补偿管理机制，其核心是"河流水质超标，扣缴上游地方政府财政的钱，扣缴资金用于补偿下游地区的损失、水污染综合治理及保障群众饮水安全项目"。扣缴标准依污染程度不同，由 10 万元至 300 万元不等。机制实施之后，子牙河水系水质明显改善。2009 年 4 月起，河北省开始实行全流域生态补偿，涉及七大水系的 56 条主要河流的 201 个断面。截至 2011 年 11 月，全省累计扣缴生态补偿金 10 730 万元。这一措施极大地促进了河北省水环境质量的改善，也进一步加快了地方政府治理污染的进程。2007 年，河北省仅有污水处理厂 50 座，到 2010 年建成污水处理厂 175 座。据悉，这一机制在全国实现了"四个首次"：首次实施、首次在全省流域实施、首次被环境保护部确定为全国全流域生态补偿机制唯一试点省、首次将生态补偿机制纳入地方法规（《河北省减少污染物排放条例》）。

2012 年 7 月 31 日，贵州出台《贵州省红枫湖流域水污染防治生态补偿办法（试行）》，自 2012 年 9 月 1 日起该办法开始实施。该《办法》规定，在贵阳市和安顺市之间实施红枫湖流域水污染防治生态补偿。据悉，生态补偿以红枫湖主要入库河流羊昌河的焦家桥断面，以及桃花园河的骆家桥断面水质监测结果为考核依据，若为正值，由贵阳市补偿安顺市；计算结果若为负值，则由安顺市补偿贵阳市。生态补偿资金总额按 2：8 的比例分别缴入省级财政和对方市级财政。此外，贵阳、安顺两地的政府应将生态补偿资金纳入当年本级财政预算并予以保障。获得补偿的一方，应将补偿资金纳入同级环保专项资金进行管理，专项用于红枫湖流域水污染防治、生态修复和环保能力建设，不得挪作他用。据介绍，因红枫湖流域地跨贵阳和安顺两地，历年来水污染防治方面存在责任不明确，甚至有保护力度不同步等现象，出台生态补偿办法后，红枫湖的保护将会取得重大进展。

2012 年 11 月，青海探索建立三江源生态补偿长效机制。为促进三江源头生态建设取得突破性进展，青海省先行探索建立三江源生态补偿长效机制，已陆续启动、实施涉及 11 个方面的具体补偿政策。三江源地区是长江、黄河、澜沧江的发源地，被誉为"中华水塔"，受多种因素影响，这里生态问题日益严重，影响到源区及中下游水域。2005 年国务院批准实施《青海三江源自然保护区生态保护和建设总体规划》，共包括 22 个建设项目，总投资 75 亿元，是目前中国最大的生态保护项目。近三年来，青海省采取提前垫付等办法，增加工程投资，加快工程进度，截至 2012 年 8 月底，累计安排下达投资 56.7 亿元，占总投资的76%，已完成投资 54.5 亿元。目前，能源建设、鼠害防治、退耕还林还草、人工增雨和生态移民等项目已完成建设任务，三江源局部地区生态环境得到改善。据了解，为有效推进三江源生态保护、民生改善和经济发展，青海省政府结合实际及财力状况，于 2010 年 10 月底出台《关于探索建立三江源生态补偿机制的若干意见》和《三江源生态补偿机制试行办法》。2011 年青海省统筹安排资金 25 亿元，启动实施了"1+9+3"教育经费保障补偿、异地办学奖补、农牧民技能培训和转移就业、草畜平衡补偿、牧民生产资料补贴、扶持农牧民后续产业发展和农牧民基本生活燃料费补助等 7 项补偿政策，惠及 22.4 万名学生和3.9 万名农牧民。2012 年，青海省财政、气象等部门出台实施生态环境监测评估、草原生态管护机制两项补偿政策，下达资金 1.4 亿元，主要对各地开展生态监测与评估工作给予必要的设备购置经费，并从农牧民中招募近万名生态管护员进行草场日常管护，使相关工作步入常态化、规范化管理。同时，我国首个生态保护综合类项目档案管理规范和信息化管理系统——三江源档案管理信息系统也已经建成。作为中国最大的生态保护项目，三江源项目已形成档案涉及 22 大项，超过 1 万卷。在国家档案局和青海省相关部门的共同努力下，三江源项目档案管理工作取得了长足发展。2011 年，各地三江源工程档案基本做到了统一装盒、案卷封面、卷盒侧贴、卷内目录等基本要求。

2013 年 2 月，全国人大环境与资源保护委员会已形成生态补偿条例草稿，正在广泛征求各方面意见。在 2012 年 3 月举行的十一届全国人大五次会议期间，张庆伟、汪惠芳、杜国玲等 102 位代表提出 3 件议案，建议制定生态补偿法。代表们在议案中指出，由于缺乏基本的法律依据，生态补偿机制的建立和实施受到严重影响。建议尽快制定生态补偿法，明确生态补偿的原则、补偿主体、补偿对象、补偿资金来源、补偿方式、补偿标准、补偿项目审计和资金使用监管等内容，解决谁来补、补给谁、补什么、怎么补的问题，通过建立健全生态补偿机制，推进统筹区域协调发展，加快国家的生态文明建设。

实际上，根据党中央、国务院有关建立健全生态补偿机制的战略部署，2010 年，国务院已将制定《生态补偿条例》列入立法工作计划。国家发改委牵头，会同财政部、国土资源部、环境保护部、住房和城乡建设部、水利部、农业部、国家税务总局、国家林业局、国家统计局、国家海洋局 10 个部门共同组成起草领导小组和工作小组，组织起草生态补偿条例，草案内容涉及补偿原则、补偿领域、补偿对象、补偿方式、补偿评估及标准、补偿资金等。考虑到当前工作的实际需要，国家发改委会同财政部等有关部委正在研究起草《关于建立完善生态补偿机制的若干意见》，国务院将通过该文件对生态补偿涉及的主要问题提出原则性意见。

近年来，全国人大环资委结合办理和督办代表议案和建议，对建立健全生态补偿机制多次开展调查研究，先后围绕南水北调、三峡工程、大小兴安岭森林保护、三江源保护、主体功能区建设等，提出建立完善生态补偿机制的建议。全国人大环资委认为，完善生态补偿的法律制度，实现生态补偿的制度化、法制化是非常必要的。目前，国务院有关部委围绕生态补偿立法已经做了大量的工作，代表议案提出的主要问题在正在起草的法规中都已涉及，一些地方及主要资源开发利用行业生态补偿试点正稳步推进，有关生态补偿的做法和经验还在不断创新、积累，因此，建议国务院抓紧制定《生态补偿条例》和《关于建立完善生态补偿机制的若干意见》，待有关政策、法规实施一段时间，积累了相关经验后，再根据需要研究生态补偿法的起草工作。2014 年修订的《环境保护法》第 31 条明确规定："国家建立、健全生态保护补偿制度。国家加大对生态保护地区的财政转移支付力度。有关地方人民政府应当落实生态保护补偿资金，确保其用于生态保护补偿。国家指导受益地区和生态保护地区人民政府通过协商或者按照市场规则进行生态保护补偿。"从而为我国制定和完善生态补偿制度奠定了法律基础，随着 2015 年开始实施修订后的《环境保护法》，我国的生态补偿制度将逐渐得到完善。

[参考法律规范]

1. 《关于开展生态补偿试点工作的指导意见》（原国家环境保护总局 2007 年颁布）

2.《贵州省红枫湖流域水污染防治生态补偿办法（试行）》（贵州省政府2012 年颁布）

3.《环境保护法》（1989 年颁布，2014 年修订）

4.《长沙市境内河流生态补偿办法（试行）》（长沙市人民政府2012 年颁布）

## 十、三同时制度

### 案例十七：          违反"三同时"行政诉讼案

[**所属部分**] 环境资源法基础理论之环境法的基本制度

[**大纲知识点**] 三同时制度

[**案例背景**]

东莞市环保局于1994 年同意东莞市清溪三阳实业公司在该市清溪镇浮岗村柏朗老围投资兴建生猪养殖场，但规定该公司的整个环保工程竣工后，必须报环保局派员检查核准才能试产。东莞市清溪三阳实业公司根据东莞市环保局的批复及东莞市有关部门的批准，于1995 年下半年开始兴建养猪场，第一期投资一千多万元。[1]

1998 年8 月13 日，东莞市清溪三阳实业公司在防治污染设施未建成投入使用、防污设施未经东莞市环保局验收合格的情况下，开始购入种猪进行繁殖，并逐渐扩大养猪规模，至2000 年8 月，已拥有大小猪两千多头。而在此期间，东莞市清溪三阳实业公司一直未完成防污工程，未申请验收防污设施。2000 年8 月28 日，环保局的执法人员蔡志强、陈志雄、吴俊生到清溪三阳实业公司的养猪场进行现场检查，发现上述行为。环保局在对该公司依法履行了处罚告知程序后，按东莞市清溪三阳实业公司的申请，于2000 年9 月26 日举行了听证会。听证会主持人是环保局副局长朱权胜，东莞市清溪三阳实业公司未申请主持人回避；调查人员是蔡志强，陈学友是参加人。环保局于同年9 月28 日以东莞市清溪三阳实业公司违反《中华人民共和国环境保护法》第26 条的规定，并根据该法第36 条的规定，对东莞市清溪三阳实业公司作出了处以5 万元罚款和责令原告停止养猪、停止引进新猪苗、两个月内将现在存栏猪处理完毕的处罚

---

〔1〕 本案参考资料：①佚名："东莞市清溪三阳实业公司与东莞市环保局行政处罚案"，110 法律咨询网，http://www.110.com/panli/panli_60158.html，2002 年2 月20 日；②佚名："环保'三同时'制度"，中国网，http://www.china.com.cn/chinese/huanjing/1022007.htm，2005 年11 月7 日；③佚名："什么是'三同时'制度？"中国环境保护产业协会网，http://www.caepi.org.cn/highlights/6975.shtml，2009 年2 月4 日。

决定。

东莞市清溪三阳实业公司因不服东莞市环保局的行政处罚，向东莞市中级人民法院提起行政诉讼。东莞市中级人民法院经审理认为，原告东莞市清溪三阳实业公司在养猪场的防治污染设施未建成投入使用、未经被告东莞市环保局验收合格的情况下，进行大规模的养猪，违反了《中华人民共和国环境保护法》第26条第1款"建设项目中防治污染的设施，必须与主体工程同时设计、同时施工、同时投产使用"（即"三同时"制度）的规定。

根据被告的行政处罚决定书及答辩意见，被告处罚原告的事实与理由是原告违反了"三同时"制度，故被告处罚原告的事实清楚，证据确凿。原告养猪场防治污染的设施尚未建成，主体工程即投产使用，根据《中华人民共和国环境保护法》第36条的规定，对建设项目的防治污染设施没有建成就投入生产或者使用的，处罚的形式是且只能是责令停止生产或使用，另外还可以并处罚款。至于罚款的数额，由于该条没有作具体规定，被告选择适用《中华人民共和国水污染防治法实施细则》第40条、《建设项目环境保护管理条例》第28条、《广东省建设项目环境保护管理条例》第28条来确定罚款5万元并无不当，因为上述条款都是关于对违反"三同时"制度的罚款规定，5万元罚款是在上述条款处罚幅度内的，因此被告作出的实体处理正确，适用法律也基本正确。但被告实际上选择适用了上述法律、法规，却在行政处罚决定书中未予引用，是适用法律不全，虽然这未对实体处理的正确性造成影响，本院亦应予以补正。被告在作出处罚之前经过了检查、告知、听证的程序。因此，被告东莞市环保局作出的东环罚字（2000）073号行政处罚决定，事实清楚，证据确实、充分，适用法律基本正确，程序合法，处理结果正确，应予维持。

原告称被告在听证会上未将 NO.001891 水质检验报告出示质证，不能作为证据使用，而被告未有足够的证据证实该报告已向原告出示，因此对原告这一辩论意见可予采纳，东莞市中级人民法院据此认为被告在行政处罚决定书中认定原告"超标排放，污染环境，影响东深水质"没有依据。但这对被告作出行政处罚的正确性没有影响。原告称其违反"三同时"制度是客观上受资金的影响而不是其故意的，被告没有及时批复原告的有关污水处理的报告，被告明知原告违反"三同时"却不帮原告整改，因而被告对原告违反"三同时"制度负有不可推卸的责任；其养猪场没有排污口，没有废水排出场外，被告在检查笔录和处罚决定中认定其"废水未经有效处理排放"和"母猪600头，商品猪存栏约3000头"失实等，因这些不是原告违反"三同时"制度的法定构成要素，也不是被告处罚原告的事实与理由，对被告作出的行政处罚的正确性没有影响，故法院没有必要予以查证和考虑。对原告称朱权胜是本案调查取证人又是主持人，陈学友不是调查人却以调查人的身份发言等，经查 NO. A00203 号《东莞市环境保护执法检查笔录》，检查人没有朱权胜，朱权胜到过原告单位并不等于他就是调查取证人；又查听证会笔录，上面记录陈学友是以参加人的身份参加的，原告的法定代表人及委托代理人当时也在笔录上签名认同，且陈学友的发言并未妨碍到原告的申辩权，原告在听证会上也作了充分的申辩，因此对原告的上述意见不予采纳。原告称其没有违反《中华人民共和国水污染防治法》，被告适用《中华人民共和国水污染防治实施细则》是错误的。经查，根据原告提供的由被告作出的（1994）79 号《关于清溪三阳实业公司环保申请的批复》，原告所建的污染防治设施，实际上是污水处理即防治水污染的设施，《中华人民共和国水污染防治法》第 13 条第 3 款正是关于防治水污染的设施必须与主体工程同时设计、同时施工、同时投产使用的规定，因此原告的行为也同时违反了该法，可以适用该法。该法第 47 条还规定了违反上述规定的法律责任，被告据此而适用《中华人民共和国水污染防治法实施细则》确定对原告罚款 5 万元是正确的，故对原告这一观点也不予采纳。至于原告称 1989 年《中华人民共和国水污染防治法实施细则》全文只有 39 条，被告却适用了第 40 条。经查全文只有 39 条的是 1989 年 7 月 12 日颁布的，已在 2000 年 3 月 20 日国务院发布新的《中华人民共和国水污染防治法实施细则》时同时废止了。被告作出的处罚是在 2000 年 9 月 28 日，理应适用后法的第 40 条。原告称被告适用了《广东省建设项目环境保护管理条例》第 28 条，却在处罚决定中只字未提是适用法律不当，法院予以采纳。但这未影响到被告作出的行政处罚的正确性。另，原告请求本院确认其行政违法情节显著轻微，判决不予行政处罚，经查，原告在防污设施未完工的情况下擅自开始养猪，时间长达两年之久，其间一直未完成防污设施，且所养猪达两千多头，污水超标，因此法院认为原告此请求据理不足，予以驳回。依照《中华人民共和国行政诉讼法》第 54 条第 1 项、《中华人民共和国环境保护法》第 36 条、《中华人民共和国水污染防治法》第 47 条、《中华人民共和国水污染防治法实施细则》第 40 条、《建设项目环境保护管理条例》第 28 条、《广东省建设项目环境保护管理条例》第 28 条、第 27 条之规定，判决：①维持被告东莞市环保局作出的东环罚（2000）073 号环境保护行政处罚决定。②驳回原告东莞市清溪三阳实业公司的诉讼请求。案件的诉讼费人民币 100 元，由原告承担。

东莞市清溪三阳实业公司因诉东莞市环保局行政处罚一案，不服东莞市中级人民法院（2001）东中法行初字第 10 号行政判决，向广东省高级人民法院提起上诉。

**[案情描述]**

上诉人东莞市清溪三阳实业公司不服原审判决，提起上诉称：①原判决认定事实不清，证据不足。原审判决在审理中，只单方面地查证上诉人违反环保"三同时"制度的违法行为，而没有全面客观地查清该违法行为的性质、情节以及社会危害程度。上诉人未执行环保"三同时"制度，属于程序上违法性质，主要违法行为是没有做到"同时投产使用"。但在实际上，并未造成危害社会的后果。上诉人对这种程序上的违法行为，采取了行之有效的补救措施，这种补救措施的效果，经被上诉人检测表明，自然净化的废水，已达到国家二级排放标准，接近广东省地方一级排放标准。②原审判决对被上诉人提供的证据，没有审查清楚其真实性与合法性，偏袒与庇护被上诉人的违法行为。一份是NO. A00203号《东莞市环境保护执法检查笔录》，被上诉人在现场检查时未做任何笔录，该笔录是事后自行编写的，当时，上诉人的法人代表陶尧生经理也未在现场，被上诉人事隔多天后采取欺诈手段补签的。另一份是《听证会笔录》，充分证实了被上诉人行政执法程序不合法。朱权胜副局长是听证会主持人，不但是执法检查笔录中的真实检查人，而且自己在笔录中承认"但实际上我去过三次"。《广东省行政处罚听证程序实施办法》第12条规定："听证主持人、听证员、书记员有下列情况之一的，应当自行回避，当事人及其代理人有权申请回避：①本案调查人员……"但朱权胜副局长身为调查人员，并没有自行回避。另一名参加人员陈学友，不但坐在听证会调查人席位上，而且完全取代调查人员的职责，先后五次向当事人提问及进行辩论。这同样是违反《广东省行政处罚听证程序实施办法》第24条、第28条规定的，是明显的程序违法。原判决对被上诉人执法不公正的违法事实，也未进行查证，存在严重的地方保护主义。③被上诉人作出的行政处罚决定，违反了《中华人民共和国行政处罚法》第3条、第4条、第38条第1、2款的规定，上诉人虽有程序违法的行为，但情节轻微，且未造成社会危害的后果，并及时纠正，属于依法可以不予行政处罚的。而被上诉人却没有遵守《行政处罚法》的法定程序实施，滥用行政自由裁量权，该行政处罚是无效的。

被上诉人东莞市环保局答辩称：①上诉人未执行环境保护"三同时"制度，这是铁的事实，上诉人至今都承认。至于上诉人对未执行环保"三同时"制度讲了许多主观、客观原因。这些都不能改变上诉人的污染防治设施未经环保部门验收合格，即开始养猪这个违法事实。②上诉人认为一审没有审查清楚证据的真实性与合法性，主要是对《东莞市环境保护执法检查笔录》（NO. A00203号）和《听证会笔录》两份证据的真实性有怀疑。被上诉人认为，《东莞市环境保护执法检查笔录》（NO. A00203号）有上诉人的法人代表陶尧生签名，上诉人的法人代表陶尧生，既然是法人代表人，就一定是具有民事责任能力或行政责任能力的人，应当知道每一次签名所应承担的法律后果。至于《听证会笔录》的真伪问题，上诉人认为朱权胜副局长是调查人员却做了听证会主持人，陈学友不是调查人员，却坐在了调查人的席位。我们承认朱权胜副局长确实到过该公司，但不是本案的调查取证人员，他可以是做其他工作。况且听证会上有自我介绍，上诉人没有申请回避。陈学友确实非本案调查人员，据《听证会笔录》记载，陈学友只是听证会参加人员，所谈话内容，并没有涉及调查取证情况。③本局作出行政处罚决定，经过调查取证、告知、听证、处罚、送达等必经程序，不存在程序违法。原审法院依据《中华人民共和国行政处罚法》规定的原则和法定程序进行审理，作出的判决是公正的。

广东省高级人民法院经审理查明，双方当事人对原审查明的事实没有异议。根据《中华人民共和国环境保护法》第26条第1款规定："建设项目中防治污染的设施，必须与主体工程同时设计、同时施工、同时投产使用。防治污染的设施必须经原审批环境影响报告书的环境保护行政主管部门验收合格后，该建设项目方可投入生产或者使用。"我国推行"三同时"制度，是为防止建设中出现新的环境污染与环境破坏提供保证的有效措施。上诉人东莞市清溪三阳实业公司建设项目中的防治污染设施没有经环保部门验收合格，就投入生产。被上诉人认定上诉人违反了"三同时"制度并无不妥。上诉人认为自己的行为没有造成危害，事后又采取措施进行补救，故不应处罚。因法律没有规定此为免责条件，因而不能推翻被上诉人的事实认定。《中华人民共和国环境保护法》第36条规定："建设项目的防治污染设施没有建成或者没有达到国家规定的要求，投入生产或者使用的，由批准该建设项目的环境影响报告书的环境保护行政主管部门责令停止生产或者使用，可以并处罚款。"被上诉人据之作出东环罚字（2000）073号行政处罚决定："停止养猪，停止引进新猪苗。两个月内将现有存栏猪处理完毕。并处罚款5万元。"该决定是合法的。上诉人认为自己的违法行为轻微，处罚过重了。经审查本案的事实和法律适用，未发现显失公正。故上诉人此项要求不能支持。上诉人认为《东莞市环境保护执法检查笔录》（NO. A00203号）是事后自行编写的，不具效力。经查，该《东莞市环境保护执法检查笔录》有上诉人的法定代表人陶尧生签名，依法他应对该笔录记录的内容负责。上诉人认为听证会存在程序违法，听证会主持人朱权胜身为调查人员没有自行回避；被上诉人委托代理人陈学友不是听证会的调查人员，却坐在调查人员的席位，取代调查人员的职责，先后多次向当事人提问及进行辩论。经查本案听证会主持人朱权胜虽然到过东莞市清溪三阳实业公司现场，但没有材料证明他是调查人员和进行过具体的调查工作，他主持听证会是符合《中华人民共和国行政处罚法》第 42 条第 4 项规定的；陈学友不是调查人员，他参加听证会坐在调查人员席位上并发言，缺乏法律依据，上诉人指出其不合法之处是正确的。但因陈学友参加听证会未影响上诉人权利的行使，未导致影响听证的正常进行和对案件事实的决定、处理，这里存在的不是依法必须撤销处罚决定的程序问题，故上诉人以此为由请求撤销处罚决定，本院不予采纳。上诉人认为在行政处罚期间，其已对自己的违法行为采取了补救措施，加大投资建设防污工程项目，已完善了防污工程的全部设施，请求予以撤销处罚决定。因法律没有规定采取补救措施后便可以撤销原处罚，故对该理由在本案不予考虑。

综上所述，被上诉人作出的东环罚字（2000）073 号行政处罚证据确凿，适用法律正确，程序合法，应予支持；原审判决予以维持是正确的。上诉人的上诉理由不足，不能采纳。依照《中华人民共和国行政诉讼法》第 61 条第 1 项，判决如下：驳回上诉，维持原判。二审案件受理费人民币 100 元，由上诉人东莞市清溪三阳实业公司负担。

［法律问题］

1. 什么是"三同时"制度？
2. 联系本案分析"三同时"制度。

［法理分析］

本案是我国一件比较典型的因违反"三同时"制度而被处以行政处罚案件。"三同时"制度是建设项目环境管理的一项基本制度，是我国以预防为主的环保政策的重要体现。所谓"三同时"，是指建设项目的环境保护设施（包括防治污染和其他公害的设施及防止生态破坏的设施）必须与主体工程同时设计、同时施工、同时投产使用的各项法律规定的统称。"三同时"制度适用于我国领域内的新建、改建、扩建项目（含小型建设项目）和技术改造项目，以及其他一切可能对环境造成污染和破坏的工程建设项目和自然开发项目。实行这一制度，能有效地控制基本建设中产生的新污染源。

"三同时"制度是具有中国特色的一项环境法律基本制度，是我国从实践中总结出来的具有中国特色的防止产生新的环境污染和破坏的重要措施。"三同时"制度和环境影响评价结合起来，是贯彻"预防为主"原则，最大限度地消除和减轻污染的一项环境管理法律制度。

1972 年 6 月，在国务院批准的《国家计委、国家建委关于官厅水库污染情况和解决意见的报告》中，第一次提出了"工厂建设和'三废'利用工程要同时设计、同时施工、同时投产"的要求。1973 年国务院下发的《关于保护和改善环境的若干规定》中首次正式提出：一切新建、扩建和改建的企业必须执行"三同时"制度；1976 年中共中央批转的《关于加强环境保护工作的报告》中重申了这项制度；1979 年的《环境保护法（试行）》、1989 年制定的《环境保护法》、2014 年修订的《环境保护法》、各时期单项环境污染防治法律及国务院《建设项目环境保护管理条例》等均规定了"三同时"制度。例如，1989 年《环境保护法》第 26 条规定，对一切可能对环境造成污染和破坏的工程建设项目其环境保护设施必须与主体工程同时设计、同时施工、同时投产。2014 年对"1989 年环境保护法"的大修并没有抛弃这项制度，仍然保留了"三同时"制度。《水土保持法》第 27 条规定："依法应当编制水土保持方案的生产建设项目中的水土保持设施，应当与主体工程同时设计、同时施工、同时投产使用；生产建设项目竣工验收，应当验收水土保持设施；水土保持设施未经验收或者验收不合格的，生产建设项目不得投产使用。"《水污染防治法》第 17 条第 3 款规定："建设项目的水污染防治设施，应当与主体工程同时设计、同时施工、同时投入使用。水污染防治设施应当经过环境保护主管部门验收，验收不合格的，该建设项目不得投入生产或者使用。"

"三同时"制度具体包括以下内容：①建设项目的初步设计，应当按照环境保护设计规范的要求，编制环境保护篇章，并依据经批准的建设项目环境影响报告书或者环境影响报告表，在环境保护篇章中落实防治环境污染和生态破坏的措施以及环境保护设施投资概算。②建设项目的主体工程完工后，需要进行试生产的，其配套建设的环境保护设施必须与主体工程同时投入试运行。③建设项目试生产期间，建设单位应当对环境保护设施运行情况和建设项目对环境的影响进行监测。④建设项目竣工后，建设单位应当向审批该建设项目环境影响报告书、环境影响报告表或者环境影响登记表的环境保护行政主管部门，申请该建设项目需要配套建设的环境保护设施竣工验收。⑤分期建设、分期投入生产或者使用的建设项目，其相应的环境保护设施应当分期验收。⑥环境保护行政主管部门应当自收到环境保护设施竣工验收申请之日起 30 日内，完成验收。⑦建设项目需要配套建设的环境保护设施经验收合格，该建设项目方可正式投入生产或者使用。

违反"三同时"制度应承担的法律责任。"三同时"制度是我国环境法律的一项基本制度。违反这一制度时，根据不同情况，要承担相应的法律责任。如果是建设项目涉及环境保护而未经环境保护部门审批擅自施工的，除责令其停止施工，补办审批手续外，还可处以罚款。例如，根据《建设项目环境保护管理条例》第 25 条的规定："建设项目环境影响报告书、环境影响报告表或者环境影响登记表未经批准或者未经原审批机关重新审核同意，擅自开工建设的，由负责审批该建设项目环境影响报告书、环境影响报告表或者环境影响登记表的环境保护行政主管部门责令停止建设，限期恢复原状，可以处 10 万元以下的罚款。"如果建设项目的防治污染设施没有建成或者没有达到国家规定的要求，投入生产或者使用的，由批准该建设项目环境影响报告书的环境保护行政主管部门责令停止生产或使用，并处罚款；如果建设项目的环境保护设施未经验收或验收不合格而强行投入生产或使用，要追究单位和有关人员的责任；如果未经环境保护行政主管部门同意，擅自拆除或者闲置防治污染的设施，污染物排放又超过规定排放标准的，由环境保护行政主管部门责令重新安装使用，并处以罚款。

[**参考法律规范**]

1. 《环境保护法》（1989 年颁布，2014 年修订）
2. 《建设项目环境保护管理条例》（国务院 1998 年颁布）

第二章

# 环境污染防治法

　　一般而言，人类开发利用环境资源可能造成的损害主要分为两大类：一类是在正常的生产经营活动中利用环境容量向环境排放污染物，或者因对危害环境的物质与行为管理不善，从而造成环境污染和其他公害等的环境危害；另一类是在对自然资源和自然环境的利用过程中，因不合理、不适当地开发利用而造成自然环境或生态等的破坏。因此，环境资源法主要划分为环境污染防治法和自然保护法。环境污染防治法是指国家对产生或可能产生环境污染和其他公害的原因活动（包括各种对环境不利的人为活动）实施控制，达到保护环境，进而保护人体健康和财产安全目的而制定的同类法律的总称。[1] 本章精心选择了大气污染防治法、水污染防治法、土壤污染防治法等涉及不同环境要素的12个案例，基本涵盖了我国现有的环境污染防治法的范畴。每一类污染防治法律制度所包含的知识点，将在对该案例的法理分析中详细阐明。

　　本章的体系设计安排是基于环境污染的分类而展开的，按照引发环境污染现象的不同原因，可以将环境污染分为物质流污染和能量流污染两大类。前者主要是物质进入环境所致，如大气污染、水污染、土壤污染等都属于物质流污染；而后者则主要是能量进入环境所致，如噪声污染、放射性污染、电磁辐射污染、光污染等都属于能量流污染。[2] 另外，因为我国农村环境污染日益严重，而农村环境的治理绩效将直接关系到社会主义新农村建设的成败，因此，本章专门增加一个农村环境保护案例，以期引起读者足够的重视。

---

〔1〕　汪劲：《环境法学》，北京大学出版社2006年版，第319～322页。

〔2〕　汪劲：《环境法学》，北京大学出版社2006年版，第328页。

# 第一节 物质流污染防治法

## 一、大气污染防治法

### 案例一: 英国伦敦烟雾事件——20世纪世界最大城市烟雾事件

[所属部分] 环境污染防治法之大气污染防治

[大纲知识点] 大气污染防治法律制度

[案例背景]

1952年12月3日, 是英国伦敦一个晴朗的冬日。气象台报告说, 一个冷锋已在夜间通过; 中午的气温达到5.6℃, 相对湿度大约70%, 风从北方吹来令人舒适。天空中点缀着绒毛状积云, 这是英格兰在天气晴朗的片刻才会有的云彩。总之, 这是美好的一天。老年人与病人都特别高兴, 他们坐着晒太阳, 迎着从北海吹来的清净的风喝茶。这股风吹遍了英格兰, 把中部地区的工厂和城市住户烟囱里冒出来的烟通通刮走了。伦敦正处于一个巨大的反气旋, 也就是高气压地区的东南边缘, 风围绕这一高压中心以顺时针的方向吹着[1]

12月4日, 这个反气旋沿着通常的路径移向东南方, 其中心在伦敦以西几百公里风向已稍转, 从西北偏北的方向吹来, 风速比原来慢了。几层阴云几乎遮蔽了天空, 透过较低层广阔均匀的暗灰色云层裂缝间, 可以看到约3000米高空处还有较高的云层。它们把太阳和天空统统遮住。中午的气温为华氏温度38度, 相对湿度是82%。

在这样的天气下, 人们也许没有预料到, 一场灾难正要降临伦敦。

[案情描述]

1952年12月5日~8日, 地处泰晤士河谷地带的伦敦城市上空处于高压中心, 一连几日无风, 风速表读数为零。大雾笼罩着伦敦城, 又值冬季城市大量燃煤取暖, 排放的煤烟粉尘在无风状态下蓄积, 烟和湿气积聚在大气层中, 致使城市上空连续四五天烟雾弥漫, 能见度极低。在这种气候条件下, 飞机被迫取消航班, 汽车即便在白天行驶也须打开车灯, 行人走路都极为困难, 只能沿

---

〔1〕 本案参考资料: ①王京: "1952年英国伦敦烟雾事件", 人民网, http://www.people.com.cn/GB/huanbao/41909/42116/3082714.html, 2004年12月27日; ②张庸: "英国伦敦烟雾事件", 载《环境导报》2003年第21期; ③佚名: "英国伦敦光化学烟雾事件", 中国环保网, http://www.greentv.com.cn/zhuanti/zhuanti_detail.aspx? ID=31608, 2008年9月22日。

着人行道摸索前行。由于大气中的污染物不断积蓄，不能扩散，许多人都感到呼吸困难，眼睛刺痛，流泪不止。伦敦医院由于呼吸道疾病患者剧增而一时爆满，伦敦城内到处都可以听到咳嗽声。仅仅 4 天时间，死亡人数达四千多人。就连当时举办的一场盛大的得奖牛展览中的 350 头牛也惨遭劫难。一头牛当场死亡，52 头严重中毒，其中 14 头奄奄待毙。2 个月后，又有八千多人陆续丧生。这就是骇人听闻的"伦敦烟雾事件"。

事后的调查研究表明，酿成伦敦烟雾事件主要的凶手有两个，冬季取暖燃煤和工业排放的烟雾是元凶，当时特定情况下出现的逆温层现象是帮凶。伦敦工业燃料及居民冬季取暖使用煤炭，煤炭在燃烧时，会生成水、二氧化碳、一氧化碳、二氧化硫、二氧化氮和碳氢化合物等物质。这些物质排放到大气中后，会附着在飘尘上，凝聚在雾气上，进入人的呼吸系统后会诱发支气管炎、肺炎、心脏病。当时持续几天的"逆温"现象，加上不断排放的烟雾，使伦敦上空大气中烟尘浓度高达 $4.46\mu g/L$，为平时的 10 倍；二氧化硫高达 $1.34\mu g/L$，为平时的 6 倍。烟雾中的三氧化二铁促使二氧化硫氧化产生硫酸泡沫，凝结在烟尘上形成酸雾，整个伦敦城犹如一个令人窒息的毒气室一样。可悲的是，烟雾事件在伦敦出现并不是独此一次，相隔 10 年后又发生了一次类似的烟雾事件，造成 1200 人的非正常死亡。直到 20 世纪 70 年代后，伦敦市内改用煤气和电力，并把火电站迁出城外，使城市大气污染程度降低了 80%，骇人的烟雾事件才不在伦敦再度发生。

[法律问题]

1. 什么是大气污染？我国环境法中有哪些大气污染防治的主要规定？
2. 联系本案分析大气污染防治法律制度。

[法理分析]

本案是著名的世界八大公害事件之一的伦敦烟雾事件，也是世界上迄今为止最大的一起由燃煤使用引发的城市大气污染事件。所谓大气污染，是指大气中因某种污染物质的介入，导致其化学、物理、生物或者放射性等方面的特性发生改变，导致大气质量下降，影响人们对大气的有效利用，危害人体健康或财产安全，并破坏自然生态系统，造成大气质量恶化的现象。

大气污染历来是人类面临的极其严重的环境污染之一。近代来，特别是产业革命以来，由于人类社会经济的迅猛发展，带来工业化的普及，化石能源的大量使用，使得人类赖以生存的大气环境质量日益恶化，在震惊全球的世界八大公害事件中，仅大气污染就占了 5 件。

大气污染的危害非常大。严重的大气污染可以导致人发生各种疾病，如气管炎、哮喘、肺炎等，甚至造成人的非正常死亡；会减缓农作物生长，发育受阻，品质下降，产量减少；由大气污染造成的酸雨还会腐蚀建筑物、金属制品、造成高压线路短路，影响油漆涂料、纸制品、纺织制品等；由于人类使用氟利昂等制冷剂造成的臭氧层损耗，还会导致人类容易临患皮肤癌等疾病。

大气污染防治法应运而生。我国在 1979 年《环境保护法（试行）》中首次以法律的形式对大气污染防治作出了原则性的规定，1987 年全国人大常委会制定了《大气污染防治法》，1995 年第八届全国人大常委会对该法进行了修订，2000 年又进行了第二次修订。

我国大气污染防治法确定的主要法律制度有：

1. 主要大气污染物总量控制制度。采取国家计划控制和地方政府规划执行的方式，逐步削减各地方主要大气污染物的排放总量，促使地方的大气环境质量达到规定标准。

2. 针对酸雨控制区或二氧化硫污染控制区的"两控区"措施。由国务院环保部门会同有关部门，将已经产生或可能产生酸雨的地区或其他二氧化硫污染严重的区域，根据地形、土壤、气候等自然条件，划定为酸雨控制区或二氧化硫控制区，对在该区域内排放大气污染物的责令限期治理。

3. 总量控制区措施。对尚未达到规定的大气环境质量标准的区域和国务院批准划定的酸雨控制区、二氧化硫污染控制区，由国务院和省级人民政府划定为主要大气污染物排放总量控制区，对该控制区内排放主要大气污染物的企业事业单位，实行排放总量核定和排污许可制度。

4. 大气环境标准制度。由国务院环保部门和省级地方政府依法制定大气环境质量标准和大气污染物排放标准等，我国目前已经制定了 130 多项有关大气环境的各类国家标准。其中，《环境空气质量标准（2012）》是大气环境标准体系的核心。大气污染物综合排放标准是国家大气污染物排放标准中较为重要的综合性排放标准，该标准主要依据《环境空气质量标准》制定，对 33 种大气污染物的排放限值（即最高允许排放浓度、最高允许排放速率和无组织排放监控浓度限值）都作出了具体规定。

5. 大气污染防治重点城市划定制度。在我国，以煤炭为主的能源结构短时间内还无法根本改变，城市大气质量很难有根本性的改变。为此，《大气污染防治法》规定，由国务院按照城市总体规划、环境保护规划目标和城市大气环境质量状况，划定大气污染防治重点城市，对大气污染防治实行重点控制。

6. 防治燃煤污染的具体措施。燃煤使用造成的污染非常严重，本案中伦敦烟雾事件就是因大量使用燃煤造成的污染后果，《大气污染防治法》也专门规定，对燃煤煤炭要求推行煤炭洗选加工，以降低煤炭的硫分和灰分；在城市能源结构方面，要求改进城市能源结构，推广清洁能源的生产和使用；在燃煤锅炉的管制方面，要求在锅炉产品质量标准中规定必须符合大气污染物排放标准的要求，否则不得制造、销售或进口。

7. 防止机动车船排放污染物。鼓励生产和使用清洁能源的机动车船，机动车船尾气排放不得超过规定排放标准。在用机动车不符合制造时的在用机动车污染物排放标准的，不得上路行驶。

8. 防治废气、粉尘和恶臭污染。要求向大气排放粉尘的单位，必须采取除尘措施。严格限制向大气排放含有有毒物质的废气和粉尘；确需排放的，必须经过净化处理并不得超过规定标准。在防治废气污染方面，要求工业生产回收利用可燃性气体和减少废气的排放，对于生产过程中排放含有硫化物气体的，要求配备脱硫装置或采取其他脱硫措施。

9. 违反大气污染防治法的法律责任。①行政责任。违反大气污染防治法的行政监督管理规定，根据情节轻重需承担一定的行政责任。比如，排污单位不正常使用大气污染物处理设施，或者未经环境保护行政主管部门批准，擅自拆除、闲置大气污染物处理设施的，环境保护行政主管部门或者法定监督管理部门可以根据不同情节，责令停止违法行为，限期改正，给予警告或者处以 5 万元以下罚款；再如，排放含有硫化物气体的石油炼制、合成氨生产、煤气和燃煤焦化以及有色金属冶炼的企业，不按照国家有关规定建设配套脱硫装置或者未采取其他脱硫措施的，由县级以上人民政府环境保护行政主管部门责令限期建设配套设施，可以处 2 万元以上 20 万元以下罚款。②民事责任：造成大气污染危害的单位，有责任排除危害，并对直接遭受损失的单位或者个人赔偿损失。赔偿责任和赔偿金额的纠纷，可以根据当事人的请求，由环境保护行政主管部门调解处理；调解不成的，当事人可以向人民法院起诉。当事人也可以直接向人民法院起诉。③刑事责任：环境保护监督管理人员滥用职权、玩忽职守的，给予行政处分；构成犯罪的，依法追究刑事责任。

重点区域大气污染联防联控是我国近年来创新的大气污染防治措施。2012年 10 月，由环保部、发改委、财政部印发的《重点区域大气污染防治"十二五"规划》提出，要在重点区域率先推进大气污染联防联控工作，形成环境优化经济发展的"倒逼传导机制"。规划范围为京津冀、长江三角洲、珠江三角洲地区，以及辽宁中部、山东、武汉及其周边、长株潭、成渝、海峡西岸、山西中北部、陕西关中、甘宁、新疆乌鲁木齐城市群，共涉及 19 个省、自治区、直辖市，面积约 132.56 万平方公里，占国土面积的 13.81%。其中，又将规划区域划分为重点控制区和一般控制区，重点控制区共 47 个城市，除重庆为主城区外，其他城市为整个辖区。

我国近年来通过北京奥运会、上海世博会、广州亚运会和深圳大运会的区域空气质量控制，积累了比较成功的区域大气污染联防联控经验，再加上 2013 年 1 月北京发生的严重雾霾事件，使人们认识到，必须实行区域大气污染治理的联防联控机制，才有可能控制好大气污染。

[参考法律规范]

1.《大气污染防治法》（1987 年颁布，2000 年修订）

2.《环境空气质量标准》（GB 3095 - 2012）

3.《大气污染物综合排放标准》（GB 16297 - 1996）

## 二、水污染防治法

### 案例二：　　　　阳宗海砷污染案——饮用水源重大污染案件

[所属部分] 环境污染防治法之水污染防治

[大纲知识点] 水污染防治法律制度

[案例背景]

处于昆明和玉溪交界处的阳宗海，是云南九大高原湖泊之一，古称"大泽"、奕休湖，明朝时又称明湖。据史料记载，阳宗海是以驻地而得名的：南诏大理国时期设三十七部，明湖一带为强宗部，南宁宝佑四年（公元 1256 年）设强宗千户所。后强宗讹为阳宗，故名阳宗海。元代称阳宗为"大池"，池旁有温泉，故又名"汤池"。阳宗海景色秀丽，碧波粼粼，湖水清澈，深碧如明镜。沿湖岩壑嶙峋，陡绝峻美，据《澄江府志》记载："此湖每遇晴空，云敛静影澄碧，渔歌互答，帆船往来宛若画图，景谓'明湖澄碧'，为明、清时阳宗县的四景之一。"阳宗海的湖泊面积 31 万平方公里，总蓄水量 6.04 亿立方米，2002 年以来，连续 6 年保持二类水质。多年来，阳宗海不仅为沿湖百姓提供生活用水，还为工农业生产、渔业、旅游业等产业发展提供用水，是一个多功能性湖泊。

砷，又名砒，是一种广泛分布于自然界的非金属，在土壤、水、矿物、植物中都能检测出微量的砷，正常人体组织中也含有微量的砷。本来非金属砷因不溶解于水，是没有毒性的，但是，砷化物，特别是三氧化二砷，却是剧毒物。砷在环境中主要以化合物的形式存在，砷的化合物均有毒性，"砒霜"的主要成分就是三氧化二砷。然而，这种剧毒物质却存于美丽的阳宗海。

[案情描述]

事情是这样的。2007 年 10 月，云南省宜良县环境监测站监测到阳宗海水体砷浓度与此前相比出现异常波动，浓度大大升高。2008 年 4 月以来，水体中砷浓度持续上升，6 月份超过三类水质标准，砷浓度均值达 0.055mg/L，于是监测站将情况上报省环保局。后云南省环境监测中心站、昆明市环境监测中心、玉溪市环境监测中心对阳宗海实施加频、加密监测，至同年 7 月 16 日，砷浓度达 0.102mg/L，超过国家 V 类水限制（0.1mg/L）。7 月 30 日，全湖平均值为 0.116mg/L，超过五类水质标准 0.16 倍，类别为劣五类。[1] 8 月，《2008 昆明市环保简报第 21 期》发表《加强区域联动执法 开展阳宗海流域企业专项检查》一文予以报道；8 月 25 日，中华人民共和国环境保护部的网站转载该文，同日，绿色记者沙龙也转载该文。[2] 其后，《人民日报》、新华社、《中国青年报》等国家级大型媒体和《春城晚报》、《云南法制报》等省内媒体也进行相关报道或发表评论。路透社曾援引新华社客观事件动态报道，在全球发布《云南高原湖泊阳宗海遭到砷污染》。从媒体关注的角度来看，该事件已经成为仅次于三鹿奶粉事件的重要媒体报道，地方政府被媒体推上舆论的风口浪尖。

针对阳宗海出现砷浓度超标的污染现象，云南省政府于 2008 年 9 月 12 日宣布阳宗海实施"三禁"：禁止饮用阳宗海的水，禁止在阳宗海内游泳，禁止捕捞阳宗海的水产品。到 9 月 16 日，阳宗海湖水砷浓度监测值高达 0.128mg/L，远远超过 0.05mg/L 的饮用水安全标准，最高值 0.134mg/L 出现在 10 月 1 日，随后呈缓慢下降趋势。

云南公安机关于 2008 年 9 月 13 日对此事件立案侦查，并委托鉴定机构组织有关专家对污染原因进行鉴定。鉴定人根据相关资料，并结合现场调查情况，证实阳宗海水体砷浓度增加不是自然地质因素造成的，并排除了砷污染源来自阳宗海入湖河流的可能。

经云南省环保局对阳宗海周边及入湖河道沿岸企业进行紧急检查，排查出 8 家企业有环境违法行为，并初步确定，阳宗海水体砷污染的主要来源是云南澄江锦业工贸有限公司。

该公司位于阳宗海西南端，距湖面约 1.5 公里。有关资料显示，这家公司始建于 1996 年，最早为乡镇企业，后改制为私营企业，工厂 17 公里的半径范围内，富藏高品位风化磷矿区。公司设有硫酸和化肥两个生产车间，停产前已建成硫磺制酸 5 万吨等生产线多条。锦业公司在生产项目建设、涉高砷化工生产过程中，使用砷含量超过国家标准的锌精矿灯原料；未建设规范的生产废水收集、循环系统及工业固体废物堆场；含砷声场废水长期通过明沟、暗管排放到厂区内最低凹处没有经过防渗漏处理的土池内，并抽取废水至未做任何防渗处理的洗矿循环水池进行磷矿石洗矿作业；将含砷固体废物磷石膏倾倒于厂区外

---

〔1〕 本案参考资料：李映青、郭安菲："云南阳宗海砷污染事件回放"，中国日报网，http://www.chinadaily.com.cn/dfpd/2009-06/03/content_9169588.htm，2009 年 6 月 3 日。

〔2〕 绿色记者沙龙是中国较为知名的环保非政府组织，该组织曾于 2004 年参与组织了当时轰动一时的云南怒江大坝停建事件。

三个未经防渗漏、防流失处理的露天堆场堆放；雨季降水量大时直接将土池内的含砷废水抽排至厂区东北侧邻近阳宗海的磷石膏渣场放任自流。据此，锦业公司被最终确定为造成本次阳宗海水体砷污染的主要污染源。

2005年至2008年6月，澄江锦业公司上缴税金1162.8万元，但是它造成的污染，治理费用将达几十亿元。2008年12月23日，云南省"九大高原湖泊水污染综合防治办"发布的监测结果显示，阳宗海入湖泉水砷浓度含量已从2008年7月16日检测时的67.7mg/L下降到10月初的25.42mg/L，阳宗海水体砷浓度上升的趋势基本得到遏制，湖中水体水质砷浓度基本趋于稳定。

自从阳宗海水体砷污染事件发生后，云南省政府启动行政问责程序，成立调查专案小组追究污染事件相关人员责任。省政府行政问责调查组通过查看现场，查阅相关资料，与相关人员谈话，召集省环保局、省九湖办、省环境科学院、昆明理工大学等单位的专家多次进行座谈，已调查核实清楚导致阳宗海水体砷污染的相关责任。通过调查，发现有关地方和部门在阳宗海的管理保护中存在项目审查把关不严，监督检查、严格管理不力，执法不严，工作不负责，跟踪整改落实不到位，环保竣工验收把关不严，以罚代管，督促整治环境违法工作不力等问题。因该事件被问责人员达26人，其中，厅级干部2人，处级干部9人，其他干部15人。

2009年4月14日上午，阳宗海砷污染案在澄江县人民法院第三审判庭公开审理。澄江县人民法院认为，被告单位云南澄江锦业责任公司违反国家规定，向土地、水体排放、倾倒有毒物质，造成重大环境污染事故，致使公私财产遭受特别重大损失，后果特别严重，被告人李大宏、李耀鸿、金大东作为该公司的主管人员及直接责任人员，应承担法律责任。被告单位及被告人的行为触犯了《中华人民共和国刑法》第338条、第346条的规定，犯罪事实清楚，证据确实充分，应当以重大环境污染事故罪追究其刑事责任。具体为：2001年以来，锦业公司违反国家防治环境污染的相关规定，在未办理环境影响评价的情况下，先后擅自技术改造改扩建年产2.8万吨硫化锌精矿制酸生产线两条、开工建设年产8万吨磷酸一铵生产线一条。在上述工程施工中，澄江锦业没有同时建设配套的环境保护设施。建成投产后，使用砷含量超过国家标准的硫化锌精矿及硫铁矿作为原料生产硫酸，再用硫酸生产磷酸一铵。此外，没有按照后期补办的环境影响评价及环境监管部门的要求，建设规范的生产废水收集、循环、排放系统及废固堆场，长期将含砷生产废水通过明沟及暗管直接排放到厂区内一个没有经过防渗处理的天然坑塘内，将含砷固体废物磷石膏在3个地点露天堆放，雨季降水量大时直接将生产废水抽至厂外排放。擅自开挖3个洗矿废水收集池，未做任何防渗处理，抽取含砷废水进行洗矿。2009年6月2日上午，云南澄江县法院对阳宗海砷污染刑事案件进行公开宣判。法院审理认为,被告单位云南省锦业公司作为具有相应刑事责任能力的法人单位,在生产经营过程中的环境违法行为,导致阳宗海水体受污染,水质从二类下降到劣五类,饮用、水产品养殖等功能丧失,周边居民两万六千余人的饮用水源取水中断,公私财产遭受百万元以上损失,构成重大环境污染事故罪,判处罚金人民币 1600 万元;被告人李大宏犯重大环境污染事故罪,判处有期徒刑 4 年,并处罚金人民币 30 万元;被告人李耀鸿、金大东犯重大环境污染事故罪,各判处有期徒刑 3 年,并处罚金人民币 15 万元。但三名被告均称自己无罪,被告方辩护人提出对阳宗海砷污染主要污染源进行重新鉴定。澄江县法院审理认为,被告单位及辩护人提出云南省环境科学研究院的鉴定结论不客观真实,要求重新鉴定的理由不成立,法院不予支持。

[法律问题]

1. 什么是水污染?我国环境法中有哪些水污染防治的主要规定?

2. 联系本案分析水污染防治法律制度。

[法理分析]

本案是近年来伴随经济高速发展产生的一起典型严重水污染案件,具有典型性和代表性。本案造成了严重的水污染后果,同时污染行为人也受到了刑事法律的追究,教训深刻,值得反思。所谓"水污染",是指水体因某种物质的介入,而导致其化学、物理、生物或放射性等方面的特性改变,从而影响水的有效利用,危害人体健康或者破坏生态环境,造成水质恶化的现象。"水污染物"是指直接或间接向水体排放的能导致水体污染的物质。水中的"有毒污染物"是指那些直接或间接被生物摄入体内后,可能导致该生物或其后代发病、行为反常、遗传异变、生理机能失常、机体变形或死亡的污染物。水污染按照不同的污染源可分为有毒化学物质污染、放射性物质污染、热污染、病原体污染、有机物污染等。水污染造成的危害非常严重、范围非常广,主要表现为降低水的可利用性,危害人体健康,影响工农业生产,破坏渔业资源,损害水的美感,并进而影响到与水有关的水上体育、娱乐和旅游业的发展。

《中华人民共和国水污染防治法》是我国水污染防治的基本法。该法主要规定了水污染防治的标准和规划、水污染防治的监督管理、水污染防治措施、水污染事故处置等内容。

1. 水污染防治的基本法律制度。①环境影响评价制度。新建、改建、扩建直接或者间接向水体排放污染物的建设项目和其他水上设施,应当依法进行环境影响评价。②国家对重点水污染物排放实施总量控制制度。省级人民政府应当按照国务院的规定削减和控制本行政区域的重点水污染物排放总量,并将重点水污染物排放总量控制指标分解落实到市、县人民政府；市、县人民政府根据本行政区域重点水污染物排放总量控制指标的要求，将重点水污染物排放总量控制指标分解落实到排污单位。③排污许可制度。直接或者间接向水体排放工业废水和医疗污水以及其他按照规定应当取得排污许可证方可排放的废水、污水的企业事业单位，应当取得排污许可证；城镇污水集中处理设施的运营单位，也应当取得排污许可证。

2. 水污染防治的主要法律措施。①禁止性措施：禁止企业事业单位无排污许可证或者违反排污许可证的规定向水体排放废水、污水。②工业水污染防治措施：国务院有关部门和县级以上地方人民政府应当合理规划工业布局，要求造成水污染的企业进行技术改造，采取综合防治措施，提高水的重复利用率，减少废水和污染物排放量。③城镇水污染防治：城镇污水应当集中处理。县级以上地方人民政府应当通过财政预算和其他渠道筹集资金，统筹安排建设城镇污水集中处理设施及配套管网，提高本行政区域城镇污水的收集率和处理率。④农业和农村水污染防治：使用农药，应当符合国家有关农药安全使用的规定和标准，运输、存贮农药和处置过期失效农药，应当加强管理，防止造成水污染。⑤船舶水污染防治：船舶排放含油污水、生活污水，应当符合船舶污染物排放标准。

3. 违反水污染防治法的法律责任：①行政责任。违反水污染防治法的行政监督管理规定，根据情节轻重需承担一定的行政责任。比如，环境保护主管部门不依法作出行政许可或者办理批准文件的，发现违法行为或者接到对违法行为的举报后不予查处的，对直接负责的主管人员和其他直接责任人员依法给予处分。再如，拒绝环境保护主管部门的监督检查，或者在接受监督检查时弄虚作假的，由县级以上人民政府环境保护主管部门责令改正，处1万元以上10万元以下的罚款。②民事责任：因水污染受到损害的当事人，有权要求排污方排除危害和赔偿损失。由于不可抗力造成水污染损害的，排污方不承担赔偿责任；水污染损害是由受害人故意造成的，排污方不承担赔偿责任。水污染损害是由受害人重大过失造成的，可以减轻排污方的赔偿责任。水污染损害是由第三人造成的，排污方承担赔偿责任后，有权向第三人追偿。③刑事责任：违反水污染防治法规定，构成违反治安管理行为的，依法给予治安管理处罚；构成犯罪的，依法追究刑事责任。

本案中，锦业公司违法排放含砷的污染物，且未经任何处理，已经严重违反了我国水污染防治法关于饮用水源保护的规定，要依据水污染防治法的规定进行处理，同时，公司主要负责人因符合重大环境污染事故罪的犯罪构成要件，应承担重大环境污染事故罪的刑事法律责任。

[参考法律规范]

1. 《水污染防治法》（1984 年颁布，1996、2008 年修正）
2. 《水污染防治法实施细则》（国务院 2000 年颁布）
3. 《地表水环境质量标准》（GB3838－2002）

### 三、土壤污染防治法

#### 案例三：　　　　　　　　镉大米事件——挥之不去的阴魂

[所属部分] 环境污染防治法之土壤污染防治

[大纲知识点] 土壤污染防治法律制度

[案例背景]

2013 年 1 月 30 日，北京律师董正伟向环保部提出政府信息公开申请，申请公开全国土壤污染状况调查方法和数据信息、公开全国土壤污染的成因和防治措施方法信息。2 月 20 日，环保部作出《环境保护部政府信息公开告知书》，对于全国土壤污染状况调查数据信息等，答复"全国土壤污染状况调查数据信息属于国家秘密，不予公开"。对"告知书"不满，董正伟又向环保部提出行政复议申请，要求环保部继续公开全国土壤污染状况调查数据信息。根据《行政复议法》的规定，对国务院部门或者省、自治区、直辖市人民政府的具体行政行为不服的，向作出该具体行政行为的国务院部门或者省、自治区、直辖市人民政府申请行政复议。5 月 5 日，环保部作出《行政复议决定书》，提出环保部之所以将相关数据按国家秘密管理，主要是完整地掌握全国土壤污染状况是一项艰巨工程，而相关管理基础薄弱，环保部会同有关部门开展的土壤调查属于普查性质，受客观条件的限制，只能从宏观上反映总体状况。因此在问题尚未核实清楚之前，相关数据暂时按照国家秘密进行管理。

为什么董律师要提出公开我国土壤污染状况？原因也许很多，但有一点可以肯定，中国的土壤污染状况不容乐观，近年来出现的多起耸人听闻的事件就是明证，而 2013 年爆发的广州镉大米事件更是令人震惊。

[案情描述]

事情是这样的。5 月 16 日，广州市食品药品监督管理局在其网站上公布了 2013 年第一季度广州市餐饮环节抽检情况，其中，抽检的 18 个批次的米及米制品中，有 8 个批次由于镉超标不合格，不合格率高达 44.4%。当时食药监局在通报中并未公布不合格大米的生产厂家及品牌标识，引起了部分网民的担忧与质疑。后迫于舆论压力，5 月 18 日，广州市食品药品监督管理局公布了第一季度大米抽检结果，多达 31 批次大米及米制品镉超标。[1]

根据广州市质监局的通报结果，攸县大同桥镇大板米业、高和夏生大米厂、石羊塘田星大米厂 3 家企业榜上有名。攸县官方作出回应称，3 家涉事米厂都是手续齐全、符合生产要求的企业，而 3 家企业周围 10 公里内也没有重金属工业存在。其中，大板米业涉及了 3 个批次，镉含量分别为 0.37mg/kg，库存 2650 公斤，0.45mg/kg 的库存 150 公斤，0.51mg/kg 的库存 2100 公斤。5 月 23 日，广东省食安办又公布了广州市等 10 个地市的大米镉含量抽检数据，广州是抽检批次最多的，共抽检 815 批次，从中检出 73 个镉含量实测值不达标的大米和排粉、米粉等米制品样本，生产企业分布于广东、湖南、广西、江西等多地。愈演愈烈的镉大米危机，牵出了土地遭重金属污染的现实。

中国水稻研究所与农业部稻米及制品质量监督检验测试中心 2010 年发布的《我国稻米质量安全现状及发展对策研究》称，我国 1/5 的耕地受到了重金属污染，其中镉污染的耕地涉及 11 个省 25 个地区。土壤重金属污染如看不见的幽灵一般渗透进了我们的生活。这些幽灵隐藏在土壤里，它们不仅使作物减产，还沿着植物根系攀缘，侵袭进入大米、蔬菜等各种常见的农作物，最终到达人体内，在累积到了足以致病的剂量后还会对人类健康造成严重危害。镉在肾中一旦累积到一定量，就可能损害泌尿系统。主要表现为近端肾小管功能障碍为主的肾损害，这并不致命，但可能会略微影响预期寿命。镉对人体造成危害的前提都是几十年长期、较大量地吸收，因此，预防近端肾小管功能障碍，就可以保护受镉污染影响的人群。通常情况下，人体中的镉有两大来源：一是大米；二是烟草。相关研究显示，每一支香烟都含 1 微克到 2 微克的镉，其中约 10% 会被人体吸收。由种植在镉污染土壤的烟草所制香烟对人体危害更大。大米中的镉也主要来自土壤，主要是水稻在种植过程中吸收了土壤中的镉。此外，谷物加工过程中，也有可能出现镉污染，但欧美国家尚未出现过此类情况。联合国食品准则委员会的规定是每千克大米镉含量不超过 0.4 毫克。由于没有证据表明食物中的镉会在美国引起健康问题，美国并没有制定相关标准。欧盟规定每千克大米镉含量不能超过 0.2 毫克，并希望进一步将标准提高至 0.1 毫克，中

---

〔1〕　本案参考资料：①佚名："广州市食药监局回应质疑 公布镉超标大米源头"，人民网，http：// society. people. com. cn/n/2013/0518/c1008 - 21530411. html，2013 年 5 月 18 日；②佚名："环保部：'土壤污染数据属国家秘密'说法合法"，新华网，http：//news. xinhuanet. com/2013 - 05/09/c_ 124684257. htm，2013 年 5 月 9 日；③佚名："我国土地污染家底不清：'看不见'的污染有多少"，和讯网，http：// news. hexun. com/2013 - 06 - 14/155130002. html，2013 年 6 月 14 日；④佚名："河北出台新规：被污染土地禁止流转及二次开发"，中国经济网，http：//hj. ce. cn/news/2012 - 01 - 31/6650. html，2012 年 1 月 31 日。

国的相关标准也是 0.2 毫克。

[法律问题]

1. 什么是土壤污染？我国环境法中有哪些土壤污染防治的主要规定？

2. 联系本案分析土壤污染防治法律制度。

[法理分析]

本案是近年来一起比较典型、影响较大的由土壤污染引发的案例。据统计，全国受污染的耕地约有 1.5 亿亩，污水灌溉污染耕地 3250 万亩，固体废弃物堆存占地和毁田 200 万亩，合计约占耕地总面积的 1/10 以上，每年受重金属污染的粮食高达 1200 万吨。而根据环保部和国土资源部在 2014 年 4 月 17 日联合发布的《全国土壤污染状况调查公报》显示，我国从 2005 年 4 月至 2013 年 12 月开展了首次全国土壤污染状况调查。全国土壤环境状况总体不容乐观，部分地区土壤污染较重，耕地土壤环境质量堪忧，工矿业废弃地土壤环境问题突出。工矿业、农业等人为活动以及土壤环境背景值高是造成土壤污染或超标的主要原因。全国土壤总的超标率为 16.1%，其中，轻微、轻度、中度和重度污染点位比例分别为 11.2%、2.3%、1.5% 和 1.1%。污染类型以无机型为主，有机型次之，复合型污染比重较小，无机污染物超标点位数占全部超标点位的 82.8%。其中，耕地土壤的点位超标率为 19.4%，轻微、轻度、中度和重度污染点位比例分别为 13.7%、2.8%、1.8% 和 1.1%，主要污染物为镉、镍、铜、砷、汞、铅、滴滴涕和多环芳烃。镉、汞、砷、铜、铅、铬、锌、镍 8 种无机污染物点位超标率分别为 7.0%、1.6%、2.7%、2.1%、1.5%、1.1%、0.9%、4.8%。

所谓"土壤污染"，是指人为活动产生的污染物进入土壤并积累到一定程度，引起土壤质量恶化，并进而造成农作物中某些指标超过国家标准的现象。污染物进入土壤的途径是多样的，废气中含有的污染物质（特别是颗粒物）在重力作用下沉降到地面进入土壤，废水携带大量污染物进入土壤，固体废物中的污染物直接进入土壤或其渗出液进入土壤，其中最主要的是污水灌溉带来的土壤污染。农药、化肥的大量使用，造成土壤有机质含量下降，土壤板结，这也是土壤污染的来源之一。土壤污染除导致土壤质量下降、农作物产量和品质下降外，更为严重的是土壤对污染物具有富集作用，一些毒性大的污染物（如汞、镉等）富集到作物果实中，人或牲畜食用后发生中毒。本案中，大米中镉的来源很大程度上是来源于被镉污染的污水灌溉，通过土壤的富集，迁移到水稻中，最终形成被镉污染的大米，对人体健康造成损害。

发达国家很早就高度重视土壤污染防治。欧盟在 1972 年就颁布《欧洲土壤宪章》，美国颁布了《固体废物处置法》，从污染物和污染源头上来保护土地不受污染；20 世纪 70 年代以来，日本建立了较为完善的专门性土壤污染防治法体系，主要有《农业用地土壤污染防治法》、《土壤污染对策法》、《土壤污染对策法实施细则》；韩国的土壤污染防治法主要有《土壤环境保护法》、《土壤环境保护法实施细则》）。

日本的土壤污染防治立法取得了较好的实施效果。1970 年《农业用地土壤污染防治法》颁布后，以清洁土壤为主要手段的土壤修复工程得以开展。截至1997 年，占全部受污染土地面积 76% 的土壤修复工程已宣告完成。2003 年《土壤污染对策法》生效后，基于该法而实施的土壤污染状况调查、指定的受污染土地以及修复的受污染土地数量明显增加。不仅如此，国家立法还带动了地方性法规或指南的发展，大量企业自愿采纳土壤污染防治措施，仅在 2004 年，就完成了 838 项土壤污染调查。

韩国《土壤环境保护法》的颁布，使韩国得以建立一个土壤污染防治综合法律框架，对土壤环境保护产生了积极的影响。1996 年环境部建立了土壤污染监测网，以防止与矿山、精炼厂、军事基地、储油设施、垃圾处理场相邻地区的土壤污染。专门的土壤污染防治立法不仅强制实施土壤污染调查、土壤污染的指定和修复等制度，而且极大地促进了企业自愿进行土壤污染治理。例如，2003 年，韩国 5 个主要石油公司与政府达成协议，通过自愿实施的环境保护项目来保护土壤质量。

土壤污染防治亦受到国际社会的重视。2006 年 11 月，国际自然保护同盟（IUCN）环境法委员会土壤法律专家小组起草了《土壤保护（和可持续利用）议定书（草案）》。此外，还有其他的国际环境组织也在推动国际土壤保护立法。我国目前还没有专门的土壤污染防治法，但经过数十年的积累，域外关于土壤污染防治的立法不断成熟和完善，这些立法和修改的经验都可以作为我国土壤污染防治立法的重要参考。而且，我国已经制定发布了《污染场地土壤修复技术导则》、《场地环境调查技术导则》、《场地环境监测技术导则》、《污染场地风险评估技术导则》、《污染场地术语》等 5 项污染场地系列环保标准，旨在为各地开展场地环境状况调查、风险评估、修复治理提供技术指导和支持，为推进土壤和地下水污染防治法律法规体系建设提供基础支撑。全国人大环资委从1994 年起开始关注土壤污染防治立法问题。鉴于我国土壤污染的严峻形势，根据全国人大代表的多次提议，全国人大环资委在研究本届人大环境与资源立法规划时提出了抓紧制定《土壤污染防治法》的建议。2005 年 12 月发布的《国务院关于落实科学发展观加强环境保护的决定》（国发〔2005〕39 号）也明确提出："要抓紧拟订有关土壤污染……等方面的法律法规草案……"2005 年 11月国家环保局制定的《"十一五"全国环境保护法规建设规划》更是明确地将《土壤污染防治法》纳入了"十一五"的立法规划之中。《土壤污染防治法》的专家意见稿已经完成，并提交有关部门征求意见，在完善之后将提交全国人大审议。2013年1月23日，国务院发布《近期土壤环境保护和综合治理工作安排》，提出了近期土壤环境保护和综合治理工作的五个任务：严格控制新增土壤污染；将耕地和集中式饮用水水源地作为土壤环境保护的优先区域；强化被污染土壤的环境风险控制；开展土壤污染治理与修复；提升土壤环境监管能力。2014年3月，环保部原则通过《土壤污染防治行动计划》，明确提出了依法推进土壤环境保护、坚决切断各类土壤污染源、实施农用地分级管理和建设用地分类管控以及土壤修复工程、以土壤环境质量优化空间布局和产业结构、提升科技支撑能力和产业化水平、建立健全管理体制机制、发挥市场机制作用等主要任务，明确了保障措施。

　　我国一些土壤污染比较严重的省份已经制定了相关规划。如《河北省生态环境保护"十二五"规划》明确提出"十二五"期间改善土壤环境质量的重点任务是：土壤污染环境监管能力建设、土壤污染修复试点、农业面源污染综合防治示范等。"十二五"期间，河北省将通过进一步加强调查、监测、评估和监督，强化土壤污染环境监管。特别是在全省范围内土壤污染调查的基础上，对粮食、蔬菜基地等重要敏感区和浓度高值区进行加密监测、跟踪监测，对土壤污染进行环境风险评价。将开展土壤环境功能区划，明确土壤分区控制、利用和保护对策。根据农产品品种特性和生产区域环境状况，提出不适合特定农产品生产的区域。加强全省土壤环境监测，建立省级土壤环境质量基本资料数据库和信息管理系统，实施动态更新。"十二五"期间，河北省将按国家要求建立污染土壤风险评估和环境现场评估制度，建立土地使用土壤环境质量评估与样品备案制度，初步构建土壤污染防治的监督管理制度体系。对于土壤污染严重影响人体健康的区域，实施居民搬迁，防止污染扩散。"十二五"期间，河北省将针对污水灌区农田、大中城市周边、重污染工矿企业、集中治污设施周边、饮用水源地周边、废弃物堆存场等典型区域，以重金属、持久性有机物、危险废物等污染场地修复为重点，开展土壤污染修复试点工作。各地要针对城区污染场地优先修复清单，制订修复计划，形成城区污染场地修复机制。对于土壤污染严重不适宜种植养殖的土地，依法调整土地用途，提高农产品安全保障水平。

　　[参考法律规范]

1.《日本土壤污染对策法》（2003年颁布）

2.《欧洲土壤宪章》（1972年颁布）

3.《日本农用土壤污染防治法》（1970年颁布，1993年修正）

## 四、固体废物污染防治法

### 案例四： 比"磷"而居，现代愚公移毒山

[所属部分] 环境污染防治法之固体废物污染防治法
[大纲知识点] 固体废物污染环境防治法律制度
[案例背景]

中国是世界第一大磷肥生产国，磷肥行业产能严重过剩。庞大的磷肥产业在中国的大地上留下了 3 亿吨含多种有害化学物质的工业副产品——磷石膏，仅 2010 年中国产生的磷石膏量就高达 6900 万吨。到 2010 年末，中国磷石膏累积堆存量达到 25 000 万吨，由此侵占的土地面积达到 8750 公顷，损失的土地机会成本将近 18 亿元。据估计，2015 年磷石膏产量将达到 8300～8500 万吨，这些产量巨大而再利用率非常低的固体废物对磷矿和磷化工业集中的四川、云南、湖北等省造成了长期的污染。实验检测结果显示：磷石膏渣的浸出液都含有氟化物、重金属等有害化学物质，由于氟化物含量较高，超过一半的磷石膏样品属于危险固体废物，而所有属于危险固体废物的渣堆的处置和管理都不符合国家标准。巨量磷石膏的堆存除占用大面积土地外，还带来巨大的环境风险，除了普遍的粉尘污染外，堆存场在极端降雨下有溢出和滑坡的风险，富含有害物质的磷石膏在雨水侵蚀后会造成地下水和土壤的污染，而部分磷石膏含有的放射性物质也会对周边社区造成放射性污染。

[案情描述]

绵竹，有"古蜀翘楚，益州重镇"之誉，被称为"天下七十二洞天福地之一"。可就在绵竹市的东南二环，有一个名叫白衣村的地方，这儿有一群"当代愚公"，为了自己及下一代不再受磷石膏污染的侵害，一铲铲、一车车地移着污染极其严重的"怪山"——磷石膏渣堆。[1]

2008 年的汶川大地震让许多人家园全毁，灾后五年，重建工作暂告段落，但对于什邡市石亭江畔金花镇的仁和村村民，"邻居"龚峰实业和它在石亭江畔堆放起的巨大磷石膏渣堆，使他们有"家"不能回。在仁和村，有几十个"无人居住的小区"。在 2008 年汶川大地震前，这里的村民与一墙之隔的磷化工企

[1] 本案参考资料：①绿色和平："比'磷'而居——四川省磷肥行业磷石膏污染现状调查"，腾讯网，http://news.qq.com/photon/record/phosphogypsum.htm，2013 年 7 月 20 日；②佚名："比'磷'而居现代愚公移毒山"，华声在线网，http://hunan.voc.com.cn/article/201304/201304120851476754.html，2013 年 4 月 12 日；③佚名："村民欲花 20 年移走门口 3 层楼高磷渣"，搜狐网，http://green.sohu.com/20130412/n372462044.shtml，2013 年 4 月 12 日。

业鎏峰实业已"相处"了 20 年。因为地处峡谷谷底，工厂的废气在这里不易飘散，以致整个村庄一直生活在烟气笼罩下，不仅人会感觉呼吸困难，很多树木和蔬菜也都枯萎死亡。

实际上，四川省绵竹、什邡等地的很多村庄备受磷污染困扰。除了上面讲到的仁和村之外，位于什邡市双盛镇的亭江村，在过去的三十多年，一直是磷化工的重度污染村庄。20 世纪 70 年代末，各大小化工厂在石亭江河坝一带纷纷设厂，周边几个村子环境遭到严重破坏，其中，白龙村居民因呼吸系统、消化系统、血液系统、皮肤系统、内脏系统癌症等各类癌症致死者已高达五六十人，成为远近闻名的"癌症村"。

尽管该区域磷石膏的污染已经非常严重，但从 2007 年 10 月份开始，四川龙蟒磷制品股份有限公司二分厂依旧开始在绵竹市白衣村边缘、紧贴马尾河的一块地皮上堆放磷石膏。渣堆高度超过 20 米，长度近 1 公里，宽近 50 米，距白衣村的居民住宅最近的不过百米，而水源保护地马尾河则紧贴渣堆流过。该渣堆占地 117 亩，虽然龙蟒公司按每亩近 4 万元征地费补偿给村子，附近白衣村六大队共两百多人，每人分得 1.6 万元，但此后再无其他补偿。2008 年汶川地震后，龙蟒集团二分厂迁走，但却把巨大的渣堆留在了白衣村边，不再过问。该渣堆不仅没有专人看管、不具备危险固体废物的处理存放条件，而且距离居民区和水源的距离也远远小于国家危险废物管理的规定的距离。

在龙蟒集团开始堆放磷石膏后，邻近渣山的村民家中井水烧开后水垢异常地多，因为怀疑是雨水与磷渣的有害成分一同渗到地下水造成污染，村民只能购买桶装矿泉水，但迫于经济压力只能继续依赖井水洗浴、洗衣、煮饭和饲养家畜家禽。渣场与绵竹市母亲河——水源保护区马尾河仅相隔一道浅沟。虽然多次向龙蟒集团以及各级政府部门和新闻媒体反映情况，但龙蟒集团对于村民们移走渣堆的要求始终置之不理。

从 2011 年 10 月开始，白衣村的三位村民自行贷款购置了一台挖掘机，将磷石膏一车一车拉走运给建材商。虽然渣堆气味刺鼻并且时常扬尘，但为了尽早移走无人管理的渣场，挽回安全的生存环境，三位村民表示：要坚持继续做"磷渣吸尘器"，哪怕花上十年时间，也要将磷渣全部运走。然而，如果以同样的方式处理全国三亿吨存量的磷石膏，则即便是一辆载重 10 吨的卡车也需要搬运 30 000 000 次才可以运完，且即使这三亿吨被处理殆尽，中国在磷肥产能严重过剩的情况下，依旧膨胀庞大的磷化工产业还在以每年上亿吨的速度继续堆积磷石膏，末端治理的思路无法解决这一长期问题。倘若不能在根源上减少磷石膏的排出，"毒山"被移走只能成为努力挽救生存环境的村民一个美好的幻想。

据悉，"磷石膏"是在磷酸生产中用硫酸处理磷矿时产生的固体废渣，其主要成分为硫酸钙。磷石膏含有许多有毒化学物质，包括氟化物、水银、铅等，过量摄入体内可造成骨骼变形、损坏肾脏等，并且它的堆积对环境影响可长达百年。目前，中国土地上已累积了至少3亿吨的磷石膏，相当于每个中国人背负着二百多公斤的废渣。

我国法律对有害废物堆放区域有着严格的标准，要求距离居民区在800米之外，距地表水体150米之外，而我国已建的每个磷化工厂几乎都傍水而建，并且均没有达到远离居民区的要求。其中，最远的610米，最近的仅10米。在磷石膏渣堆附近，既无人看管，也无任何污染警示标志。

愚公移山的精神和村民的行为令人敬畏和赞叹，他们用自己微薄的力量尽力改善所处的环境。然而，面对这一座座由磷石膏堆积而成的毒山，又有谁能协助这些村民重塑一个安全的生存环境？

[法律问题]

1. 什么是固体废物污染？我国环境法中有哪些固体废物污染防治的主要规定？

2. 联系本案分析固体废物污染环境防治法律制度。

[法理分析]

本案是我国固体废物污染环境越来越严重的一个典型案例。所谓"固体废物"，是指在生产、生活和其他活动中产生的丧失原有利用价值或者虽未丧失利用价值但被抛弃或者放弃的固态、半固态和置于容器中的气态的物品、物质以及法律、行政法规规定纳入固体废物管理的物品、物质。固体废物主要包括工业固体废物、生活垃圾、危险废物等。"工业固体废物"是指在工业生产活动中产生的固体废物。"生活垃圾"是指在日常生活中或者为日常生活提供服务的活动中产生的固体废物以及法律、行政法规规定视为生活垃圾的固体废物。"危险废物"是指列入国家危险废物名录或者根据国家规定的危险废物鉴别标准和鉴别方法认定的具有危险特性的固体废物。"固体废物的贮存"是指将固体废物临时置于特定设施或者场所中的活动。"固体废物的处置"是指将固体废物焚烧和用其他改变固体废物的物理、化学、生物特性的方法，达到减少已产生的固体废物数量、缩小固体废物体积、减少或者消除其危险成分的活动，或者将固体废物最终置于符合环境保护规定要求的填埋场的活动。"固体废物的利用"是指从固体废物中提取物质作为原材料或者燃料的活动。

固体废物对环境的损害非常大，主要可概括为以下几点：①固体废物的堆积和处置要占用大量的土地，并且对土地造成严重污染；截止到2003年，我国工业固体废物历年累计堆存量达89.7亿吨，占地63 241公顷。随着时间的流逝，固体废物堆存量会逐年增多，加剧我国耕地短缺的矛盾。固体废物渗滤液所含的有害物质会改变土壤结构，影响土壤中微生物的活动，妨碍植物根系生长，或在植物体内积蓄，通过食物链影响人体健康。②固体废物直接排入水体，必然造成地表水的污染；常年堆积、未经标准规范化处理的固体废物由于腐烂变质渗透而污染地下水体；目前，我国每年有一千多万吨固体废物直接排入江河之中，由于向水体投弃固体废物，到 20 世纪 80 年代，江河水面比 50 年代水面减少两千多万亩。投入水体的固体废物不仅会污染水质，还会直接影响和危害水生生物的生存和水资源的利用；堆积的固体废物通过雨水浸淋、自身的分解及渗滤液污染江河湖泊以及地下水。③固体废物的大量无序任意堆放，会使得无机固体废物因化学反应而产生二氧化硫等有毒有害气体，有机固体废物则会因发酵而释放大量可燃、有毒有害的气体（如甲烷等）。且其存储时，烟尘会随风飞扬，污染大气，例如，粉煤灰、尾矿堆场在遇到 4 级以上的风力时，可剥离 1cm～1.5cm，灰尘飞扬高度可达 20m～50m。在对许多固体废物进行堆存分解或焚化的过程中，会不同程度地产生毒气和臭气而直接危害人体健康。④固体废物会寄生或滋生各种有害生物，如鼠、蚊、苍蝇等，导致病菌传播，引起疾病流行，直接对人体健康造成危害。⑤易燃、易爆、传染性的固体废物的乱堆乱存，会导致火灾、爆炸、传染病流行等环境事故，更会造成巨大的经济损失和环境破坏。[1] ⑥城市生活垃圾的处理，现在已经成为一个世界性难题。其数量庞大、增长速度过快，危害范围非常广，全球几乎所有城市都受到垃圾污染的困扰，很多城市甚至已陷入垃圾围城的困境。据不完全统计，2008 年城市生活垃圾清运量为 1.55 亿吨，县城和建制镇生活垃圾约为 7000 万吨，全国城镇生活垃圾产生总量达 2.2 亿吨。全国每年受固体废物污染造成的经济损失超过 90 亿元，大量可利用的固体废物的资源价值不低于 250 亿元。我国固体废物的产生量和累积堆存量呈历年增长趋势，造成了严重的环境污染危害和经济损失。因此，对固体废物污染环境的防治，受到世界各国政府的高度重视，固体废物污染环境防治法大量出现。

我国有关固体废物污染环境防治的主要法律法规是《固体废物污染环境防治法》、《城市生活垃圾管理办法》、《废弃电器电子产品回收处理管理条例》等，基本确立了我国固体废物污染环境防治的法律制度。

1. 固体废物污染环境防治监督管理的主要规定：国务院环境保护行政主管

---

〔1〕 本案参考资料：①佚名：“固体废物污染对环境与人体的危害”，国家标准物质网，http：// www. rmhot. com/HTML_ News/News_ 3372. html，2012 年 4 月 11 日；②杜宁：“我国城市生活垃圾年产生量 1.5 亿吨左右”，山西新闻网，http：//news. sohu. com/20091005/n267169291. shtml，2009 年 10 月 5 日。

部门会同国务院有关行政主管部门根据国家环境质量标准和国家经济、技术条件，制定国家固体废物污染环境防治技术标准。国务院环境保护行政主管部门建立固体废物污染环境监测制度，制定统一的监测规范，并会同有关部门组织监测网络。大、中城市人民政府环境保护行政主管部门应当定期发布固体废物的种类、产生量、处置状况等信息。建设产生固体废物的项目以及建设贮存、利用、处置固体废物的项目，必须依法进行环境影响评价，并遵守国家有关建设项目环境保护管理规定等。

2. 固体废物污染环境防治的一般规定主要有：产生固体废物的单位和个人，应当采取措施，防止或者减少固体废物对环境的污染。收集、贮存、运输、利用、处置固体废物的单位和个人，必须采取防扬散、防流失、防渗漏或者其他防止污染环境的措施，不得擅自倾倒、堆放、丢弃、遗撒固体废物等。

3. 工业固体废物污染环境的防治规定主要有：国务院环境保护行政主管部门应当会同国务院经济综合宏观调控部门和其他有关部门对工业固体废物对环境的污染作出界定，制定防治工业固体废物污染环境的技术政策，组织推广先进的防治工业固体废物污染环境的生产工艺和设备等。

4. 生活垃圾污染环境的防治规定主要有：县级以上人民政府应当统筹安排建设城乡生活垃圾收集、运输、处置设施，提高生活垃圾的利用率和无害化处置率，促进生活垃圾收集、处置的产业化发展，逐步建立和完善生活垃圾污染环境防治的社会服务体系等。

5. 危险废物污染环境防治的特别规定主要有：国务院环境保护行政主管部门应当会同国务院有关部门制定国家危险废物名录，规定统一的危险废物鉴别标准、鉴别方法和识别标志。危险废物的容器和包装物以及收集、贮存、运输、处置危险废物的设施、场所，必须设置危险废物识别标志等。

6. 违反固体废物污染环境防治法的法律责任主要有：①行政责任：违反固体废物污染环境防治法的监督管理规定，根据情节的轻重需承担一定的行政责任。例如，违反法律规定，建设项目需要配套建设的固体废物污染环境防治设施未建成、未经验收或者验收不合格，主体工程即投入生产或者使用的，由审批该建设项目环境影响评价文件的环境保护行政主管部门责令停止生产或者使用，可以并处10万元以下的罚款。②民事责任：受到固体废物污染损害的单位和个人，有权要求依法赔偿损失。赔偿责任和赔偿金额的纠纷，可以根据当事人的请求，由环境保护行政主管部门或者其他固体废物污染环境防治工作的监督管理部门调解处理；调解不成的，当事人可以向人民法院提起诉讼。当事人也可以直接向人民法院提起诉讼。造成固体废物污染环境的，应当排除危害，依法赔偿损失，并采取措施恢复环境原状。因固体废物污染环境引起的损害赔偿诉讼，由加害人就法律规定的免责事由及其行为与损害结果之间不存在因果关系承担举证责任。③刑事责任。违反法律规定，收集、贮存、利用、处置危险废物，造成重大环境污染事故，构成犯罪的，依法追究刑事责任。

　　[参考法律规范]

1.《固体废物污染环境防治法》（1995 年颁布，2004 年修订）

2.《欧盟报废电子电气设备指令（WEEE)》（2002 年颁布，2012 年修订）

3.《控制危险废物越境转移及其处置巴塞尔公约》（联合国 1989 年颁布，1995 年修订）

4.《日本家电回收再利用法》（2001 年颁布，2011 年修订）

5.《废弃电器电子产品回收处理管理条例》（2008 年颁布）

## 五、危险化学品防治法

## 案例五：　　　　博帕尔惨案——史上最严重的危险化学品伤害案

[所属部分] 环境污染防治法篇之危险化学品污染防治

[大纲知识点] 危险化学品污染防治法

[案例背景]

　　1964 年，印度农业"绿色革命"运动正如火如荼，中央政府多年为亿万饥民的危机所困扰，急于解决全国粮食短缺问题，而其成败很大程度上取决于国内有无足够的化肥和农药。因此，当时世界著名的美国联合碳化公司提出开办一座生产杀虫剂农药厂的建议，对印度政府来说正中下怀、求之不得。1969 年，美国和印度专家就此完成了可行性研究方案。同年，一家小规模的农药厂在中央邦博帕尔市近郊应运而生，试产 3 年后双方都表示满意。1975 年，印度政府正式向美方颁发了在印度制造杀虫剂农药的生产许可证。一座具备年产 5000 吨高效杀虫剂能力的大型农药厂终于在博帕尔市郊建成。[1]

　　然而，福兮祸所倚，祸兮福所伏。看似给印度人民带来巨大福利的博帕尔却成为历史上最严重的危险化学品伤害案件，史称"博帕尔惨案"。

---

〔1〕　本案参考资料：①张琦："迄今世界上最严重的中毒事件"，人民网，http：//www. people. com. cn/GB/paper2515/8548/802344. html，2014 年 10 月 16 日访问；②佚名："印度博帕尔毒气泄漏案"，百度百科之百科名片，http：//baike. baidu. com/view/3735497. htm? fromId = 603558，2013 年 7 月 21 日；③佚名："1984 年印度博帕尔毒气泄漏惨案"，凤凰网，http：//news. ifeng. com/history/today/detail_2011_12/03/11078567_0. shtml，2011 年 12 月 3 日；④佚名："印度博帕尔惨案审判告终 8 名责任人被绳之以法"，中国新闻网，http：//www. chinanews. com/gj/gj - yt/news/2010/06 - 07/2328027. shtml，2010 年 6 月 7 日；⑤佚名："印度再次呼吁美国引渡博帕尔毒气泄漏事件肇事"，凤凰网，http：//news. ifeng. com/world/detail_2010_06/21/1649270_0. shtml? _from_ ralated，2010 年 6 月 21 日。

[案情描述]

1984年12月3日凌晨，劳累了一天的博帕尔人还在睡梦中，天气异常寒冷，印度中部博帕尔市北郊的美国联合碳化公司印度子公司的农药厂，突然传出几声尖锐刺耳的汽笛声，紧接着在一声巨响声中，一股巨大的气柱冲向天空，形成一个蘑菇状气团，并很快扩散开来。

博帕尔农药厂是美国联合碳化公司于1969年在印度博帕尔市建起来的工厂，用于生产西维因、滴灭威等农药。制造这些农药的原料是一种叫做异氰酸甲酯（MIC）的剧毒气体。这种气体只要有极少量在短时间内停留在空气中，就会使人感到眼睛疼痛，若浓度稍大，就会使人窒息。二战期间，德国法西斯正是用这种毒气杀害过大批关在集中营的犹太人。在博帕尔农药厂，这种令人毛骨悚然的剧毒化合物被冷却成液态后，贮存在一个地下不锈钢储藏罐里，达45吨之多。

1984年12月2日晚，博帕尔农药厂工人发现异氰酸甲酯的储槽压力上升，午夜零时56分，液态异氰酸甲酯以气态从出现漏缝的保安阀中溢出，并迅速向四周扩散。毒气的泄漏犹如打开了潘多拉的魔盒，虽然农药厂在毒气泄漏几分钟后就关闭了设备，但已有30吨毒气化作浓重的烟雾以5千米/小时的速度迅速四处弥漫，很快就笼罩了25平方公里的地区，数百人在睡梦中就被悄然夺走了性命，几天之内有2500多人毙命。当毒气泄漏的消息传开后，农药厂附近的人们纷纷逃离家园。他们利用各种交通工具向四处奔逃，只希望能走到没有受污染的空气中去。很多人被毒气弄瞎了眼睛，只能一路上摸索着前行。一些人在逃命的途中死去，尸体堆积在路旁。至1984年底，该地区有2万多人死亡，20万人受到波及，附近的3000头牲畜也未能幸免于难。在侥幸逃生的受害者中，孕妇大多流产或产下死婴，有5万人可能永久失明或终生残疾。

图2　一副震惊几代人的博帕尔惨案照片

博帕尔灾难是迄今为止历史上最严重的工业化学品泄露引起的伤亡案件。根据印度医学研究委员会的独立数据显示，在毒气泄漏后的头 3 天，死亡人数已经达到 8000 ~ 10 000，此后多年里又有 2.5 万人因为毒气引发的后遗症死亡。博帕尔毒气泄漏事件迄今陆续致使超过 55 万人死于和化学中毒有关的肺癌、肾衰竭、肝病等疾病，二十多万博帕尔居民永久残废，当地居民的患癌率及儿童夭折率也因为这次灾难远比印度其他城市高。印度政府估计，博帕尔地区有近 100 万居民因毒气泄漏事件受到不同程度的影响。惨案发生后，印度政府向受害者及死者家属提供了一定数量的紧急救济。美国和印度的律师代表博帕尔市的受害者向美国联合碳化公司提出 850 亿美元的赔款和罚款。美国法院于 1986 年 5 月作出裁决，声称事故发生在印度，案件应由印度审理。1986 年 10 月，印度博帕尔地区法院正式开庭审理此案。印度政府 1986 年 11 月 22 日正式向法院提出，要求该公司赔偿 31.5 亿美元。1989 年 2 月 14 日，印度最高法院最终裁定该公司赔偿 4.7 亿美元，并责令其 3 月 31 日一次付清，该公司宣布接受这一裁决。至 1994 年，受害者才从美国联合碳化公司获得 4.5 亿美元的赔偿。

惨案虽然已经成为历史，但博帕尔留下的阴影依然无法散去。2009 年进行的一项环境检测显示，在当年爆炸工厂的周围依然有明显的化学残留物，这些有毒物质污染了地下水和土壤，导致当地很多人生病。因为毒气泄漏失去工作能力或者患上慢性病的受害者当年获得了 1000 到 2000 美元不等的赔偿，但是还有很多受害者一分钱都没有拿到。2010 年 6 月 21 日，印度城市发展部部长雷迪（Jaipal Reddy）表示，印度将"竭尽全力"将目前居住在美国纽约郊区的联合碳化公司前董事长沃伦·安德森遣返回印度受审。6 月 7 日，一项延续了二十多年的审判终于尘埃落定，印度法院对 8 名"博帕尔"毒气泄漏事故直接责任人予以最少 2 年有期徒刑的惩处。多达 178 名控方目击证人和 3800 页的书面证明促使法官作出了终审判决，包括印度联合碳化公司前主席马亨德拉在内的 8 名嫌犯终被绳之以法。

［法律问题］

1. 什么是危险化学品？我国环境法中有哪些危险化学品防治的主要规定？

2. 联系本案分析危险化学品污染防治法律制度。

［法理分析］

本案是一起典型的因危险化学品管理不善导致的严重污染损害案件。所谓"危险化学品"，是指具有毒害、腐蚀、爆炸、燃烧、助燃等性质，对人体、设施、环境具有危害的剧毒化学品和其他化学品。危险化学品是自然界难以降解的物质，对人体或环境的损害具有持久性、生物转化性等特征，危险化学品如果管理不善，造成泄漏后，遇到明火、静电等因素，可能会引起燃烧、爆炸，有的有腐蚀性和毒性，其后果还可能造成空气和水体的污染。对人体而言，危险化学品会：①破坏血液系统，如苯的氨基和硝基化合物（苯胺、硝基苯）可引起高铁血红蛋白血症；②损害神经系统，可引起神经衰弱综合征、周围神经病、中毒性脑病等；③破坏消化系统，例如，汞、砷等毒物，经口侵入可引起出血性胃肠炎，铅中毒，可有腹绞痛，黄磷、砷化合物、四氯化碳、苯胺等物质可致中毒性肝病，损害呼吸循环系统，有机溶剂中的苯、有机磷农药以及某些刺激性气体和窒息性气体会损害心肌，造成心慌、胸闷、心前区不适等。

由于危险化学品的危害非常大，我国政府高度重视危险化学品的防治工作。我国防治危险化学品的主要法律依据是 2002 年国务院颁布并于 2011 年修订的《危险化学品安全管理条例》，2012 年国家安全生产监督管理总局颁布的《危险化学品登记管理办法》和 2012 年国家环保部颁布的《危险化学品环境管理登记办法（试行）》等，确立了我国危险化学品防治的主要法律制度。

1. 危险化学品安全管理体制的规定：安全生产监督管理部门负责危险化学品安全监督管理综合工作；公安机关负责危险化学品的公共安全管理，核发剧毒化学品购买许可证、剧毒化学品道路运输通行证等；质量监督检验检疫部门负责核发危险化学品及其包装物、容器生产企业的工业产品生产许可证等；环境保护主管部门负责废弃危险化学品处置的监督管理，负责危险化学品环境管理登记和新化学物质环境管理登记等；交通运输主管部门负责危险化学品道路运输、水路运输的许可以及运输工具的安全管理等；铁路主管部门负责危险化学品铁路运输的安全管理等；民用航空主管部门负责危险化学品航空运输以及航空运输企业及其运输工具的安全管理等；卫生主管部门负责危险化学品毒性鉴定的管理等；工商行政管理部门依据有关部门的许可证件，核发危险化学品生产、储存、经营、运输企业营业执照等。

2. 危险化学品监管措施主要有：现场检查措施，责令立即消除或者限期消除措施，责令立即停止使用措施，查封违法生产、储存、使用、经营危险化学品的场所，扣押违法生产、储存、使用、经营、运输的危险化学品以及用于违法生产、使用、运输危险化学品的原材料、设备、运输工具等。

3. 危险化学品生产、储存、经营、使用、运输安全规定主要有：①国务院工业和信息化主管部门以及国务院其他有关部门依据各自职责，负责危险化学品生产、储存的行业规划和布局。地方人民政府组织编制城乡规划，应当根据本地区的实际情况，按照确保安全的原则，规划适当区域专门用于危险化学品的生产、储存。②使用危险化学品的单位，其使用条件（包括工艺）应当符合法律、行政法规的规定和国家标准、行业标准的要求，并根据所使用的危险化学品的种类、危险特性以及使用量和使用方式，建立、健全使用危险化学品的安全管理规章制度和安全操作规程。③经营安全规定：国家对危险化学品经营（包括仓储经营）实行许可制度。未经许可，任何单位和个人不得经营危险化学品。④运输安全规定：从事危险化学品道路运输、水路运输的，应当分别依照有关道路运输、水路运输的法律、行政法规的规定，取得危险货物道路运输许可、危险货物水路运输许可，并向工商行政管理部门办理登记手续等。

4. 危险化学品应急救援规定主要有：县级以上地方人民政府安全生产监督管理部门应当会同工业和信息化、环境保护、公安、卫生、交通运输、铁路、质量监督检验检疫等部门，根据本地区实际情况，制定危险化学品事故应急预案，报本级人民政府批准。危险化学品单位应当制定本单位危险化学品事故应急预案，配备应急救援人员和必要的应急救援器材、设备，并定期组织应急救援演练等。

5. 违反危险化学品安全管理规定的法律责任主要有：①行政责任。违反危险化学品防治规定，根据情节的轻重需承担一定的行政责任。例如，生产、储存危险化学品的单位未对其铺设的危险化学品管道设置明显的标志，或者未对危险化学品管道定期检查、检测的，由安全生产监督管理部门责令改正，可以处 5 万元以下的罚款；拒不改正的，处 5 万元以上 10 万元以下的罚款；情节严重的，责令停产停业整顿。再如，生产、储存、使用剧毒化学品、易制爆危险化学品的单位不如实记录生产、储存、使用的剧毒化学品、易制爆危险化学品的数量、流向的，由公安机关责令改正，可以处 1 万元以下的罚款；拒不改正的，处 1 万元以上 5 万元以下的罚款。②民事责任。危险化学品单位发生危险化学品事故，造成他人人身伤害或者财产损失的，依法承担赔偿责任。③刑事责任。危险化学品防治法律制度的一个显著特点是，基于其危害比一般环境污染更大、更严重，刑事法律责任规定较多。例如，生产、经营、使用国家禁止生产、经营、使用的危险化学品的，由安全生产监督管理部门责令停止生产、经营、使用活动，处 20 万元以上 50 万元以下的罚款，有违法所得的，没收违法所得；构成犯罪的，依法追究刑事责任。再如，未经安全条件审查，新建、改建、扩建生产、储存危险化学品的建设项目的，由安全生产监督管理部门责令停止建设，限期改正；逾期不改正的，处 50 万元以上 100 万元以下的罚款；构成犯罪的，依法追究刑事责任。

6. 危险化学品登记管理规定主要有：为加强对危险化学品的安全管理，规范危险化学品登记工作，为危险化学品事故预防和应急救援提供技术、信息支持，危险化学品生产企业、进口企业生产或者进口《危险化学品目录》所列危险化学品必须进行危险化学品的登记和管理工作，按照法定的登记机构、登记时间、登记内容、登记程序履行登记义务。

7. 危险化学品环境管理登记的主要规定：为加强危险化学品环境管理，预防和减少危险化学品对环境和人体健康的危害，防范环境风险，履行国际公约，根据《中华人民共和国环境保护法》、《危险化学品安全管理条例》等法律法规，针对在中华人民共和国境内生产危险化学品和使用危险化学品从事生产以及进出口危险化学品的活动，必须进行危险化学品的生产使用环境管理登记、进出口环境管理登记等。

[参考法律规范]

1. 《危险化学品安全管理条例》（国务院 2002 年颁布，2011 年修订）
2. 《危险化学品登记管理办法》（国家安全生产监督管理总局 2012 年颁布）
3. 《危险化学品环境管理登记办法（试行）》（环境保护部 2012 年颁布）

## 六、海洋环境保护法

### 案例六：　　　康菲石油公司案——中国最严重的石油污染案

[所属部分] 环境污染防治法之海洋环境保护
[大纲知识点] 海洋环境保护法律制度
[案例背景]

渤海，是中国的内海，三面环陆，在辽宁、河北、山东、天津三省一市之间。辽东半岛南端老铁三角与山东半岛北岸蓬莱遥相对峙，像一双巨臂把渤海环抱起来。渤海沿岸江河纵横，有大小河流 40 条，其中，莱洲湾沿岸 19 条，渤海湾沿岸 16 条，辽东湾沿岸 15 条，形成渤海沿岸三大水系和三大海湾生态系统，丰富的天然条件养育了物产富饶、鱼肥水美的渤海，然而，曾经万顷碧波荡漾、海天一色的美丽渤海湾，近年来却风光不再。

康菲石油中国有限公司是康菲石油公司下属的全资子公司，与中方合作从事石油和天然气的勘探与开采业务。在中国渤海湾，康菲石油中国有限公司与中国海洋石油总公司（以下简称"中海油"）共同开发中国海上最大油田之一——位于中国渤海湾的 11/05 区块的蓬莱 19 - 3 油田。在与中海油的合作中，康菲石油于 1999 年 5 月发现了蓬莱 19 - 3 海上油田。目前，康菲石油中国公司是该油田的作业者。2002 年 12 月，该项目一期投产。蓬莱油田二期项目包括 5 座钻井和生产平台以及一艘浮式生产储油轮的建造。所有的平台已经完工投产，新的世界最大的浮式生产储油轮（FPSO）之一——"海洋石油 117"FPSO（又称为"渤海蓬勃号"FPSO）于 2009 年投产，用于处理蓬莱 19 - 3 以及附近的蓬莱 19 - 9 和 25 - 6 油田的产出原油，2011 年日均原油净产量约为 42 000 桶。

2011 年 6 月 4 日~17 日，中国海洋石油总公司和美国康菲石油国际有限公司合作开发的蓬莱 19 - 3 油田 B 平台、C 平台发生溢油事故，短短几日之间，周围海域 840 平方公里的一类水质海水下降到了劣四类，约 3400 平方公里海域由第一类水质下降为第三、四类水质，辽宁、河北、山东、天津三省一市的养殖户遭受重大损失。这到底是怎么回事呢？

**[案情描述]**

2011 年 6 月，康菲公司在渤海湾一油田发生漏油事故，该项目属于康菲公司与中海油的合作项目，康菲公司为作业方。2011 年 7 月 5 日，中国国家海洋局发布该事故通告，并介入调查。随后，该事故引起媒体关注。国家海洋局随后认定康菲为事故责任方，并要求康菲做到"两个彻底"，责令其在 8 月 31 日前彻底封堵溢油点。2011 年 8 月 31 日是康菲石油完成封堵溢油源并清理油污的最后期限，在众所关注的"大限"之日，康菲向国家海洋局提交了一份综合报告，并向海洋局以及外界确认"康菲已经查明并且封堵了溢油源"，完成了"两个彻底"，即彻底排查溢油风险点和彻底封堵溢油源。对此，海洋局当即表态称将严格核查。[1]

然而，事实证明康菲石油公司一直在撒谎。该公司 9 月 2 日承认，在蓬莱19 - 3 油田 C 平台北侧发现 9 处海底油污渗漏点。由于一直未得到有效遏制，此次溢油总量已经增加至 2500 桶。面对康菲石油的懈怠敷衍，国家海洋局牵头国土资源部、环境保护部、交通运输部、农业部、安监总局、国家能源局等部门组成联合调查组，彻查事故缘由，对事故的影响和损失进行评估。联合调查组成立伊始即明确要求，康菲石油必须尽快偿还"旧债"并保证不出现新的损害。2011 年 9 月 2 日，蓬莱 19 - 3 油田溢油事故联合调查组作出结论：康菲石油中国有限公司没有完成"两个彻底"。依据联合调查组作出的结论，国家海洋局决定采取进一步监管措施，加强对溢油事故处置监督管理，责令蓬莱 19 - 3 全油田停止回注、停止钻井、停止油气生产作业。对于国家海洋局的处罚决定，康菲石油中国有限公司 2011 年 9 月 2 日深夜表示，已经收到国家海洋局的决定，将按相应步骤停止渤海湾蓬莱 19 - 3 油田的生产作业。康菲石油中国有限公司正在与合作方中国海洋石油总公司共同制订执行方案，并将上报给国家海洋局。据《中国经济周刊》统计，康菲已经至少撒了 9 次谎。其谎言之下，是受损的海洋环境和当地渔民。由于没有采取得力措施堵漏，海洋污染面积从最初的 840

---

〔1〕 本案参考资料：①佚名："康菲石油污染大案重回'中国式赔偿'老路"，http：//news. qq. com/a/20120314/000703. htm，2012 年 3 月 14 日；②曾灵华："康菲石油食言 称无证据显示渤海溢油致环境污染"，中国广播网，http：//www. cnr. cn/gundong/201112/t20111219_ 508944591. shtml，2011 年 12 月 19 日；③李妍、苏琳："康菲溢油索赔第一案 去年底立案后至今无进展"，腾讯新闻，http：//news. qq. com/a/20120214/000673. htm，2012 年 2 月 14 日。

平方公里很快扩大到6200平方公里。乐亭县沿海养殖贝类、海参、虾、鱼大量死亡，7月至8月间尤为严重。渔民养殖的海参的死亡率更是达到了60%，渔民因此遭受了上亿元的经济损失。

2011年8月16日，国家海洋局北海分局宣称将代表国家向溢油事故责任方提起海洋生态损害索赔诉讼。根据《海洋环境保护法》第90条的规定，该诉讼被视为环境公益诉讼。尽管海洋局组成了律师团，但至今没有采取诉讼行动。2011年9月7日，国务院总理温家宝主持召开国务院常务会议，听取蓬莱19-3油田溢油事故处理情况和渤海环境保护汇报，研究部署加强环境保护的重点工作。初步调查显示，自2011年6月4日以来，位于渤海中南部海域的蓬莱19-3油田连续发生溢油事故。截至2011年9月6日，溢油累计造成5500多平方公里海水污染，给渤海生态和渔业生产造成严重影响。但迄今为止，溢油风险点仍未彻底查清，溢油隐患仍未彻底排除，溢油造成的损失仍在调查评估中。国务院明确要求有关部门要切实负起责任，抓紧做好事故调查处理工作：一要督促责任单位彻底排查溢油风险点，封堵溢油源，认真清理油污，切实减轻污染损害，并重新编报海洋环境影响报告书；二要彻底查明事故原因，查清事故造成的危害及损失，依法追究责任，维护受损各方合法权益；三要吸取事故教训，立即部署开展海洋石油勘探开发安全生产检查，全面加强海洋环境监视监测和监督管理，落实安全措施，及时消除各种隐患；四要全面、准确、及时发布事故处置相关信息，真诚回应社会关切；五要着眼长远，抓紧研究完善海洋环境保护的法律法规。

自从溢油事故发生半年以来，尽管受害养殖户不断提出赔偿诉讼，三法院却屡屡拒绝受理。直到2011年底，天津海事法院才受理一起29名养殖户诉康菲石油公司、中国海洋石油总公司的损害赔偿案。由于海洋局延迟一个月才披露污染事故，大量养殖户未能保留充分的受害及损失证据，难以通过诉讼索赔。2012年1月25日，农业部称，经过行政调解，农业部、中海油、康菲公司以及有关省政府就解决溢油事故渔业损失赔偿和补偿问题达成一致意见。康菲公司出资10亿元人民币，用于解决河北、辽宁省部分区县养殖生物和渤海天然渔业资源损害赔偿和补偿问题。

［法律问题］

1. 什么是海洋环境污染？我国环境法中有哪些保护海洋环境的主要规定？

2. 联系本案分析海洋环境保护法律制度。

［法理分析］

本案是迄今为止我国最大的海洋石油污染案，具有典型性和代表性。海洋石油污染是海洋环境污染的一种，所谓"海洋环境污染"，是指直接或间接把物质或能量引入海洋环境，产生损害海洋生物资源、危害人体健康、妨害渔业和海上其他合法活动、损害海水使用素质和减损环境质量等有害影响。海洋环境污染主要有船舶污染、海洋石油开发造成的污染、来自于陆基建设项目的污染、海洋倾废等。海洋环境污染危害很大，各种污染物质排入海洋，造成海洋污染日益严重，严重破坏海洋生态环境，对海洋渔业养殖业、海洋自然景观、海洋生态平衡等造成严重的、甚至是不可逆转的损害。我国近年来连续发生的赤潮、咸潮等都是海洋环境受到污染的结果。

我国自改革开放以来，先后加入了《联合国海洋法公约》等近 20 个有关海洋污染防治和海洋生态保护方面的国际公约，国内也制定了多部海洋环境保护的专门法律法规，如《海洋环境保护法》、《防治船舶污染海洋环境管理条例》等。但是，由于这些法律法规对海洋环境保护的具体程序性规定较少，对具体的执法标准和配套实施细则规制不足，处罚力度不够，导致海洋环境保护法律法规的实施效果并不理想。比如，对造成海洋环境污染事故的单位，即使污染案件性质和责任认定清晰，海洋行政主管部门也只能处以最高 30 万元的罚款。

我国在海洋环境保护立法方面的主要依据是 2013 年修正的《海洋环境保护法》、2006 年颁布的《防治海洋工程建设项目污染损害海洋环境管理条例》、2007 年修订的《防治海岸工程建设项目污染损害海洋环境管理条例》、2009 年颁布的《防治船舶污染海洋环境管理条例》等，确立了海洋环境保护法律框架和制度。

1. 海洋环境保护监督管理体制。国务院环境保护行政主管部门对全国海洋环境保护工作实施指导、协调和监督，并负责全国防治陆源污染物和海岸工程建设项目对海洋污染损害的环境保护工作。国家海洋行政主管部门负责海洋环境的监督管理，负责全国防治海洋工程建设项目和海洋倾倒废弃物对海洋污染损害的环境保护工作。国家海事行政主管部门负责所辖港区水域内非军事船舶和港区水域外非渔业、非军事船舶污染海洋环境的监督管理，并负责污染事故的调查处理；国家渔业行政主管部门负责渔港水域内非军事船舶和渔港水域外渔业船舶污染海洋环境的监督管理。

2. 海洋环境监督管理规定主要有：国家海洋行政主管部门会同国务院有关部门和沿海省、自治区、直辖市人民政府拟定全国海洋功能区划，报国务院批准。沿海地方各级人民政府应当根据全国和地方海洋功能区划，科学合理地使用海域；国家根据海洋功能区划制定全国海洋环境保护规划和重点海域区域性海洋环境保护规划等。

3. 海洋生态保护法律规定主要有：国务院和沿海地方各级人民政府应当采取有效措施，保护红树林、珊瑚礁、滨海湿地、海岛、海湾、入海河口、重要渔业水域等具有典型性、代表性的海洋生态系统，珍稀、濒危海洋生物的天然集中分布区，具有重要经济价值的海洋生物生存区域及有重大科学文化价值的海洋自然历史遗迹和自然景观等。

4. 防治陆源污染物对海洋环境污染损害的规定主要有：向海域排放陆源污染物，必须严格执行国家或者地方规定的标准和有关规定等。

5. 防治海岸工程建设项目对海洋环境污染损害的规定主要有：新建、改建、扩建海岸工程建设项目，必须遵守国家有关建设项目环境保护管理的规定，并把防治污染所需资金纳入建设项目投资计划等。

6. 防治海洋工程建设项目对海洋环境污染损害的规定主要有：海洋工程建设项目必须符合海洋功能区划、海洋环境保护规划和国家有关环境保护标准，在可行性研究阶段，编报海洋环境影响报告书，由海洋行政主管部门核准，并报环境保护行政主管部门备案，接受环境保护行政主管部门监督等。

7. 防治倾倒废弃物对海洋环境污染损害的规定主要有：任何单位未经国家海洋行政主管部门批准，不得向中华人民共和国管辖海域倾倒任何废弃物。需要倾倒废弃物的单位，必须向国家海洋行政主管部门提出书面申请，经国家海洋行政主管部门审查批准，发给许可证后，方可倾倒等。

8. 防治船舶及有关作业活动对海洋环境污染损害的规定主要有：在中华人民共和国管辖海域，任何船舶及相关作业不得违反法律规定向海洋排放污染物、废弃物和压载水、船舶垃圾及其他有害物质。从事船舶污染物、废弃物、船舶垃圾接收、船舶清舱、洗舱作业活动的，必须具备相应的接收处理能力等。

9. 违反海洋环境保护法的法律责任。①行政责任：违反海洋环境保护法的监督管理规定，根据情节轻重需承担一定的行政责任。比如，新建严重污染海洋环境的工业生产建设项目的，按照管理权限，由县级以上人民政府责令关闭。再如，违反法律规定进行海洋工程建设项目，或者海洋工程建设项目未建成环境保护设施、环境保护设施未达到规定要求即投入生产、使用的，由海洋行政主管部门责令其停止施工或者生产、使用，并处 5 万元以上 20 万元以下的罚款。②民事责任：造成海洋环境污染损害的责任者，应当排除危害，并赔偿损失；完全由于第三者的故意或者过失，造成海洋环境污染损害的，由第三者排除危害，并承担赔偿责任。对破坏海洋生态、海洋水产资源、海洋保护区，给国家造成重大损失的，由依法行使海洋环境监督管理权的部门代表国家对责任者提出损害赔偿要求。③刑事责任：对造成重大海洋环境污染事故，致使公私财产遭受重大损失或者造成人身伤亡严重后果的，依法追究刑事责任。

总体上来说，我国海洋环境保护法对保护我国的海洋环境，防治海洋环境污染发挥了很大的作用，但是海洋环境保护法也存在很多不够完善的地方。比如，我国对污染海洋的石油公司的惩罚性数额最高不超过 30 万元，相对于石油公司的利润来说，不过是"九牛一毛"。当这些企业对安全上的投入进行考虑时，过低的惩罚性经济责任，反倒会使他们降低安全投入成本，导致环境风险的增加。本案康菲石油公司之所以敢多次撒谎，逃避国家海洋局的监管，其中的主要原因之一就是我国海洋环境保护的法律不够完善。此外，每次原油泄漏事故发生之后，所需要的恢复成本的数额非常高，所以法律要求石油公司办理环境污染责任保险，以分散风险。为此，我国《防治海洋工程建设项目污染损害海洋环境管理条例》规定，海洋油气矿产资源勘探开发单位应当办理有关污染损害民事责任保险。法律在管制石油开采这种具有高风险的同时又有高利润的行业方面，应当以足够有力的管制手段去促使这些企业采取更有效的风险预防措施，并且又要通过合理的社会保险制度去分散风险，使得一旦事故发生后，有足够的能力去应对风险。[1] 因此，应结合我国国情，迅速完善我国的海洋环境保护法，以更好地保护我国的海洋环境。

**［参考法律规范］**

1.《海洋环境保护法》（1982 年颁布，1999、2013 年修订）

2.《防治海岸工程建设项目污染损害海洋环境管理条例》（国务院 1990 年颁布，2007 年修订）

3.《防治陆源污染物损害海洋环境管理条例》（国务院 1990 年颁布）

4.《海洋倾废管理条例》（国务院 1985 年颁布，2011 年修订）

5.《防治船舶污染海洋环境管理条例》（国务院 2009 年颁布）

6.《海洋石油勘探开发环境保护管理条例》（国务院 1983 年颁布）

7.《防治海洋工程建设项目污染损害海洋环境管理条例》（国务院 2006 年颁布）

**七、恶臭污染防治法**

**案例七：　　　　　排放恶臭气体污染环境被行政处罚案**

**［所属部分］** 环境污染防治法之恶臭污染防治

**［大纲知识点］** 恶臭污染防治法律制度

**［案例背景］**

路达（厦门）工业有限公司（以下简称路达公司）是 1990 年初成立的台商独资企业，主要从事各种卫浴设备、黄铜阀门及水道器材零配件等产品的生产。

---

〔1〕 吴宇："漏油事件拷问现有法律制度"，载《中国环境报》2010 年 6 月 29 日，第 3 版。

其中黄铜铸造工序在生产过程中有刺鼻的恶臭气体排出。因此，在审批该项目时，厦门市环境保护局（以下简称厦门环保局）在原告报送的《建设项目环境影响报告表》中批复："同意在水产学院的机械工厂兴建路达工业有限公司，对大气污染较严重的铸造及噪声较严重的工序应放到杏林冶炼厂生产。……"1990 年下半年，该公司擅自将黄铜铸造车间迁入集美分厂并投入生产，在生产过程中排放出的恶臭气体污染着周围环境，尤其是与路达公司一路之隔的福建省体育学院时常受到恶臭气体的侵袭，不少师生夜里经常不能入眠，口干、喉痛、咳嗽、胸闷等病症增多，一些班级无法正常训练，大运动量项目成绩下降。[1]

[案情描述]

福建体育学院师生不堪污染伤害，不断向被告及有关部门反映原告排放恶臭气体，干扰该院教学、生活秩序，强烈要求环保部门责令该车间搬迁。厦门市、开元区人大代表和政协委员多人也数次提出议案，反映同样的情况和要求。1992 年 7 月 1 日，厦门环保局作出厦环保字（1992）055 号决定，责令路达公司自 1992 年 7 月 5 日起在集美分厂停止使用产生恶臭的树脂壳模浇铸工艺，但该公司并未完全执行该项决定。同年 9 月，厦门环保局在查实原告集美分厂仍继续使用树脂壳模铸铜之后，又对其作出罚款 5000 元的处罚决定。此后，路达公司虽提出了治污措施和计划，但仍没有消除恶臭污染。体育学院师生仍强烈要求立即彻底解决该污染问题。据此，厦门市环境保护局根据《中华人民共和国环境保护法》第 36 条和《中华人民共和国大气污染防治法》第 32 条的规定，于 1992 年 12 月 9 日作出厦环保字〔1992〕103 号《关于责令路达（厦门）工业有限公司停止使用集美分厂铸造车间的决定》，责令路达（厦门）工业有限公司集美分厂铸造车间于 1993 年 5 月 1 日之前停止生产；从 1992 年 12 月 20 日起，该车间每日 18 时至次日 6 时不得开炉；每次使用炉数不得超过 2 个。路达公司不服，向福建省环境保护局申请复议。1993 年 3 月 23 日，省环保局复议决定维持厦门市环保局的具体行政行为。路达公司仍不服，于 1993 年 4 月 8 日向厦门市开元区人民法院提起行政诉讼。

〔1〕　本案参考资料：①佚名："因排放恶臭气体污染环境被环保局行政处罚案"，华律网，http://www.66law.cn/laws/61895.aspx，2011 年 6 月 9 日；②佚名："因排放恶臭气体污染环境被环保局行政处罚案"，法律常识网，http://china.findlaw.cn/falvchangshi/huanjingbaohu/zxhjbhf/anli/4106_3.html，2010 年 1 月 19 日；③转引自汪劲：《环境法学》，北京大学出版社 2006 年 5 月第 1 版，第 344～345 页；④王元刚、刘博："我国恶臭环境标准有待完善"，中国环境网，http://www.cenews.com.cn/xwzx/gd/qt/201005/t20100504_659039.html，2010 年 5 月 5 日；⑤佚名："气味污染——恶臭的危害"，北京化达高科室内环境研究所，http://www.epb.cc/dg_more.asp?id=2717，2011 年 8 月 21 日。

原告诉称：原告将铸造车间并入集美分厂后，经被告所属的厦门环境监测站对该车间的粉尘、噪音、废气进行实地监测，认为基本符合环保要求，同意正式投产后，原告才正式投产。原告的行为并未违反《环境保护法》第36条及《大气污染防治法》第32条的规定，被告仅凭体育学院师生反映强烈，就认定原告集美分厂铸造车间排放的气体污染了大气环境，影响了福建体院正常的生活、教学秩序，没有科学根据和法律法规依据。同时，责令铸造车间于1993年5月1日前停产，没有给原告一个迁建厂房的合理期限，必然使原告整个生产工序停滞瘫痪，造成巨大经济损失。请求依法撤销厦环保字〔1992〕103号决定。

被告辩称：原告集美分厂铸造车间排放恶臭气体污染环境的事实，有福建体育学院师生数十次向被告和上级领导部门投诉、各级人大和政协提案、被告现场检测结果及原告多次向被告行文汇报污染处理方案、计划等证据证实。市环保局根据《环境保护法》第36条和《大气污染防治法》第32条的规定对原告作出行政处罚决定并无不当；责令原告在1993年5月1日前停止生产已充分考虑了原告的实际困难和要求，使原告有充分的时间执行市环保局处理决定，请求判决维持厦环保字〔1992〕103号决定。

厦门市开元区人民法院审理认为：按国内有关环境管理实践并借鉴国外办法，恶臭污染是根据人群嗅觉感官判断来进行鉴别和确定的。原告在生产过程中排放的恶臭气体，确实污染了大气环境，严重侵害了省体育学院师生的身体健康，干扰了教学、生活秩序，其行为违反了《中华人民共和国大气污染防治法》第26条的规定，被告作出的厦环保字〔1992〕103号决定，事实清楚，证据确凿，适用法律、法规正确，程序合法。原告要求延长生产时间，撤销被告处理决定，理由不足，不予采纳。该院依照《中华人民共和国环境保护法》第36条、《中华人民共和国大气污染防治法》第32条、《中华人民共和国行政诉讼法》第54条第一项之规定，于1993年4月26日判决：维持被告厦门市环境保护局厦环保字〔1992〕103号关于责令路达（厦门）工业有限公司停止使用集美分厂铸造车间的决定。

原告不服，向厦门市中级人民法院提出上诉称：上诉人将铸造车间迁入集美分厂是经被上诉人审核批准的，手续完整，程序合法；且在生产过程中，在被上诉人的监测和帮助下，上诉人采取了有效的防治措施，铸造车间没有向外排放恶臭气体，上诉人的行为没有违反大气污染防治法第26条的规定。因此，被上诉人适用《环境保护法》第36条和《大气污染防治法》第32条所作出的具体行政行为，主要证据不足，适用法律法规错误，请求撤销一审判决。被上诉人厦门市环保局仍以原答辩理由进行答辩。厦门市中级人民法院审理认为：上诉人路达（厦门）工业有限公司在生产过程中，所排出的恶臭气体，确实污染了大气环境，对于相毗邻的省体育学院师生的身体健康造成侵害，其行为违反了《环境保护法》第36和《大气污染防治法》第32条的规定，原审判决认定的事实清楚，适用法律、法规正确，程序合法，上诉人的上诉理由不足，不予采纳。依照《行政诉讼法》第61条第1项之规定，于1993年6月2日判决驳回上诉，维持原判。

[法律问题]

1. 什么是恶臭污染？我国环境法中有哪些恶臭污染防治的主要规定？

2. 联系本案谈谈恶臭污染防治法律制度。

[法理分析]

本案是我国一起典型的因恶臭污染而引发的环境损害赔偿诉讼案件。所谓"恶臭"，是指直接作用于人的嗅觉器官的公害，自古以来就是危害居民卫生和生活环境的问题。"恶臭污染物"（odorous pollutant）是指所有刺激人体嗅觉器官、引起不愉快以及损坏生活环境的气体物质。常见的恶臭污染物有氨、三甲胺、硫化氢、甲硫醇、甲硫醚、二甲二硫、二硫化碳和苯乙烯等，主要来源于工农业生产部门及人们的生活。例如，农牧业生产和加工中产生的粪臭、鱼臭、腐败臭、烂果臭、野菜臭等，石油化工生产过程产生的硫化物、烃类、醛类、酮类、苯类、酚类、胺类以及焦油、沥青蒸气、氨和各种有机溶剂等，以及城市公共设施恶臭。日本的《恶臭防止法》规定的恶臭物质，是指伴随事业活动的企业所产生的，以氨、甲基硫醇以及其他令人嗅觉感觉不快的物质为原因，危害生活环境的某些经相关政令规定的物质。恶臭对人体健康的影响可以概括为以下几个方面：①危害呼吸系统。突然闻到恶臭，就会产生反射性的抑制吸气，使呼吸次数减少、深度变浅，甚至完全停止吸气，妨碍正常的呼吸功能。②危害循环系统。随着呼吸的变化，会出现脉搏和血压的变化。例如，氨等刺激性臭气会出现血压先下降后上升、脉搏先减慢后加快的现象；硫化氢还能阻碍氧的输送，造成体内缺氧。③危害消化系统。经常接触恶臭，会使人厌食、恶心甚至呕吐，进而发展为消化功能减退。④危害内分泌系统。经常受恶臭刺激，会使内分泌系统的分泌功能紊乱，影响机体的代谢活动。⑤危害神经系统。长期受到一种或几种低浓度恶臭物质的刺激，会引起嗅觉缺失、嗅觉疲劳等障碍，进而导致大脑皮质兴奋和抑制过程的调节功能失调。⑥其他影响。恶臭使人精神烦躁不安、思想不集中、工作效率降低、判断力和记忆力下降、影响大脑的思维活动。恶臭刺激眼、鼻，会引起流泪、疼痛、结膜炎、角膜水肿等症状。恶臭除了对人体产生危害外，不少恶臭源还会滋生蚊蝇，造成疾病传播。另外，恶臭污染还会导致地域评价受损，其他地区向该地区投资减少，阻碍该区域的经济发展。

由于恶臭的巨大危害性，世界各国都对恶臭污染防治立法高度重视。日本早在20世纪60年代，随着针对以鱼骨厂、皮革厂为代表的企业生产恶臭污染的投诉不断增加，促使人们开展了对恶臭污染的研究。1966年颁布的《宫城公害防止条例》最早规定了以食盐水平衡法为基础的恶臭浓度标准；1971年，日本国会颁布了《恶臭防止法》，主要针对石油企业、化工企业、垃圾填埋场以及畜禽饲养和加工企业，规定了对5种恶臭物质的排放浓度进行限制，这5种恶臭物质分别为：氨、甲硫醇、硫化氢、甲基硫和三甲胺。日本政府1995年修订的《恶臭防止法》将基于嗅觉测试法的臭气指数限制引入法规或指导方针中，同时将受控物质增加到22种；2002年，东京将地方法规率先引入"臭气指数限制条例"。目前，日本已经建立了完整的恶臭控制体系，这一体系包括恶臭防止法、地方法规、测试方法、操作人员认证制度和质量控制程序等。美国于1970年颁布了《清洁空气法》，后各州和地方城市也规定了相应的法律和标准，对恶臭污染作出法律控制。例如，美国西部港湾地区污染控制区把三甲胺、酚系物、硫醇类、氨、二甲硫定为恶臭物质，按恶臭物质浓度制定相关的恶臭控制标准；美国洛杉矶大气污染控制区则采用恶臭污染防治设备的"规则和规范"管理恶臭污染，在"规则和规范"中，对能散发出各种恶臭物质的生产设备都作了规定，同时又对恶臭防治设备进行了规定，以保证消除恶臭。欧盟自从20世纪80年代以来，许多欧洲国家都颁布了恶臭污染控制的各种法规和嗅觉测试法，以便解决日益增多的恶臭污染事件。例如，1984年，荷兰颁布了针对工业源恶臭定量化的《空气质量大纲》；英国环保局2003年1月颁布《恶臭标准指导》，为恶臭污染的评价提供了依据；德国在《联邦侵害防治法》及《有关空气质量的控制的技术指南》中，对有关恶臭污染作出了规定，并于1986年开始采用臭气频度作为恶臭评价的参数，1993年在《环境大气中有关臭气的指令》中规定了臭气频度、臭气时间的测定及计算方法，并针对不同地区规定了界限值。欧盟各国为统一恶臭测试标准以作为法律仲裁的依据，经过近10年的研究，在2003年4月颁布了EN13725：2003标准以替代以往欧盟各国的国家标准。

我国关于恶臭污染防治的法律法规主要有《大气污染防治法》和《恶臭污染物排放标准》。《大气污染防治法》规定：向大气排放恶臭气体的排污单位，必须采取措施防止周围居民区受到污染。在人口集中地区和其他依法需要特殊保护的区域内，禁止焚烧沥青、油毡、橡胶、塑料、皮革、垃圾以及其他产生有毒有害烟尘和恶臭气体的物质。《恶臭污染物排放标准》分年限规定了8种恶臭污染物的一次最大排放限值、复合恶臭物质的臭气浓度限值、无组织排放源的厂界浓度限值。该标准适用于全国所有向大气排放恶臭气体单位、垃圾堆放场的管理以及建设项目的环境影响评价、设计、竣工验收及其建成后的排放管理。

　　由于我国关于恶臭的法律法规不够完善，使得司法实践中很难准确处理恶臭污染损害赔偿诉讼案件。以本案为例，如何认定恶臭污染事实，是本案争议的重要问题。在案件审理时，我国尚没有恶臭气体排放的国家或地方标准，而且由于技术方面的原因，也难以通过仪器检测查明恶臭气体的具体成分。在审理中，经开元区人民法院同意，厦门市环保局就如何判断恶臭污染请示原国家环保局。国家环保局政策法规司答复：目前国家尚未颁布恶臭物质监测规范和标准，据国内有关的环境管理实践并借鉴国外办法，恶臭污染是根据人群嗅觉感官判断进行鉴别和确定的。本案中，原告所属的集美分厂铸造车间从投产起，与其仅一路之隔的福建体院师生就不断向被告和上级领导部门反映该车间排放恶臭气体污染环境问题，并提供了该院卫生所的疾病患者统计资料。市、区人大代表和政协委员也提出议案反映该车间的污染问题，在被告和一审法院调查时，现场闻到了恶臭气味。这些证据足以证明原告工厂恶臭污染的事实存在并危害了周围环境。

　　另外，被告适用《环境保护法》第 36 条和《大气污染防治法》第 32 条（现第 47 条）作出责令原告停止生产的处罚决定是否正确？《环境保护法》第 36 条（现第 61 条）和《大气污染防治法》第 32 条的规定基本相同，即建设项目的大气污染防治设施没有建成或者没有达到国家有关建设项目环境保护管理规定的要求，投入生产或使用的，由审批该项目的环境影响报告书的环境保护部门责令停止生产或使用，可以并处罚款。

　　本案中，原告的集美分厂黄铜铸造车间虽设置了环保设施，但该设施未经环保部门验收合格即投入使用，使用中又未能有效地防止恶臭气体对周围环境的污染，其行为既违反了国务院《建设项目环境保护管理办法》第 20 条关于建设项目的环保设施必须经验收合格并发给《环境保护设施验收合格证》后，方可正式投入生产和使用的规定，也违反了《大气污染防治法》第 26 条（现第 40 条）"向大气排放恶臭气体的排污单位，必须采取措施防止周围居民区受到污染"的规定，厦门市环保局根据《大气污染防治法》第 32 条（现第 47 条）和《环境保护法》第 36 条的规定，作出责令停止生产的处罚决定，并无不当。最后，厦门市环保局在责令原告集美分厂铸造车间停止生产的同时，一方面考虑到如果没有给原告一段迁建厂房的合理期限，会使原告生产停滞，造成经济损失，影响台商在华投资的积极性，而且工人无事可干，也可能引起劳资纠纷，影响社会安定；另一方面，考虑到福建体院师生确实深受恶臭污染之苦，如果不对原告工厂排放臭气加以限制，则该院正常的教学、生活秩序就难以维持。因此，该局根据《厦门市环境保护管理规定》第 21 条第 2 款"可规定过渡性排放限额指标"和第 25 条第 2 款"采取应急措施，避免或减轻污染损害"之规定，作出责令原告集美分厂铸造车间在 1993 年 5 月 1 日前停止生产，从 1992 年 12 月 20 日起，该车间每日 18 时至次日 6 时不得开炉，每次用炉数不得超过 2 个的决定，是正确合法的。

[参考法律规范]

1.《大气污染防治法》（1987 年颁布，1995、2000 年修订）

2.《恶臭污染物排放标准》（GB 14554 - 93）

3.《日本恶臭防止法》（1971 年颁布，1995 年修订）

**八、农村环境保护法**

**案例八：　陕西凤翔"血铅"案——农村环境污染的"缩影"**

[所属部分] 环境污染防治法之农村环境污染防治

[大纲知识点] 农村环境污染防治法律制度

[案例背景]

我国有 9 亿多农民，农村占据我国陆地的绝大部分国土面积，然而，近年来，随着我国经济的高速发展，农村成了我国环境污染的重灾区，农村地区普遍存在着污染物排放总量大、农村生活污染与农业面源污染严重、工业污染与城市污染向农村转移加剧等突出环境问题。根据 2010 年发布的《第一次全国污染源普查公报》显示，农业源排放的化学需氧量、总氮、总磷等主要污染物已分别占全国排放总量的 44%、57% 和 67%，可以说，农业源已经与工业源、城镇生活源等主要点源排放"平分秋色"。农村环境质量下降除了表现在农村地区村镇生活污染源、畜禽养殖污染、化肥农药使用导致的农业面源污染以及农村分散工业源污染之外，随着城市环境保护力度的加大，重污染工业向农村地区转移增加并成为农村地区重要污染来源，在部分工矿企业集中地区，已经成为农村环境质量下降的主要原因。全国约 4 万个乡镇、六十多万个建制村中，绝大部分污染治理还处于空白状态。

[案情描述]

铅是一种具有神经毒性的重金属元素，在人体内无任何生理功用，理想的血铅浓度为零。然而，由于环境中铅的普遍存在，绝大多数人体中均存在一定量的铅，铅在体内的量超过一定水平就会对健康引起损害。儿童由于代谢和发育方面的特点，对铅毒性特别敏感。儿童铅吸收率高达 42% ~ 53%，约为成人的 5 倍，而排铅能力只有成人的 30%。研究证实，血铅水平在 10ug/dL（0.483μmol/L）左右时，虽尚不足以产生特异性的临床表现，但已能对儿童的智能发育、体格生长、学习能力和听力产生不利影响。国内最新研究成果表示，儿童体内血铅超过 100 微克/升，智能指数就会下降 10 分~20 分。

　　2006 年建成投产的陕西东岭集团冶炼公司，与陕西省凤翔县长青镇马道口村、孙家南头村紧邻，部分群众住房与厂房相隔只有百米左右。2009 年 8 月，长青镇东岭集团冶炼公司环评范围内两个村庄的 731 名儿童接受血铅检测后，确认 615 人血铅超标，其中，166 人属于中度、重度铅中毒，需住院排铅治疗。血铅超标是指血液中铅元素的含量，超过了血液铅含量的正常值，如果过高，就提示发生了铅中毒。它会引起机体的神经系统、血液系统、消化系统的一系列异常表现，影响人体的正常机能。[1]

　　"血铅事件"的发生，造成群众恐慌。2009 年 8 月 11 日上午，凤翔县长青镇高咀头村一些村民围堵了途经村口的冶炼厂车辆。8 月 16 日上午，东岭公司附近数百名村民冲击东岭厂区，东岭厂区铁路专用线近 300 米的围墙被掀翻，村民还砸烂了前来送煤的货车的挡风玻璃和停在厂区的工程车。

　　凤翔县政府迅速拨出首批 100 万元人民币，用于支付血铅普查和患儿治疗，拟投资 2000 万元，启动搬迁方案，计划在 2 年内对环评标准范围内需要搬迁的民众全部搬迁。宝鸡市市长戴征社表示，对于凤翔血铅超标事件感到很痛心，就此向受到影响的村民鞠躬道歉，彻底关停了投资 6 亿元的东岭集团陕西东岭冶炼有限公司年产 10 万吨的铅锌冶炼项目和年产 70 万吨的焦化项目。

　　[法律问题]
　　1. 什么是农村环境污染？我国环境法中有哪些保护农村环境的主要规定？
　　2. 联系本案分析农村环境保护法律制度。

　　[法理分析]
　　本案是近年来由于农村严重环境污染导致的具有代表性的群体性事件之一。所谓"农村环境"，是指以农村居民为中心的乡村区域范围内各种天然的和经过人工改造的自然因素的总体。[2] 而农村环境污染则是指人们利用的物质或能量直接或间接进入农村环境，导致对农村自然环境的有害影响，并因此而危及人

---

　　[1]　本案参考资料：①佚名："中央：将农村环境整治作为环保工作重点"，中国经济网，http：//hj. ce. cn/news/2012 - 02 - 02/6699. html，2012 年 2 月 2 日；②佚名："农村环境污染原因调查：顽固卫生习惯是大问题"，中国经济网，http：//hj. ce. cn/news/2012 - 02 - 02/6697. html，2012 年 2 月 2 日；③佚名："中国农村环境整体下降 60 万村庄污染治理仍空白"，中国经济网，http：//hj. ce. cn/news/2012 - 01 - 31/6621. html，2012 年 1 月 31 日；④佚名："甘肃重点区域废旧农膜污染治理初见成效"，中国经济网，http：//hj. ce. cn/news/2012 - 01 - 19/6605. html，2012 年 1 月 19 日；⑤佚名："全国十大环境污染导致的群体性事件案例解析"，榆树新闻网，http：//news. yushu. gov. cn/html/20091030094227. html，2013 年 8 月 2 日。
　　[2]　韩德培主编：《环境保护法教程》，法律出版社 2012 年版，第 217 页。

类健康、危害生命资源和生态系统，以及损害或者妨害舒适生活和环境的其他合法用途的现象。

近些年，农村环境污染问题越来越严重。农村环境污染已严重威胁到数亿农村人口的生命健康安全、财产安全，以及农副产品的生产销售等，并引发多起农民群体性事件。本案就是一个典型的农村环境污染引发群体性事件的案例。

实际上，我国政府对农村环境从来都是高度重视，并注重通过立法和政策手段加以保护。例如，2006 年《中共中央国务院关于推进社会主义新农村建设的若干意见》提出，加强村庄规划和人居环境治理，搞好农村污水、垃圾治理，改善农村环境卫生。2007 年，国家环保总局联合发展改革委、农业部、建设部、卫生部、水利部、国土资源部以及林业局等发布《关于加强农村环境保护工作的意见》。环保部 2011 年发布《关于进一步加强农村环境保护工作的意见》（环发〔2011〕29 号），提出切实抓好农村饮用水水源地环境保护，加大农村生活垃圾处理力度，大力推进畜禽养殖污染防治，积极开展农村土壤环境保护等农村环境保护措施。2012 年中央一号文件《中共中央、国务院关于加快推进农业科技创新持续增强农产品供给保障能力的若干意见》提出，要把农村环境整治作为环保工作的重点，完善以奖促治政策，逐步推行城乡同治。推进农业清洁生产，引导农民合理使用化肥农药，加强农村沼气工程和小水电代燃料生态保护工程建设，加快农业面源污染治理和农村污水、垃圾处理，改善农村人居环境。

2014 年修订的《环境保护法》对保护农业环境作出了原则性规定，该法第33 条规定："各级人民政府应当加强对农业环境的保护，促进农业环境保护新技术的使用，加强对农业污染源的监测预警，统筹有关部门采取措施，防治土壤污染和土地沙化、盐渍化、贫瘠化、石漠化、地面沉降以及防治植被破坏、水土流失、水体富营养化、水源枯竭、种源灭绝等生态失调现象，推广植物病虫害的综合防治。县级、乡级人民政府应当提高农村环境保护公共服务水平，推动农村环境综合整治。"此外，2012 年修正的《农业法》专章规定了"农业资源与农业环境保护"，《城乡规划法》、《乡镇企业法》、《水污染防治法》等也都有保护农村和农业环境的规定，国务院专门发布了《基本农田保护条例》等，这些法律法规共同确立了我国农村环境保护的主要法律制度。

1. 农业资源利用区划和监测制度。县级以上人民政府应当制定农业资源区划或者农业资源合理利用和保护的区划，建立农业资源监测制度等。

2. 耕地特殊保护制度。农民和农业生产经营组织应当保养耕地，合理使用化肥、农药、农用薄膜，增加使用有机肥料，采用先进技术，保护和提高地力，防止农用地的污染、破坏和地力衰退。县级以上人民政府农业行政主管部门应当采取措施，支持农民和农业生产经营组织加强耕地质量建设，并对耕地质量进行定期监测等。

3. 草原特别保护制度。有关地方人民政府，应当加强草原的保护、建设和管理，指导、组织农（牧）民和农（牧）业生产经营组织建设人工草场、饲草饲料基地和改良天然草原，实行以草定畜，控制载畜量，推行划区轮牧、休牧和禁牧制度，保护草原植被，防止草原退化、沙化和盐渍化等。

4. 渔业资源特别保护制度。各级人民政府应当采取措施，依法执行捕捞限额和禁渔、休渔制度，增殖渔业资源，保护渔业水域生态环境。国家引导、支持从事捕捞业的农（渔）民和农（渔）业生产经营组织从事水产养殖业或者其他职业，对根据当地人民政府统一规划转产转业的农（渔）民，应当按照国家规定予以补助等。

5. 与农业生产有关的生物物种资源保护制度。国家加强保护与农业生产有关的生物多样性，对稀有、濒危、珍贵生物资源及其原生地实行重点保护。从境外引进生物物种资源应当依法进行登记或者审批，并采取相应安全控制措施。农业转基因生物的研究、试验、生产、加工、经营及其他应用，必须依照国家规定严格实行各项安全控制措施。

6. 农药、兽药污染防治制度。各级农业行政主管部门应当引导农民和农业生产经营组织采取生物措施或者使用高效低毒低残留农药、兽药，防治动植物病、虫、杂草、鼠害。农产品采收后的秸秆及其他剩余物质应当综合利用，妥善处理，防止造成环境污染和生态破坏。

7. 农业固体废物污染防治制度。从事畜禽等动物规模养殖的单位和个人应当对粪便、废水及其他废弃物进行无害化处理或者综合利用，从事水产养殖的单位和个人应当合理投饵、施肥、使用药物，防止造成环境污染和生态破坏。

8. 农业生态环境污染事故处理制度。排放废水、废气和固体废弃物造成农业生态环境污染事故的，由环境保护行政主管部门或者农业行政主管部门依法调查处理；给农民和农业生产经营组织造成损失的，有关责任者应当依法赔偿等。

政府还拨出巨额资金扶持农村环境污染治理。2008 年，中央财政设立农村环境保护专项资金、实施"以奖促治"，截至 2011 年，已安排 80 亿元支持各地开展农村环境综合整治，有 17 个省（区、市）作为重点示范省开展农村环境连片整治。目前的整治工作主要是优先解决一批群众反映强烈、危害严重的农村环境问题，并通过整治示范，探索一套适合我国国情的农村环境污染治理模式，为下一步大范围开展农村环境综合整治、特别是连片整治积累经验。此外，还有多个涉及农村环保的资金渠道。例如，发改委的政府支农投资，重点用于农业和农村基础设施建设、农村社会事业；农业部测土配方施肥、户用沼气、农业综合开发项目；水利部农村饮水安全工程；卫生部农村改水改厕项目等。这些资金基本上都是按照部门职责、按照项目，归口各部门组织实施，使用分散。近两年，国家强化对资金使用绩效的评估，各地开始逐步重视各渠道资金的整合使用。随着中央农村环保专项资金规模的不断加大，应将涉及农村环境改善的资金集中用于解决存在突出环境问题的地区，更好地提高资金使用效益。

从根本上说，农村环境治理应突出"保护优先"思想，避免良好的生态环境遭受破坏。"保护优先"需强化三个方面工作：一是加快农村环境监管体系建设，主要包括农村环境保护专门法律、法规，农村环境保护标准，农村环境质量考核和统计体系，乡镇专门的环境保护机构和人员，农村环保工作多部门协调和管理机制等；二是要建立农村环保长效投入机制，加大农村污染治理、环境监测、执法、宣传教育、应急能力投入；三是加强农村环保科技支撑，加大科研投入，建立基层农村环保服务队伍，研究推广适合农村地区的环保技术等。

只要政府高度重视，强化立法规制、资金扶持，农村环境污染治理还是很有希望的。例如，2011 年甘肃重点区域对废旧农膜污染的治理。2012 年 1 月召开的甘肃省农业资源环境保护工作会议宣布，经过一年的努力，省内重点区域废旧农膜随处堆放、田间乱飞、土壤残存的现象得到明显改观，"白色污染"治理初见成效，废旧地膜回收量占当年使用量的一半以上，废旧棚膜全部回收。甘肃省旱作农业发展走在全国前列，旱作农业发展中地膜覆盖引起的白色污染问题备受社会各界关注，加之蔬菜大棚、果树套地膜的发展和各种塑料品在农村的增多，每年冬春季节，大风一起，地膜和塑料袋随风漫天飞扬，悬挂树木枝头、枯草沟坡，造成了环境污染，影响了村容村貌。为治理废旧农膜污染问题，2011 年省政府批转了《省农牧厅关于加强废旧农膜回收利用推进农业面源污染治理的意见》，省财政安排省级废旧农膜污染防治专项补助资金 1000 万元，各级农业环保机构加强行政监管和政策落实，扶持废旧农膜回收加工企业 89家，各地建立了"行政保检拾率、污染不超标；网点保回收率，方便农户交售；企业保加工率，享受政策扶持"的运行机制。2011 年全省回收利用废旧地膜4.57 万吨（折纯量），占全省地膜使用总量的 57.1%；回收棚膜近 4 万吨，基本做到了 100% 回收。各地探索废旧农膜"减量化、资源化、再利用"的良性发展路子，有效保障了旱作农业的可持续发展。庆阳市在全省率先制定废旧农膜回收利用的扶持奖励办法，市财政每年安排 300 万元废旧农膜回收资金；平凉市 2011 年回收废旧农膜 5295 吨，回收率达 61%，加工再生聚乙烯颗粒 662 吨，企业纯利润达 200 万元。

[参考法律规范]

1. 《环境保护法》（1989 年颁布，2014 年修订）
2. 《农业法》（1993 年颁布，2002 年、2009 年、2012 年修订）
3. 《基本农田保护条例》（国务院 1998 年颁布，2011 年修订）
4. 《关于进一步加强农村环境保护工作的意见》（环境保护部 2011 年颁布）
5. 《关于加强农村环境保护工作的意见》（国务院 2007 年颁布）
6. 《中共中央 国务院关于推进社会主义新农村建设的若干意见》（2005 年发布）

## 第二节 能量流污染防治法

### 一、噪声污染防治法

案例九： 宁波栎社国际机场噪声引发集团行政复议案

[所属部分] 环境污染防治法之环境噪声污染防治
[大纲知识点] 环境噪声污染防治法律制度
[案例背景]

2007 年 8 月 8 日，浙江省宁波市鄞州区古林镇戴家村 99 位村民，向原国家环保总局（现国家环保部）寄出两份邮政特快，分别对环保总局批准宁波栎社国际机场（下称栎社机场）二期扩建工程环境影响评价文件以及批准该工程竣工环境保护验收合格的行为提出了复议申请。同时，村民们还针对宁波市发改委核准栎社机场飞行区平行滑行道系统扩建工程的行为向浙江省发改委提出了复议申请。[1]

这可是新鲜事啊！村民直接向最高国家环境行政主管机关邮寄行政复议申请，而且是 99 位村民集体行动。这究竟是怎么回事呢？
[案情描述]

宁波市栎社机场始建于 1936 年，位于宁波市区西南约 10 公里，新中国成立初期属军用机场，1987 年改建为民用机场。随着宁波经济的快速发展，机场飞

---

〔1〕 本案参考资料：①曾祥生、郑建："宁波栎社国际机场噪声超标引发集团行政争议"，法律图书馆网，http://www.law-lib.com，2007 年 8 月 13 日；②佚名："机场施工噪音扰民 宁波 99 名村民 欲告环保总局"，新浪网，http://news.sina.com.cn/c/2008-02-25/004813467225s.shtml，2008 年 2 月 25 日。

机客货运数量大大增加，2002年进行二期扩建，2005年12月晋升为国际机场。

戴家村位于机场西端南面，机场铁栅栏紧贴着村民的房屋。因此，自从栎社机场投入使用开始，戴家村的村民就承受着噪声污染，噪声引发的矛盾日益尖锐。2002年机场二期扩建工程上马后，噪声污染进一步加剧，到2005年晋升为国际机场后，噪声污染更是让人难以忍受。

终于，到2007年3月，因宁波栎社机场飞行区平行滑行道系统扩建工程开工引起的噪声令村民再也忍受不下去了。根据宁波市环境保护监测中心对机场飞机噪声的测定，戴家村的噪声值超过75分贝，明显高于国家标准。由于该项工程是由国家环保总局批准的，于是99名村民向国家环保总局提出了复议申请。理由是环保总局在批准环境影响评价文件和通过验收时，没有征求村民们的意见，程序严重违法。2007年8月10日，国家环保总局受理了此案。但机场的施工并没有终止。8月16日，机场恢复对滑行道施工，当天下午，戴家村几十名村民聚集到机场，企图阻止施工。宁波市公安局鄞州分局先后以涉嫌聚众扰乱社会秩序为由，传唤了十多名村民，并对4名村民刑事拘留，一个月后转为逮捕，其中2名是村民推选的复议代表人。8月30日，当地派出所还扣押了村民们凑起来的2.4万余元的钱款，填写的扣押原因是"非法集资款"，不过很快又涂掉了"非法"两字。机场噪声引发的风波引起宁波市委、市政府的高度重视，决定由市委政法委牵头协调解决此事。但由于村民们和鄞州方面分歧太大，协调一直没有实质性的进展。村民们尤其不同意以"新农村建设"名义搬迁，强调这是"机场移民"，要求在搬迁的同时，赔偿多年来噪声给他们造成的损害。

由于案情复杂，国家环保总局将行政复议决定延期至2007年11月10日。一直在政府和村民之间奔波协调的村民代理人袁裕来律师向村民建议将搬迁和噪声补偿问题分开来，村民们表示赞同。协调工作终于出现了转机，但焦点是补偿的额度。村民们提出的解决方案是：①批准逮捕的4名村民必须释放；②补偿金额不得低于100万元；③原来《委托代理合同》约定的律师代理费由政府方面承担；④拆迁补偿安置按照宁波市有关规定进行，本次就噪声的补偿不影响拆迁补偿安置标准。鄞州方面认为，上述四点要求都没有问题，但坚决不同意将补偿费直接支付给村民，理由是担心引发其他村村民的连锁反应。按照鄞州区政法委的说法，牵涉的村庄有14个，事情又陷入僵局。

就在双方僵持不下的时候，2007年10月22日，国家环保总局给袁裕来寄来一份申请材料补正通知书，要求提供耽误法定申请期限的事实与证据材料。这就意味着，国家环保总局准备以超过法定期限为由，终止复议程序。袁裕来给国家环保总局回复称，如果申请人认为提供的材料符合法律规定，无需再补充材料，复议机关认为不符合法律规定的，则应该按《行政复议法》第17条的规定，作出不予受理决定。"要求环保总局作出一个驳回复议申请决定，是为了接下来的起诉更加顺利。"11月3日下午，国家环保总局法规司和环评司的3位官员专程赶到宁波，就宁波栎社国际机场的噪声污染案，当面听取了村民代表们的意见和要求。国家环保总局派人来直接进行沟通，使村民们既感到意外又感到高兴。2007年11月8日，在行政复议期限届满后的第一天，协议终于在宁波市天一公证处会议室达成。协议约定，鄞州区古林镇政府出资120万元用于戴家村新农村示范村建设，于协议签订当日，划入宁波市天一公证处账户，提交宁波市天一公证处提存，提存的期限为2年，该款项在本协议签订之日起2年后由村委会和5名此案的村民代表共同领取。补偿的对象则扩大至所有受到噪声污染的村民，共计270户村民，原来99名村民打官司代表了这270户村民。当天下午，公证处人员又特地到古林镇政府，让镇政府加盖了公章，并拿到了支票，公证处还制作了提存公证书。之后，受99名村民委托，袁裕来向国家环保总局提出了撤销复议申请。2007年11月9日，国家环保总局作出了终止复议决定。

[法律问题]

1. 什么是环境噪声污染？我国环境法中有哪些噪声污染防治的主要规定？

2. 联系本案分析环境噪声污染防治法律制度。

[法理分析]

本案是一起比较典型的因环境噪声污染引发的行政复议案件。所谓"环境噪声"，是指在工业生产、建筑施工、交通运输和社会生活中所产生的干扰周围生活环境的声音。"环境噪声污染"是指所产生的环境噪声超过国家规定的环境噪声排放标准，并干扰他人正常生活、工作和学习的现象。噪声污染自20世纪70年代以来日益严重，被称为城市四大主要公害之一。医学研究表明，如果长期生活在85~90分贝的噪声环境中，会使听觉疲劳不断加深，发生器质性病变，造成听力下降。噪声还能影响胃肠道的正常分泌，使肠蠕动功能改变，引起代谢过程的紊乱，造成多种疾病。噪声对人的视力，对妊娠和胎儿发育都会造成不良影响。我国对城市噪音与居民健康的调查表明，地区的噪音每上升1分贝，高血压发病率就增加3%。超过140分贝的噪声会引起眼球的振动、视觉模糊，呼吸、脉搏、血压都会发生波动，甚至会使全身血管收缩、供血减少，说话能力受到影响。

《环境噪声污染防治法》是我国关于噪声污染防治的基本法，主要规定了环境噪声污染防治的监督管理、工业噪声污染防治、建筑施工噪声污染防治、交通运输噪声污染防治、社会生活噪声污染防治以及违反噪声污染防治法的法律责任等内容，确立了我国噪声污染防治的主要法律制度。

1. 环境噪声污染防治的监督管理。国务院环境保护行政主管部门对全国环境噪声污染防治实施统一监督管理。县级以上地方人民政府环境保护行政主管部门对本行政区域内的环境噪声污染防治实施统一监督管理。各级公安、交通、铁路、民航等主管部门和港务监督机构，根据各自的职责，对交通运输和社会生活噪声污染防治实施监督管理。

2. 工业噪声污染防治。工业噪声，是指在工业生产活动中使用固定的设备时产生的干扰周围生活环境的声音。工业噪声污染防治的主要规定有：在城市范围内向周围生活环境排放工业噪声应当符合国家规定的工业企业厂界环境噪声排放标准等。

3. 建筑施工噪声污染防治。建筑施工噪声，是指在建筑施工过程中产生的干扰周围生活环境的声音。建筑施工噪声污染防治的主要规定有：在城市市区范围内向周围生活环境排放建筑施工噪声的，应当符合国家规定的建筑施工场界环境噪声排放标准等。

4. 交通运输噪声污染防治。交通运输噪声，是指机动车辆、铁路机车、机动船舶、航空器等交通运输工具在运行时所产生的干扰周围生活环境的声音。交通运输噪声污染防治的主要规定有：禁止制造、销售或者进口超过规定的噪声限值的汽车等。

5. 社会生活噪声污染防治。社会生活噪声，是指人为活动所产生的除工业噪声、建筑施工噪声和交通运输噪声之外的干扰周围生活环境的声音。社会生活噪声污染防治的规定主要有：在城市市区噪声敏感建筑物集中区域内，因商业经营活动中使用固定设备造成环境噪声污染的商业企业，必须向所在地的县级以上地方人民政府环境保护行政主管部门申报拥有的造成环境噪声污染的设备的状况和防治环境噪声污染的设施的情况等。

6. 违反环境噪声污染防治法的法律责任。①行政责任：违反噪声污染防治法的行政监督管理规定，按照情节轻重需承担一定的行政责任。比如，不按照国家规定缴纳超标准排污费的，县级以上地方人民政府环境保护行政主管部门可以根据不同情节，给予警告或者处以罚款。再如，违反法律规定，未经当地公安机关批准，进行产生偶发性强烈噪声活动的，由公安机关根据不同情节给予警告或者处以罚款。②民事责任：受到环境噪声污染危害的单位和个人，有权要求加害人排除危害；造成损失的，依法赔偿损失。赔偿责任和赔偿金额的纠纷，可以根据当事人的请求，由环境保护行政主管部门或者其他环境噪声污染防治工作的监督管理部门、机构调解处理；调解不成的，当事人可以向人民法院起诉。当事人也可以直接向人民法院起诉。③刑事责任：环境噪声污染防治监督管理人员滥用职权、玩忽职守、徇私舞弊的，由其所在单位或者上级主管机关给予行政处分；构成犯罪的，依法追究刑事责任。

[参考法律规范]

1.《环境噪声污染防治法》（1996 年颁布）

2.《社会生活环境噪声排放标准》（GB 22337 - 2008）

3.《声环境质量标准》（GB 3096 - 2008）

## 二、放射性污染防治法

### 案例十：　　　日本福岛核泄漏事件——世界三大核泄漏事故之一

[所属部分] 环境污染防治法之放射性污染防治

[大纲知识点] 放射性污染防治法律制度

[案例背景]

福岛县是日本东北地方南部的一县，是日本最大的本州岛的 7 个地区之一，该地区有起伏变化的山地、复杂的火山地形和大大小小的湖沼群等，自然景观资源丰富，环境优美，有磐梯朝日国立公园、白山遗迹等多个名胜古迹。水利资源丰富，以水力为主，原子、火力、风力、地热等动力发电工业发达，气候温暖宜人，一年四季盛产各种水果，被称为"水果的王国"。其中，桃产量为日本第一，"萱场梨"也是其优良品种。

然而，这样一个美丽富饶的海岛，在 2011 年春天却发生了一个令全球震惊的环境灾难，这就是日本福岛核泄漏事件。2011 年 3 月 11 日 13 时 46 分，日本近海发生 9.0 级地震，随之导致的海啸导致福岛核电站发生核泄漏，突然发生的灾难使这个国家陷入了前所未有的危机之中，有专家称其为人类历史上的三大核事故之一。[1]

[案情描述]

地震海啸纯属天灾无法避免，然而核泄漏危机却可以说是真正的人祸。福岛第一核电站位于福岛工业区，同在该工业区内还有福岛第二核电站。两个核电站统称为福岛核电站。第一核电站共有 6 个反应堆，第二核电站拥有 4 个反应

---

〔1〕　人类历史上的三大核事故是指：切尔诺贝利核事故、三里岛核事故、福岛核事故。参见"美核专家：日本核泄漏将成历史上最严重的 3 大事故之一"，凤凰网，http://news.ifeng.com/world/special/ribendizhen/content - 2/detail_ 2011_ 03/15/5159164_ 0.shtml，2011 年 3 月 15 日。

堆。经受地震及海啸袭击后，第一核电站 6 个反应堆均出现程度不等的异常情况。[1]

福岛第一核电厂 1 号反应炉 1971 年开始运转，运行时间将近 40 年，严重老化。据悉，日本很多核电设备不少已是"超期服役"，使用寿命接近或超过 25 ~ 30 年的最长年限。据日本媒体报道，2011 年 2 月 7 日，东京电力公司完成了对于福岛第一核电站 1 号机组的分析报告，报告称该机组已经服役 40 年，出现了一系列老化迹象，包括反应堆压力容器的中性子脆化、热交换区气体废弃物处理系统出现腐蚀等。抗震标准老化也为事故埋下了隐患。日本早期核电站设计抗震标准为里氏 6.5 级。2006 年日本修改了核电站抗震标准，将这一标准提高到抗震能力最大为里氏 7.0 级。但目前日本国内 55 座核电站中，只有静冈县的滨冈核电站达到了最新抗震标准。据东京电力公司文件显示，对第一和第二核电站的地震测试假设，最高只有 7.9 级，换言之，该核电站的安全设计水平，远未达到抵御 9 级地震的标准。11 日下午，日本东北部海域发生 9 级强震，并引发强烈海啸，当天日本电力公司宣布，其在日本北部女川町工厂的三座核反应堆自动关闭。然而，几天后相继传来核电站爆炸和反应堆受损的消息。部分专家通过媒体上描绘的各个节点的场景为记者勾勒出福岛核电站核泄漏的大致过程：由于核裂变的链式反应在地震之初就已自动停止，所以在核反应堆内的燃料棒不会发生像原子弹那样的核爆炸。所谓堆芯熔化，是指核反应堆温度上升过高，造成燃料棒熔化并发生破损事故。失去冷却水后，堆芯水位下降，燃料棒露出水面，燃料中的放射性物质产生的热量无法去除，随后温度持续上升会导致这种情况。

据日本媒体报道，操作人员尝试打开阀门，释放反应堆容器内的蒸气以让反应堆内的压力下降，却有爆炸声响起，厂房轰然倒塌。有专家分析，反应堆堆芯附近蒸汽外泄后产生的氢气和周围空气中的氧气发生反应引发爆炸，这场爆炸有可能导致护罩安全壳局部受损，从而导致铀燃料能够对外放射。

无法有效对堆芯降温正是这次事故的关键所在。由于发电机在地震中遭到损毁，冷却水循环制冷系统无法正常工作，导致水温升高，接近沸点，这加大

---

〔1〕　本案参考资料：①佚名："日本核泄漏预警世界核安全"，人民网，http://finance.people.com.cn/GB/8215/217291/14184785.html，2011 年 3 月 19 日；②佚名："大灾面前硬伤多 日本核泄漏预警世界核安全"，中国网，http://www.china.com.cn/international/txt/2011 – 03/17/content_ 22162501.htm，2011 年 3 月 17 日；③谢德良："福岛核电站核泄漏后日本出现大量变异植物（图）"，网易新闻，http://news.163.com/13/0818/00/96H55FFR00014JB5.html，2013 年 8 月 18 日；④佚名："日决定将福岛核电站核泄漏事故等级提高到 7 级"，中国新闻网，http://www.chinanews.com/gj/2011/04 – 12/2965539.shtml，2011 年 4 月 12 日。

了堆芯暴露的风险。事后专家分析表明，向堆芯注水使之冷却的堆芯紧急冷却装置在最后关头的接连失效，是事态迅速恶化的重要因素。控制棒、反应堆压力容器、厂房等多重防线都能防止放射性物质泄漏，但前提是堆芯不能熔化，这就需要紧急冷却装置起作用，但遗憾的是备用电源完全没有发挥作用，核电站通常安排柴油发电机和干电池做备用电源，柴油发电机可能在地震中被摧毁，干电池不可能维持很久。对于多震的日本来说，没有设计到这一点不得不说是个大破绽。无法自发循环用冷却水冷却堆芯，日本人开始决定用灌海水的方法强行冷却，这对日方是个艰难的抉择，因为灌注海水意味着该反应堆无法再次运转。事后日本原子能安全与保安院根据国际核泄漏等级评定机构 ZNES 规定的标准重新审定福岛核事故的等级，由初始确定的 3 级调整为 7 级，因为该核事故的核污染范围较大，放射物质已经广泛波及空气、蔬菜、自来水和海洋，因此最终确定事故等级为核事故最高级别的 7 级。据悉，7 级属"影响更加严重的特大事故"。这类事故涉及放射物质大量外泄，对公众健康和环境造成广泛影响。1986 年苏联切尔诺贝利核事故后，国际原子能机构制定国际核事件分级表，并把切尔诺贝利事故"追定"为 7 级。

核电站发生核泄漏事故是指核反应堆里的放射性物质外泄造成环境污染并使公众受到辐射危害。核能外泄所发出的核能辐射虽远比核子武器威力与范围小，却也能造成一定程度的生物伤亡。据日本媒体报道，负责观测大气放射性物质含量的《全面禁止核试验条约》（CTBT）组织筹备委员会表示，福岛第一核电站释放的放射性物质已从太平洋上空到达美国、欧洲，并将于今后的 2 至 3 周内绕地球一周。

土壤污染程度比切尔诺贝利"强制迁移"标准高 6 倍。在切尔诺贝利事故中，每平方米放射性铯浓度达到 55 万贝克勒尔的地区，被划为"强制迁移"区域，而在距福岛第一核电站 40 公里的饭馆村，20 日从每公斤土壤中检测到 16.3 万贝克勒尔铯 137，换算后为每平方米 326 万贝克勒尔，是切尔诺贝利事故"强制迁移"标准的 6 倍。京都大学原子炉实验所副教授今中哲二称："饭馆村的核污染程度已经达到了避难水平。切尔诺贝利事故发生后，放射能的外泄在 10 天后开始减少，但福岛第一核电站至今仍在不停地外泄。受其核污染严重的地区已经达到了切尔诺贝利的水平。"受放射性物质超标的影响，福岛县、群马县等地生产的一些蔬菜品种已被日本政府要求暂停上市。为防止受污染蔬菜的影响扩散，日本农林水产省 25 日向福岛、茨城、栃木和群马 4 县发出通知，传授这些地区的农家如何正确处理不能上市的农畜产品的方法。通知要求：不要用焚烧或填埋的方式处理蔬菜，而是要将蔬菜收割下来放入箱子，并存放到仓库或农田中的某个角落。对于原奶，原则上采取在所有地集中掩埋的方法。

据悉，放射性物质的含量极小，不会对人体造成影响，但核辐射并非是一种能在短期内看到效果的物质，它的影响是无可限量的，尤其是福岛附近的居民以及周边的环境。核泄漏一般对人员的影响表现在核辐射，也叫做放射性物质，放射性物质可通过呼吸吸入、皮肤伤口及消化道吸收进入体内，引起内辐射，γ辐射可穿透一定距离被机体吸收，使人受到外照射伤害。身体接受的辐射量越多，致癌风险越大，罹患甲状腺癌比例快速增加，白血病病例的增加数量、畸形婴儿出生率会升高。

图3　福岛核电站核泄漏之后日本出现的变异植物图片

2012 年 10 月的一份报告表明，从福岛海岸捕到的多数鱼来看，核辐射水平自 2011 年 3 月核泄漏以来仍未下降。研究人员认为从核反应堆泄漏到海底的化学物质"铯"将危害当地渔业长达数十年。另据英国《每日邮报》2013 年 7 月 17 日报道，福岛核泄漏的影响似已进入食物链，网络流传的一系列照片表明"基因突变蔬菜"已经出现。一家韩国网站近日发布了被核辐射污染的花、蔬菜和水果的照片。照片中，多数果实畸形、表面长满肿块。两个桃子摞在一起凑成数字"8"的形状，四个橘子从茎部起就连在一起，一朵蘑菇直接被自己的茎穿透，包菜是正常大小的四五倍。另外，照片中一根茄子的茎上竟像香蕉一样长出多个茄子，黄瓜上冒出了叶子，西红柿上发出了绿芽，小萝卜长出了五根手指，就连向日葵的一个花盘上也长出了"多张脸"。

［法律问题］

1. 什么是放射性污染？我国环境法中有哪些放射性污染防治的主要规定？

2. 联系本案分析放射性污染防治法律制度。

［法理分析］

本案是继切尔诺贝利核电站事故、三里岛核事故等严重核事故之后的第三起影响比较大的核事故。所谓"放射性污染"，是指由于人类活动造成物料、人体、场所、环境介质表面或者内部出现超过国家标准的放射性物质或者射线。放射性物质对人体的危害非常大，放射性物质进入人体的途径主要有三种：呼吸道进入、消化道食入、皮肤或黏膜侵入。放射性物质可直接使机体物质的原子或分子电离，破坏机体内某些大分子，如脱氧核糖核酸、核糖核酸、蛋白质分子及一些重要的酶。放射性物质还可造成间接损伤，而最可怕之处是其远期效应，主要包括辐射致癌、白血病、白内障、寿命缩短等方面的损害以及遗传效应等。

国际社会高度重视放射性物质的污染防治，制定了许多放射性污染防治的国际公约或条约等，如《核安全公约》、《核事故及早通报公约》、《全面禁止核试验条约》等。我国关于放射性污染防治的主要法律法规有《中华人民共和国放射性污染防治法》、《中华人民共和国民用核设施安全监督管理条例》等，确立了我国放射性污染防治的法律制度。

1. 放射性污染防治监督管理的主要规定：①监管体制。国务院环境保护行政主管部门对全国放射性污染防治工作依法实施统一监督管理。国务院卫生行政部门和其他有关部门依据国务院规定的职责，对有关的放射性污染防治工作依法实施监督管理。②放射性污染监测制度。国务院环境保护行政主管部门会同国务院其他有关部门组织环境监测网络，对放射性污染实施监测管理。③监督检查制度。国务院环境保护行政主管部门和其他有关部门，对核设施、铀（钍）矿开发利用中的放射性污染防治进行监督检查。县级以上地方人民政府环境保护行政主管部门和同级其他有关部门，对本行政区域内核技术利用、伴生放射性矿开发利用中的放射性污染防治进行监督检查。核设施营运单位、核技术利用单位、铀（钍）矿和伴生放射性矿开发利用单位，负责本单位放射性污染的防治，接受环境保护行政主管部门和其他有关部门的监督管理，并依法对其造成的放射性污染承担责任。④资格管理和资质管理制度。国家对从事放射性污染防治的专业人员实行资格管理制度；对从事放射性污染监测工作的机构实行资质管理制度。⑤放射性标志制度。放射性物质和射线装置应当设置明显的放射性标识和中文警示说明。生产、销售、使用、贮存、处置放射性物质和射线装置的场所，以及运输放射性物质和含放射源的射线装置的工具，应当设置明显的放射性标志。⑥放射性防治标准制度。含有放射性物质的产品，应当符合国家放射性污染防治标准；不符合国家放射性污染防治标准的，不得出厂和销售。使用伴生放射性矿渣和含有天然放射性物质的石材做建筑和装修材料，应当符合国家建筑材料放射性核素控制标准等。

2. 核设施的放射性污染防治的主要规定：①环境影响评价制度。在核设施选址、建造、装料、运行、退役等活动办理审批手续前，编制环境影响报告书。与核设施相配套的放射性污染防治设施，应当与主体工程同时设计、同时施工、同时投入使用。放射性污染防治设施应当与主体工程同时验收；验收合格的，主体工程方可投入生产或者使用。②核设施监测制度。核设施营运单位应当对核设施周围环境中所含的放射性核素的种类、浓度以及核设施流出物中的放射性核素总量实施监测，并定期向国务院环境保护行政主管部门和所在地省、自治区、直辖市人民政府环境保护行政主管部门报告监测结果。国务院环境保护行政主管部门负责对核动力厂等重要核设施实施监督性监测，并根据需要对其他核设施的流出物实施监测。③安全保卫制度。核设施营运单位应当建立健全安全保卫制度，加强安全保卫工作，并接受公安部门的监督指导。④核事故应急制度。核设施营运单位应当按照核设施的规模和性质制订核事故场内应急计划，做好应急准备。出现核事故应急状态时，核设施营运单位必须立即采取有效的应急措施控制事故，并向核设施主管部门和环境保护行政主管部门、卫生行政部门、公安部门以及其他有关部门报告。⑤核设施退役计划制度。核设施营运单位应当制订核设施退役计划。核设施的退役费用和放射性废物处置费用应当预提，列入投资概算或者生产成本等。

3. 核技术利用的放射性污染防治的主要规定有：①许可证制度。生产、销售、使用放射性同位素和射线装置的单位，应当按照国务院有关放射性同位素与射线装置放射防护的规定申请领取许可证，办理登记手续。生产、销售、使用放射性同位素和加速器、中子发生器以及含放射源的射线装置的单位，应当在申请领取许可证前编制环境影响评价文件，报省、自治区、直辖市人民政府环境保护行政主管部门审查批准；未经批准，有关部门不得颁发许可证。②放射性同位素备案制度。新建、改建、扩建放射工作场所的放射防护设施，应当与主体工程同时设计、同时施工、同时投入使用。放射防护设施应当与主体工程同时验收；验收合格的，主体工程方可投入生产或者使用。放射性同位素应当单独存放，不得与易燃、易爆、腐蚀性物品等一起存放，其贮存场所应当采取有效的防火、防盗、防射线泄漏的安全防护措施，并指定专人负责保管。贮存、领取、使用、归还放射性同位素时，应当进行登记、检查，做到账物相符。③放射性废物处理制度。生产、使用放射性同位素和射线装置的单位，应当按照国务院环境保护行政主管部门的规定对其产生的放射性废物进行收集、包装、贮存。生产放射源的单位，应当按照国务院环境保护行政主管部门的规定回收和利用废旧放射源；使用放射源的单位，应当按照国务院环境保护行政主管部门的规定将废旧放射源交回生产放射源的单位或者送交专门从事放射性固体废物贮存、处置的单位。④安全保卫和应急制度。生产、销售、使用、贮存放射源的单位，应当建立健全安全保卫制度，指定专人负责，落实安全责任制，制定必要的事故应急措施。发生放射源丢失、被盗和放射性污染事故时，有关单位和个人必须立即采取应急措施，并向公安部门、卫生行政部门和环境保护行政主管部门报告。公安部门、卫生行政部门和环境保护行政主管部门接到放射源丢失、被盗和放射性污染事故报告后，应当报告本级人民政府，并按照各自的职责立即组织采取有效措施，防止放射性污染蔓延，减少事故损失。当地人民政府应当及时将有关情况告知公众，并做好事故的调查、处理工作。

4. 放射性废物管理的主要规定：①申请和报告制度。产生放射性废气、废液的单位向环境排放符合国家放射性污染防治标准的放射性废气、废液，应当向审批环境影响评价文件的环境保护行政主管部门申请放射性核素排放量，并定期报告排放计量结果。②放射性固体废物处置规划制度。国务院核设施主管部门会同国务院环境保护行政主管部门根据地质条件和放射性固体废物处置的需要，在环境影响评价的基础上编制放射性固体废物处置场所选址规划，报国务院批准后实施。有关地方人民政府应当根据放射性固体废物处置场所选址规划，提供放射性固体废物处置场所的建设用地，并采取有效措施支持放射性固体废物的处置。③放射性固体废物代处置制度。产生放射性固体废物的单位，应当按照国务院环境保护行政主管部门的规定，对其产生的放射性固体废物进行处理后，送交放射性固体废物处置单位处置，并承担处置费用等。

5. 违反放射性污染防治规定的法律责任：①行政责任。违反放射性污染防治法律规定，根据情节的轻重需承担一定的行政责任。例如，未建造放射性污染防治设施、放射防护设施，或者防治防护设施未经验收合格，主体工程即投入生产或者使用的，由审批环境影响评价文件的环境保护行政主管部门责令停止违法行为，限期改正，并处 5 万元以上 20 万元以下罚款；再如，向环境排放不得排放的放射性废气、废液的，由县级以上人民政府环境保护行政主管部门责令停止违法行为，限期改正，处以罚款。②民事责任。因放射性污染造成他人损害的，依法承担民事责任。③刑事责任。放射性污染防治法律制度的一个显著特点是基于其危害比一般环境污染更大、更严重，刑事法律责任规定较多。例如，不按照规定设置放射性标识、标志、中文警示说明的，由县级以上人民政府环境保护行政主管部门或者其他有关部门依据职权责令限期改正；逾期不改正的，责令停产停业，并处 2 万元以上 10 万元以下罚款；构成犯罪的，依法追究刑事责任；再如，向我国境内输入放射性废物和被放射性污染的物品，或者经我国境内转移放射性废物和被放射性污染的物品的，由海关责令退运该放射性废物和被放射性污染的物品，并处 50 万元以上 100 万元以下罚款；构成犯罪的，依法追究刑事责任。

[**参考法律规范**]

1. 《核安全公约》（1994 年颁布）
2. 《放射性污染防治法》（2003 年颁布）
3. 《民用核设施安全监督管理条例》（国务院 1986 年颁布）
4. 《法国信息透明和核安全法》（2006 年颁布）
5. 《国家核应急预案》（国务院 2005 年颁布，2013 年修订）
6. 《核电厂核事故应急管理条例》（国务院 1993 年颁布，2011 年修订）

### 三、电磁辐射污染防治法

## 案例十一：　　　　　中国电磁辐射污染损害第一案

[**所属部分**] 环境污染防治法之电磁辐射污染防治

[**大纲知识点**] 电磁辐射污染防治法律制度

[**案例背景**]

辽宁省葫芦岛市化工研究院工程师纪绍庆一家自从搬进化工研究院的一所住宅楼的二楼后，3 个女儿莫名其妙地患上了精神病。经过几年的查找和研究，纪绍庆认为住宅楼前的几条 6.6 万伏高压输电线产生的电磁污染是"元凶"，于是他在 2003 年将供电部门和房管部门告上了法庭，要求两被告赔偿他一家的经济和精神损失 560 万元。

葫芦岛市中级人民法院开庭审理了这起环境污染损害赔偿案，该案是葫芦岛市历史上索赔数额最高的一起环境污染人身伤害赔偿案，而纪绍庆一家的索赔案也是辽宁省，乃至全国索赔数额最高的一起电磁污染人身索赔案，号称"电磁污染损害赔偿第一案"。

[**案情描述**]

1986 年，老纪和妻子、3 个女儿一家 5 口人从锦西化工研究院丙子楼搬到丁二楼的二楼四号。新房乔迁之喜刚过没多久，1991 年初，20 岁的大女儿先是出现了精神不正常状态，经过医院诊断，被确诊为精神病；2 年后，19 岁的二女儿也出现了精神病症状；又过了 3 年，年仅 16 岁的小女儿也患上了精神病，老纪夫妇祖宗三代都没有精神病史，遗传因素完全可以排除。从 1988 年到 2004 年的 16 年时间里，老纪夫妇不仅承受着 3 个女儿患病所带来的精神痛苦，也花去了十余万元钱。女儿患病后，他开始寻找病因，多次给国家、省环保局写信，要求实地检测，同时又四处收集资料。在此期间，老纪夫妇也先后患上了神经衰弱等多种病症，后来老纪看到了高压线可造成电磁污染的报道，于是他想到了高压线距离自己家住宅只有 7 米，孩子的病一定与电磁波污染有关，因此，老纪一怒之下将锦西化工研究院和连山供电局告上法庭。后由于连山供电局不具备法人资格，由其上级主管部门——两锦供电局作为本案的被告。

葫芦岛市中级人民法院审理后认为：未有证据证明电磁场在 5 原告发病前造成此类型病例，且目前尚无科学依据认定低频电磁场对人体构成损害。国家环保总局辐射环境监测技术中心的《监测报告》证明该高压线的电磁场强度远远低于国家标准。而根据原告纪玉红、纪玉英的病例记载，怀疑存在其他成因。根据盖然性及疫学因果关系的推定原则，5 原告未能提供部分相应事实，并以此推定损害事实与被告两锦供电公司的 66 千伏供电线产生的电磁场存在因果关系。

葫芦岛市中级人民法院审判委员会经集体讨论后做出一审判决：由于纪家诉请的损害事实与被告两锦供电公司 66 千伏高压供电线产生的电磁场是否存在因果关系的证据不足，法院一审驳回纪绍庆一家的诉讼请求。案件受理费40 515万元由 5 位原告承担，鉴定费 3 万元由两被告承担。[1]

[法律问题]

1. 什么是电磁辐射？我国环境法有哪些电磁辐射污染环境防治的主要规定？

2. 联系本案分析电磁辐射污染防治法律制度。

[法理分析]

本案是我国自制定《电磁辐射环境保护管理办法》以来，由于电磁辐射污染导致的人身索赔额最高的一起案例，具有标志性案例的作用。所谓"电磁辐射"，是指以电磁波形式通过空间传播的能量流，且限于非电离辐射，包括信息传递中的电磁波发射、工业、科学、医疗应用中的电磁辐射，以及高压送变电中产生的电磁辐射。

电磁辐射对人体危害极大。其危害主要有 6 个方面：①极可能是造成儿童患白血病的原因之一。医学研究证明，长期处于高电磁辐射的环境中，会使血

---

〔1〕　本案参考资料：①佚名："辽宁葫芦岛电磁污染案一审原告败诉"，新浪网，http：//news. sina. com. cn/c/2004 - 10 - 14/09433917962s. shtml，2004 年 10 月 14 日；②佚名："电磁辐射 6 大危害"，搜狐网，http：//health. sohu. com/20050314/n224643527. shtml，2005 年 3 月 14 日；③佚名："民建广东省委建议加快制定电磁辐射污染防治法"，中国政协网，http：//www. cppcc. gov. cn/zxww/2012/03/26/ARTI1332749802779268. shtml，2012 年 3 月 26 日。

液、淋巴液和细胞原生质发生改变。意大利专家研究后认为，该国每年有四百多名儿童患白血病，其主要原因是距离高压电线太近，因而受到了严重的电磁污染。②能够诱发癌症并加速人体的癌细胞增殖。电磁辐射污染会影响人体的循环系统、免疫、生殖和代谢功能，严重的还会诱发癌症，并会加速人体的癌细胞增殖。瑞士的研究资料指出，周围有高压线经过的住户居民，患乳腺癌的概率比常人高 7.4 倍。美国得克萨斯州癌症医疗基金会针对一些遭受电磁辐射损伤的病人所做的抽样化验结果表明，在高压线附近工作的工人，其癌细胞生长速度比一般人要快 24 倍。③影响人的生殖系统，主要表现为男子精子质量降低，孕妇发生自然流产和胎儿畸形等。④可导致儿童智力残缺。据最新调查显示，我国每年出生的 2000 万儿童中，有 35 万为缺陷儿，其中 25 万为智力残缺，有专家认为电磁辐射也是影响因素之一。世界卫生组织认为，计算机、电视机、移动电话的电磁辐射对胎儿有不良影响。⑤影响人们的心血管系统，表现为心悸、失眠，部分女性经期紊乱，心动过缓，心搏血量减少，窦性心律不齐，白细胞减少，免疫功能下降等。如果装有心脏起搏器的病人处于高电磁辐射的环境中，会影响心脏起搏器的正常使用。⑥对人们的视觉系统有不良影响。由于眼睛属于人体对电磁辐射的敏感器官，过高的电磁辐射污染会引起视力下降、白内障等。高剂量的电磁辐射还会影响及破坏人体原有的生物电流和生物磁场，使人体内原有的电磁场发生异常。值得注意的是，不同的人或同一个人在不同年龄阶段对电磁辐射的承受能力是不一样的，老人、儿童、孕妇属于对电磁辐射的敏感人群。

由于电磁辐射危害严重，发达国家纷纷对电磁辐射采取法律控制。美国从 1989 年起，有 7 个州制定了电磁辐射污染防治的相关法规，规制电磁的暴露量；欧盟从 2013 年 2 月 1 日开始，为减少电磁场对人身造成的影响，发布了有关照明设备对人体电磁照射的评定标准 EN 62493：2010，该标准提出了灯具对人体电磁辐射的评估要求。标准中规定需要进行电磁评估的照明设备包括：①以照明为目的、具有产生和分配光的基本功能、并打算连接到低压供电网络上或者用电池工作的所有室内和室外照明设备。②一般照明设备指所有工业、住宅、公共场所和街道照明设备。③主要功能之一是照明的多功能设备。④用于照明设备的独立附件。20 世纪 90 年代，美国发生了由白血病患者诉电力公司高压线电磁辐射的集团诉讼案件。2008 年，日本大阪移动运营商 NTT DoCoMo 被起诉，因该公司的一个信号基站发出的电磁辐射影响基站附近居民的身心健康，居民认为其所患的头疼、失眠和白内障等病症均与信号基站的辐射有关，最终在大阪的一家法庭，NTT DoCoMo 公司与居民代表达成和解，决定拆除位于兵库县川西市的一座信号基站。

我国目前尚无专门的电磁辐射污染环境防治法律，仅有的关于电磁辐射污染防治的立法主要是《电磁辐射环境保护管理办法》、《电磁辐射防护规定》、《环境电磁波卫生标准》等，基本确立了我国电磁辐射环境保护的法律框架和制度。

1. 电磁辐射防治的一般管理规定：县级以上人民政府环境保护行政主管部门对本辖区电磁辐射环境保护工作实施统一监督管理。从事电磁辐射活动的单位主管部门负责本系统、本行业电磁辐射环境保护工作的监督管理工作。

2. 电磁辐射防治的具体监督管理：国务院环境保护行政主管部门负责下列建设项目环境保护申报登记和环境影响报告书的审批，负责对该类项目执行环境保护设施与主体工程同时设计、同时施工、同时投产使用（以下简称"三同时"制度）的情况进行检查并负责该类项目的竣工验收：①总功率在 200 千瓦以上的电视发射塔；②总功率在 1000 千瓦以上的广播台、站；③跨省级行政区电磁辐射建设项目；④国家规定的限额以上电磁辐射建设项目。省、自治区、直辖市（以下简称"省级"）环境保护行政主管部门负责除以上所列项目以外、豁免水平以上的电磁辐射建设项目和设备的环境保护申报登记和环境影响报告书的审批；负责对该类项目和设备执行环境保护设施"三同时"制度的情况进行检查并负责竣工验收；参与辖区内由国务院环境保护行政主管部门负责的环境影响报告书的审批、环境保护设施"三同时"制度执行情况的检查和项目竣工验收以及项目建成后对环境影响的监督检查等。

3. 电磁辐射建设项目申报登记制度。从事电磁辐射活动的单位和个人建设或者使用《电磁辐射建设项目和设备名录》中所列的电磁辐射建设项目或者设备，必须在建设项目申请立项前或者在购置设备前，向有环境影响报告书（表）审批权的环境保护行政主管部门办理环境保护申报登记手续。有审批权的环境保护行政主管部门受理环境保护申报登记后，应当将受理的书面意见在 30 日内通知从事电磁辐射活动的单位或个人，并将受理意见抄送有关主管部门和项目所在地环境保护行政主管部门。

4. 电磁辐射活动环境影响评价制度。按规定必须编制环境影响报告书（表）的，从事电磁辐射活动的单位或个人，必须对电磁辐射活动可能造成的环境影响进行评价，编制环境影响报告书（表），并按规定的程序报相应环境保护行政主管部门审批。电磁辐射环境影响报告书分两个阶段编制。第一阶段编制《可行性阶段环境影响报告书》，必须在建设项目立项前完成。第二阶段编制《实际运行阶段环境影响报告书》，必须在环境保护设施竣工验收前完成。工业、科学、医疗应用中的电磁辐射设备，必须在使用前完成环境影响报告表的编写。

5. 电磁辐射污染防治的三同时制度。电磁辐射建设项目和设备环境影响报告书（表）确定需要配套建设的防治电磁辐射污染环境的保护设施，必须严格执行环境保护设施"三同时"制度。从事电磁辐射活动的单位和个人必须遵守国家有关环境保护设施竣工验收管理的规定，在电磁辐射建设项目和设备正式投入生产和使用前，向原审批环境影响报告书（表）的环境保护行政主管部门提出环境保护设施竣工验收申请，并按规定提交验收申请报告及两个阶段的环境影响报告书等有关资料。验收合格的，由环境保护行政主管部门批准验收申请报告，并颁发《电磁辐射环境验收合格证》。

6. 电磁辐射环境监测制度。①对环境中电磁辐射水平进行监测；②对污染源进行监督性监测；③对环境保护设施竣工验收的各环境保护设施进行监测；④为编制电磁辐射环境影响报告书（表）和编写环境质量报告书提供有关监测资料；⑤为征收排污费或处理电磁辐射污染环境案件提供监测数据，进行其他有关电磁辐射环境保护的监测。

7. 电磁辐射污染事件处理的规定：因发生事故或其他突然性事件，造成或者可能造成电磁辐射污染事故的单位，必须立即采取措施，及时通报可能受到电磁辐射污染危害的单位和居民，并向当地环境保护行政主管部门和有关部门报告，接受调查处理。环保部门收到电磁辐射污染环境的报告后，应当进行调查，依法责令产生电磁辐射的单位采取措施，消除影响。发生电磁辐射污染事件，影响公众的生产或生活质量或对公众健康造成不利影响时，环境保护部门应会同有关部门调查处理。

8. 电磁辐射污染防治法律责任的主要规定：①行政责任。违反电磁辐射污染防治规定，根据情节的轻重需承担一定的行政责任。例如，违反规定，擅自改变环境影响报告书（表）中所批准的电磁辐射设备的功率的，由审批环境影响报告书（表）的环境保护行政主管部门依法处以1万元以下的罚款，有违法所得的，处违法所得3倍以下的罚款，但最高不超过3万元。再如，违反规定，造成电磁辐射污染环境事故的，由省级环境保护行政主管部门处以罚款，有违法所得的，处违法所得3倍以下的罚款，但最高不超过3万元；没有违法所得的，处1万元以下的罚款。②民事责任。因电磁辐射造成环境污染危害的，必须依法对直接受到损害的单位或个人赔偿损失。③刑事责任。环境保护监督管理人员滥用职权、玩忽职守、徇私舞弊或泄漏从事电磁辐射活动的单位和个人的技术和业务秘密的，由其所在单位或上级机关给予行政处分；构成犯罪的，依法追究刑事责任。

虽然国家环保总局等部门以及部分省级政府制定了电磁辐射污染环境防治规定，这些部门规章或地方性规章对防治电磁辐射发挥了重要作用，但是随着我国经济的迅速发展，电磁辐射污染防治立法明显滞后，尤其是缺乏切实具体、可操作性强的法律法规。2014 年修订的《环境保护法》第 42 条第 1 款明确规定:"排放污染物的企业事业单位和其他生产经营者,应当采取措施,防治在生产建设或者其他活动中产生的废气、废水、废渣、医疗废物、粉尘、恶臭气体、放射性物质以及噪声、振动、光辐射、电磁辐射等对环境的污染和危害。"从而以环境基本法的形式肯定了电磁辐射污染的存在,而在现实生活中,据不完全统计,由移动通讯基站、高压送变电站等设施所产生的辐射污染每年以至少25%的速度递增,电磁辐射污染投诉率居高不下,相关诉讼也越来越多。

为此,应尽快制定国家电磁辐射污染防治法,制定电磁辐射污染标准,修改电磁辐射污染防治规划的机制;对电力、交通、通信、广播电视等行业建设项目的电磁辐射进行规范;进一步明确环境保护主管部门的行政监管责任、其他部门的监管责任和追究机制。加强电磁辐射危害防治的基础性研究和电磁辐射源体的科学管理,通过科学评估,明确各类源体对环境与健康影响的危险度。同时还应深化电磁环境保护宣传工作,提高公众的电磁环境保护意识,引导全社会共同关注电磁辐射问题。

[参考法律规范]

1.《电磁辐射环境保护管理办法》(原国家环保总局 1997 年颁布)

2.《环境保护法》(1989 年颁布,2014 年修正)

3.《电磁辐射防护规定》(GB 8702 - 88)

4.《天津市电磁辐射环境保护管理办法》(天津市人民政府 2005 年颁布)

5.《河北省电磁辐射环境保护管理办法》(河北省人民政府 2000 年颁布)

**四、光污染防治法**

**案例十二:** **中国光污染第一案**

[所属部分] 环境污染防治法之光污染防治法

[大纲知识点] 光污染防治法律制度

[案例背景]

"夜上海,夜上海,你也是个不夜城;华灯起、车声响,歌舞升平。"这首被收录于中国电影百年歌曲精粹中的经典老歌,曾经风靡中国。歌中唱出了20世纪民国时期的上海夜生活,霓虹灯闪烁、夜晚灯火通明的繁荣景象。20世纪末,上海在经历改革开放之后,作为国际大都会,同时也是中国最大的城市、中国最著名的工商业城市、国家中心城市,中国的经济、交通、科技、工业、金融、贸易、会展和航运中心,GDP 总量居中国城市之首。上海的经济迅速发展,上海的夜晚更加璀璨光明。然而,霓虹灯、荧光幕墙、照明灯光和 LED 屏幕等的过度使用，却也产生了人们意想不到的光污染。

2004年，饱受强灯光直射的上海市民陆先生，以家中受到光污染为由，一纸诉状，将上海永达中宝汽车销售服务有限公司销售中心（以下称永达公司）告上法庭，要求对方停止和排除光污染的侵害，并赔偿经济损失和赔礼道歉。

[案情描述]

原告陆耀东居住在浦东新区张扬路上泰花园内，与被告上海永达中宝汽车销售服务有限公司销售中心的经营场所相邻。陆先生的居室位于小区的西侧，与被告在其经营场所东面展厅的围墙边安装的三盏双头照明路灯相邻。[1]

被告永达控股（集团）有限公司创建于1992年，是一家集实业、国内外贸易和服务于一体的集团型企业。目前，拥有全资、控股、参股、中外合资合作企业58家，员工五千余人，主要经营汽车销售服务、房地产开发、交通设施、投资管理等产业。汽车销售服务是永达的支柱产业，并凭借该产业已成为全国唯一一家同时代理十几个国际知名汽车品牌的公司，并以产业规模最大、销售网点最多、服务功能最全、服务能力最强而闻名上海乃至全国。

永达公司为促进汽车销售，其汽车销售展厅每天晚上19时开启，至次日早晨5时关闭。与陆先生居室最近的一盏路灯两者相距20米左右，灯头高度与陆家阳台高度持平，其间无任何遮挡物。该路灯夜间开启后所发出的散射光能直接照射到陆先生的居室和周围的住宅围墙。站在原告居室阳台内正常目测被告夜间开启的涉案路灯，其灯光亮度达到了刺眼的程度。原告曾多次同永达公司协商，但最终都因无法可依而没有结果，光污染的问题困扰了他2年之久。2004年，上海颁布了全国首部限制光污染的地方性标准《城市环境（装饰）照明规范》（以下称《规范》）。《规范》中明确规定，外溢灯光不可射入居民窗户，干扰居民休息。2004年9月1日，陆先生以此为据，把永达公司告上了法庭。

原告陆先生认为，根据2004年9月1日起实施的上海市关于灯光污染的地方标准《城市环境（装饰）照明规范》，以被告路灯散发的强烈光线直射入其居室，严重影响其休息，对他正常生活环境造成不利影响，已形成"光污染"，对其构成了妨害等为由，请求法院判令被告拆除涉案路灯，停止和排除光污染侵害，公开道歉，并支付赔偿金人民币1000元。审理中，原告将赔偿金额改为人民币1元。被告永达中宝汽车销售公司认为其用于照明的灯光每盏功率仅为120

---

〔1〕 本案参考资料：①东亮："上海首例光污染纠纷案件一审宣判"，中国法院网，http://old. chinacourt. org/html/article/200411/01/137138. shtml，2004年11月1日；②佚名："你了解光污染吗？"，载《中国环境报》2012年9月18日第8版；③罗世荣、林维实："光污染防治的立法探析"，载《行政与法》2006年第10期。

瓦，并不构成光污染，也未对原告造成侵害，而且该路灯事实上方便了相邻小区居民夜间行走的方便与安全。自原告起诉后，他们已切断了涉案路灯的电源，并保证今后将不再使用。

法院审理后认为，环境是指影响人类生存和发展的各种天然的和经过人工改造的自然因素的总体，其内容既包括自然生态环境，也包括人的生存、生活环境，对上述环境的不合理破坏行为，违背了自然发展规律及人类正常生活规律，都应加以避免和防治。"光污染"作为由一定数量和特定方向的障害光产生的不利影响，破坏了污染源周围人群的正常生活环境，属于一种新型的环境污染形式，理应加以防止。被告在其经营场所设置照明灯光，本无过错，但因涉案路灯与周边居民小区距离过近，光照强度较高，且灯光彻夜开启，超出了一般公众普遍可忍受的限度，对小区内居民晚上的正常生活环境造成了不合理的不利影响，已构成由强光引起的环境污染，故被告应排除涉案灯光对原告造成的光污染侵害。鉴于被告在本案诉讼期间实际已停止开启涉案路灯，并承诺今后不再使用，于法无悖，法院予以认可。因被告的侵害行为并未对原告造成不良的社会影响，原告要求被告公开赔礼道歉的主张未获得法院的支持。另外，因原告未能举证证明光污染所造成的实际经济损失的数额，故其要求被告赔偿损失人民币1元的诉请也未获得法院支持。依照《中华人民共和国民法通则》、《中华人民共和国环境保护法》的相关规定，法院遂作出了上述判决。

[法律问题]

1. 什么是光污染？我国环境法中有哪些光污染防治的主要规定？

2. 联系本案分析光污染防治法律制度。

[法理分析]

本案是中国第一起因光污染而引发的损害赔偿诉讼案件。所谓"光污染"，泛指影响自然环境，对人类正常生活、工作、休息和娱乐带来不利影响，损害人们观察物体的能力，引起人体不舒适感和损害人体健康的各种光对环境产生的污染。由于人为原因造成高强度光亮直接或间接照射到环境或受体，光的长时间照射会使环境或受体温度升高，从而影响人们正常的生活、工作等。光污染问题最早于20世纪30年代由国际天文界提出，天文学家们认为光污染是城市室外照明使天空发亮造成对天文观测的负面影响。后来英美等国称之为"干扰光"，在日本则称为"光害"。依据不同的分类原则，光污染可以分为不同的类型，如光入侵、过度照明、混光、眩光等。国际上一般将光污染分为3类，即"白亮污染"、"人工白昼"和"彩光污染"。"白亮污染"指过度光亮给人视觉造成的不良影响。其中，城市建筑中使用的玻璃幕墙是最典型的白亮污染制造者。夜幕降临后，商场、酒店上的广告灯、霓虹灯闪烁夺目，令人眼花缭乱，有些强光束甚至直冲云霄，使得夜晚如同白天一样，即所谓的"人工白昼"。"彩光污染"则是指舞厅、夜总会安装的黑光灯、旋转灯、荧光灯以及闪烁的彩色光源构成的污染。

光污染被称为继水污染、大气污染、噪声污染、固体废物污染之后的第五大污染，作为城市发展中出现的一种新型污染，光污染危害范围广，影响巨大。①扰乱居民生活。在夏天，玻璃幕墙强烈的反射光可使室内温度升高，并使电器及家具老化。②光污染威胁人类安全和健康。矗立在马路边用玻璃墙装饰的高层大厦就像一块巨大的镜子，反射光进入高速行驶的汽车内，会造成人突发性暂时失明和视力错觉；刺眼的路灯和沿途灯光广告及标志，也会使汽车司机感到开车紧张，易导致交通事故的发生。③光污染会破坏生态环境。大多数动物不喜欢强光照射，但是夜间室外照明产生的天空光、溢散光、反射光等往往把动物生活和休息的环境照得很亮，打乱了动物的生物钟。照明器具发射出的辐射能量对动物生活和生长也有影响。另外，夜间过亮的室外照明，使不少的益虫和益鸟直接扑向灯光而丧命。④光污染浪费能源，影响城市环境。据统计，我国年照明耗电量约为 2000 亿度，其中，2/3 是靠火力发电，火力发电的 3/4 是使用燃煤，而燃煤对环境的污染是非常严重的。因此，城市照明的光污染，不仅耗电过多，也消耗了大量能源。全球每年照明耗电约 20 000 亿度，生产这些电力排放的大量废弃物会对城市环境造成严重污染。

为限制光污染而制定法规、规范和指南，国外早在 20 世纪 70 年代已出现，而我国一直缺乏"光污染"立法。世界上首部有关光污染的防治法是捷克的《保护黑夜环境法》，该法将"光污染"定义为各种散射在指定区域之外的，尤其是高于地平线以上的人为光源的照射，而且还规定了公民和组织有义务采取措施防止光污染。瑞典的《环境保护法》第 1 条规定：本法适用于以可能造成大气污染、噪声、震动、光污染或其他干扰周围环境的类似方式对土地、建筑物或设施的使用，但暂时性干扰除外。美国的光污染防治法规以州的形式制定。1996 年，美国密歇根州制定了《室外照明法案》；2003 年，犹他州和阿肯色州分别制定了《光污染防治法》和《夜间天空保护法》；印地安那州制定了《室外光污染控法》。这些法规均对光污染作出了相关防治规定。德国没有专门针对光污染的法律法规，但德国《民法典》规定了不可量物侵害制度，该制度实际上包含了光污染这种侵权类型。法案赋予法官自由裁量权，在司法实践中以判例的方式确定"类似干涉的侵入"的具体类型，其中包括"光的有意图之侵入"。法国《民法典》将社会生活中的近邻妨害，如烟雾、音响、震动、声、光、电、热、辐射、粉尘等不可量物侵入邻地造成干扰性妨害，邻地之日照、通风、电波障害（电波干扰），以及因挖掘、排水致邻人侵害等纳入"近邻妨害制度"之中，并以判例的方式予以确认光侵害为近邻妨害侵权。

从学理上说，光污染带来的侵害被称为"光照妨害"。光污染纠纷的法律适用，可在我国《宪法》、《物权法》、《民法通则》等法律法规中找到依据。《物权法》第 89、90 条对不动产相邻关系和处理污染纠纷作出了规定，《民法通则》第 83 条对"采光权"进行了明确规定。然而，目前我国环境法中对光污染的具体规定还比较匮乏。2014 年修订的《环境保护法》第 42 条第 1 款明确规定："排放污染物的企业事业单位和其他生产经营者，应当采取措施，防治在生产建设或者其他活动中产生的废气、废水、废渣、医疗废物、粉尘、恶臭气体、放射性物质以及噪声、振动、光辐射、电磁辐射等对环境的污染和危害。"这是我国首次在环境基本法中确认"光污染"的存在。

一些地方性法规中虽然有一些简单的原则性规定，但不具可操作性，且这些地方性法规只能作为法律的补充，在其辖区范围内有效，适用范围及效力极为有限。例如，《山东省环境保护条例》规定："城市人民政府应当制定本区域环境综合整治目标和措施，加强对废水、废气、粉尘、固体废物、噪声、辐射、光污染、热污染、建材等污染的防治。"《珠海市环境保护条例》规定："本市中心城区严格控制建筑物外墙采用反光材料，建筑物外墙使用反光材料的，应当符合国家和地方标准。灯光照明和霓虹灯的设置和使用不得影响他人正常的工作生活和生态环境。"《厦门市建筑外墙装饰管理暂行规定》规定："对周围环境会产生光照污染的玻璃幕墙或金属幕墙，应采用低辐射等镀膜或非抛光金属板，不得采用镜面玻璃或金属板等材料。"

第一部正式的光污染防治规定，是上海市制定的限定灯光污染的地方标准——《城市环境装饰照明规范》，该《规范》于 2004 年首次制定，其后在 2012 年修订，并于 2012 年 12 月 1 日起实施，2012 年修订的《规范》"适用范围"增加了"广告、招牌和标识、灯光小品和雕塑、节庆彩灯"等各类景观照明设计、安装以及相关管理工作的有关规范；"规范性引用文件"增加了国内外相关的最新标准，从原来的 4 项增加到 9 项。同时，将城市区位按照环境亮度进行划分，形成 4 个环境亮度区域。然而，该《规范》毕竟只是一个地方标准，从本案的实施来看，由于缺乏明确的规定，光污染防治的执法部门不确定、执法权限范围不确定、法律责任不确定等问题，致使实践中很难对光污染做出有效的法律控制。

[参考法律规范]

1.《城市环境（装饰）照明规范》（上海质监局 2004 年颁布，2012 年修正）

2.《瑞典环境保护法》（1969 年颁布，1995 年修订）

3. 《城市夜景照明设计标准》（住房和城乡建设部 2008 年颁布，JGJ/T163
2008）

4. 《山东省环境保护条例》（山东省人大常委会 1996 年颁布，2001 年修
订）

5. 《珠海市环境保护条例》（珠海市人大常委会 2008 年颁布）

6. 《厦门市建筑外墙装饰管理暂行规定》（厦门市政府 1999 年颁布）

第三章

# 自然保护法

自然保护法是指国家对利用自然环境和资源的行为实行控制，以保护生态系统平衡或防止生物多样性被破坏为目的而制定的法律规范的总称。自然保护法又可以根据立法的具体目标不同分为自然资源保护法和生态保护法两大类。其中，生态保护法是指以防止人为原因造成生态系统破坏，以保存生物多样性为目的而制定的法律规范的总称。而自然资源保护法是指调整人们在自然资源的开发、利用、保护和管理过程中所发生的各种社会关系的法律规范的总称。[1]本章按照自然资源保护法和生态保护法的不同分类，精心选择了 13 个案例，特别需要说明的是，应对气候变化法是针对由于温室气体过量排放导致的全球气候变暖，但我国当前尚未把二氧化碳等温室气体列为大气污染物，而从应对气候变化法的根本目的而言，是为了保护大气环境，把大气中温室气体的浓度稳定在防止气候系统受到危险的人为干扰的水平上，以保证生态系统能够自然地适应气候变化、确保粮食生产免受威胁并使经济发展能够可持续地进行。从这个意义上讲，应对气候变化立法也是自然保护法。考虑到学生初次接触自然保护法，每个案例的设计都是严格按照大纲知识点安排的，在每个案例的问题和法理分析中涵盖了该自然保护法律制度所应该包含的多个知识点。

---

〔1〕 汪劲：《环境法学》，北京大学出版社 2006 年版，第 420~421 页。

# 第一节 自然资源保护法

## 一、水资源法

### 案例一：　　浙江义乌向东阳买水——水资源保护的市场方法

[所属部分] 自然资源保护法之水资源保护

[大纲知识点] 水资源保护法律制度

[案例背景]

浙江省义乌和东阳同处金华江流域，东阳市在上游，水资源丰富，境内仅大型水库就有两座，即横锦水库和南江水库，其中，仅横锦水库总库容就达2.81亿立方米，正常库容1.70亿立方米。在满足灌区农业灌溉及城市供水外，还有1.65亿立方米水可以利用。义乌市经济发达，但是水资源总量仅为7.19亿立方米。按2004年义乌本地人口68万计算，人均水资源只有1057立方米，仅仅相当于全国、全省人均水资源的一半。据义乌市水务局负责人透露，特别是在2003年和2004年夏天，整个义乌城就好像是一座"上甘岭"，由于供水时间有限，市民不得不掐指算计着洗澡和洗衣的次序和时间，许多人家烧饭用上了矿泉水，一些市民甚至集体住进了宾馆客房。而与义乌相毗邻的东阳市水资源却极为丰富，除了两座大型水库之外，还有东方红水库、洋坑水库、东溪水库等中小型水库，全市年平均水径流量16亿立方米，总蓄水量4亿立方米，人均水资源比义乌多88%。[1]

[案情描述]

义乌，作为中国小商品集散地，吸引了大批商人聚集，随着义乌小商品城的快速发展和城市化的推进，常住人口急剧膨胀，成为一个中等规模的新兴城市，缺水问题越来越突出。而与之相邻的东阳水资源却极为丰富，每年有几千

----

〔1〕 本案参考资料：①佚名："国内首笔水权交易：浙江义乌向东阳买水"，中国新闻网，http：//www. chinanews. com/2001 - 02 - 14/26/69978. html，2001年2月14日；②黄柯杰："水权交易破冰的'义乌东阳'模式"，凤凰网，http：//news. ifeng. com/shendu/lwdfzk/detail_ 2011_ 11/28/10952081_ 0. shtml，2011年11月28日；③佚名："国内首笔水权交易：浙江义乌向东阳买水"，110法律咨询网，http：//www. 110. com/falv/huanjingbaohufa/hjbhfal/2010/0802/205278. html，2010年8月2日；④郑黎、石庆伟："东阳义乌水权交易争议不断 专家建议应完善水权交易利益协调机制"，经济参考报，http：//jjckb. xin-huanet. com/jcsj/2007 - 06/13/content_ 53521. htm，2007年6月13日。

万立方米的富余水量，且东阳的财政收入不如义乌。由此，义乌想到向东阳买水。

实际上，早在 1995 年，因天气干旱，义乌曾两次向东阳购买二百多万立方米的水救急，双方合作比较顺利。但是，这次买水量太大，持续时间较长，而且不同于前两次情况，义乌为了获得较大的主动权，希望一次性买断。而财政实力不如义乌的东阳也有自己的如意算盘，东阳提出可以出资将水管铺设到义乌，直接提供商品水。按照东阳的设想，东阳将就此向义乌提供合格的自来水，长期供应义乌市场。义乌极力反对，因为这样的话，就意味着义乌的自来水由东阳控制。其后东阳方面又提出，将横锦水库的水给义乌有偿使用 10 年，10 年后再行议价，义乌也持反对意见。

双方经过反复协商和博弈，2000 年底，义乌和东阳两地政府签订了有偿转让用水权的协议。根据两市协议，义乌市一次性出资 2 亿元，购买东阳横锦水库每年 4999.9 万立方米水的使用权；转让用水权后，水库原所有权不变。水库运行、工程维护仍由东阳负责，义乌按当年实际供水量每立方米 0.1 元支付综合管理费（包括水资源费）；从横锦水库到义乌引水管道工程由义乌市规划设计和投资建设，其中，东阳境内段引水工程的有关政策处理和管道工程施工由东阳市负责，费用由义乌市承担，此举被誉为国内首例跨城市水权交易。工程通水后，每年将有 5000 万立方米的横锦水流入义乌，可以基本满足义乌今后 10 年左右的用水需求。

[法律问题]

1. 什么是水权？我国环境资源法中有哪些保护水资源的主要规定？

2. 联系本案分析水资源保护法律制度。

[法理分析]

本案是国内首次跨城市成功的水权交易。所谓"水权"，可以划分为水资源的所有权和使用权，其中，水资源包括地表水和地下水。根据《宪法》的规定，我国水资源实行国家所有，由中央政府委托地方各级政府对水资源进行分配和管理，大江、大河、大湖则委托流域管理机构管理，中央政府可以直接支配水资源，这是中央主导跨流域调水的基本依据。通常所说的水权，实际上指的是水资源的使用权，或者说是用水权。水资源的分配有三个层面上的含义：一是用水权的初始分配，二是用水权初始分配之后的再分配，三是对水资源的工程利用形成的水商品，如自来水、纯净水等在人群之间的分配。

东阳—义乌水权交易之所以能够发生，根本上在于供给和需求的市场力量。义乌城市供水严重不足，存在很强的水需求。义乌市人均水资源仅 1132 立方米，加之自有水库蓄水不足和水污染，水源不足成为经济社会发展的瓶颈。据预测，当城市人口发展到 50 万时，城市用水缺口 5200 万立方米 ~ 6200 万立方米。在义乌各种备选的水源规划方案中，区内挖潜的办法（如新建水库等）大都投资成本高、建设周期长、水质得不到保障。而从毗邻的东阳市横锦水库引水，投资省、周期短、水质好，是满足用水需求的最优方案。而从东阳来看，东阳市水资源极为丰富，具有供给义乌用水的能力。东阳市横锦水库 1.4 亿立方米的蓄水库容，除满足本市城市用水和农业灌溉用水之外，每年汛期还要弃水 3000 万立方米。1998 年开始的灌区设施配套建设，使横锦水库新增城镇供水能力 5300 万立方米。东阳还可以开发后备水源，从境内梓溪流域引水入横锦水库，能够新增供水 5000 万立方米。因此，东阳市有能力将一部分横锦水库的水供给义乌市使用，将丰余的水资源转化为经济效益。一方有需求，一方能供给，于是最朴素的市场法则促成了这笔首例跨城市水权交易。

长期以来，我国的水权分配被行政垄断，主要表现为"指令用水，行政划拨"。在流域管理中，流域各地区用水通常是由上级行政分配，解决干旱季节用水或水事纠纷也主要通过行政手段。在跨区域或跨流域调水中，调水工程一般由中央或上级行政部门主导实施，对区域之间的水资源实行行政划拨，调水工程由国家包办或有很高的投资补贴。在市场经济条件下，无论是流域内上下游水事管理，还是跨流域调水，运用行政手段的难度越来越大，协调利益冲突的有效性越来越差。在东阳和义乌的水权交易中，由于利用行政协调速度慢、不可靠，加之自身经济实力很强，义乌选择了直接向东阳买水，运用市场机制获得用水权，这不同于以往所有的跨区域调水，突破了行政手段进行水权分配的传统。义务东阳的成功水权交易，证明了市场机制是水资源配置的有效手段。东阳和义乌运用市场机制交易水权，双方的利益都得到了增加。东阳通过节水工程和新的开源工程得到的丰余水，其每立方米的成本尚不足 1 元钱，转让给义乌后却得到每立方米 4 元钱的收益，而义乌购买 1 立方米水权虽然付出 4 元钱的代价，但如果自己建水库至少要花 6 元。东阳和义乌的水权交易，将促使买卖双方都更加节约用水和保护水资源，市场起到了优化资源配置的作用。如果双方通过行政手段解决问题，势必会增加两市矛盾，甚至可能发展成为水事纠纷，市场机制实质上还起到协调地方利益冲突的作用。

我国水资源保护立法主要有《水法》、《水资源费征收使用管理办法》、《取水许可和水资源费征收管理条例》等法律法规，以及各地根据《水法》制定颁布的"水法实施办法"，确立了水资源保护的主要法律制度。

1. 水资源保护的一般规定：水资源的所有权由国务院代表国家行使。农村集体经济组织的水塘和由农村集体经济组织修建管理的水库中的水，归各该农村集体经济组织使用。开发、利用、节约、保护水资源和防治水害，应当全面规划、统筹兼顾、标本兼治、综合利用、讲求效益，发挥水资源的多种功能，协调好生活、生产经营和生态环境用水。县级以上人民政府应当加强水利基础设施建设，并将其纳入本级国民经济和社会发展计划。

2. 水资源规划制度：国家制定全国水资源战略规划。开发、利用、节约、保护水资源和防治水害，应当按照流域、区域统一制定规划。规划分为流域规划和区域规划。流域规划包括流域综合规划和流域专业规划；区域规划包括区域综合规划和区域专业规划。流域范围内的区域规划应当服从流域规划，专业规划应当服从综合规划等。

3. 取水许可和有偿使用制度：直接从江河、湖泊或者地下取用水资源的单位和个人，应当向水行政主管部门或者流域管理机构申请领取取水许可证，并缴纳水资源费，取得取水权。取水单位或者个人应当按照经批准的年度取水计划取水。超计划或者超定额取水的，对超计划或者超定额部分累进收取取水资源费。水资源费由取水审批机关负责征收；其中，流域管理机构审批的，水资源费由取水口所在地省、自治区、直辖市人民政府水行政主管部门代为征收。水资源费缴纳数额根据取水口所在地水资源费征收标准和实际取水量确定等。

4. 水资源、水域和水工程的保护制度：县级以上人民政府水行政主管部门、流域管理机构以及其他有关部门在制定水资源开发、利用规划和调度水资源时，应当注意维持江河的合理流量和湖泊、水库以及地下水的合理水位，维护水体的自然净化能力。从事水资源开发、利用、节约、保护和防治水害等水事活动，应当遵守经批准的规划；因违反规划造成江河和湖泊水域使用功能降低、地下水超采、地面沉降、水体污染的，应当承担治理责任。开采矿藏或者建设地下工程，因疏干排水导致地下水水位下降、水源枯竭或者地面塌陷，采矿单位或者建设单位应当采取补救措施；对他人生活和生产造成损失的，依法给予补偿等。

5. 水功能区划制度：国务院水行政主管部门会同国务院环境保护行政主管部门、有关部门和有关省、自治区、直辖市人民政府，按照流域综合规划、水资源保护规划和经济社会发展要求，拟定国家确定的重要江河、湖泊的水功能区划，报国务院批准。县级以上人民政府水行政主管部门或者流域管理机构应当按照水功能区对水质的要求和水体的自然净化能力，核定该水域的纳污能力，向环境保护行政主管部门提出该水域的限制排污总量意见。县级以上地方人民政府水行政主管部门和流域管理机构应当对水功能区的水质状况进行监测，发现重点污染物排放总量超过控制指标的，或者水功能区的水质未达到水域使用功能对水质的要求的，应当及时报告有关人民政府采取治理措施，并向环境保护行政主管部门通报等。

6. 饮用水源保护区制度。省、自治区、直辖市人民政府应当划定饮用水水源保护区，并采取措施，防止水源枯竭和水体污染，保证城乡居民饮用水安全。禁止在饮用水水源保护区内设置排污口。在江河、湖泊新建、改建或者扩大排污口，应当经过有管辖权的水行政主管部门或者流域管理机构的同意，由环境保护行政主管部门负责对该建设项目的环境影响报告书进行审批。在地下水严重超采地区，经省、自治区、直辖市人民政府批准，可以划定地下水禁止开采或者限制开采区等。

7. 水资源配置和节约使用：国务院发展计划主管部门和国务院水行政主管部门负责全国水资源的宏观调配。全国的和跨省、自治区、直辖市的水中长期供求规划，由国务院水行政主管部门会同有关部门制订，经国务院发展计划主管部门审查批准后执行。调蓄径流和分配水量，应当依据流域规划和水中长期供求规划，以流域为单元制定水量分配方案。跨省、自治区、直辖市的水量分配方案和旱情紧急情况下的水量调度预案，由流域管理机构商有关省、自治区、直辖市人民政府制订，报国务院或者其授权的部门批准后执行。用水应当计量，并按照批准的用水计划用水。用水实行计量收费和超定额累进加价制度。各级人民政府应当推行节水灌溉方式和节水技术，对农业蓄水、输水工程采取必要的防渗漏措施，提高农业用水效率。工业用水应当采用先进技术、工艺和设备，增加循环用水次数，提高水的重复利用率。城市人民政府应当因地制宜采取有效措施，推广节水型生活用水器具，降低城市供水管网漏失率，提高生活用水效率；加强城市污水集中处理，鼓励使用再生水，提高污水再生利用率等。

8. 水事纠纷处理与执法监督检查：单位之间、个人之间、单位与个人之间发生的水事纠纷，应当协商处理，当事人不愿协商或者协商不成的，可以申请县级以上地方人民政府或者其授权的部门调解，也可以直接向人民法院提起民事诉讼。县级以上人民政府或者其授权的部门在处理水事纠纷时，有权采取临时处置措施，有关各方或者当事人必须服从。县级以上人民政府水行政主管部门和流域管理机构应当对违反本法的行为加强监督检查并依法进行查处。

9. 违反水资源保护法律制度应承担的法律责任：①行政责任。违反水资源保护法律制度，根据情节轻重，需承担一定的行政责任。例如，在河道管理范围内建设妨碍行洪的建筑物、构筑物，或者从事影响河势稳定、危害河岸堤防安全和其他妨碍河道行洪的活动的，由县级以上人民政府水行政主管部门或者流域管理机构依据职权，责令停止违法行为，限期拆除违法建筑物、构筑物，恢复原状；逾期不拆除、不恢复原状的，强行拆除，所需费用由违法单位或者个人负担，并处 1 万元以上 10 万元以下的罚款。再如，未经水行政主管部门或者流域管理机构审查同意，擅自在江河、湖泊新建、改建或者扩大排污口的，由县级以上人民政府水行政主管部门或者流域管理机构依据职权，责令停止违法行为，限期恢复原状，处5万元以上10万元以下的罚款等。②民事责任。因水资源的使用而引发的民事侵权案件，侵权人应承担相应的民事法律责任。如引水、截（蓄）水、排水，损害公共利益或者他人合法权益的，依法承担民事责任。③刑事责任。鉴于水资源的极端重要性，违反水资源管理法律制度，情节较重，构成犯罪的行为应追究当事人的刑事责任。例如，水行政主管部门或者其他有关部门以及水工程管理单位及其工作人员，利用职务上的便利收取他人财物、其他好处或者玩忽职守，对不符合法定条件的单位或者个人核发许可证、签署审查同意意见，不按照水量分配方案分配水量，不按照国家有关规定收取水资源费，不履行监督职责，或者发现违法行为不予查处，造成严重后果，构成犯罪的，对负有责任的主管人员和其他直接责任人员依照刑法的有关规定追究刑事责任。再如，在水事纠纷发生及其处理过程中煽动闹事、结伙斗殴、抢夺或者损坏公私财物、非法限制他人人身自由，构成犯罪的，依照刑法的有关规定追究刑事责任。

目前，我国在水资源保护法律制度上，采用市场手段并不多，当前主要采用的经济手段是水资源费管理制度。目前全国大部分省、自治区、直辖市都出台并修订了水资源费征收管理办法，如《浙江省水资源费征收管理办法》（2007年发布，2010年修正）、《江西省取水许可和水资源费征收管理办法》（2013年公布）等，具体规定了水资源费征收的范围、征收标准、征收管理和征收程序等。取水许可是一种形式上的用水权初始分配，是在国家保有水资源所有权的前提下，水资源所有权和使用权相对分离，赋予用水户依法享有对水资源使用和收益的权利。但是由于目前我国对水资源的管理部门过多，导致实践中部门利益交错冲突，影响行政管理的效率，出现无人管理或争管理权的现象，导致现实生活中权责界定不明，所有权和使用权混淆。水价实行国家定价，水资源费标准偏低，远不能反映水资源的稀缺程度，水资源费调节水资源使用权再分配的作用很小，使用权的再分配依然主要由水行政主管部门调整用水计划来实施，这是用水浪费、用水效率较低的主要原因之一。

随着我国经济的迅速发展，资源瓶颈约束日益突出，各地缺水形势日益加剧，水资源已经日益成为一种稀缺的资源。在此背景下，2012年国务院发布了《关于实行最严格水资源管理制度的意见》，提出加强水资源开发利用控制红线管理，严格实行用水总量控制，加强用水效率控制红线管理，全面推进节水型社会建设，加强水功能区限制纳污红线管理，严格控制入河湖排污总量等措施，其中特别提到要"建立健全水权制度，积极培育水市场，鼓励开展水权交易，运用市场机制合理配置水资源"。

本案反映出在我国经济转型期，我国的水资源管理体制还不够健全，运用市场机制提高水资源配置效率还有待进一步完善。按照国际通行的理论和操作实践，水权可以拿到银行作抵押，可以流转拍卖，而东阳与义乌水权交易协议只是协商供水的额度与费用，从严格意义上来讲，只是供应商品水的概念。一个完善的水权市场需要一系列基础制度建设，如严格规范的取水许可制度、科学评估核定用水量制度、供水的高效科学管理制度、水权交易的具体法规等都是必要的基础制度。

[**参考法律规范**]

1. 《水法》（1988 年颁布，2002 年、2009 年修订）
2. 《水资源费征收使用管理办法》（财政部、国家发改委、水利部 2008 年颁布）
3. 《取水许可和水资源费征收管理条例》（国务院 2006 年颁布）

**二、土地管理法**

**案例二：    陈新林诉南召县板山坪镇小街村二组承包地征收补偿案**

[**所属部分**] 自然资源保护法之土地管理法
[**大纲知识点**] 土地资源保护法律制度
[**案例背景**]

事情发生在地处伏牛山南麓的河南省南阳市南召县板山坪镇小街村。1983 年经村民小组群众大会讨论决定，将组内的林地、空场、零星树木、板栗、油桐、松树林全部分配到户，由承包户各自经营。陈新林之父陈明甫（已去世）与南召县板山坪镇小街村二组（以下简称小街村二组）订立相应的土地承包合同，承包责任山、自留山、油桐林及老秧口柞蚕坡等林坡地，二十多年来，陈新林家几代人在所承包的土地上耕耘，没有人对此提出任何异议。2008 年因国家建设用地，通过清点附着物、丈量土地面积，并由陈新林签字认可，依法征用陈新林家承包的老秧口坡地 34.4 亩并拨付土地补偿费 275 200 元。依照小街村二组关于国家建设用地补偿费分配方案，征用陈新林家土地补偿款应由陈新林家依法享有，该款拨付到小街村二组后，其他村民都依被征用土地亩数得到了补偿款，唯有陈新林的补偿款被小街村二组扣留，认为应该由组集体统一分配处理，陈新林多次奔波与小街村二组协商不成，向法院起诉小街村二组，请求：①确认原、被告订立的土地承包合同为有效合同。②判令被告返还陈新林土地补偿费 275 200 元。[1]

**［案情描述］**

被告小街村二组答辩称：我组群众对陈新林的柞蚕坡承包合同的真实性无异议，但其承包方式不同于家庭承包，合同内容与家庭承包的性质不同。1983年，我组经群众会议讨论将除责任山和柞蚕坡外的其余各类土地按人口平均分配到户，我组当时共计36户，其中，柞蚕坡以抓阄方式分发给部分群众并签订书面合同，共有12户承包了我组的柞蚕坡，这12户所承包的柞蚕坡，每年养一两蚕籽应交给组集体 1~1.2 元不等的承包金作为集体收益，用于组里招待、开会等开支；承包户每年的挣赔与集体无关，蚕业税由集体分摊，承包合同具有营利性，不是我组户户都有的具有社会保障功能的家庭承包方式，不同于家庭承包。2008年国家建设征用我组的部分土地，包括家庭承包的土地和以其他方式承包的柞蚕坡地。征用家庭承包土地的征地款，我组制定的分配方案是将征地款全部分配给被征地户，同时，征用陈德生和陈新林所承包的部分柞蚕坡，其中，征用陈新林承包的柞蚕坡地 34.4 亩，按每亩 8000 元补偿，应包括土地补偿费和安置补助费；陈新林承包该柞蚕坡不是我组户户都有的家庭承包，而是具有营利性质的其他承包方式，对此款的分配，我组于 2009 年 10 月 30 日、2009 年 12 月 28 日经过民主议定制定了分配意见，该意见应为合法有效；依《土地管理法》的规定，土地补偿款归集体所有，征地补偿费中包含的安置补助费，享有的主体是家庭承包方，不是以家庭承包方式取得的土地承包，在承包地被征用时无权获得安置补偿；陈新林要求我组返还其土地补偿款 275 200 元无事实和法律依据。另该征地补偿款 275 200 元，集体如何分配，该不该分给陈新林，给陈新林分多少，不是平等主体之间的财产关系。综上，我组认为：以其他方式承包的土地被征用时，陈新林无权获得安置补偿，土地补偿款归集体所有，应当驳回陈新林的起诉。

陈新林为支持其诉讼请求，向法庭提供以下证据材料：

1. 南召县板山坪公社小街大队青二队（现板山坪镇小街村二组）1983年自留山、责任山、柞蚕坡、油桐林、空场等土地承包分配花册一份。登记各户承包的自留山、责任山、柞蚕坡、油桐林、空场、零星树的具体位置、数量、亩数、棵数以及应缴承包款数目，该花册上载明本案争议的老秧口柞蚕坡70亩，同时还有责任山、自留山和油桐林，承包户主为陈明甫。证实该坡地是属于以陈新林家庭为承包单位取得的承包地。

---

[1] 本案参考资料：佚名："陈新林诉南召县板山坪镇小街村二组承包地征收补偿费用分配纠纷一案一审民事判决书"，110咨询网，http://www.110.com/panli/panli_ 11479690.html，2013年7月23日。

2. 小街村关于国家建设用地补偿费的分配方案。内容为：我组于 2009 年 7 月 3 日召开全体群众会议，讨论国家建设用地补偿费的问题，应到会人员 58 人，实到会人员 37 人，会上全体人员通过充分讨论，以少数服从多数为原则，拟定结果如下：①安置补偿费全部归被占地农户所有。②土地补偿费因本组没有机动地调整，所以也全部归被占地户所有。③青苗及附属物补偿费，也全部归被占地农户所有。该分配方案经小街村委研究同意，证实安置补偿费全部归被告占地农户所有，土地补偿费，因本组没有机动地调整，所以也全部归被占地户所有，证实分配前形成有分配方案。

3. 小街村青二组占地款支付花册及青苗费附属物支付花册。证实占用小街村二组各户承包的土地、林地数目及应获得的补偿费数目，应补偿给各户的青苗费和附属物补偿费数目，该款拨付到小街村二组后，其他村民都依被征用土地亩数得到了补偿款，唯有陈新林的林地补偿款被小街村二组扣留，其中载明占用陈新林林地 34.4 亩，合款 275 200 元。

4. 陈新林代理人对小街村三组组长陈 XX 的调查笔录。证实本次国家用地也征用小街村三组大部分村民的耕地，所得的土地补偿款，三组在分配前召开群众会，群众一致同意占谁的地分给谁，钱到组里后，组里给各家办的折子，直接分配给群众了。小街村三个组都有这样的分配决定。

5. 陈新林代理人对小街村一组组长陈 X 的调查笔录。证实 2009 年正式征地时，征用一组的耕地和林地，占谁的地丈量完，各家签各家的字，钱先打到组里，在信用社，占各家的直接打给各家了，没有占地的户没有分。小街村三个组都是这样决定的。

6. 陈新林代理人对小街村二组组长陈新太的调查笔录。证实陈新林承包的老秧口柞蚕坡，是陈新林的父亲在 1983 年国家林业三定时开始承包的；当时柞蚕坡分下去没法管理，生产队就以抓蛋的形式分，谁抓到了谁承包；陈新林的父亲抓到这一块地，这块地有 70 亩，柞蚕坡承包后一直没有发生过纠纷和变动。这次国防征地占地款分配前，二组定的有书面分配方案，分配时别的户的钱都分完了，陈新林这一块地的补偿款部分群众不让分。

7. 陈新林代理人对范广朝的调查笔录。证实本次国家用地征用板山坪镇樊楼村七组的耕地和柞蚕坡，组里先开群众会，决定占谁的地、占地款分给谁，集体不留一分钱。其中，征用范广朝的柞蚕坡 24 亩，每亩补偿 8000 元，共计 192 000 元都已分到户。

8. 陈新林代理人对陈新民的调查笔录。证实他所在的小街村二队在当年分柞蚕坡时，将柞蚕坡分作 12 份抓阄，12 户抓了 12 阄，最后一个阄留给他，结果抓着了大干口那一块，那地方远，都不想要，就给陈新民了。这次征地补偿款分配是"占谁的地、钱是谁的",没占他本人的地,也没分一分钱。三组都是占谁的地、谁得钱。

被告向法庭提供以下证据材料:

1. 2009 年 10 月 30 日,二组部分群众通过的对陈新林征地补偿款的分配意见:陈新林所承包的柞蚕坡不是以家庭承包方式承包的,故征地补偿款中除青苗补偿款外,按 5% 支付给陈新林。若第一项陈新林不同意,我组决定按现有人口平均分配给我组群众。2009 年 12 月 18 日,小街村二组群众代表形成的征地补偿款分配意见:陈新林所承包的柞蚕坡不是户户都有、人人有份的家庭承包,群众代表按补偿总额的 5% 给陈新林作为补偿;其余款项按现有人口平均分配给各户,包括陈新林户。如一方对决议不服,可按有关法律途径解决。

2. 2009 年 9 月 1 日,河南豫宛律师事务所(2009)第 002 号法律意见书。

3. 小街村二组 2010 年 1 月 20 日的会议记录。主要内容为:就占用青二队柞蚕坡一事,因该段坡地在 1983 年林业三定时承包给村民陈新林,部队一次性付给补偿费 283 200 元。因 1983 年在柞蚕坡承包时全组只有 12 户,其他农户没有分到柞蚕坡,没有分到坡的农户认为不平均,柞蚕坡的承包合同无效,为此部队补偿的款陈新林无权全部享用;但陈新林认为,本人有承包合同受法律保护,补偿费本人应全部享有。鉴于以上情况已引起纠纷,现经镇政府领导指示,在村委的主持下,青二组召开了全体群众会。应到会 59 人,实到 27 人。经与会人员举手表决同意推选陈长各、陈士各、陈彦林、陈金学、陈新显 5 人为代表,保管补偿款存单,经代表协商推举陈士各保管存单;决议未经代表会协商同意,陈士各不准私自动用存款。组长陈新太并于当场将存单移交给陈士各保管。

4. 陈金学、陈彦林与青二队的林业承包合同复印件各一份。

5. (2008)南民二终字第 847 号民事判决书。

6. 2006 年 9 月 1 日南召县国土局关于岭南高速征地方案说明一份。

7. 2007 年 9 月 7 日《人民法院报》登载的案例一篇。

8. 2010 年 2 月 4 日被告代理人对陈中阁的询问笔录。陈中阁任板山坪镇小街村党支部书记,证实 2008 年国家用地征用小街村四个组的土地,其中包括小街村二组的地;二组被征用的土地包括耕地和柞蚕坡地(林地),二组被征用的柞蚕坡共陈新林、陈 XX 两家的柞蚕坡地。征地补偿款林地一亩包括土地补偿费、安置补助费 8000 元,附属物主要是户家载的树,不含在 8000 元之内,户家载的树当时直接补偿给户了。经小街村二组核算,陈新林家的柞蚕坡共补偿275 200 元,栗毛墩当时国家就没补偿,陈新林所栽的杨树补偿过了。陈新林承包的柞蚕坡是 1983 年承包的,当时只有 12 户承包了,不是每户都有,这 12 户每年应向组交坡价,挣钱赔钱都是户家自己的。耕地占谁家的,全部分给占地户，就遗留陈新林、陈XX两家的柞蚕坡的补偿至今未分配下去。为这个事，乡里村里曾组织多次调解，二组群众及代表也制定分配方案，在2009年10月30日，我（陈中阁）在分配方案上签名要求按政策、法律程序办。陈新林不同意这个方案，后到法院起诉了。

9. 2010年2月4日，被告代理人对陈新太的询问笔录。证实2008年国家用地征用小街村二组37户农户的耕地、油桐林、荒坡、柞蚕坡，柞蚕坡被征用就两家：陈新林、陈XX家，耕地、油桐林、荒坡的征地补偿费占谁地、款给谁。柞蚕坡是1983年林业三定时分配到户的，当时二组36户群众，其中柞蚕坡只有12户，组里有台账；这12户给组里交坡价款，挣、赔是户家里，组里不负责任，本次征用的柞蚕坡一亩地补偿8000元，栗毛墩没有查，户家栽的树直接补偿到户，共征用陈新林的柞蚕坡34.4亩，补偿费共计275 200元。

10. 2010年2月4日被告代理人对陈X林的询问笔录。证实其1983年~1990年任二组组长，在1983年分配土地时，耕地、自留山、桐籽林、栗子树是按人口均分到户；责任山和柞蚕坡没按人均分配到户，当时二组有三十多户村民，其中，有12庵柞蚕坡没有分配到户，主要考虑组里招待、开会等事项的开支问题，经商量，二组的12庵柞蚕坡以抓阄的形式承包给二组的12户群众，抓着柞蚕坡的每一两蚕籽1元~1.2元，赚赔组里不管，都是承包户的。

11. 2010年2月4日，被告代理人对陈士各的询问笔录。证实小街村二组被征用的土地包括耕地和林地，被征用的柞蚕坡是陈新林、陈德山两家的柞蚕坡地。征地补偿款：林地一亩8000元，栗毛墩没补偿，户家栽的树当时直接补偿给各户了。共征用陈新林三十多亩柞蚕坡共补偿27万多元，自家承包的柞蚕坡是1983年承包的，当时只有12户承包了，喂一两蚕籽给组里交1元坡价，挣赔组里不管，蚕业税集体摊，坡价交了几年，后来没交。二组在2009年10月30日、12月18日由群众制定了柞蚕坡补偿款的分配方案，陈新林不同意。二组群众认为柞蚕坡不是家庭承包、人人都有的情况，应该均分。

12. 2010年2月4日，被告代理人对陈长各的询问笔录。证实2008年国家用地征用有耕地和林地两种，耕地是户户都有，全部分配到户，占谁的地、给谁补偿；林地不是这样分的，当时二组共有30户，只有12庵柞蚕坡，按抓阄的方法，谁抓着谁喂蚕；这次征有陈XX、陈新林两家的柞蚕坡。因柞蚕坡当时不是户户都有的，林地补偿费应按全组群众人数分配。组里有分配意见，且群众代表都签名盖了指印，按人人都有的办法，人均分配。

法院调取以下证据：①对陈新太的询问笔录。②对陈彦林的询问笔录。③对陈XX的询问笔录。④对陈X林的询问笔录。⑤对陈新林的询问笔录。上述证据经过庭审及质证，依据采信的证据，法院确认本案以下件事实：

　　1983 年原板山坪公社小街大队青二队（小街村二组前身）为落实联产承包责任制，经过生产队时有 36 户集体讨论决定，将青二队即现小街村二组的土地（包括耕地、空场、零星树木、林地等集体农用地）进行家庭承包，分包到户。其中就该组耕地外的林地、柞蚕坡等分为自留山、责任山、柞蚕坡、空场、油桐林、零星树分包到户，其中自留山大多数户家都分得，只有陈平志等 6 户没有分得；责任山仅有 12 户承包，其余 24 户没有责任山，对于责任山上已有的成材林，到采伐时所得收益生产队与承包户按 1：9 的比例分成，承包户自种林木收益归承包户所有；柞蚕坡 12 庵，由承包户按约定的养蚕籽数量和坡的好坏向生产队交坡价款；油桐林（树）27 户分得，9 户没有分得油桐林（树）的户家补分空场；其中，经（队）组委会讨论，将本组 12 庵柞蚕坡地，全队（组）36 户均参加抓阄，以抓阄方式确认承包经营户和承包经营权，谁抓到谁养蚕，按柞蚕坡多少确定喂蚕多少，基本上一庵柞蚕坡按一斤蚕籽，按一两蚕籽 1 元至 1.2 元给生产队缴纳承包费。陈新林父亲和其他 11 户以抓阄方式取得了上述柞蚕坡地的承包经营权，并登记在所在小组土地承包登记簿上，登记簿上载明柞蚕坡地的数量，东、西、南、北至边界，以及按每年养蚕籽量向生产队缴承包费数目。当时陈新林父亲（已去世）作为陈新林家的户主取得位于责任山、自留山、油桐林及老秧口柞蚕坡的承包经营权；其中，老秧口 70 亩柞蚕坡约定每年向生产队按蚕籽 1.2 斤缴纳 12 元承包费等。其后，该柞蚕坡就由陈新林一家承包经营，履行相应承包义务，并无争议。2008 年因国家建设用地，征用了包括陈新林在内的小街村相关村组的土地，包括耕地、林地等，取得相应的安置补助费、土地补偿费、青苗及附属物补偿费。其中，征用林地的安置补助费、土地补偿费每亩地共计补偿 8000 元，征用耕地每亩共计补偿 20 000 元。就安置补助费、土地补偿费、青苗及附属物补偿费的发放，按照板山坪镇政府的要求，对本次征地包括耕地、林地等取得相应的安置补助费、土地补偿费、青苗及附属物补偿费的分配，各被占地村民小组应制定分配方案。小街村二组于 2009 年 7 月 3 日召开群众会，由到会的被占地 37 户群众代表讨论决定本组关于国家建设用地补偿费的分配方案，方案决定本次国家用地取得的安置补偿费全部归被占地农户所有；土地补偿费因本组没有机动地调整，所以也全部归被占地户所有；青苗及附属物补偿费全部归被占地农户所有，并形成书面意见，到会群众代表签名同意，经小街村委会签字备案。其后各组就将被占地农户被占土地、林地数量及青苗费、附属物补偿费数量登记造册，报经板山坪镇政府进行发放到各组，各组将每户应得款项打入存折，由各户凭存折领取，并无争议。其中，征用陈新林家庭名下承包的老秧口柞蚕坡 34.4 亩已付征地补偿款 275 200 元，在给陈新林发放过程中，被告小街村二组部分群众认为征用的柞蚕坡地仍是组集体的坡地，1983 年进行发包时不是家家都有的，不同于家庭承包，应将原 12 户承包的柞蚕坡地重新进行发包，不同意将上述坡地的征地补偿款 275 200 元全部支付给陈新林，而是应该由组集体进行统一分配，并要求予以扣留。陈新林认为被征用的柞蚕坡地是 1983 年开始就由他家依照当时政策承包经营的，期间无任何调整，都无争议，依照本组关于国家建设用地补偿费分配方案规定，征用陈新林家坡地补偿款该由陈新林依法享有，产生纠纷。其后于 2009 年 10 月 30 日、2009 年 12 月 18 日小街二组部分群众就陈新林承包该柞蚕坡被征用取得征地补偿款形成分配意见，认为陈新林所承包的柞蚕坡不是户户都有、人人有份的家庭承包，同意按补偿总额的 5% 给陈新林作为补偿；其余款项按现有人口平均分配给各户，包括陈新林户。陈新林不同意形成的分配意见。鉴于以上情况已引起纠纷，经原、被告所在的板山坪镇政府指示和在小街村委的主持下，2010 年 1 月 20 日二组召开部分群众会（应到会 59 人，实到 27 人），经与会人员举手表决同意推选陈长各、陈士各、陈彦林、陈金学、陈新显 5 人为代表，保管 283 200 元（含陈德山 8000 元）补偿款存单，经代表协商由陈士各保管存单，并当场由组长陈新太将存单移交给陈士各保管；选出的群众代表同时决议：未经代表会协商同意，陈士各不准私自动用存款。原、被告所在的板山坪镇小街村村委、板山坪镇人民政府对此纠纷经过调查了解，并进行调解，没有结果；在解决未果的情形下，建议按法律政策规定，向法院起诉处理。陈新林遂诉至法院，认为双方的土地承包合同是有效合同，其承包经营权应受保护，要求被告支付扣留的承包地征收补偿费用 275 200 元。

另查明：本次国家建设用地同时征用的小街村一组、三组村民小组及邻近板山坪镇樊楼村七组的土地所得的土地补偿款，在分配前召开群众会，形成分配方案，一致同意占谁的地分给谁，没有区分耕地林地所得的征地补偿款由所在的小组负责直接分配给被征地户。

法院审理后认为，根据本案争议标的的性质，本案纠纷应为承包地征收补偿费用分配纠纷。本案中，原板山坪公社小街大队青二队（小街村二组前身）1983 年为落实联产承包责任制，将本组的耕地、林地、坡地等农村土地依照国家政策统一进行家庭承包，并将各户承包的耕地、林地、柞蚕坡地、空场等登记在册，确认双方的土地家庭承包经营关系和土地承包关系的内容，并自 1983 年以来在实际履行，没有争议。承包方依照承包合同取得土地承包经营权，应依法受保护。被征用的位于老秧口的柞蚕坡地，在 1983 年小街村二组（当时青二队）在落实联产承包责任制时，与自留山、责任山、油桐林等林地一样依照国家政策统一进行家庭承包，根据林地的不同情形，以不同的形式对本集体经济组织的农户进行发包；在统一组织承包时，经民主议定确认合法的承包程序，以抓阄的方式确定该组 12 处柞蚕坡的承包经营权，并以此该生产队（组）的农户都参与了抓阄，本组集体经济组织成员均有平等的取得承包经营权的权利，此种承包经营权的发包方式以及对承包经营权人选定的方法，使生产队每户村民都有取得柞蚕坡地承包经营权的机会，之后将产生的承包经营权和取得承包经营权的 12 户均登记在册，并按此进行承包经营，并无争议，该家庭承包经营权的产生和取得，符合国家政策及现行的农村土地承包法的规定，原、被告之间该柞蚕坡的土地承包合同为有效合同，由此产生的土地承包经营权应受政策和法律保护。因此，对被告所辩该柞蚕坡地不是家家都有、不同于家庭承包关系的理由，不予支持。在陈新林之父去世后，陈新林作为合法继承人继续承包经营该柞蚕坡地，并无争议，因此有权依法在该承包土地被征用时，获得相应的补偿。2008 年国家建设用地土地被征用时，就相应土地补偿费和安置补助费的分配问题，2009 年 7 月 3 日小街村二组被占地户经民主议定确定的分配方案，不违反法律规定，其后并以此造册发放，该分配方案适用于陈新林被征用的土地，因此，陈新林作为该土地合法取得承包经营权的农户，在承包地被依法征用、占用时，有权依法获得相应的补偿，取得相应的土地补偿款、安置补助费、青苗及附属物补偿费。被告在向陈新林发放土地补偿款及安置补助费时及纠纷产生以后，由部分群众形成的对征地款的分配意见，违反民主议定的分配方案，违反法律规定，同时与国家的农村土地承包政策亦不相符，因此，扣留陈新林应得款项，显属不当，被告应将陈新林相应承包地被征收的补偿款 275 200 元支付给陈新林。本案经调解达不成协议，据此，经合议庭评议，报法院审判委员会讨论决定，依照《中华人民共和国农村土地承包法》第 4 条、第 9 条、第 14 条、第 15 条、第 16 条、第 18 条、第 19 条，《中华人民共和国物权法》第 132 条之规定，判决被告南召县板山坪镇小街村二组在本判决生效后 5 日内支付给陈新林征地补偿费 275 200 元，本案受理费 5450 元由被告负担。

[法律问题]

1. 什么是土地？我国环境法中有哪些土地保护的主要规定？
2. 联系本案分析土地保护法律制度。

[法理分析]

本案是近年来发生的一起比较典型的因违反土地管理法律制度而引发的诉讼案，反映出土地作为一种重要的自然资源所具有的价值。土地是人类赖以生存的物质基础，是最基本的自然资源和环境要素之一，也是社会经济得以发展的最基本条件之一。由于土地对于人类而言具有不可或缺的重要作用和价值，不仅宪法、民商法、经济法、行政法等对土地的利用、保护等事项作出了规定，土地作为一种重要的、不可替代的自然资源历来也是环境资源法保护的一个重要内容。土地是地球陆地表面由地貌、土壤、岩石、水文、气候和植被等要素组成的自然历史综合体，它包括人类过去和现在的种种活动结果。具有以下主要特征：一是土地位置是固定的、面积是有限的、质量是有差异的、功能具有永久性和不可替代性；二是土地是稀缺的、利用相对分散、利用后果的社会性；三是土地具有的功能多样化，如土地的承载功能、养育功能、观赏功能等。[1]

我国土地管理立法主要有《中华人民共和国土地管理法》、《中华人民共和国农村土地承包法》、《中华人民共和国城市房地产管理法》、《中华人民共和国土地管理法实施条例》、《基本农田保护条例》等，确立了土地资源保护的主要法律制度。

1. 土地用途管制制度主要规定。十分珍惜、合理地利用土地和切实保护耕地是我国的基本国策。各级人民政府应当采取措施，全面规划，严格管理，保护、开发土地资源，制止非法占用土地的行为。国家编制土地利用总体规划，规定土地用途，将土地分为农用地、建设用地和未利用地。严格限制农用地转为建设用地，控制建设用地总量，对耕地实行特殊保护。农用地是指直接用于农业生产的土地，包括耕地、林地、草地、农田水利用地、养殖水面等；建设用地是指建造建筑物、构筑物的土地，包括城乡住宅和公共设施用地、工矿用地、交通水利设施用地、旅游用地、军事设施用地等；未利用地是指农用地和建设用地以外的土地。

2. 土地利用规划制度主要规定。各级人民政府应当依据国民经济和社会发展规划、国土整治和资源环境保护的要求、土地供给能力以及各项建设对土地的需求，组织编制土地利用总体规划。土地利用总体规划按照下列原则编制：①严格保护基本农田，控制非农业建设占用农用地；②提高土地利用率；③统筹安排各类、各区域用地；④保护和改善生态环境，保障土地的可持续利用；⑤占用耕地与开发复垦耕地相平衡。经批准的土地利用总体规划的修改，须经原批准机关批准；未经批准，不得改变土地利用总体规划确定的土地用途。

3. 土地调查、统计和监测制度主要规定。县级以上人民政府土地行政主管部门会同同级有关部门进行土地调查。土地所有者或者使用者应当配合调查，并提供有关资料。县级以上人民政府土地行政主管部门会同同级有关部门根据土地调查成果、规划土地用途和国家制定的统一标准，评定土地等级。县级以上人民政府土地行政主管部门和同级统计部门共同制定统计调查方案，依法进行土地统计，定期发布土地统计资料。土地所有者或者使用者应当提供有关资料，不得虚报、瞒报、拒报、迟报。国家建立全国土地管理信息系统，对土地

---

〔1〕 蔡守秋主编：《环境法案例教程》，复旦大学出版社 2009 年版，第 134～135 页。

利用状况进行动态监测。

4. 耕地特殊保护制度主要规定。①占用耕地补偿制度：非农业建设经批准占用耕地的，按照"占多少，垦多少"的原则，由占用耕地的单位负责开垦与所占用耕地的数量和质量相当的耕地；没有条件开垦或者开垦的耕地不符合要求的，应当按照省、自治区、直辖市的规定缴纳耕地开垦费，专款用于开垦新的耕地。②耕地开垦计划制度：省、自治区、直辖市人民政府应当制定开垦耕地计划，监督占用耕地的单位按照计划开垦耕地或者按照计划组织开垦耕地，并进行验收。县级以上地方人民政府可以要求占用耕地的单位将所占用耕地耕作层的土壤用于新开垦耕地、劣质地或者其他耕地的土壤改良。③耕地总量控制制度：省、自治区、直辖市人民政府应当严格执行土地利用总体规划和土地利用年度计划，采取措施，确保本行政区域内耕地总量不减少；耕地总量减少的，由国务院责令在规定期限内组织开垦与所减少耕地的数量与质量相当的耕地，并由国务院土地行政主管部门会同农业行政主管部门验收。④耕地恢复制度：已经办理审批手续的非农业建设占用耕地，一年内不用而又可以耕种并收获的，应当由原耕种该幅耕地的集体或者个人恢复耕种，也可以由用地单位组织耕种；1年以上未动工建设的，应当按照省、自治区、直辖市的规定缴纳闲置费；连续2年未使用的，经原批准机关批准，由县级以上人民政府无偿收回用地单位的土地使用权；该幅土地原为农民集体所有的，应当交由原农村集体经济组织恢复耕种。

5. 基本农田保护制度主要规定。①划定：各省、自治区、直辖市划定的基本农田应当占本行政区域内耕地的80%以上。基本农田保护区以乡（镇）为单位进行划区定界，各级人民政府在编制土地利用总体规划时，应当将基本农田保护作为规划的一项内容，明确基本农田保护的布局安排、数量指标和质量要求。②保护：各级人民政府应当采取措施，维护排灌工程设施，改良土壤，提高地力，防止土地荒漠化、盐渍化、水土流失和污染土地。禁止占用基本农田发展林果业和挖塘养鱼。禁止任何单位和个人在基本农田保护区内建窑、建房、建坟、挖砂、采石、采矿、取土、堆放固体废弃物或者进行其他破坏基本农田的活动。

6. 建设用地主要规定。建设占用土地，涉及农用地转为建设用地的，应当办理农用地转用审批手续。省、自治区、直辖市人民政府批准的道路、管线工程和大型基础设施建设项目、国务院批准的建设项目占用土地，涉及农用地转为建设用地的，由国务院批准。国家征收土地的，依照法定程序批准后，由县级以上地方人民政府予以公告并组织实施。被征收土地的所有权人、使用权人应当在公告规定期限内，持土地权属证书到当地人民政府土地行政主管部门办理征地补偿登记。征收土地的，按照被征收土地的原用途给予补偿。征收耕地的补偿费用包括土地补偿费、安置补助费以及地上附着物和青苗的补偿费。征收耕地的土地补偿费，为该耕地被征收前 3 年平均年产值的 6 倍～10 倍。征收耕地的安置补助费，按照需要安置的农业人口数计算。需要安置的农业人口数，按照被征收的耕地数量除以征地前被征收单位平均每人占有耕地的数量计算。每一个需要安置的农业人口的安置补助费标准，为该耕地被征收前 3 年平均年产值的 4 倍～6 倍。但是，每公顷被征收耕地的安置补助费，最高不得超过被征收前三年平均年产值的 15 倍。征收其他土地的土地补偿费和安置补助费标准，由省、自治区、直辖市参照征收耕地的土地补偿费和安置补助费的标准规定。被征收土地上的附着物和青苗的补偿标准，由省、自治区、直辖市规定。征地补偿安置方案确定后，有关地方人民政府应当公告，并听取被征地的农村集体经济组织和农民的意见。被征地的农村集体经济组织应当将征收土地的补偿费用的收支状况向本集体经济组织的成员公布，接受监督。禁止侵占、挪用被征收土地单位的征地补偿费用和其他有关费用。本案就是涉及国家建设征用土地，按照土地管理法律制度的规定，应该给予被征收土地的使用权人补偿而引发的争议，应该严格按照征地补偿费的确定、发放等程序性规定准确实施。

7. 违反土地管理法律制度应承担的法律责任。①行政责任。违反土地管理法律制度关于行政执法的规定，需按违法情节轻重承担一定的行政法律责任。如违反基本农田保护规定，应当将耕地划入基本农田保护区而不划入的，由上一级人民政府责令限期改正；拒不改正的，对直接负责的主管人员和其他直接责任人员依法给予行政处分或者纪律处分。再如，违反土地复垦规定，拒不履行土地复垦义务的，由县级以上人民政府土地行政主管部门责令限期改正；逾期不改正的，责令缴纳复垦费，专项用于土地复垦，可以处以罚款。②民事责任。土地管理法律制度主要规定的行政法律责任，但也有民事责任的规定。如任何组织和个人侵害承包方的土地承包经营权的，应当承担民事责任。再如，发包方干涉承包方依法享有的生产经营自主权的，或者强迫或者阻碍承包方进行土地承包经营权流转等，应当承担停止侵害、返还原物、恢复原状、排除妨害、消除危险、赔偿损失等民事责任。③刑事责任。因违反土地管理法律制度规定，情节极为严重、触犯刑法、构成犯罪的，应依法承担刑事责任。例如，侵占、挪用基本农田的耕地开垦费，构成犯罪的，依法追究刑事责任；再如，违反耕地保护规定，占用耕地建窑、建坟或者擅自在耕地上建房、挖砂、采石、采矿、取土等，破坏种植条件的，或者因开发土地造成土地荒漠化、盐渍化的，由县级以上人民政府土地行政主管部门责令限期改正或者治理，可以并处罚款；构成犯罪的，依法追究刑事责任。

本案还涉及土地管理法律制度中关于农村承包用地的规定，还应参照《农村土地承包法》的规定。另外，我国还通过经济手段保护土地资源、提高土地资源的使用效率，如《城镇土地使用税暂行条例》（1988 年颁布，2006 年修订）、《耕地占用税暂行条例》（2007 年颁布）、《土地增值税暂行条例》（1993 年颁布）等。

[**参考法律规范**]

1. 《土地管理法》（1986 年颁布，1988、1998、2004 年修订）

2. 《农村土地承包法》（2002 年颁布）

3. 《土地管理法实施条例》（国务院 1998 年颁布，2011 年修订）

4. 《基本农田保护条例》（国务院 1998 年颁布，2011 年修订）

**三、矿产资源法**

**案例三：**　　一煤矿诉规划和国土资源局矿产行政处罚决定案

[**所属部分**] 自然资源保护法之矿产资源保护
[**大纲知识点**] 矿产资源保护法律制度
[**案例背景**]

地处辽东半岛北部，太子河中游的灯塔市位于中国辽宁省中部，是地级辽阳市代管的一个县级市，毗邻沈阳市，其名称来源于市政府驻地灯塔镇，原属辽阳县地，1968 年辽阳县并入辽阳市，设立灯塔等区，1980 年辽阳市灯塔区改为灯塔县，1996 年撤县设市。灯塔市是中国重要的商品粮产地和淡水鱼养殖基地，有"北国鱼米之乡"的美誉，主产稻谷、玉米、高粱等，特产山楂，境内煤炭和铁储量较大。

灯塔市规划和国土资源局于 2003 年 5 月 27 日作出灯规土资法监字 [2003] 001 号矿产资源行政处罚决定书，认定灯塔市铧子乡一煤矿在开采煤炭过程中，超越批准的矿区范围采矿，违反了《中华人民共和国矿产资源法》（以下简称《矿产资源》）第 2 条第 2 款的规定，根据《矿产资源法》第 40 条的规定，作出如下处罚：①责令退回本矿区范围内开采；②没收违法所得 8505.00 元；③处以违法所得 20% 罚款 1701.00 元。并由灯塔市铧子乡一煤矿承担技术鉴定费 5000 元，合计 15 206.00 元。并规定被处罚单位应在接到处罚决定书之日起 15 日内履行，否则依照《中华人民共和国行政处罚法》（以下简称《行政处罚法》）第 51 条的规定每日按罚款数额的 3% 加处罚款，但灯塔市铧子乡一煤矿认为灯塔市规划和国土资源局矿产行政处罚决定违法，于是在 2003 年 7 月 25 日向灯塔市人民法院提起行政诉讼。[1]

**[案情描述]**

灯塔市铧子乡一煤矿属私营煤矿，井田位于烟台煤田北段东翼井田范围，南起柳河子乡二煤矿北界，北至上水管路保安煤柱南边界线，浅部至煤层露头线，深部至 -90 米，井田面积为 0.0510km²，已取得采矿许可证，其矿区范围图及井上下对照图经辽阳市矿产资源管理办公室核定。辽宁煤炭工业管理局煤炭生产许可证办公室及该矿颁发的编号为 X061002060 的煤炭生产许可证标明该矿井口坐标为：x:4 585 055，y:36 687，z:74.7。该井口坐标与上述井上下对照图中标注的井口的坐标相同。2003 年 1 月 14 日，灯塔市规划和国土资源局接到辽阳烟台煤矿公安大黄煤矿的举报，以灯塔市铧子乡一煤矿越界采矿为由立案，进行调查，并委托辽宁灯塔矿产资源勘测管理处进行鉴定，认定灯塔市铧子乡一煤矿井口坐标为：x:4 585 078，y:38 670，z:79.5，并据此测算灯塔市铧子乡一煤矿采煤巷道超越自己井田范围而进入保护煤柱内 45 米，越界采煤 945 吨。灯塔市规划和国土资源局于 2003 年 3 月 10 日向灯塔市铧子乡一煤矿告知有申请听证的权利，并根据灯塔市铧子乡一煤矿申请，于 2003 年 5 月 26 日举行听证会，次日作出灯规土资法监字［2003］001 号矿产资源行政处罚决定书，并向灯塔市铧子乡一煤矿送达。

灯塔市铧子乡一煤矿认为：辽宁灯塔矿山资源勘测管理处是企业内部的勘查处，它所出具的鉴定结果没有法律效力。铧子乡一煤矿具有三十多年的开采历史，井口坐标是灯塔市煤炭管理部门和铧子乡政府共同设定的，三十多年来始终按照煤炭管理部门交换图纸进行作业，没有越界行为。铧子乡一煤矿在 2000 年换发采矿许可证时是由沈阳矿务局设计院设计的，依照该院设计的矿区范围图和井上下对照图及其标定的井口坐标，该矿没有越界行为。该矿在 2002 年换发煤炭生产许可证时，主管部门也对该矿井田范围和井口坐标进行了核实，煤炭生产许可证标定该矿井口坐标为：x:4 585 055，y:36 687，z:74.4，依此坐标作业，该矿没有越界开采行为。依灯塔市规划和国土资源局认定，我矿井口坐标向下（西）平移 19 米，向北平移 24 米，依此计算，我矿有越界行为，但新华煤矿也进入了我的矿区范围作业，也有越界行为，请求法院责令新华煤矿退回自己井田内开采，也要赔偿我矿的损害。即使灯塔市规划和国土资源局认定

〔1〕 本案参考资料：①佚名："辽宁省灯塔市铧子乡一煤矿诉灯塔市规划和国土资源局矿产行政处罚决定案"，110 法律咨询网，http://www.110.com/panli/panli_18241.html，2003 年 9 月 18 日；②佚名："灯塔市"，维基百科，http://zh.wikipedia.org/wiki/%E7%81%AF%E5%A1%94%E5%B8%82，2013 年 8 月 4 日；③佚名："矿产资源合理开发利用的战略意义"，新浪网，http://www.sina.com.cn，2008 年 6 月 15 日。

我矿越界正确，也应由铧子乡人民政府和原灯塔市煤炭管理局承担赔偿责任，因我矿井口坐标是以前铧子乡政府和灯塔市煤炭局设定的，承包人是从铧子乡政府处承包的。综上，请求法院撤销灯塔市规划和国土资源局所作灯土资源法监字［2003］001号矿产资源行政处罚决定书。以上论述有下列证据支持：①灯私字313号营业执照副本，证明企业性质。②灯塔铧子乡一煤矿矿产资源开发利用方案，以证明其按规定采矿，按该方案附图注明的井口坐标生产，没有越界。③X061002060号煤炭生产许可证副本，证明自己井口坐标已经主管部门核定，按此坐标计算，自己没有越界。

灯塔市规划和国土资源局则认为：该局委托辽宁灯塔矿产资源勘测管理处对灯塔市铧子乡一煤矿进行实际勘测，符合法定程序和要求，该处具有原辽宁省地质矿产厅核发的地质勘查资格。灯塔市铧子乡一煤矿提出煤矿具有三十多年的历史，井口坐标是原灯塔市煤炭局和铧子乡政府共同设定的，没有证据，而该局根据实际测量的结果，认定灯塔市铧子乡一煤矿已超出依法批准的矿区范围开采。灯塔市铧子乡一煤矿提出2000年换发采矿许可证是由沈阳矿务局设计院设计，并依据矿区范围及井上下对照图生产，没有越界行为。实际上这与灯塔市铧子乡一煤矿是否越界开采无关，因为该局是以通过实地勘测所取得的鉴定结果最终确认灯塔市铧子乡一煤矿存在越界开采行为。灯塔市铧子乡一煤矿提出2002年换发煤炭生产许可证，其井口坐标为：x:4 585 055，y:36 687，z:74.7，但实际测量后确认的井口坐标为：x:4 585 078，y:38 670，z:79.5，所以灯塔市铧子乡一煤矿按自己图纸对照井筒有偏差，但技术鉴定是否越界，是以灯塔市铧子乡一煤矿实际超越批准的矿界来确认的。该局处理越界开采，是对铧子乡一煤矿而言的，承包人马俊利是铧子乡一煤矿的法定代表人，依法应该承担铧子乡一煤矿的权利和义务，也应该承担铧子乡一煤矿承包前的相关责任。综上，该局认定事实清楚，证据确凿，适用法律准确，程序合法，希望法院依法驳回铧子乡一煤矿的起诉。以上论述有下列证据支持：①询问笔录，证明原告越界开采及煤价格为90元/吨。②灯塔市铧子乡一煤矿与辽阳烟台煤矿公安大黄煤矿越界纠纷案的技术鉴定报告，证明灯塔市铧子乡一煤矿越界开采94.5吨。③铧子乡一煤矿与辽阳烟台煤矿公安大黄煤矿矿区范围、井巷平面图，证明灯塔市铧子乡一煤矿越界。④铧子乡一煤矿采矿许可证副本，证明采矿权人为马俊利。

在法院进行的庭审过程中，被告提出原告提供的证据②是按照原告提供的资料设计的，与实际测量结果不符，不应采信；被告提出原告提供的证据③不是认定越界的依据，与本案无关。原告提出被告提供证据不能证明自己越界开采，被告委托的鉴定机构属企业内部机构，对外作的鉴定没有法律效力，且其在鉴定报告中没有认定我井口坐标的计算过程，又未在测绘图纸上标注 GPS 控制点新华 1、新华 2 的具体位置，其在确定坐标的实际勘测中未通知原告参加，违反法律规定，不能予以采信。

经法庭质证，灯塔市人民法院对原告提供的证据予以采信，理由是其提供的证据①与被告提供的证据④相同，双方均无异议。其提供的证据②是经辽阳市矿管机关审核认定的，具有法律效力，未经有权机关依法定程序变更，不能否定其效力。其提供的证据③是煤炭生产许可证核发机关颁发的，非经有权机关依法定程序不能否定其效力。对被告提供的证据①予以部分采信，可以证明原告煤价为 90 元/吨，但不能证明其越界开采，原告负责人在此份笔录中并未承认越界开采。对被告提供的证据②、证据③不予采信。理由是原告煤矿井口坐标已经采矿主管部门及煤炭生产许可证批准机关核定，非经有权机关依法定程序不能否定其效力，如其确有错误，应依法定程序由有权机关予以更正。

灯塔市人民法院认为：①被告具有作出矿产资源行政处罚决定的法定职权。《矿产资源法》第 40 条规定："超越批准的矿区范围采矿的，责令返回本矿区范围内开采，赔偿损失，没收越界开采的矿产品和违法所得，可以并处罚款。"该法第 45 条规定："本法第 39 条、第 40 条、第 42 条规定的行政处罚，由县级以上人民政府负责地质矿产管理工作的部门按照国务院地质矿产主管部门规定的权限决定。"被告系灯塔市负责地质矿产管理工作的部门，其具有对超越矿区范围采矿的行为进行处罚的法定职权。②被诉具体行政行为主要证据不足。有关矿产行政主管机关对原告井上下对照图（含井口坐标）的确认及煤炭生产许可证管理机关对原告井口坐标的认定是一种具体行政行为，一经作出，即具有公定力、确定力、拘束力、执行力，非经有权机关依法定程序，不能否定其法律效力。被告委托的鉴定机构是提供技术服务的企业，其所作鉴定结论的效力低于上述具体行政行为的效力，而该鉴定机构在鉴定书中根据自己测量的结果否定了上述有关行政机关对原告井口坐标的核定，并据此推算出原告超越批准的井田范围采矿，可见，上述鉴定结论作为认定越界采矿的证据使用，不能予以采信。因为其测算的范围即其重新认定的井口坐标与主管行政机关核定的井口坐标不一致，而后者又具有当然的法律效力，所以其以此为基础而得出的结论也就不能被采信。这样，被告认定原告超越批准的井田范围采矿也就失去了证据支持，可以认定被诉具体行政行为证据不足。③被诉具体行政行为适用法律正确。前面已经提到，《矿产资源法》第 45 条规定："超越批准的矿区范围采矿的，责令返回本矿区范围内开采，赔偿损失，没收越界开采的矿产品和违法所得，可以并处罚款。"被诉具体行政行为对超越批准的矿区范围采矿的行为责令返回本矿区范围开采，并根据具体情况没收违法所得，处以罚款，符合法律规定。④被诉具体行政行为程序合法。被告根据《中华人民共和国行政处罚法》的规定，告知被处罚人有关权利，并举行了听证会，原告对此并无异议，由此，可以认定被诉具体行政行为程序合法。

综上，被诉具体行政行为主要证据不足，应予撤销。原告要求撤销被诉具体行政行为，应予支持。被告提出有关矿管部门对原告井口坐标的确认不是对其现井口的核定，证据不足，不予支持。依照《中华人民共和国行政诉讼法》第54条之规定，判决撤销被告灯塔市规划和国土资源局于2003年5月27日所作灯规资法监字〔2003〕001号矿产资源行政处罚决定书。

[法律问题]

1. 什么是矿产资源？我国环境资源法中有哪些矿产资源保护的主要规定？
2. 联系本案分析矿产资源保护法律制度。

[法理分析]

本案是一起比较典型的依据矿产资源法关于采矿权的规定作出行政处罚而引发的行政诉讼案。"矿产资源"是指由地质作用形成的，具有利用价值的，呈固态、液态、气态的自然资源。根据《中国矿产资源分类细目》，矿产资源可以划分为：能源矿产（煤、煤成气、石煤、油页岩、石油、天然气、地热等）；金属矿产（铁、锰、铬、钒、钛、铜、铅、锌、铝土矿等）；非金属矿产（金刚石、石墨、磷、自然硫、硫铁矿、钾盐、硼、水晶、刚玉、蓝晶石等）；水气矿产（地下水、矿泉水、二氧化碳气、硫化氢气等）。矿产资源是人类社会生存和发展的重要物质基础，新中国成立五十多年来，我国矿产勘查开发取得巨大的成就，探明了一大批矿产资源，建成了比较完善的矿产供应体系，矿业作为国民经济的基础产业，提供了我国所需要的95%的能源、80%的工业原材料和70%以上的农业生产资料，为支持经济高速发展、满足人民物质生活日益增长的需求而提供广泛的资源保障做出了重要的贡献。目前我国经济快速、持续、稳定增长，但是高耗费、高排放、高污染、低效率的粗放型经济增长方式并没有得到根本的改变。随着经济规模的迅速扩大，资源消耗速度明显加快，需求迅速增长，资源供需形势日趋严峻，进口依赖程度越来越高，对经济发展的瓶颈制约日益凸现，矿产资源长期粗放式的过度开发，特别是一个时期以来的乱采乱挖，使得生态环境脆弱、污染问题突出、资源短缺与严重浪费并存，人口、资源和环境已经成为我国社会经济可持续发展的最重要制约因素，节约和保护矿产资源已经成为一个亟待解决的战略问题。

鉴于矿产资源的重要作用，我国在新中国成立后陆续制定了一系列矿产资源法律法规，主要有《矿产资源法》、《矿产资源法实施细则》、《矿产资源勘察登记管理暂行办法》、《矿产资源开采登记管理办法》等，形成了保护矿产资源的法律法规体系，确立了矿产资源保护法律制度。

1. 矿产资源勘查登记和开采审批制度的主要规定。各级人民政府必须加强矿产资源的保护工作。勘查、开采矿产资源，必须依法分别申请、经批准取得探矿权、采矿权，并办理登记。国家保护探矿权和采矿权不受侵犯，保障矿区和勘查作业区的生产秩序、工作秩序不受影响和破坏。从事矿产资源勘查和开采的，必须符合规定的资质条件。国有矿山企业是开采矿产资源的主体。国家实行探矿权、采矿权有偿取得的制度；开采矿产资源，必须按照国家有关规定缴纳资源税和资源补偿费。禁止将探矿权、采矿权倒卖牟利。

2. 矿产资源规划制度的主要规定。①勘查规划：国家对矿产资源勘查实行统一的区块登记管理制度。矿产资源勘查登记工作，由国务院地质矿产主管部门负责。设立矿山企业，必须符合国家规定的资质条件，并依照法律和国家有关规定，由审批机关对其矿区范围、矿山设计或者开采方案、生产技术条件、安全措施和环境保护措施等进行审查；审查合格的，方予批准。勘查作业不得阻碍或者损害航运、灌溉、防洪等活动或者设施，勘查作业结束后应当采取措施，防止水土流失，保护生态环境。②开发规划：矿产资源开发规划是对矿区的开发建设布局进行统筹安排的规划，分为行业开发规划和地区开发规划。矿产资源行业开发规划由国务院有关主管部门根据全国矿产资源规划中分配给本部门的矿产资源编制实施。矿产资源地区开发规划由省、自治区、直辖市人民政府根据全国矿产资源规划中分配给本省、自治区、直辖市的矿产资源编制实施；并作出统筹安排，合理划定省、市、县级人民政府审批、开发矿产资源的范围。

3. 采矿许可制度的主要规定。开采下列矿产资源的，由国务院地质矿产主管部门审批，并颁发采矿许可证：①国家规划矿区和对国民经济具有重要价值的矿区内的矿产资源；②前项规定区域以外可供开采的矿产储量规模在大型以上的矿产资源；③国家规定实行保护性开采的特定矿种；④领海及中国管辖的其他海域的矿产资源；⑤国务院规定的其他矿产资源。开采石油、天然气、放射性矿产等特定矿种的，可以由国务院授权的有关主管部门审批，并颁发采矿许可证。

4. 矿产资源勘查制度的主要规定。区域地质调查按照国家统一规划进行，区域地质调查的报告和图件按照国家规定验收，供有关部门使用。矿产资源普查在完成主要矿种普查任务的同时，应当对工作区内包括共生或者伴生矿产的成矿地质条件和矿床工业远景作出初步综合评价。矿床勘探必须对矿区内具有工业价值的共生和伴生矿产进行综合评价，并计算其储量。探矿权人享有"按照勘查许可证规定的区域、期限、工作对象进行勘查"，"根据工程需要临时使用土地"等权利，也负有"在规定的期限内开始施工，并在勘查许可证规定的期限内完成勘查工作"，"遵守有关法律、法规关于劳动安全、土地复垦和环境保护的规定"等义务。

5. 矿产资源开采制度的主要规定。开采矿产资源，必须采取合理的开采顺序、开采方法和选矿工艺。矿山企业的开采回采率、采矿贫化率和选矿回收率应当达到设计要求。在开采主要矿产的同时，对具有工业价值的共生和伴生矿产应当统一规划，综合开采，综合利用，防止浪费；对暂时不能综合开采或者必须同时采出而暂时还不能综合利用的矿产以及含有有用组分的尾矿，应当采取有效的保护措施，防止损失破坏。开采矿产资源，必须遵守国家劳动安全卫生规定，具备保障安全生产的必要条件。开采矿产资源，必须遵守有关环境保护的法律规定，防止污染环境。开采矿产资源，应当节约用地。在建设铁路、工厂、水库、输油管道、输电线路和各种大型建筑物或者建筑群之前，建设单位必须向所在省、自治区、直辖市地质矿产主管部门了解拟建工程所在地区的矿产资源分布和开采情况。非经国务院授权的部门批准，不得压覆重要矿床。采矿权人享有"按照采矿许可证规定的开采范围和期限从事开采活动"，"根据生产建设的需要依法取得土地使用权"等权利，也负有"在批准的期限内进行矿山建设或者开采"，"有效保护、合理开采、综合利用矿产资源"，"遵守国家有关劳动安全、水土保持、土地复垦和环境保护的法律、法规"等义务。

6. 违反矿产资源法律制度应承担的法律责任：①行政责任。违反矿产资源法律制度关于行政监管的规定，按照情节轻重需承担一定的行政责任。例如，违反《矿产资源法》第39条的规定，未取得采矿许可证擅自采矿的，擅自进入国家规划矿区、对国民经济具有重要价值的矿区范围采矿的，擅自开采国家规定实行保护性开采的特定矿种的，责令停止开采、赔偿损失，没收采出的矿产品和违法所得，可以并处罚款。再如，违反法律规定将探矿权、采矿权倒卖牟利的，吊销勘查许可证、采矿许可证，没收违法所得，处以罚款。②民事责任。矿产资源法律制度主要规定的行政法律责任，但也有民事责任的规定。如探矿权人取得临时使用土地权后，在勘查过程中给他人耕地上的农作物、经济作物造成损害的，根据受损害的耕地面积前三年平均年产量，以补偿时当地市场平均价格计算，给他人以补偿。③刑事责任。因违反矿产资源法律制度规定，情节极为严重，触犯刑法、构成犯罪的，应依法承担刑事责任。如负责矿产资源勘查、开采监督管理工作的国家工作人员和其他有关国家工作人员徇私舞弊、滥用职权或者玩忽职守，违反本法规定批准勘查、开采矿产资源和颁发勘查许可证、采矿许可证，或者对违法采矿行为不依法予以制止、处罚，构成犯罪的，依法追究刑事责任。

[参考法律规范]

1.《矿产资源法》(1986 年颁布，1996 年、2009 年修订)

2.《矿产资源法实施细则》(国务院 1994 年颁布)

3.《矿产资源开采登记管理办法》(国务院 1998 年颁布)

## 四、森林法

案例四：　　　　　　　　鄱阳大源村公益生态林遭滥伐案

[所属部分]　自然资源保护法之森林法

[大纲知识点]　森林资源保护法律制度

[案例背景]

江西省鄱阳县东北依山，西南濒临中国第一大淡水湖——鄱阳湖，素有"鱼米之乡"、"富饶之州"、"银鄱阳"、"湖城"的美誉，全县以丘陵、平原、水面为主，属亚热带地区，气候温和，属亚热带季风型湿润气候，年平均气温 16.9℃~17.7℃，雨量充沛，无霜期长达 274 天。鄱阳湖约有 313 平方公里水域在该县范围内，境内大小河流 225 条，总长 2070 公里，大、中、小型水库 359 座，总库容 6.5 亿立方米，水资源非常丰富。

枧田街乡地处鄱阳县北部，距鄱阳县城 70 公里，得天独厚的自然条件孕育了丰富的木竹资源和地下矿水资源，全乡每年可产毛竹 30 万根，木材 40 万立方米，利用木竹资源可生产各种高中档家具、毛竹工艺品等。然而，近年来针对这里丰富木竹资源的违法行为却时有发生。2012 年 7 月，在江西省鄱阳县枧田街乡街道上，随处可看到张贴的《关于敦促破坏森林资源违法犯罪嫌疑人投案自首的通告》。当地人向《新法制报》记者介绍说，枧田街乡山多，以前有很多大树，这些年盗伐严重，很多木材都被加工运到外地。[1] 此前则有人举报称，枧田街乡大源村本来长势良好的公益林遭到违法砍伐，仅 2011 年一年，公益林就被毁了几千亩。据悉，江西省林业厅专案组在接到举报后已前往调查公益林被破坏一事。

是谁这么大胆，敢公然砍伐生态公益林呢？

---

〔1〕　本案参考资料：①朱星星："鄱阳大源村公益生态林遭滥伐 森林公安正追捕 5 名在逃人员"，江西新闻网，http://jiangxi.jxnews.com.cn/system/2012/07/26/012054669.shtml，2012 年 7 月 26 日；②佚名："鄱阳县"，好搜百科，http://baike.haosou.com/doc/5625064.html，2014 年 7 月 9 日；③佚名："森林的重要作用"，中国环保网，http://www.chinaenvironment.com/view/viewnews.aspx?k=2007041714041 1593，2007 年 4 月 17 日。

**[案情描述]**

2012 年 7 月 19 日上午,在鄱阳县枧田街乡大源村,一位村民指着附近的山称,十年前我们这儿的树有很多,现在几乎没有了。另一位不愿透露姓名的村民称,砍大树已经持续了七八年,大源河水库附近的快被砍完了。这几年砍得都比较凶,每年都有拉着大树的车出去。这样的情形,在一份网帖举报里,被描述为"枧田街乡大源村本来长势良好的公益林遭到违法的无证砍伐,仅 2011年一年公益林就被毁了几千亩"。7 月 21 日,雨过天晴,在枧田街乡一处山上,可以看到一片被砍伐的杉树,留在地上的树桩有碗口大小,树枝被遗弃在现场,泛着绿色。在紧邻丹桂坞水库的山上,有几处可以清晰地看到被砍伐过的痕迹。以山梁为界,一边是郁郁葱葱的树林,密密麻麻地矗立在山的一侧,在雨后散发着耀眼的新绿;另一边则是被砍后残留下的树桩、四处散落的树枝,部分树桩长出了新的枝叶,远远望去,像灌木丛一般。裸露在阳光下的黄色土壤,经雨水冲刷,形成一道道沟壑。被砍伐过的山体,与长满树木的山梁相比,颜色明显淡了很多,呈现出灰绿色。经大源村村民证实,大源村的森林都是国家生态公益林,乡政府和林业局的人每年都会来检查。

至于这些采伐是否有采伐证,一些村民称,只要有人有关系,就可以搞到采伐证。有的则称,不知道。小华(化名)称,大树被砍,砍伐的人被抓,罚款后就放了,就是"砍了抓,抓了罚,罚了放,放了再伐"。"罚款的一般都是林业局的人。"村民说。一位常年跑运输的司机称,枧田街乡通往田畈街镇的道路通车才五六年,现在已经坑坑洼洼,是这些拉树的车把路轧成这个样子的。

黄福德是大源村三组组长,他告诉记者,村里的生态林分给每户村民看管,人均看护三亩,一亩山的看护费是 10 元左右,村民有义务看护山林不被砍伐,但阻止不了盗伐。就在去年,村子里有一块山林被砍伐,组织砍树的人就是大源村委会主任黄时良。据黄福德介绍,村里进行新农村建设,资金不足,黄时良就想把村里的树卖了筹集资金。黄时良只是所有乱砍盗伐行为中的一例而已。7 月 19 日下午,新法制报记者来到枧田街乡政府。乡武装部长朱毅介绍说,枧田街乡共有公益林 13.9 万亩,偷伐现象确实存在,有些村民家里缺钱有急用,就会出现偷伐现象。朱毅称,黄时良非法砍伐的公益林约有 40 亩,去年下半年进行的,雇佣外地人采伐。砍伐之前未上报,乡政府知道情况后去制止,但他不听。有人举报后,省林业厅派来专案组调查。

据了解,6 月中旬,黄时良在专案组找他谈话后外逃,警方目前已对其进行网上追逃。朱毅强调不知道黄时良采伐的木材卖到哪儿,"林业局执法不会通过乡里,罚款也不会通知乡里"。朱毅还称,专案组调查发现一般是村民参与,没有出现老板雇一群村民砍伐的情况。对于网上举报 2011 年有几千亩生态林被毁一事，朱毅回应称："一年有几千亩生态林被毁是夸大了事实，不过近十年，每年都有偷伐现象，加起来的话可能有几千亩。"按照村民的说法，一些采伐老板和伐木工人都是本地人，木材都在当地木材厂加工，在枧田街乡，木材加工厂就有十几家，加工好的木材被运到山外面去。当天，在一处化工厂内，新法制报记者在大门右侧看到一个木材加工厂，化工厂内一工作人员称，该处曾做过木材加工，三年前停工的，木材都是本地的。加工厂的老板是刘国兴，也是国兴精细化工有限公司的老板。"摩的"司机小羽（化名）曾经在该木材厂工作过，他向新法制报记者介绍说，当年加工的树木都是在附近山上砍的。随后，记者找到刘国兴，试图询问加工厂的情况，但刘国兴称，不知道有这个木材加工厂，其余问题一概拒绝回答。不过，朱毅在采访中证实，该加工厂确实是刘国兴所有，已经开办十几年了，是人造板厂，做过三合板，木材是附近山上的卷皮树。在距离枧田街乡林业站不远的公路边，记者又看到一个木材加工厂，加工厂约有 5 台机器，厂内的空地上散落着被截断的树木，粗的直径约 50 厘米，在角落处还堆放着伐好的木板。当时在厂内并没有看到工人。7 月 21 日上午，在被砍伐过杉树林不远处，在小羽的指引下，记者寻找到一个已经停工的木材加工厂，厂内空地上堆放着大量的杉树以及已经加工好的木板，杉树有碗口粗细，6 座加工棚一字排开，整齐地立在加工厂的西北侧。小羽称，这里的木材都是从附近山上砍伐的。据悉，鄱阳县从 6 月 15 日开始，开展为期 3 个月的打击破坏森林资源专项整治活动，主要从三个方面进行：一是针对非法采伐，会深挖细找，依法打击；二是针对非法加工行为，有证的合法加工厂要停业整顿，无证的加工厂坚决取缔；三是针对非法运输。不过记者在 7 月 21 日的走访过程中，依旧看到有木材加工厂在正常运行。在距离田畈街镇大街不远处，有一处高耸的烟囱正浓烟滚滚，附近的村民称，那是木材加工厂正在工作的信号。该厂为鄱阳县天华木材加工厂，厂内整齐码放着已经加工好的木板。车间内有十多位工人正在忙碌着加工木材，机器发出震耳欲聋的轰鸣声。一位员工称，该加工厂有加工许可证，是合法的，并未收到林业部门要求停业的通知。在鄱阳县原生药业发展有限公司内，一处木材加工厂正在运行。该公司总经理称，6 月初左右，在乡政府开过专项整治会，但会上并未要求合法的加工厂全部停工。另外，"也不能一整顿就停业"。在其出示的《江西省木材经营（加工）许可证（副本）》上显示，加工厂成立于 2010 年，经营（加工）范围是人工树种半成品、成品，年经营（加工）规模 2000 立方米，主要加工木材是泡桐树，木材是工厂自己栽种，以及附近村民房前屋后的泡桐树。此前，有村民向记者反映说，林业局涉嫌"以罚代刑"、把罚款用于建豪华楼了，而这也是举报帖子反映的一个"情况"。19 日下午，记者来到枧田街乡林业工作站新建的办公场所，该办公楼共有三层，外带一个庭院，大楼外侧铺的是灰白色的瓷砖，矗立在青砖灰瓦的民房附近，分外引人注目，该办公楼外部已经装修好，内部还正在装修之中。林业站站长称，林业站一共有3位工作人员，以前办公地点是租借附近的民宅，没有自己的办公场所，办公楼一共花费了42万元，钱是县财政拨一部分，省林业厅补助5万元，总建筑面积（不包含庭院）420平方米左右。

按法律规定，非法采伐木材积蓄量达15立方米，必须立刑事案件。当天下午，鄱阳县林业局人武部部长称，枧田街乡是林区，建办公楼是为了让林业站的工作人员安心工作。林改将山林分散到户后，的确有人违法采伐，但很大程度上都是村民在偷伐，林业局在执法时多采取说服教育的方式，罚款的行为有，但不多，不存在"以罚代刑"的行为。鄱阳县林业局副局长则称，林业局每年会向森林公安移送几起林业违法案件，今年迄今为止共移交了3起，今年的罚没款迄今为止共有38万元。鄱阳县森林公安局局长证实说，当时是村民网上举报，6月13日，省林业厅专门派专案组下来调查。在调查中，确实发现有问题，专案组已正式立案，并对5名在逃人员进行网上追捕。在其出示的一份《专项整治行动阶段工作小结》里，可以看到"枧田街大源村公益林非法采伐案"，依据立案标准，分别对袁启孙非法收购盗伐滥伐林木案，郑光明、赵胜恩滥伐林木案和黄时良、黄乐民滥伐林木案立案侦查，现已对5名犯罪嫌疑人进行网上追逃，县里要求他们回来投案自首，截止时间为7月25日。此前，记者在街道上看到，四处张贴着《关于敦促破坏森林资源违法犯罪嫌疑人投案自首的通告》。王乐才称，黄时良采伐的树被卖到外地，袁启孙非法收购的木材既有当地的也有外地的，具体情况得等把他们抓捕后才能知道。上述工作小结还显示，在整改期间，全县共查获非法木材加工和经营单位145家，其中，共拆除非法加工单位92家，查封2家，停业整顿3家。7月25日上午，记者致电询问抓捕进展情况，王乐才称，这5个人依旧在逃。

[ 法律问题 ]

1. 什么是森林？我国环境资源法中有哪些保护森林的主要规定？

2. 联系本案分析森林保护法律制度。

[ 法理分析 ]

本案是一起比较典型的违反森林法、具有社会危害性的刑事案件。"森林"是指在一定区域内生长的以树木或其他木本植物为主的生物群落，是以树木为主体的生态系统，包括乔木林和竹林。森林是一种极为重要的自然资源，"森林资源"包括森林、林木、林地以及依托森林、林木、林地生存的野生动物、植物和微生物。其中，"林木"包括树木和竹子，"林地"包括郁闭度0.2以上的乔木林地以及竹林地、灌木林地、疏林地、采伐迹地、火烧迹地、未成林造林地、苗圃地和县级以上人民政府规划的宜林地。

森林是整个国民经济持续、快速、健康发展的基础，在国家经济建设和可持续发展中具有不可替代的地位和作用。森林具有巨大的经济效益、社会效益和生态效益，对维持地球的生态平衡极为重要。森林资源是地球上重要的资源之一，是生物多样化的基础，它不仅能够为生产和生活提供多种宝贵的木材和原材料，能够为人类经济生活提供多种食品，更重要的是森林具有的生态效益：森林能够调节气候，保持水土，涵养水源，防止和减轻旱涝、风沙、冰雹等自然灾害，还有净化空气、消除噪音等功能。

森林是控制全球变暖的缓冲器。由于近期人类大量使用化石燃料和森林大面积减少，导致大气二氧化碳浓度迅速增大，产生了"温室效应"，使全球发生气候变暖的趋势。研究结果证明，在当前大气二氧化碳浓度增加的因素中，森林面积减少约占所有因素总和作用的30%～50%。

据研究，林地土地只有一厘米的枯枝落叶层，就可以使泥沙流失量减少94%，有林地每公顷泥沙失量为0.05吨，无林地2.22吨，相差44倍；森林还是天然的蓄水库。当树木在土壤中根系达到1米深时，每公顷森林可贮水500～2000立方米，每平方公里森林每小时可吸纳雨水20～40吨，大约为无林地的二十多倍。雨水多时，森林可贮水，雨水少时森林可缓慢释放水分，简直就是一座巨大的天然水库。乔木、灌木、草的根系可以固着土壤颗粒，防止其沙化，或者把固定的沙土经过生物改变成具有一定肥力的土壤。

森林又是防风固沙的屏障。1公顷防护林可保护一百多公顷农田免受风灾，其防风效益是从降低风速和改变风向两个方面表现的。一条疏透结构的防护林带，迎风面防风范围可达林带高度的3倍～5倍，背风面可达林带高度的25倍，在防风范围内，风速减低20%～50%，如果林带和林网配置合理，可将灾害性的风变成小风、微风。

森林是制造氧气的"大工厂"。森林吸收二氧化碳放出氧气，1公顷阔叶林一天可以吸收1吨二氧化碳，放出0.73吨氧气。1公顷森林放出的氧气可供1000人呼吸用（一个成年人每天呼吸消耗氧气0.75千克，排出二氧化碳0.90千克）。

森林能阻挡和过滤粉尘，是天然的吸尘器。林木树冠茂密，具有减低风速的作用，当含尘量很大的气流通过树林时，随着风速的降低，空气中携带的颗粒较大的粉尘迅速下降。另外，有些树的树叶表面粗糙，有绒毛或者能够分泌油脂或黏液，能吸收空气中的大量飘尘。

森林可以吸收大气中的有害气体。据测算，松林每天可以从1立方米的空气中吸收20毫克二氧化硫，1公顷柳杉林每年可吸收720千克二氧化硫。二氧化硫通过一条高 15 米、宽 15 米的法国梧桐林带，浓度可降低 25% ~ 75%。又可以减少空气中的含菌量。许多树木在生长过程中能分泌出杀菌素，杀死由粉尘带来的各种病原菌。紫薇、松柏、橙树只要 5 ~ 6 分钟，法国梧桐只要 3 分钟，柠檬桉只要 2 分钟，地榆根只要 1 分钟，就能杀死病原菌。667 平方米松树林，一天一夜能分泌 2 千克杀菌素，能杀死肺结核菌、白喉、痢疾等病菌；1 公顷圆柏林一昼夜能分泌 30 千克杀菌素，可以清除一个小城市的细菌。森林还具有减少噪音的作用，噪声通过 40 米林带可减少 10 ~ 15 分贝。

鉴于森林的重要价值和人们对森林的破坏状况日益严重的情况，世界各国都高度重视通过法律手段保护森林，如美国的《国有林管理法》、德国的《联邦森林法》、俄罗斯《联邦森林法典》等，我国也制定了丰富的森林保护立法，主要有：《森林法》、《森林法实施条例》、《沿海国家特殊保护林带管理规定》、《国家级森林公园管理办法》、《全国林地保护利用规划纲要 2010 ~ 2020 年》、《国家林业局关于进一步加强森林资源保护管理的通知》等，基本确立了我国森林资源保护法律制度。

1. 森林资源的保护性措施。①对森林实行限额采伐，鼓励植树造林、封山育林，扩大森林覆盖面积；②根据国家和地方人民政府有关规定，对集体和个人造林、育林给予经济扶持或者长期贷款；③提倡木材综合利用和节约使用木材，鼓励开发、利用木材代用品；④征收育林费，专门用于造林育林；⑤煤炭、造纸等部门，按照煤炭和木浆纸张等产品的产量提取一定数额的资金，专门用于营造坑木、造纸等用材林；⑥建立林业基金制度。

2. 森林生态效益补偿制度的主要规定。国家设立森林生态效益补偿基金，用于提供生态效益的防护林和特种用途林的森林资源、林木的营造、抚育、保护和管理。该基金必须专款专用，不得挪作他用。国务院林业主管部门主管全国林业工作。县级以上地方人民政府林业主管部门，主管本地区的林业工作。乡级人民政府设专职或者兼职人员负责林业工作。

3. 森林植被恢复制度的主要规定。进行勘查、开采矿藏和各项建议工程，应当不占或者少占林地；必须用或者征用林地的，经县级以上人民政府林业主管部门审核同意后，依照有关土地的法律、行政法规办理建设用地审批手续，并由用地单位依照国务院有关规定缴纳森林、植被恢复费，森林植被恢复费专款专用，由林业主管部门依照有关规定统一安排植树造林，恢复森林植被，植树造林面积不得少于因占用、征用林地而减少的森林植被面积。

4. 森林保护制度的主要规定。地方各级人民政府应当组织有关部门建立护林组织，负责护林工作；根据实际需要在大面积林区增加护林设施，加强森林保护；督促有林的和林区的基层单位，订立护林公约，组织群众护林，划定护林责任区，配备专职或者兼职护林员。

5. 自然保护区的主要规定。国务院林业主管部门和省、自治区、直辖市人民政府，应当在不同自然地带的典型森林生态地区、珍贵动物和植物生长繁殖的林区、天然热带雨林等具有特殊保护价值的天然林区，划定自然保护区，加强保护管理。对自然保护区以外的珍贵树木和林区内具有特殊价值的植物资源，应当认真保护；未经省、自治区、直辖市林业主管部门批准，不得采伐和采集。林区内列为国家保护的野生动物，禁止猎捕；因特殊需要猎捕的，按照国家有关法规办理。

6. 珍贵树木及其制品保护制度的主要规定。国家禁止、限制出口珍贵树木及其制品、衍生物。禁止、限制出口的珍贵树木及其制品、衍生物的名录和年度限制出口总量，由国务院林业主管部门会同国务院有关部门制定，报国务院批准。进出口的树木或者其制品、衍生物属于中国参加的国际公约限制进出口的濒危物种的，并必须向国家濒危物种进出口管理机构申请办理允许进出口证明书，海关并凭允许进出口证明书放行。

7. 森林采伐的主要规定。①成熟的用材林应当根据不同情况，分别采取择伐、皆伐和渐伐方式。皆伐应当严格控制，并在采伐的当年或者次年内完成更新造林。②防护林和特种用途林中的国防林、母树林、环境保护林、风景林，只准进行抚育和更新性质的采伐。③特种用途林中的名胜古迹和革命纪念地的林木、自然保护区的森林，严禁采伐。④采伐林木必须申请采伐许可证，按许可证的规定进行采伐。采伐林木的单位或者个人，必须按照采伐许可证规定的面积、株数、树种、期限完成更新造林任务，更新造林的面积和株数不得少于采伐的面积和株数。

8. 违反森林法律制度的法律责任。①行政责任。违反森林法律制度的行政管理规定，按照情节轻重，需承担一定的行政法律责任。例如，滥伐森林或者其他林木，由林业主管部门责令补种滥伐株数五倍的树木，并处滥伐林木价值2倍以上5倍以下的罚款。拒不补种树木或者补种不符合国家有关规定的，由林业主管部门代为补种，所需费用由违法者支付。再如，违反法律规定，买卖林木采伐许可证、木材运输证件、批准出口文件、允许进出口证明书的，由林业主管部门没收违法买卖的证件、文件和违法所得，并处违法买卖证件、文件的价款1倍以上3倍以下的罚款。②民事责任。违反森林保护法律制度，主要承担行政责任和刑事责任，但也有民事责任。例如，盗伐森林或者其他林木的，依法赔偿损失；再如，进行开垦、采石、采砂、采土、采种、采脂和其他活动，致使森林、林木受到毁坏的，应依法赔偿损失。③刑事责任。违反森林法律保护制度情节比较严重，构成犯罪的，应承担相应的刑事责任。例如，盗伐、滥伐森林或者其他林木，构成犯罪的，依法追究刑事责任。再如，非法采伐、毁坏珍贵树木的，依法追究刑事责任。

本案反映出在森林违法行为追究上的复杂性。违法行为总是由利益动机驱动，而监管人员的监守自盗也说明缺乏问责机制不利于森林资源的保护。只有实行全面的森林法治，既追究违法行为人的责任，又注意引发违法行为的原因所在，严格按照森林法的规定执行并强化公众参与机制，赋予公众真正的参与执法权和行政监督权，才能从根本上有效保护森林资源；同时，我国《森林法》对民事法律责任规制不够，加重了林业行政机关的执法负担，也不利于保护林权主体的合法权益，应完善《森林法》对民事责任的规制，明确规定民事责任的承担方式，引入惩罚性赔偿制度等，充分保护受损害林权主体的权益。

[参考法律规范]

1.《森林法》（1984 年颁布，1998、2009 年修订）

2.《森林法实施条例》（国务院 2000 年颁布）

3.《最高人民法院关于审理破坏森林资源刑事案件具体应用法律若干问题的解释》（最高人民法院 2000 年颁布）

五、渔业资源法

## 案例五：　　　　　　　　中国渔民与韩国海警冲突案

[所属部分]　自然资源保护法之渔业资源保护

[大纲知识点]　渔业资源保护法律制度

[案例背景]

韩国海洋警察厅成立于 1953 年 12 月，是隶属于韩国国土海洋部，专门维持海上安全及治安的机构。原本海警的职能和规模都不大，但随着 2001 年中韩渔业协定生效和 2005 年被升格为副部级单位以后，机构持续膨胀。特别是近年来持续发生的韩日独岛争端等问题，都成为韩国海警扩大的契机。目前，韩国海警的总人数为 11 600 人，每年的预算为 1.1 万亿韩元，无论是人员规模还是财政预算都比 10 年前增加 1 倍有余。韩国海警拥有东海、西海、南海、济州 4 个地方海洋警察厅，下辖 17 个海洋警察署，此外还有丽水海洋警察教育院、釜山修船厂等，下辖各类船只达 303 艘，在韩国中央政府 17 个直属部门中预算规模位列第四。韩国海警的职责包括海上巡逻警戒、经济海域与渔业维护、警戒驱逐不法侵入船只、防堵海上不法活动、海难救助、污染防治与海洋环境保护、海上交通安全维护等。

中国四大海区总面积 354 万平方公里，其中，水深 200 米以内的大陆架面积约 150 万平方公里，渔场面积 82 万平方公里，浅海、滩涂面积约 130 000 平方公里，海岸线 18 000 公里，岛屿岸线 14 000 公里，大陆和岛屿岸线蜿蜒漫长，拥有许多优良港湾。沿岸江河入海径流带来的大量的有机质和营养盐有利于海洋生物的繁衍生长。中国不仅有广阔的海洋领土，还有内陆水域面积 176 000 平方公里，其中，河流 50 000 平方公里，湖泊 75 000 平方公里，池塘 20 000 平方公里，水库 30 000 万平方公里，其他还有稻田、沼泽、地热等资源可供渔业开发利用。水生生物资源丰富，拥有水生生物物种两万余种，其中，具有经济价值的海洋动植物两千多种，淡水水生动植物约 800 种，近 30 年来，还陆续引进水生生物物种近 200 种。在这种得天独厚的优越条件下，中国近海渔场曾是丰富的产渔区，但二三十年来，随着环境污染的增加和渔民掠夺式的捕捞，我国近海渔场的渔业资源逐渐走向枯竭的境地，著名的 4 大渔场（即渤海渔场、舟山渔场、南海近海渔场和北部湾渔场）的渔业资源已近枯竭，促使大量渔民不得不越捕越远。虽然近年来，中国大力实施以伏季休渔、增殖放流、建设水产种质资源保护区等为重点的渔业资源修复措施，严厉打击非法捕捞行为，海洋渔业资源得到一定恢复，但是由于历史遗留下来的海洋捕捞强度过大，海洋石油污染和内水污染的日益恶化，大江大河大修水坝影响鱼类的繁殖和洄游，再加上渔民的毁灭性捕捞工具和方式有增无减等原因，造成我国海洋和内水渔业资源的进一步匮乏。近海渔业资源的逐渐枯竭，让一些渔民不得不赴远海谋生，他们中的部分人也有越境捕鱼甚至被抓罚款的经历。

　　黄海是太平洋西部的一个边缘海，位于中国大陆与朝鲜半岛之间。按照《联合国海洋法公约》的规定，中韩之间对各自在黄海的大陆架和专属经济区的界限划分存在争议，由此引发了中韩之间因渔业捕捞问题导致的多起纠纷，中韩不得不在 2000 年签订《中韩渔业协定》，协定在黄海划出一大片暂定措施水域及其东西两侧的过渡水域。前者由中韩双方共同管理和养护，并各自采用国内法管理本国的违规者。然而，在过渡水域，由于中方一侧靠近大陆，渔业资源远不及靠近外海的韩方一侧，而韩方的过渡水域正是中国渔民传统渔场的重要组成部分，这就为中韩之间的渔业纠纷激化埋下伏笔。

**［案情描述］**
　　2012 年 4 月 19 日，韩国仁川地方法院对中国渔船"鲁文渔"号船长程某涉嫌刺死韩国海警一案进行宣判。刺死韩国海警的中国渔船"鲁文渔"号船长程

大伟被判处 30 年有期徒刑，罚款 2000 万韩元（约合人民币 11 万）。[1] 此前，仁川地方检察厅公安部 3 日在仁川地方法院第十二刑事部的审理下进行的最终公审中表示，由于考虑到程某杀人是有缜密计划的，而且未向受害人作出任何补偿，并且鉴于遗属的要求，被告人将难逃严惩。此外，被告人犯下的罪行有重大社会影响，因此需要予以相应的处罚。一个普通的中国渔民竟敢刺杀韩国的海警，这个震惊中韩的凶杀案究竟是如何发生的呢？

时间回溯到 2011 年 12 月 12 日，韩国仁川海警警长李某（41 岁）等两名队员在黄海海域与中国渔民发生冲突，导致一名海警受伤，另一名海警身亡。韩国媒体称韩国海警海上扣押"非法捕捞"的中国渔船时，被中国船员挥舞的玻璃碎片刺伤。随后，李某被直升机紧急送往医院接受治疗，但因肋部被捅，内脏破裂，最终不治身亡。

中国外交部发言人刘为民 19 日在北京强调，中韩在黄海尚未划定专属经济区界限，中方不接受韩方单方面适用"专属经济区法"对中国渔民作出判决。韩国仁川地方法院当天援引韩"专属经济区法"判处涉嫌刺死韩国海警的中国渔船"鲁文渔"号船长程某有期判刑 30 年，并处罚款。刘为民在当天例行记者会上表示，中方注意到韩方有关判决。事件发生后，中方一直与韩方保持密切沟通，敦促韩方理性、公正、妥善处理此案。中方将继续关注案件进展，并为本案中当事中国公民提供必要协助，维护他们的正当、合法权益。

实际上，在本案发生之前，中国渔民和韩国海警之间的冲突就时有发生。韩国海洋警察厅 2008 年 10 月 12 日公布的资料显示，从 2004 年到 2007 年的 4 年间，韩国海警共计扣留 2037 艘"非法作业"的中国渔船。此期间被捕的中国船员达 20 896 人，仅保释金就交了 213.55 亿韩元（1 元人民币约合 180 韩元）。在一名韩国海警前不久盘查中国渔船时落海身亡后，韩国更加强了对中国渔船

---

[1]　本案参考资料：①佚名："中国船长刺死韩海警案宣判　获刑 30 年罚金 11.2 万"，腾讯网，http：//news. qq. com/a/20120419/000676. htm，2012 年 4 月 19 日；②佚名："韩 4 年扣留 2037 艘中国渔船"，腾讯网，http：//view. news. qq. com/a/20100908/000013. htm，2008 年 10 月 14 日；③佚名："捕鱼为何容易涉外"，腾讯网，http：//view. news. qq. com/zt2010/fish/index. htm，2010 年 9 月 8 日；④苏万明、王军、孙洪磊："渔民网地争端上升 多头管理弊端愈显不可持续"，腾讯网，http：//news. qq. com/a/20120419/000368. htm，2012 年 3 月 16 日；⑤王毅："渤海湾渔业危机：非法捕捞形成恶性循环"，腾讯网，http：//news. qq. com/a/20120419/000380. htm，2012 年 4 月 19 日；⑥邢世伟："一艘中国渔船被韩国货轮撞沉 船员全部失踪"，腾讯网，http：//news. qq. com/a/20100902/000046. htm，2010 年 9 月 2 日；⑦王刚："韩国海警遭解散 成立 61 年多部法律严打官商勾结"，华商网，http：//news. hsw. cn/system/2014/05/20/051931401. shtml，2014 年 5 月 20 日；⑧佚名："解决中韩渔业纠纷，还是得尽快划界"，腾讯网，http：//finance. qq. com/a/20141018/016055. htm，2014 年 10 月 18 日；⑨佘远安："渔业的战略地位及现阶段我国建设渔业强国的重要性和必要性"，中国水产科学研究院网站，http：//www. cafs. ac. cn/show. asp？ResName＝djweb＊order＝56，2005 年 11 月 30 日。

"非法作业"的打击力度。2010年9月2日，一艘中国渔船当天下午在韩国西部海域被一艘韩国货轮撞沉，船上船员全部失踪。

中韩两国于2001年签署中韩渔业协定，并划定专属经济区（EEZ）。此后，韩国开始管制在韩国EEZ水域捕鱼的中国渔船。在韩中渔业协定生效初期，韩国政府允许在EEZ内捕捞的中国渔船数量为2500艘，但近来减至1900艘。韩国木浦海洋警察署一名工作人员13日接受《环球时报》记者采访时说："一些船看到有捕捞许可证的船在这个海域收获很大便眼红，因此抱着侥幸心理来此非法捕捞。"他透露，"非法作业"被捕的话，根据船的大小要交一定罚金。一般50吨以下罚3000万韩元，50吨以上罚款5000万韩元。如果交不起罚金，就会被拘留。

[法律问题]

1. 什么是渔业资源？我国环境法中有哪些保护渔业资源的主要规定？

2. 联系本案分析渔业资源保护法律制度。

[法理分析]

本案是一起典型的近年来由于中国近海渔业资源枯竭和海洋环境污染加剧而跨国捕捞产生的纠纷案件。所谓"渔业资源"，又称水产资源，是指具有开发利用价值的鱼、虾、蟹、贝、藻和水生野生动物等经济动植物的总体。按水域分内陆水域渔业资源和海洋渔业资源两大类，其中，鱼类资源占主要地位，约有2万多种，估计可捕量0.7亿~1.15亿吨。海洋渔业资源（不包括南极磷虾）蕴藏量估计达10亿~20亿吨。渔业资源具有共有性、流动性、洄游性、可再生性、有限性等特点。渔业资源对人类而言具有非常重要的作用和不可替代的价值。首先，渔业资源为人类提供了丰富、种类各异、不同于粮食的食物，是很多人的重要食物来源。其次，渔业资源是维持生物多样性、保持地球生态平衡，传递生态系统能量、信息的重要途径。再次，渔业资源具有很高的经济价值和科学研究价值。沿海渔民主要依赖渔业资源获得收入，很多鱼类本身就是活化石。最后，鱼类和其他水生动植物本身就是人类的朋友、伙伴，能够为人类带来休闲、美感和观赏价值。

鉴于渔业资源对人类的重要作用，国际社会高度重视对渔业资源的保护，而近年来随着全球经济的迅速发展，渔业捕捞也呈现出跨越式发展，特别是为盲目追求经济利益而进行的毁灭性捕捞作业方式越来越多，日益严重的海洋环境污染和水污染，人类在江河湖海上的筑坝修桥等建设项目等，都会使得很多鱼类资源濒临灭绝。为保护有限的渔业资源，实现渔业可持续发展，国际社会很早就通过法律手段管理渔业资源，如1882年由英国等6国签订的《北海渔业公约》规定了北海捕鱼规则；其后国际渔业法律文件纷纷出现，如《国际捕鲸公约》（1946 年）、《捕鱼及养护公海生物资源公约》（1958 年）、《中白令海峡鳕资源养护与管理公约》（1994 年）等，逐步形成了以国际法为基础的海洋渔业管理制度。随着可持续发展的普及，国际法律文件已经把可持续发展、保护渔业资源作为首要目的，例如，《国际捕鲸公约》认为，鲸类及其后代丰富的天然资源是全世界各国的利益；鉴于捕鲸历史，由于一区接着一区、一种鲸接着一种鲸地滥捕，因而有必要保护一切种类的鲸，以免继续滥捕；如果适当地管理捕鲸渔业，自然就能增加鲸类资源，能增加捕鲸数量而不致损害天然资源。

　　我国也制定颁布了丰富的渔业资源保护立法，主要有《中华人民共和国渔业法》（以下简称《渔业法》）、《渔业法实施细则》、《水生野生动物保护实施条例》、《渔业资源增殖保护费征收使用办法》等。此外，在《环境保护法》、《野生动物保护法》中也有相关规定，这些法律法规确立了渔业资源管理的主要法律制度。

　　1. 渔业资源保护的管理体制：国家对渔业的监督管理，实行统一领导、分级管理。国务院渔业行政主管部门主管全国的渔业工作，县级以上地方人民政府渔业行政主管部门主管本行政区域内的渔业工作。县级以上人民政府渔业行政主管部门可以在重要渔业水域、渔港设渔政监督管理机构。海洋渔业，除国务院划定由国务院渔业行政主管部门及其所属的渔政监督管理机构监督管理的海域和特定渔业资源渔场外，由毗邻海域的省、自治区、直辖市人民政府渔业行政主管部门监督管理。江河、湖泊等水域的渔业，按照行政区划由有关县级以上人民政府渔业行政主管部门监督管理；跨行政区域的，由有关县级以上地方人民政府协商制定管理办法，或者由上一级人民政府渔业行政主管部门及其所属的渔政监督管理机构监督管理。

　　2. 养殖许可证和保护水域生态环境制度的主要规定：①养殖许可证。单位和个人使用国家规划确定用于养殖业的全民所有的水域、滩涂的，使用者应当向县级以上地方人民政府渔业行政主管部门提出申请，由本级人民政府核发养殖证，许可其使用该水域、滩涂从事养殖生产。②水产许可证制度。水产新品种必须经全国水产原种和良种审定委员会审定，由国务院渔业行政主管部门批准后方可推广。③水域环境保护制度。从事养殖生产不得使用含有毒有害物质的饵料、饲料，从事养殖生产应当保护水域生态环境，科学确定养殖密度，合理投饵、施肥、使用药物，不得造成水域的环境污染。

　　3. 捕捞限额制度主要规定：国家根据捕捞量低于渔业资源增长量的原则，确定渔业资源的总可捕捞量，实行捕捞限额制度。国务院渔业行政主管部门负责组织渔业资源的调查和评估，为实行捕捞限额制度提供科学依据。中华人民共和国内海、领海、专属经济区和其他管辖海域的捕捞限额总量由国务院渔业行政主管部门确定，报国务院批准后逐级分解下达；国家确定的重要江河、湖泊的捕捞限额总量由有关省、自治区、直辖市人民政府确定或者协商确定，逐级分解下达。国务院渔业行政主管部门和省、自治区、直辖市人民政府渔业行政主管部门应当加强对捕捞限额制度实施情况的监督检查，对超过上级下达的捕捞限额指标的，应当在其次年捕捞限额指标中予以核减。

4. 捕捞许可证制度的主要规定：到中华人民共和国与有关国家缔结的协定确定的共同管理的渔区或者公海从事捕捞作业的捕捞许可证，由国务院渔业行政主管部门批准发放。海洋大型拖网、围网作业的捕捞许可证，由省、自治区、直辖市人民政府渔业行政主管部门批准发放。其他作业的捕捞许可证，由县级以上地方人民政府渔业行政主管部门批准发放；但是，批准发放海洋作业的捕捞许可证不得超过国家下达的船网工具控制指标。发给捕捞许可证的条件：①有渔业船舶检验证书；②有渔业船舶登记证书；③符合国务院渔业行政主管部门规定的其他条件。从事捕捞作业的单位和个人，必须按照捕捞许可证关于作业类型、场所、时限、渔具数量和捕捞限额的规定进行作业，并遵守国家有关保护渔业资源的规定。

5. 渔业资源增殖和保护制度的主要规定：①渔业资源增殖保护费制度。县级以上人民政府渔业行政主管部门可以向受益的单位和个人征收渔业资源增殖保护费，专门用于增殖和保护渔业资源。②水产种质资源保护区制度。国家保护水产种质资源及其生存环境，并在具有较高经济价值和遗传育种价值的水产种质资源的主要生长繁育区域建立水产种质资源保护区。未经国务院渔业行政主管部门批准，任何单位或者个人不得在水产种质资源保护区内从事捕捞活动。③禁限制度。禁止使用炸鱼、毒鱼、电鱼等破坏渔业资源的方法进行捕捞；禁止制造、销售、使用禁用的渔具；禁止在禁渔区、禁渔期进行捕捞；禁止使用小于最小网目尺寸的网具进行捕捞；捕捞的渔获物中幼鱼不得超过规定的比例；在禁渔区或者禁渔期内禁止销售非法捕捞的渔获物；禁止捕捞有重要经济价值的水生动物苗种。④重点水生野生动物保护制度。国家对白鳍豚等珍贵、濒危水生野生动物实行重点保护，防止其灭绝，禁止捕杀、伤害国家重点保护的水生野生动物。

6. 违反渔业资源保护法律制度应承担的法律责任：①行政责任。违反渔业资源保护法律制度的行政管理规定，按照情节轻重，需承担一定的行政法律责任。例如，使用炸鱼、毒鱼、电鱼等破坏渔业资源方法进行捕捞的，违反关于禁渔区、禁渔期的规定进行捕捞的，或者使用禁用的渔具、捕捞方法和小于最小网目尺寸的网具进行捕捞或者渔获物中幼鱼超过规定比例的，没收渔获物和违法所得，处 5 万元以下的罚款；情节严重的，没收渔具，吊销捕捞许可证；

情节特别严重的，可以没收渔船。②民事责任。违反渔业资源保护法律制度，主要承担行政责任和刑事责任，但也有民事责任。如偷捕、抢夺他人养殖的水产品的，或者破坏他人养殖水体、养殖设施，造成他人损失的，依法承担赔偿责任。③刑事责任。违反渔业资源保护法律制度情节比较严重，构成犯罪的，应承担相应的刑事责任。如渔业行政主管部门和其所属的渔政监督管理机构及其工作人员违反法律规定核发许可证、分配捕捞限额或者从事渔业生产经营活动的，或者有其他玩忽职守不履行法定义务、滥用职权、徇私舞弊的行为，构成犯罪的，依法追究刑事责任。

本案虽然仅仅是中韩之间因渔业捕捞引发的血案，但也折射出当前全球渔业资源面临的一个共同问题。由于人类的过度捕捞、日益加剧的海洋环境污染，海洋渔业资源已经锐减，尤其是近海海域渔业资源濒临枯竭，越来越多的渔民不得不奔赴远海捕捞，在当前由《联合国海洋法公约》确定的专属经济区和大陆架等海洋区域划界框架下，必然引发大量争端。在此背景下，只有不断构建和完善渔业资源保护法律制度，才能为有限渔业资源的可持续发展奠定坚实的法律基础。

[参考法律规范]

1.《国际捕鲸公约》（1946 年颁布）

2.《养护和管理跨界鱼类种群和高度洄游鱼类种群的协定》（1995 年颁布）

3.《渔业法》（1986 年颁布，2000、2004、2009、2013 年修订）

4.《渔业法实施细则》（国务院 1987 年颁布）

5.《渔业资源增殖保护费征收使用办法》（国务院 1988 年颁布，2011 年修订）

6.《水生野生动物保护实施条例》（农业部 1993 年颁布，2013 年修订）

六、草原法

案例六：　　　　　　和兴公司建设养鸡场非法破坏草原案

[所属部分] 自然资源保护法之草原保护法

[大纲知识点] 草原保护法律制度

[案例背景]

"天苍苍、野茫茫，风吹草低见牛羊。"曾几何时，随着这首讴歌草原的诗歌广为流传，大草原在人们的心中是那么的美好，然而，时过境迁，现在的大草原已经风景不再，为什么会这样呢？这源自人类对草原不适当的开发利用，本案要讲述的就是这样一个真实故事。

黑龙江省是草原大省，现有草原 6500 万亩，占全省土地总面积的 9.5%，居全国第九，良好的资源条件为畜牧业发展提供了得天独厚的优势。然而近十年来，随着黑龙江省经济社会发展，草原资源破坏情况较为严重。全省草原由 1984 年的 1.13 亿亩减少到 6500 万亩；1996 年至 1999 年间，约有三百多万亩草原被开垦，有的在开垦后由于不适宜耕种，又被迫撂荒，使草原植被遭到严重破坏。全省草原平均超载 2 倍以上，松嫩平原草原平均超载 5 倍以上，由于草原超载过牧，造成严重退化、沙化、碱化，有的草原已成不毛之地。松嫩平原（包括齐齐哈尔、大庆及绥化、哈尔滨部分市县在内）现有草原面积 2800 万亩，该区域是黑龙江省生态较为脆弱地区，尤其是在黑龙江省西部沙地地带，草原植被有力地控制着沙丘群"活化"，对缓冲沙尘暴有着不可替代的功能，是黑龙江省生态建设的重点。2006 年 3 月 28 日，为加快草原生态环境建设，恢复和提高草原生产力，发展现代畜牧业，黑龙江省政府发布了《黑龙江省松嫩平原草原禁牧计划》，提出"到 2010 年，松嫩平原草原植被覆盖度达到 60% 以上，牧草亩产达到 50 千克以上，草原生产能力基本得到恢复；2015 年，草原植被覆盖度达到 85% 以上，牧草亩产达到 100 千克以上，草原生态环境基本恢复"。然而，就是在这样的背景下，黑龙江省肇州县兴城镇还出现了违法占用草原案件。

[案情描述]

黑龙江省肇州县位于黑龙江省西南部，松花江之北，松嫩平原腹地，拥有 85 万亩的广袤草原。兴城镇是肇州县辖下一个小镇，拥有草原面积 140 834 亩。肇州县杏山工业园区坐落在兴城镇境内，重点发展农畜产品深加工产业。2011 年 7 月，兴城镇政府为了落实县政府招商引资政策，将兴城镇杏山工业园区西南侧草原从他人手中转包给黑龙江和兴生物科技有限公司，承包时间为 2011 年 7 月，承包面积为 1000 亩（67 万平方米），承包期限为 50 年。[1]

然而，和兴公司承包草场是要做什么呢？是为保护草原还是另有目的？后来发生的事情证明，承包目的就是利用该承包区域建设黑龙江兴和生物科技有限公司养鸡场。

2011 年 7 月，黑龙江和兴生物科技有限公司未经审批在其承包的兴城镇拥

---

〔1〕 本案参考资料：①佚名："肇州县严肃查处非法占用及破坏草原案件"，中华人民共和国农业部官方网站，http：//www.moa.gov.cn/fwllm/qgxxlb/hljxm/201208/t20120815_2825660.htm，2012 年 8 月 15 日；②佚名："草原生态系统的作用"，内蒙古农牧信息网，http：//www.nmagri.gov.cn/fwq/syjs/njbs/27027.shtml，2011 年 7 月 13 日；③佚名："我国天然草原破坏严重"，中国绿色时报，2004 年 12 月 3 日；④农业部草原监理中心："开垦草原 20 亩将追究刑事责任"，农业部草原监理中心网，http：//www.grass-land.gov.cn/Grassland-new/ShengCheng/Article/gzdt/2012/12/03/0958014403.htm，2012 年 12 月 3 日。⑤殷政："草原资源破坏严重 松嫩平原明年起禁止放牧"，黑龙江频道网，http：//heilongjiang.dbw.cn/system/2005/12/29/050223656.shtml，2005 年 12 月 29 日。

有使用权的草原上动工建设养鸡场,在无任何审批的情况下,建设办公室及附属设施 1 栋、鸡舍 21 栋,非法占用草原面积 97 804 平方米;在所承包的区域内,非法推挖土坑破坏草原植被 2 处,面积为 7933 平方米。上述行为违反了《中华人民共和国草原法》(以下简称《草原法》)及《黑龙江省草原条例》等法律法规,肇州县草原行政主管部门对破坏草原的责任主体依法进行了处罚,肇州县人民政府对本案件的相关责任人依法进行了追责。①责令黑龙江和兴生物科技有限公司养鸡场工程停止工程建设,在未取得省草原行政主管部门的审批许可前不得施工,并接受行政处罚。②按照《草原法》第 68 条、《黑龙江省草原条例》第 43 条第 8 款的规定,黑龙江和兴生物科技有限公司在草原上非法推挖土面积 7933 平方米,对该公司处以 2 万元的罚款,责令停止推挖土的违法行为,限 30 日内恢复草原植被。③按照《草原法》第 65 条、《黑龙江省草原条例》第 44 条第 1 款的规定,黑龙江和兴生物科技有限公司未经批准非法占用和使用草原,建设办公场所及养殖设施,共计占用草原 97 804 平方米,对该公司处以 195.608 万元的罚款,拆除违建办公场所及养殖设施,限 30 日内恢复草原植被。④肇州县兴城镇政府为招商引资,不顾法律程序,未批先建,私自允许黑龙江和兴生物科技有限公司在草原上开工建设,肇州县委对负有主要责任的兴城镇主管副镇长给予警告处分,对兴城镇畜牧综合站站长给予严重警告处分。

[法律问题]

1. 什么是草原?我国环境资源法中有哪些保护草原的主要规定?

2. 联系本案分析草原保护法律制度。

[法理分析]

本案是一起典型的违法在草原上修建设施、破坏草原的案件,因其具有典型性和代表性,农业部把这个案子放在官方网站供参考借鉴。所谓"草原",是指天然草原和人工草地。天然草原包括草地、草山和草坡,人工草地包括改良草地和退耕还草地,不包括城镇草地。草原可以为人类提供大量社会经济发展中所需要的畜牧产品、动植物资源,还具有特殊的生态环境意义,尤其对干旱、高寒和其他生境严酷地区起到关键性作用,对社会、经济、生态及人类社会的可持续发展具有极为重要的作用和价值。

草原的生态功能是全球性的,它占据着地球上森林与荒漠、冰原之间的广阔中间地带,覆盖着地球上许多不能生长森林或不宜垦殖为农田的生态环境较严酷的地区,草原在地球的生态环境与生物多样性保护方面具有不可代替的作用。尤其在防止土地的风蚀沙化、水土流失、盐渍化和旱化等方面,草原的作用往往是其他生态系统所不及的。①草原是生命的重要支持系统。草原资源直接或间接地为人类的生存和发展提供必要的生产和生活资料。一方面,草原为人类提供了大量植物性和动物性原材料，如食物、燃料、药材、纤维、皮毛和其他工业原料等，就是所谓的草畜产品价值。另一方面，草原在维持生物物质的生物地化循环、维持生物物种与遗传多样性方面起到重要作用。②草原是生态环境的保障系统。草原植物贴地面生长，能很好地覆盖地面，草原上的许多植物根系较发达，能深深地植入土壤中，牢牢地将土壤固定，是全球生态环境稳定的保障。③防风固沙作用。草原植被可以增加下垫面的粗糙程度，降低近地表风速，从而可以降低风蚀作用的强度；草本植物是绿色植被的先锋，防治荒漠化的技术措施中植物治沙是最有效的，在干旱、风沙、土瘠等条件下，林木生长困难，而草本植物却较易生长。干旱区天然草原在其漫长的生物演化过程中，已成为蒸腾少、耗水量少、适于干旱区生长的主要植被类型；研究表明，随草原植被覆盖度的增加，风蚀模数下降，当植被盖度达70%时，只有6级强风才可引起风蚀。④水土保持和水源涵养功能。完好的天然草原不仅具有截留降水的功能，而且比空旷裸地有更高的渗透性和保水能力，对涵养土地中的水分有着重要的意义。⑤调节气候、净化空气系统。草原对大气候和局部气候都具有调节功能。草原通过对温度、降水的影响，缓冲极端气候对环境和人类的不利影响。草原植物在生长过程中，从土壤吸收水分，通过叶面蒸腾，把水蒸气释放到大气中，能提高环境的湿度、云量和降水，减缓地表温度的变幅，增加水循环的速度，从而影响大气中的热交换，起到调节小气候的作用。健康的草原生态系统可起到维持大气化学平衡与稳定，抑制温室效应的作用。草原生态系统还具有减缓噪声、释放负氧离子、吸附粉尘、去除空气中的污染物的作用。⑥维持生物多样性的功能。生物多样性是指各种生命形式的资源，它包括数百万种的植物、动物、微生物、各物种所拥有的基因和各种生物与环境相互作用形成的生态系统。由于草原资源分布于多种不同的自然地理区域，自然条件复杂和多样性形成并维系着草原生态系统高度丰富的生物多样性。

我国是世界第二草原大国，有天然草原4亿公顷，占国土面积的41.7%，但人均占有草原面积只有0.33公顷，仅为世界平均水平的一半，且主要分布在干旱、半干旱地区和青藏高原高寒地带。草原生态环境极为脆弱，一旦遭到破坏就很难恢复，除了气候变化、自然灾害等自然的因素影响外，人为破坏是导致草原生态恶化的主要原因。目前，我国有90%的天然草原不同程度地退化，且每年以200万公顷的速度扩张，天然草原面积每年减少约65～70万公顷。草原破坏带来的后果也是令人震惊的，比如，目前我国北方33.4万平方公里的沙化土地中，25.4%是因草原过度农垦引起的。

鉴于草原在生态系统中的重要功能，我国政府高度重视通过立法保护草原，逐渐形成了以《草原法》、《草原防火条例》（2008）以及《内蒙古自治区草原管理条例》（2004）、《黑龙江省草原条例》（2005）、《新疆维吾尔自治区实施〈中华人民共和国草原法〉办法》（2011）等地方性法规构成的草原法律法规系统，确立了草原保护的法律制度框架。

1. 草原监督管理体制的主要规定。国务院草原行政主管部门主管全国草原监督管理工作。县级以上地方人民政府草原行政主管部门主管本行政区域内草原监督管理工作。乡（镇）人民政府应当加强对本行政区域内草原保护、建设和利用情况的监督检查，根据需要可以设专职或者兼职人员负责具体监督检查工作。

2. 草原权属的主要规定。草原属于国家所有，由法律规定属于集体所有的除外。国家所有的草原，由国务院代表国家行使所有权。任何单位或者个人不得侵占、买卖或者以其他形式非法转让草原。国家所有的草原，可以依法确定给全民所有制单位、集体经济组织等使用。依法确定给全民所有制单位、集体经济组织等使用的国家所有的草原，由县级以上人民政府登记，核发使用权证，确认草原使用权。未确定使用权的国家所有的草原，由县级以上人民政府登记造册，并负责保护管理。集体所有的草原，由县级人民政府登记，核发所有权证，确认草原所有权。依法改变草原权属的，应当办理草原权属变更登记手续。依法登记的草原所有权和使用权受法律保护，任何单位或者个人不得侵犯。

3. 草原规划制度的主要规定。国家对草原保护、建设、利用实行统一规划制度。国务院草原行政主管部门会同国务院有关部门编制全国草原保护、建设、利用规划，报国务院批准后实施。草原保护、建设、利用规划应当包括：草原保护、建设、利用的目标和措施，草原功能分区和各项建设的总体部署，各项专业规划等。草原保护、建设、利用规划应当与土地利用总体规划相衔接，与环境保护规划、水土保持规划、防沙治沙规划、水资源规划、林业长远规划、城市总体规划、村庄和集镇规划以及其他有关规划相协调。

4. 草原调查和统计制度的主要规定。县级以上人民政府草原行政主管部门会同同级有关部门定期进行草原调查；草原所有者或者使用者应当支持、配合调查，并提供有关资料。国务院草原行政主管部门会同国务院有关部门制定全国草原等级评定标准。县级以上人民政府草原行政主管部门根据草原调查结果、草原的质量，依据草原等级评定标准，对草原进行评等定级。国家建立草原统计制度。县级以上人民政府草原行政主管部门和同级统计部门共同制定草原统计调查办法，依法对草原的面积、等级、产草量、载畜量等进行统计，定期发布草原统计资料。

5. 草原生产、生态监测预警制度的主要规定。国家建立草原生产、生态监测预警系统，县级以上人民政府草原行政主管部门对草原的面积、等级、植被构成、生产能力、自然灾害、生物灾害等草原基本状况实行动态监测，及时为本级政府和有关部门提供动态监测和预警信息服务。

5. 草原建设制度的主要规定。县级以上人民政府应当增加草原建设的投入，支持草原建设。国家鼓励单位和个人投资建设草原，按照"谁投资、谁受益"的原则保护草原投资建设者的合法权益。国家鼓励与支持人工草地建设、天然草原改良和饲草饲料基地建设，稳定和提高草原生产能力。县级以上地方人民政府应当支持草原水利设施建设，发展草原节水灌溉，改善人畜饮水条件。县级以上人民政府应当按照草原保护、建设、利用规划加强草种基地建设，鼓励选育、引进、推广优良草品种。

6. 均衡利用草原制度。国家对草原实行以草定畜、草畜平衡制度。县级以上地方人民政府草原行政主管部门应当按照国务院草原行政主管部门制定的草原载畜量标准，结合当地实际情况，定期核定草原载畜量。各级人民政府应当采取有效措施，防止超载过牧。草原承包经营者应当合理利用草原，不得超过草原行政主管部门核定的载畜量；草原承包经营者应当采取种植和储备饲草饲料、增加饲草饲料供应量、调剂处理牲畜、优化畜群结构、提高出栏率等措施，保持草畜平衡。牧区的草原承包经营者应当实行划区轮牧，合理配置畜群，均衡利用草原。

7. 草原生态补偿制度。进行矿藏开采和工程建设，应当不占或者少占草原；确需征用或者使用草原的，必须经省级以上人民政府草原行政主管部门审核同意后，依照有关土地管理的法律、行政法规办理建设用地审批手续。因建设征用集体所有的草原的，应当依照《中华人民共和国土地管理法》的规定给予补偿；因建设使用国家所有的草原的，应当依照国务院有关规定对草原承包经营者给予补偿。因建设征用或者使用草原的，应当交纳草原植被恢复费。草原植被恢复费专款专用，由草原行政主管部门按照规定用于恢复草原植被，任何单位和个人不得截留、挪用。

8. 基本草原保护制度。国务院草原行政主管部门或者省、自治区、直辖市人民政府可以按照自然保护区管理的有关规定建立草原自然保护区；县级以上人民政府应当依法加强对草原珍稀濒危野生植物和种质资源的保护、管理。禁止开垦草原。对水土流失严重、有沙化趋势、需要改善生态环境的已垦草原，应当有计划、有步骤地退耕还草；已造成沙化、盐碱化、石漠化的，应当限期治理；对严重退化、沙化、盐碱化、石漠化的草原和生态脆弱区的草原，实行禁牧、休牧制度。

9. 违反草原法律制度应承担的法律责任。①行政责任。违反草原法律制度关于行政管理草原的规定，根据情节轻重需承担一定的行政责任。如对违反草原保护、建设、利用规划擅自将草原改为建设用地的，限期拆除在非法使用的草原上新建的建筑物和其他设施，恢复草原植被，并处草原被非法使用前 3 年平均产值 6 倍以上 12 倍以下的罚款。②民事责任。违反草原保护法律制度需要承担的法律责任主要是行政责任和刑事责任，但也有民事责任。如非抢险救灾和牧民搬迁的机动车辆离开道路在草原上行驶，或者从事地质勘探、科学考察等活动，未事先向所在地县级人民政府草原行政主管部门报告或者未按照报告的行驶区域和行驶路线在草原上行驶，破坏草原植被，给草原所有者或者使用者造成损失的，依法承担赔偿责任。③刑事责任。违反草原保护法律制度，情节严重，构成犯罪的应承担刑事责任。如草原行政主管部门工作人员及其他国家机关有关工作人员玩忽职守、滥用职权，不依法履行监督管理职责，或者发现违法行为不予查处，造成严重后果，构成犯罪的，依法追究刑事责任。

长期以来，我国在草原执法和司法实践中，由于缺乏具体的定罪量刑标准，一直无法追究开垦草原、非法使用草原等破坏草原资源案件的刑事责任，只能作出行政处罚，草原执法的惩戒和威慑作用没能得到充分发挥，造成开垦草原等违法犯罪行为屡禁不止。据农业部草原监理中心统计，"十一五"期间，我国主要草原省区发生开垦草原案件近万起，破坏草原面积近 80 万亩。为此，2012年最高人民法院发布了《关于审理破坏草原资源刑事案件应用法律若干问题的解释》（以下简称《解释》），加重了对破坏草原行为的处罚力度。根据该《解释》的规定，开垦草原、非法使用草原等行为破坏草原面积超过 20 亩，就可以依法追究犯罪嫌疑人的刑事责任。《解释》明确规定，违反草原法等土地管理法规，非法占用草原，改变被占用草原用途，数量在 20 亩以上的，或者曾因非法占用草原受过行政处罚，在 3 年内又非法占用草原，改变被占用草原用途，数量在 10 亩以上的，应当认定为刑法第 342 条规定的"数量较大"，以非法占用农用地罪定罪处罚。《解释》对"数量较大"和"造成草原大量毁坏"的 5 种具体情形作出了明确规定：一是开垦草原种植粮食作物、经济作物、林木的；二是在草原上建窑、建房、修路、挖砂、采石、采矿、取土、剥取草皮的；三是在草原上堆放或者排放废弃物，造成草原的原有植被严重毁坏或者严重污染的；四是违反草原保护、建设、利用规划种植牧草和饲料作物，造成草原沙化或者水土严重流失的；五是其他造成草原严重毁坏的情形。

[参考法律规范]

1.《草原法》（1985 年颁布，2002、2009、2013 年修订）

2.《草原防火条例》（国务院 1993 年颁布，2008 年修订）

3.《最高人民法院关于审理破坏草原资源刑事案件应用法律若干问题的解释》（最高人民法院 2012 年颁布）

第二节    生态保护法

## 一、野生动物保护法

### 案例七：                震惊中外的华南虎造假事件

[所属部分]  自然资源保护法之野生动物保护法
[大纲知识点]  野生动物资源保护法律制度
[案例背景]

　　华南虎亦称"中国虎"，是中国特有的虎种，起源于二百多万年前，是世界上现存 5 个老虎亚种的祖先，也是所有不同种类的老虎中濒临灭绝程度最大的一种，其珍贵程度不亚于国宝大熊猫。华南虎体长一般 1.6～2.9 米，体重 180～200 公斤。头圆，耳短，四肢粗大有力，尾较长，全身橙黄色并布满黑色横纹，是亚种老虎中体型最小的，主要栖息地在中国中南部。雄性华南虎长约 2.5 米，重约 150 公斤；雌性体型要小一些，长约 2.3 米，重约 110 公斤。与孟加拉和西伯利亚虎相比，华南虎身上短而宽的斑纹间距很大。华南虎的怀孕期约为 103 天，平均每次可以产两三头幼虎。华南虎于 1989 年被《中华人民共和国野生动物保护法》（以下简称《野生动物保护法》）列为国家一级保护动物，1996 年被国际自然保护联盟列为极度濒危的十大物种之首。到目前为止，中国存活的圈养华南虎仅为 70 只，其中包括正在南非野化的 2 只。国内动物园圈养的华南虎只有 68 只，散布在全国 18 家城市动物园中，而野生的华南虎迄今为止，再也没有在野外发现踪迹，很多人预言，华南虎已经"灭绝"了。然而，2007 年 10 月 12 日，却有人声称，在陕西大山里看到了野生华南虎。现年 52 岁的周正龙是陕西省镇坪县城关镇文彩村的农民，也是陕西省野生华南虎调查队的向导。出生在镇坪县上竹乡一个农民家庭的周正龙，其父亲是一个猎人。1980 年，他搬到了文彩村，成为一个"上门女婿"。正是这个猎人的后代宣称发现了野生华南虎，并拍摄到野生华南虎七十余张照片，此语一出，震惊世界！[1]

---

　　[1]  本案参考资料：①佚名："华南虎照事件尘埃落定"，腾讯新闻网，http：//news.qq.com/zt/2007/huananhu/，2013 年 10 月 20 日；②刘晓斌、陈武："组图：'华南虎'照片造假 周正龙被提请逮捕"，新华网，http：//news.qq.com/a/20080629/000980.htm，2008 年 6 月 29 日；③杨彦："'华南虎照事件'水落石出披露周正龙造假细节"，凤凰网，http：//news.ifeng.com/mainland/200806/0629_17_623205.shtml，2008 年 6 月 29 日；④佚名："华南虎照片事件"，好搜百科，http：//baike.haosou.com/doc/6108675.html，2014 年 6 月 27 日。

野生华南虎真的再现了吗？

[案情描述]

2007年10月12日，陕西省林业厅召开新闻发布会，公布了猎人周正龙用数码相机和胶片相机拍摄的华南虎照片，宣布"镇坪县发现野生华南虎"，据称这是43年来，陕西省秦巴山区发现华南虎的首次记录，并向其颁发奖金2万元。陕西省林业厅官员关克将屏幕上的"老虎照片"翻拍下来，并传给好友、著名野生动物摄影家奚志农，后者将照片发布到野性中国网站上。当天即有网友对照片的真实性表示怀疑。2007年10月14日，有网友把官方公布的几张虎照进行叠加验证，发现老虎影像在焦距、角度、距离变化之后完全重合，这让摄影水平较高的网友一致认定照片有假。

**图4 警方展示周正龙拍照用的虎图**

2007年10月19日，中国科学院植物研究所种子植物分类学创新研究组首席研究员傅德志具名在博客中指出华南虎照片造假。经媒体报道后，事件向着高潮发展。10月23日，陕西省林业厅派员与周正龙一起向国家林业局汇报了有关情况。次日，国家林业局表示，将组织专家赴镇坪县进行野生华南虎资源状况专项调查。11月15日，有网友在互联网上发表了一张名为《老虎卧瀑图》的年画照片，画中的老虎与虎照中老虎的姿态、斑纹极其相似。网友"小鱼啵啵啵"把攀枝花网友找到的家中年画虎照片发布到网上。12月19日，国家林业局表示，已要求陕西省林业厅委托国家专业鉴定机构对周正龙所拍摄的华南虎照片等原始材料依法进行鉴定，并如实公布鉴定结果。12 月 21 日，陕西省林业厅宣布启动华南虎照片二次鉴定工作。

2008 年 2 月 3 日，陕西省政府办公厅对陕西省林业厅在"华南虎照片事件"中"违反政府新闻发布制度"进行公开通报批评。次日，陕西省林业厅就"草率发布发现华南虎的重大信息"发出《向社会公众的致歉信》。6 月 29 日，陕西省政府召开新闻发布会宣布"华南虎照片"系周正龙造假，"华南虎照片"是用老虎画拍摄的假虎照。

后周正龙以涉嫌诈骗罪被公安机关提请检察机关批准逮捕，经法院终审裁定：判周正龙犯诈骗罪，判处有期徒刑 2 年；犯非法持有弹药罪，判处有期徒刑 1 年 6 个月，两罪并罚，决定执行有期徒刑 2 年 6 个月，缓期 3 年执行，并处罚金 2000 元人民币，所得 2 万元奖金上交陕西省林业厅。此后又有相关的 13 名政府官员受到不同的党纪政纪处理。

周正龙，本是关中大地上一个"淳朴"的农民，但在市场经济大潮中，出于经济人的逐利本性，竟然向世界撒了一个弥天大谎。然而，在当今这样一个信息化极其发达的现代社会，谎言又是如何形成的呢？

2006 年，周正龙为陕西省华南虎调查队做向导期间，听调查队队员讲，如果能拍到华南虎的足迹、粪便、毛发，便可得到千元至万元的奖励；拍到活体野生华南虎照片，就可得到 100 万元以上的奖励，这对其触动很大，特别是 2006 年 8 月前后，镇坪县政府因周正龙做调查队向导成绩突出，给其颁发了荣誉证书和 1000 元奖金之后，更加刺激了周正龙拍摄虎照、获取利益的欲望。在此心理驱使下，他萌生了拍摄假虎照骗取钱财的想法。此后，周正龙以给其堂哥的儿子治精神病为由，委托数名村民，寻找老虎画。2006 年 9 月中旬，受委托的邻乡村民彭某，在其同村的曹某家寻得老虎画 1 幅，交周正龙。周正龙将得到的老虎画，顺着老虎图案进行折叠，将多余部分折到老虎图案背后，用胶带纸粘贴，分别于 9 月 27 日、10 月 3 日两次拍摄假虎照。9 月 27 日下午，周正龙来到神州湾艾蒿坪附近，将折叠后的老虎画放置在草地上，用随身携带的傻瓜相机进行了拍摄。但因相机质量低劣，且淋雨受损，未能冲洗出成形的假老虎照片。此后，周正龙以拍摄虎照为由，向其妻的堂弟和镇坪县经贸局局长谢坤元，借用了佳能牌数码相机和长城牌胶片相机各 1 部。10 月 3 日上午，周正龙来到神州湾，经长时间寻找，在马道子林区发现了一个地势相对平坦、地面杂草灌木丛生、覆盖大量落叶的地方，便将其作为拍虎地点。周正龙将上次拍假虎时使用的折叠后的老虎画放置于一棵小树前，用树叶遮盖住了老虎画的边缘，并于下午 4 时 30 分左右，从近远不同的位置，用胶片相机和数码相机交替拍摄了假虎照。10 月 3 日下午 5 时左右，周正龙拍照结束后返回。晚 8 时左右，周正龙回到家中，将拍到"华南虎"的消息电话告诉了谢坤元，并于次日将相机交给谢坤元冲洗。照片洗出后，周正龙于 10 月 12 日参加了省林业厅举行的新闻发布会，并当场获得 2 万元奖金。

在人们对虎照质疑不断的情况下，2007 年 4 月初，周正龙在本村村民易某的帮助下，用事先制作的木质虎爪模具，在镇坪县北草坡的雪地里，捺印假虎爪痕迹后拍照，企图继续行骗。根据周正龙的供述，公安人员从其家中提取了其去年 10 月 3 日拍摄假虎照时所用的老虎画和木质虎爪模具 1 个，从为其提供老虎画的曹某家中提取了同时购买的另一幅相同的老虎画。至此，轰动一时的华南虎事件终于真相大白。

[法律问题]

1. 什么是野生动物？我国环境资源法中有哪些保护野生动物的主要规定？
2. 联系本案分析野生动物保护法律制度。

[法理分析]

本案是我国发生的一起比较典型的以保护野生动物为名而谋取经济利益的案例。所谓"野生动物"，是指珍贵、濒危的陆生、水生野生动物和有益的或者有重要经济、科学研究价值的陆生野生动物。野生动物是宝贵的自然资源，对人类而言，具有非常重要的、不可替代的重要作用和价值。①野生动物本身是地球生态系统中一个至关重要的组成部分，对维持生态平衡、保护生物多样性、保持自然界的物质循环、能量和信息传递不可或缺。②野生动物本身具有很高的经济价值和科学研究价值。例如，人类现在不可或缺的猪、牛、羊、鸡、鸭等肉制品基本上都是从野生动物驯化而来；鳄鱼、老虎、狗熊等本身就可以为人类提供很多高价值的药品；有很多野生动物是活化石，具有很高的科学研究价值，如大熊猫、中华白鳍豚等。③由于环境的恶化，人类的乱捕滥猎，各种野生动物的生存正在面临着各种各样的威胁。近一百年，物种灭绝的速度已超过了自然灭绝速度的 100 倍，现在每天都有一百多种生物从地球上消失。我国也已经有十多种哺乳类动物灭绝，还有二十多种珍稀动物面临灭绝。

为保护野生动物，世界各国都高度重视野生动物立法。例如，美国早在 1973 年就颁布了《濒危物种法》，而且在华盛顿还缔结了《濒危野生动植物种国际贸易公约》，日本则制定了一个比较健全的野生动物保护法体系，包括《生物多样性基本法》、《濒临灭绝野生动植物保护法》、《鸟兽保护及规正狩猎的法律》、《防止外来物种破坏生态法》等；欧盟不仅主导制定了《生物多样性公约》，还制定了比较具体的《欧盟鲸类条例》、《关于保护野鸟的指令》、《欧盟海豹皮指令》、《欧共体关于保护自然生境和野生动植物的指令》、《关于在共同体内执行濒危野生动植物国际贸易公约的条例》、《欧盟关于脚扣捕捉器和进口用脚扣捕捉器捕捉的动物的皮毛的条例》等。

中国是野生动物种类最为丰富的国家之一。其中，脊椎动物种类约占世界种数的 10% 以上，有哺乳类 500 种，鸟类 1258 种，爬行类 412 种，两栖类 295 种，鱼类 3862 种。其中许多为中国特有的珍稀物种，如大熊猫、金丝猴、朱鹮、褐马鸡、扬子鳄等。因此，中国政府也非常重视野生动物保护立法。主要有《国家重点保护野生动物名录》（1989 年）、《国家重点保护野生动物驯养繁殖许可管理办法》（1991 年）、《陆生野生动物保护实施条例》（1992 年）、《水生野生动物保护实施条例》（1993 年颁布，2011 年、2013 年修订），《野生动物保护法》（1988 年颁布，2004 年、2009 年、2014 年修订）等，基本确立了我国野生动物保护法律制度。

1. 野生动物保护管理体制的主要规定。国务院林业、渔业行政主管部门分别主管全国陆生、水生野生动物管理工作。省、自治区、直辖市政府林业行政主管部门主管本行政区域内陆生野生动物管理工作。自治州、县和市政府陆生野生动物管理工作的行政主管部门，由省、自治区、直辖市政府确定。县级以上地方政府渔业行政主管部门主管本行政区域内水生野生动物管理工作。

2. 野生动物重点保护制度的主要规定。①重点保护野生动物名录制度。国家对珍贵、濒危的野生动物实行重点保护。国家重点保护的野生动物分为一级保护野生动物和二级保护野生动物。国家重点保护的野生动物名录及其调整，由国务院野生动物行政主管部门制定，报国务院批准公布。地方重点保护的野生动物名录，由省、自治区、直辖市政府制定并公布，报国务院备案。②重点保护野生动物自然保护区制度。国务院野生动物行政主管部门和省、自治区、直辖市政府，应当在国家和地方重点保护野生动物的主要生息繁衍的地区和水域，划定自然保护区，加强对国家和地方重点保护的野生动物及其生存环境的保护管理。

3. 各级野生动物行政主管部门应当监视、监测环境对野生动物的影响。由于环境影响对野生动物造成危害时，野生动物行政主管部门应当会同有关部门进行调查处理。建设项目对国家或者地方重点保护野生动物的生存环境产生不利影响的，建设单位应当提交环境影响报告书；环境保护部门在审批时，应当征求同级野生动物行政主管部门的意见。国家和地方重点保护野生动物受到自然灾害威胁时，当地政府应当及时采取拯救措施。因保护国家和地方重点保护野生动物，造成农作物或者其他损失的，由当地政府给予补偿。

3. 野生动物资源管理的主要规定。①野生动物资源调查制度。野生动物行政主管部门应当定期组织对野生动物资源的调查，建立野生动物资源档案。②野生动物猎捕管制规定。禁止猎捕、杀害国家重点保护野生动物。因科学研究、驯养繁殖、展览或者其他特殊情况，需要捕捉、捕捞国家一级保护野生动物的，必须向国务院野生动物行政主管部门申请特许猎捕证；猎捕国家二级保护野生动物的，必须向省、自治区、直辖市政府野生动物行政主管部门申请特许猎捕证。③野生动物管制许可证制度。驯养繁殖国家重点保护野生动物的，应当持有许可证。猎捕非国家重点保护野生动物的，必须取得狩猎证，并且服从猎捕量限额管理。持枪猎捕的，必须取得县、市公安机关核发的持枪证。猎捕者应当按照特许猎捕证、狩猎证规定的种类、数量、地点和期限进行猎捕。

4. 野生动物国内贸易管制的主要规定。禁止出售、收购国家重点保护野生动物或者其产品。因科学研究、驯养繁殖、展览等特殊情况，需要出售、收购、利用国家一级保护野生动物或者其产品的，必须经国务院野生动物行政主管部门或者其授权的单位批准；需要出售、收购、利用国家二级保护野生动物或者其产品的，必须经省、自治区、直辖市政府野生动物行政主管部门或者其授权的单位批准。驯养繁殖国家重点保护野生动物的单位和个人，可以凭驯养繁殖许可证向政府指定的收购单位，按照规定出售国家重点保护野生动物或者其产品。工商行政管理部门对进入市场的野生动物或者其产品，应当进行监督管理。

5. 野生动物进出口贸易管制的主要规定。出口国家重点保护野生动物或者其产品的，进出口中国参加的国际公约所限制进出口的野生动物或者其产品的，必须经国务院野生动物行政主管部门或者国务院批准，并取得国家濒危物种进出口管理机构核发的允许进出口证明书。海关凭允许进出口证明书查验放行。

6. 违反野生动物保护法律制度应承担的法律责任。①行政责任。违反野生动物保护法律制度的行政管理规定，按照情节轻重，需承担一定的行政法律责任。例如，未取得狩猎证或者未按狩猎证规定猎捕野生动物的，由野生动物行政主管部门没收猎获物和违法所得，处以罚款，并可以没收猎捕工具，吊销狩猎证。再如，在自然保护区、禁猎区破坏国家或者地方重点保护野生动物主要生息繁衍场所的，由野生动物行政主管部门责令停止破坏行为，限期恢复原状，处以罚款。②民事责任。违反野生动物保护法律制度，主要承担行政责任和刑事责任，但也有民事责任。如因猎捕野生动物造成农作物或者其他损失的，由猎捕者负责赔偿。③刑事责任。违反野生动物保护法律制度情节比较严重，构成犯罪的，应承担相应的刑事责任。例如，非法捕杀国家重点保护野生动物的，依照关于惩治捕杀国家重点保护的珍贵、濒危野生动物犯罪的补充规定追究刑事责任。再如，非法进出口野生动物或者其产品的，情节严重、构成犯罪的，依照刑法关于走私罪的规定追究刑事责任。

由于濒临灭绝的野生动物极为珍贵，华南虎不仅受到国家立法的保护，更受到国际公约的保护，一旦发现了野生华南虎，则该区域很可能被列为自然保护区，由此可引来国家和联合国的一系列资金援助和财政支持，这是华南虎造假事件能够堂而皇之进行的主要理由。华南虎事件折射出市场经济条件下，少数人为追求经济利益，不惜造假，利用珍稀野生动物的名义来赚取不正当利益的现象，再次拷问了环境法治。对野生动物的保护，决不能从经济利益出发，而是要以野生动物保护法确定的目的为根本，以实现在野生动物保护过程中各方的权利和义务为主要内容，以追究法律责任为保障，真正实现环境法治。

[参考法律规范]
1.《濒危野生动植物种国际贸易公约》（1973年颁布）
2.《野生动物保护法》（1988年颁布，2004年、2009年修订）
3.《国家重点保护野生动物名录》（原林业部、农业部1989年发布）
4.《陆生野生动物保护实施条例》（原林业部1992年发布）

**二、防沙治沙法**

**案例八：　　　　卡拉库姆工程——世界最大的荒漠开发失败案**

[所属部分] 自然资源保护法之防沙治沙法
[大纲知识点] 防沙治沙法律制度
[案例背景]

从1954年开始，苏联在哈萨克、西伯利亚、乌拉尔、伏尔加河沿岸和北高加索的部分地区，动员了全国众多的劳动力，进行了大规模的移民，开垦了大量的荒地。由于苏联在开发垦荒过程中滥用土地，耕作制度混乱，缺乏防护林带，同时又遭受连年的干旱，造成了新开荒地的严重风蚀。自1960年以来，这些地区时常遭到黑风暴的侵袭，造成了庄稼的大面积被毁，大量新垦土地沦为寸草不生的沙丘，许多新垦荒地不得不因此而弃耕。[1]

1960年3月和4月，在苏联新开垦地区先后2次遭到黑风暴的侵蚀。这2场黑风暴席卷了俄罗斯大草原南部的广大地区，使新垦荒地上的土粒、种子甚至幼苗和大块的土壤都被刮得腾空而起。第一次黑风暴是从3月16日开始的，

---

〔1〕 本案参考资料：①佚名："我国荒漠化现状、成因与防治对策"，甘肃大众科普网，http://www.gspst.com/kpzy/kpzysjk/nykp/nykj/stny/833.html，2011年6月30日；②佚名："咸海"，维基百科，http://zh.wikipedia.org/zh-cn/%E9%B9%B9%E6%B5%B7，2013年7月25日；③佚名："1960年3月和4月前苏联发生两次黑风暴"，中国天气网，http://www.weather.com.cn/zt/kpzt/421537.shtml，2010年04月28日；④佚名："祝列克：土地荒漠化、沙化严重威胁国家生态安全"，中国广播网，http://www.cnr.cn/allnews/201101/t20110104_507546108.html，2011年1月4日；⑤佚名："历史上的荒漠化灾难"，中国科普博览网，http://www.kepu.net.cn/gb/news/environment040622/200406220010.html，2013年7月25日。

整整刮了一个星期，到 23 日才消失。当时风速大得十分惊人，达每秒 12 ~ 15 米左右。在哈萨克和西伯利亚大草原，气候十分干旱。每当春季和春夏之交，这里时常刮起大风。大面积的开荒种地使得植被已被破坏，新垦荒地的土壤表层已变得十分稀松。这一次，在狂风呼啸的同时，又挟带起大量松散的表土。瞬时间，沙石尘埃飞扬，蔚蓝的天空被昏暗的尘雾遮盖。在这巨大的黑风暴的袭击下，经营多年的农庄耕地在几天之间全部被毁坏。许多农庄颗粒无收，连种子也没有收回。祸不单行，不到一个月时间，黑色狂魔再次降临。4 月的黑风暴比 3 月发生的那次情况更为严重。虽然最大强度的风暴仍在俄罗斯大草原，但在其他地区遭到的灾害同样惨烈，而且受到肆虐的范围更为广阔。在乌克兰的乡村和城市上空，黑色尘埃使原来洁静明朗的天空变得好像披上了一层暮色朦胧的黑雾一样。在街上行走的人们打着手电筒，在路上行驶的汽车都打着车灯，住房和办公室内积聚着厚厚的沙粒尘埃。在苏联西部的广大地区，甚至与苏联相邻的罗马尼亚、保加利亚、匈牙利和南斯拉夫也是尘雾弥漫，犹如乌云压顶一般。在白俄罗斯和波兰东部，砂粒尘土遮住了阳光，能见度极差，数米之内见不到建筑物。狂风挟带尘砂扶摇直上，黑色的尘埃在山顶形成了黑云，云层厚达 1500 ~ 2500 米。据苏联当局后来对灾情的统计，1960 年这 2 次黑风暴，使苏联垦荒地区的春季作物受灾面积达 400 万公顷以上。大量的砂土淤塞了许多灌溉水渠，毁坏了大片的庄稼和田地。不少耕地肥沃的表土层被刮走，有的被刮走的土层厚度达 300 ~ 500 毫米。据估计，在 400 万公顷的耕地上，被刮到天空的砂土总量约有 9.6 亿吨至 12.8 亿吨。哈卡斯草原是个重灾区，黑风暴将这里 15 万公顷耕地的表土层全部刮走，砂土填平了 150 公里长的灌溉网，同时填塞了道路和公路边的沟壑。

然而，尽管黑风暴的危害已经耸人听闻，却还有比这更厉害的，那就是"白风暴"。

[案情描述]

比黑风暴危害更大、持续更长的是同时发生并绵延至今的"白风暴"，白风暴的形成始于咸海的水位下降。

咸海是中亚的一个内流咸水湖，位于哈萨克斯坦共和国和乌兹别克斯坦共和国的交界处，水源主要来自阿姆河和锡尔河。从 1960 年到 1998 年，咸海面积减少了近 60%，总水量减少了 80%。咸海在 1960 年曾为世界第四大湖，面积达 6.8 万平方公里、总水量 1100 立方公里，然而，到 1998 年，咸海面积下降至 2.8687 万平方公里，成为世界第八大湖，丢失的水量相当于伊利湖和安大略湖的总和。与此同时，它的含盐量从 10g/L 上升至 45g/L。至 2004 年，咸海的面积只剩下原本的 1/4，只有 1.1716 万平方公里，总水量 193 立方公里，成为世界第十五大湖，而且还在继续萎缩。2007年，咸海面积只有最初面积的10%，南咸海的含盐量上升至100g/L，而一般海水的含盐量为35g/L。

1918年，苏联政府决定将流入咸海的阿姆河和锡尔河分流至附近的沙漠地区，用以灌溉和种植稻米、棉花和谷物等农作物，这一宏大工程被列宁命名为"世纪工程"，此举导致流入咸海的水量大为减少。不仅如此，从1954年开始，为了实现开发中亚地区的规划，苏联开始在土库曼卡拉库姆沙漠中修建卡拉库姆运河，全长1400公里，计划每年可从阿姆河调水到西部灌溉350万公顷的荒漠草场和100万公顷的新农垦区，并改善700万公顷草场的供水条件，使运河沿线地区成为土库曼斯坦一个以棉花为主的农业基地。但这样大规模的开发规划，不做科学论证和环境影响评价就动工了。结果，由于从阿姆河引水过多，并过量开采地下水，使阿姆河下游的水位急剧下降，湖面发生明显变化，咸海比原来的海岸线后退了10~20公里，从1960年到1970年，咸海的水位便以每年下降20厘米的速度减少；从1970年至1980年，下降的速度激增至每年50~60厘米。1980年，水位的下降暴增至每年80~90厘米。咸海水面缩小以后，周围地区的地下水位也随之降低。水源减少的结果是使得咸海周围地区形成干枯地带，在风力作用下，形成严重的黑风暴，荒漠化迅速发展，1975年5月，咸海东北沿岸强风暴出现的地表面积达4800平方公里，1979年5月6日的沙尘云面积为45 000平方公里，沙尘总量为100万吨；与此同时，由于湖水干涸，湖底盐碱裸露，"白风暴"（含盐的风暴）接踵而来，裸露的湖底成了沙尘和盐粒的源生地，盐粒和沙尘被强风吹扬到百里之外，沉降到地面，每年升入大气层的粉尘达1500万吨~1700万吨。沙尘暴次数的不断增加影响了辐射平衡，改变了近地地表的温度和湿度，大大降低了作物和天然草场的产量。同时，再加上人们大量不合理地使用化学制剂，在破坏生态平衡的同时，严重污染了环境，毁灭了60%的新垦区，并使其成为生命禁区，导致了空前的生态灾难，形成了"苏联史上最大的生态耻辱"，这项被称为世界上最大的荒漠开发工程——苏联中亚地区卡拉库姆运河工程不得不以失败而告终。

[法律问题]

1. 什么是土地沙化？我国环境资源法中有哪些防沙治沙的主要规定？

2. 联系本案分析防沙治沙法律制度。

[法理分析]

本案是世界上最大的荒漠化治理失败的案例，对世界各国进行土地沙化治理具有很强的借鉴作用。所谓"土地沙化"，是指因气候变化和人类活动所导致的天然沙漠扩张和沙质土壤上植被破坏、沙土裸露的过程。目前，全世界陆地面积为1.62亿平方千米，其中约1/3（4800万平方千米）是干旱、半干旱荒漠地，而且每年以 6 万平方千米的速度扩大，沙漠面积已占陆地总面积的 10%，还有 43% 的土地正面临着沙漠化的威胁。土地沙漠化已成为当今世界人类共同面临的一个重大环境及社会问题，被称为"地球之癌"。

土地沙漠化带来的影响是毁灭性的。历史上有很多文明是因为土地沙漠化，使得人们丧失了赖以生存的根本，最后导致文明消亡，如过早消逝的两河流域文明、中国古代消失的丝绸之路都是典型案例，给人们敲响了警钟。过去 50 年间，非洲 36 个国家面临旱地土地退化，进而演变为沙漠化。全球旱地占全球总面积的 40%，约 51 亿公顷，有 10 亿多人口赖以生存和生活的资源受到了严重影响。沙漠化影响了 70% 的旱地，即 36 亿 $hm^2$ 或世界 1/4 的土地受到了沙漠化的影响。据估算，世界 30% 的灌溉农地、47% 的雨养农地和 73% 的牧场已经沙漠化。全球范围内每年由于沙漠化影响造成的年收入减少达 420 亿美元，由于沙漠化造成的生态难民或粮食减产，也给周边地区带来了间接的社会和经济损失。25 亿人口直接受到沙漠化的影响，另约 10 亿人面临沙漠化的威胁。我国也饱受荒漠化产生的危害：①荒漠化破坏生态环境，威胁人类生存，甚至使许多人沦为"生态难民"。由于荒漠化不断扩展，沙尘暴越来越频繁，不仅对生产建设造成极大破坏，而且给人民的生命财产带来重大损失，其中以 1993 年甘肃河西发生的"5·5"沙尘暴破坏最为严重。同时，沙尘暴还对包括北京在内的我国东部以及朝鲜、日本和美国的夏威夷等地的大气环境带来严重污染。荒漠化造成森林锐减，天然植被大面积死亡，地下水位下降，湖泊干涸。②荒漠化破坏土地资源，使可利用土地减少、质量下降，造成农牧业生产减产甚至绝收。③荒漠化破坏交通、水利等生产基础设施，制约经济发展。④荒漠化加剧了农牧民的贫困程度，影响社会安定和民族团结。荒漠化使人类的生存环境恶化，耕地、草场、林地等可利用土地资源质量下降或生产力丧失；破坏生产和生活设施，严重时迫使人们背井离乡。⑤荒漠化使生物质量变劣，物种丰度降低，对生物多样性构成严重威胁。

中国是世界上荒漠化、沙化面积最大的国家，荒漠化发生率居于高位，我国沙漠总面积约 70 万平方千米，如果连同五十多万平方千米的戈壁在内，总面积为 128 万平方千米，占全国陆地总面积的 13%。据国家林业局第四次沙化土地监测结果显示，截至 2009 年底，全国荒漠化土地面积 262.37 万平方公里，沙化土地面积 173.11 万平方公里，分别占国土总面积的 27.33% 和 18.03%，因土地沙化每年造成的直接经济损失高达五百多亿元，影响近 4 亿人口的生产和生活。尽管我国土地荒漠化和沙化在这五年间整体已得到初步遏制，但我国荒漠化和沙化土地防治工作依然面临着以下突出问题：一是土地荒漠化和沙化的趋势尚未得到根本改变，全国还有 31 万平方公里具有明显沙化趋势的土地；二是受过度放牧、滥开垦、水资源的不合理利用以及降水量偏少等综合因素的共同影响，川西北、塔里木河下游等局部地区沙化土地仍在扩展；三是荒漠化地区植被总体上仍处于初步恢复阶段，自我调节能力较弱，稳定性、抗逆性较差，极易反弹、退化；四是人为活动对荒漠植被的负面影响还较严重，超载放牧、盲目开垦、滥采滥挖和不合理利用水资源等破坏植被行为依然存在；五是气候变化导致的持续干旱等极端气象灾害频繁发生，对植被建设和恢复影响甚大，土地荒漠化、沙化的危险性增大。

因此，无论是国际社会，还是我国政府，都高度重视土地荒漠化治理立法。联合国 1994 年颁布了《防治荒漠化公约》，我国不仅在《环境保护法》、《森林法》、《草原法》、《气象法》、《水土保持法》、《土地管理法》等法律中原则性规定了防沙治沙的内容，还制定了一系列防沙治沙的专门立法，主要有《中华人民共和国防沙治沙法》（以下简称《防沙治沙法》）、《国务院关于进一步加强防沙治沙工作的决定》、《黑龙江省防沙治沙条例》（2008 年颁布）、《辽宁省防沙治沙条例》（2009 年颁布）、《内蒙古自治区实施〈中华人民共和国防沙治沙法〉办法》（2004 年颁布）等，确立了我国防沙治沙法律制度。

1. 防沙治沙的基本原则。①统一规划，因地制宜，分步实施，坚持区域防治与重点防治相结合；②预防为主，防治结合，综合治理；③保护和恢复植被与合理利用自然资源相结合；④遵循生态规律，依靠科技进步；⑤改善生态环境与帮助农牧民脱贫致富相结合；⑥国家支持与地方自力更生相结合，政府组织与社会各界参与相结合，鼓励单位、个人承包防治；⑦保障防沙治沙者的合法权益。

2. 防沙治沙管理体制。国务院林业行政主管部门负责组织、协调、指导全国防沙治沙工作。国务院林业、农业、水利、土地、环境保护等行政主管部门和气象主管机构，按照有关法律规定的职责和国务院确定的职责分工，各负其责，密切配合，共同做好防沙治沙工作。县级以上地方人民政府组织、领导所属有关部门，按照职责分工，各负其责，密切配合，共同做好本行政区域的防沙治沙工作。

3. 防沙治沙规划。①规划内容：防沙治沙规划应当对遏制土地沙化扩展趋势、逐步减少沙化土地的时限、步骤、措施等作出明确规定，并将具体实施方案纳入国民经济和社会发展五年计划和年度计划。②规划编制：国务院林业行政主管部门会同国务院农业、水利、土地、环境保护等有关部门编制全国防沙治沙规划，报国务院批准后实施。编制防沙治沙规划，应当根据沙化土地所处的地理位置、土地类型、植被状况、气候和水资源状况、土地沙化程度等自然条件及其所发挥的生态、经济功能，对沙化土地实行分类保护、综合治理和合理利用。

4. 土地沙化监测预报制度的主要规定。国务院林业行政主管部门组织其他有关行政主管部门对全国土地沙化情况进行监测、统计和分析，并定期公布监测结果。县级以上地方人民政府林业或者其他有关行政主管部门，应当按照土地沙化监测技术规程，对沙化土地进行监测，并将监测结果向本级人民政府及上一级林业或者其他有关行政主管部门报告。各级气象主管机构应当组织对气象干旱和沙尘暴天气进行监测、预报，发现气象干旱或者沙尘暴天气征兆时，应当及时报告当地人民政府。收到报告的人民政府应当采取预防措施，必要时公布灾情预报，并组织林业、农（牧）业等有关部门采取应急措施，避免或者减轻风沙危害。

5. 沙化土地植被管护制度的主要规定。沙化土地所在地区的县级人民政府，应当制定植被管护制度，严格保护植被，并根据需要在乡（镇）、村建立植被管护组织，确定管护人员。在沙化土地范围内，各类土地承包合同应当包括植被保护责任的内容。草原实行以产草量确定载畜量的制度。由农（牧）业行政主管部门负责制定载畜量的标准和有关规定，并逐级组织实施，明确责任，确保完成。沙化土地所在地区的县级以上地方人民政府水行政主管部门，应当加强流域和区域水资源的统一调配和管理，在编制流域和区域水资源开发利用规划和供水计划时，必须考虑整个流域和区域植被保护的用水需求，防止因地下水和上游水资源的过度开发利用，导致植被破坏和土地沙化。

6. 沙化土地封禁保护区制度的主要规定。在防沙治沙规划期内不具备治理条件的以及因保护生态的需要不宜开发利用的连片沙化土地，应当规划为沙化土地封禁保护区，实行封禁保护。在沙化土地封禁保护区范围内，禁止一切破坏植被的活动。禁止在沙化土地封禁保护区范围内安置移民。对沙化土地封禁保护区范围内的农牧民，县级以上地方人民政府应当有计划地组织迁出，并妥善安置。沙化土地封禁保护区范围内尚未迁出的农牧民的生产生活，由沙化土地封禁保护区主管部门妥善安排。未经国务院或者国务院指定的部门同意，不得在沙化土地封禁保护区范围内进行修建铁路、公路等建设活动。

7. 沙化土地综合治理制度的主要规定。①政府治沙：沙化土地所在地区的地方各级人民政府，应当按照防沙治沙规划，组织有关部门、单位和个人，因地制宜地采取人工造林种草、飞机播种造林种草、封沙育林育草和合理调配生态用水等措施，恢复和增加植被，治理已经沙化的土地。②公益性治沙：国家鼓励单位和个人在自愿的前提下，捐资或者以其他形式开展公益性的治沙活动。县级以上地方人民政府林业或者其他有关行政主管部门，应当为公益性治沙活动提供治理地点和无偿技术指导。从事公益性治沙的单位和个人，应当按照县级以上地方人民政府林业或者其他有关行政主管部门的技术要求进行治理，并可以将所种植的林、草委托他人管护或者交由当地人民政府有关行政主管部门管护。③委托治沙：使用已经沙化的国有土地的使用权人和农民集体所有土地的承包经营权人，必须采取治理措施，改善土地质量；确实无能力完成治理任务的，可以委托他人治理或者与他人合作治理。委托或者合作治理的，应当签订协议，明确各方的权利和义务。沙化土地所在地区的地方各级人民政府及其有关行政主管部门、技术推广单位，应当为土地使用权人和承包经营权人的治沙活动提供技术指导。④营利性治沙：不具有土地所有权或者使用权的单位和个人从事营利性治沙活动的，应当先与土地所有权人或者使用权人签订协议，依法取得土地使用权。在治理活动开始之前，从事营利性治沙活动的单位和个人应当向治理项目所在地的县级以上地方人民政府林业行政主管部门或者县级以上地方人民政府指定的其他行政主管部门提出治理申请。从事营利性治沙活动的单位和个人，必须按照治理方案进行治理。治理者完成治理任务后，应当向县级以上地方人民政府受理治理申请的行政主管部门提出验收申请。经验收合格的，受理治理申请的行政主管部门应当发给治理合格证明文件；经验收不合格的，治理者应当继续治理。⑤单位治理：已经沙化的土地范围内的铁路、公路、河流和水渠两侧，城镇、村庄、厂矿和水库周围，实行单位治理责任制，由县级以上地方人民政府下达治理责任书，由责任单位负责组织造林种草或者采取其他治理措施。⑥自愿治理：沙化土地所在地区的地方各级人民政府，可以组织当地农村集体经济组织及其成员在自愿的前提下，对已经沙化的土地进行集中治理。

8. 防沙治沙保障制度的主要规定。①财政扶持：国务院和沙化土地所在地区的地方各级人民政府应当在本级财政预算中按照防沙治沙规划通过项目预算安排资金，用于本级人民政府确定的防沙治沙工程。在安排扶贫、农业、水利、道路、矿产、能源、农业综合开发等项目时，应当根据具体情况，设立若干防沙治沙子项目。②政策优惠：国务院和省、自治区、直辖市人民政府应当制定优惠政策，鼓励和支持单位和个人防沙治沙。县级以上地方人民政府应当按照国家有关规定，根据防沙治沙的面积和难易程度，给予从事防沙治沙活动的单位和个人资金补助、财政贴息以及税费减免等政策优惠。单位和个人投资进行防沙治沙的，在投资阶段免征各种税收；取得一定收益后，可以免征或者减征有关税收。使用已经沙化的国有土地从事治沙活动的，经县级以上人民政府依法批准，可以享有不超过70年的土地使用权。

9. 违反防沙治沙法律制度应承担的法律责任。①行政责任。违反防沙治沙法律制度关于行政执法监管规定，根据情节轻重需承担一定的行政法律责任。

例如，违反法律规定，进行营利性治沙活动，造成土地沙化加重的，由县级以上地方人民政府负责受理营利性治沙申请的行政主管部门责令停止违法行为，可以并处每公顷 5000 元以上 5 万元以下的罚款。再如，违反法律规定，不按照治理方案进行治理的，或者经验收不合格又不按要求继续治理的，由县级以上地方人民政府负责受理营利性治沙申请的行政主管部门责令停止违法行为，限期改正，可以并处相当于治理费用 1 倍以上 3 倍以下的罚款。②民事责任。防沙治沙法律责任主要是行政责任，但也有民事责任。如未经治理者同意，擅自在他人的治理范围内从事沙化土地治理或者开发利用活动，给治理者造成损失的，应当赔偿损失。③刑事责任。违反防沙治沙法律规定情节严重，构成犯罪的，应依法追究刑事责任。例如，防沙治沙监督管理人员滥用职权、玩忽职守、徇私舞弊，构成犯罪的，依法追究刑事责任。再如，截留、挪用防沙治沙资金，构成犯罪的，对直接负责的主管人员和其他直接责任人员，依法追究刑事责任。

无论是黑风暴，还是白风暴，对人类的危害都是非常大的，而本案中的苏联卡拉库姆工程是人为改造荒漠失败的经典教训，在防治荒漠化过程中，决不能违背自然规律，要依靠科学技术，发现和利用自然规律，制定完善、科学的防沙治沙法律法规，并严格依法实施。

[参考法律规范]

1.《联合国防治荒漠化公约》（1994 年颁布）

2.《防沙治沙法》（2001 年颁布）

3.《国务院关于进一步加强防沙治沙工作的决定》（国务院 2005 年颁布）

4.《全国防沙治沙规划（2011～2020）》（国务院 2013 年颁布）

## 三、水土保持法

**案例九：** **国家电网公司武汉工程部破坏水土保持设施案**

[所属部分] 自然资源保护法之水土保持法

[大纲知识点] 水土保持法律制度

[案例背景]

作为三峡电力外送工程重要组成部分的斗笠变电站，位于湖北省荆门市掇刀区麻城镇境内，于 2007 年建成投入正式运行，隶属于湖北超高压输变电公司鄂西变电公司，是由国家电力调度通信中心直接调度的重要枢纽变电站。随着三峡电力外送工程陆续投运，斗笠变电站已形成了东联孝感、南接江陵、北联襄阳到河南、西接川渝，与万县、龙泉、江陵站共同搭建成的三峡电力外送大平台，成为三峡电力外送、川电东送、鄂豫水火电调剂、川渝与华中联网、西电东送、南北电网互供的高速大通道。然而，这样一个重要的工程，在开工建设之初，却因为水土保持问题受到行政处罚。

这是怎么回事呢？

2001 年 3 月，湖北省荆门市水政监察支队在执法检查中发现，国家电网公司武汉工程部在位于荆门市掇刀区麻城镇斗笠村正在修建的 500 千伏变电站工程中，破坏原地貌水土保持设施，造成水土流失，该单位在开工建设前后既未按有关规定编制水土保持方案，也未报水行政主管部门审批，荆门市水政监察支队执法人员多次上门要求其做好相关水土保持工作，但该单位仍未采取任何水土保持措施。[1]

**［案情描述］**

案发后，湖北省荆门市水政监察支队组织水政监察执法人员深入现场勘验，调查中发现，该单位未按有关技术规范要求编制水土保持方案，在施工中也未采取任何防治水土流失措施，严重破坏了原有地貌、植被及生态环境，致使大面积泥土裸露，一遇雨天就造成严重的水土流失，面积达 49 390 平方米。

为了搞好水土保持，优化生态环境，荆门市水政监察支队在多次向该单位宣传《中华人民共和国水土保持法》（以下简称《水土保持法》）和《湖北省人民政府关于征收水土保持设施补偿费和水土流失防治费的通知》的基础上，于 2001 年 4 月 15 日根据有关法律法规，对该单位送达了《关于水土保持有关问题的函》，要求迅速按照有关技术规范要求编制《水土保持方案报告书》，报水行政主管部门审批，并按经审批的方案认真实施。又于 5 月 10 日送达了《水土保持设施补偿费征收通知书》并要求该单位一次性缴纳水土保持设施补偿费74 085元。但国网公司武汉工程部以在建设过程中未编报《水土保持方案》等为由，拒缴水土保持设施补偿费。为此，荆门市水利局于 7 月 13 日向该单位下达了《违反水法规行政处理决定书》，限期责令该单位按照有关技术规范要求编报《水土保持方案报告书》报荆门市水利局审批，对工程建设造成的水土流失立即进行治理，并向荆门市水利局一次性交纳水土保持设施补偿费 74 805 元。该单位在规定的期限内，既未向荆门市水行政主管部门说明是否编报水保方案的情况和理由，又不履行交纳水土保持设施补偿费的义务。10 月 15 日，荆门市水利局向市中级人民法院申请强制执行，经法院受理后，作出裁定：准予强制执行

---

〔1〕 本案参考资料：①佚名："美国水土保持法律法规及其借鉴研究"，豆丁网，http：//www. docin. com/p－358718118. html，2001 年 2 月 14 日；②佚名："水土保持案"，韩江水利网，http：//www. hjj. gd. cn/sandcontent－36. html，2008 年 9 月 4 日；③常丹东、张长印、宋英："国际相关立法实践对中国水土保持法修订的启示"，载《中国水土保持》2008 年第 11 期；④佚名："国外对土壤侵蚀与水土保持的解释"，土木工程网，http：//www. civilcn. com/shuili/lunwen/zhili/12031635461594. html，2008 年 2 月 16。

荆门市水利局作出的荆水处字［2001］2号《违反水法规行政处理决定书》。在法院的支持和协助下，该单位迫于法律的威严，及时主动与荆门市水利局进行协商交纳了水土保持设施补偿费，并迅速编报了水保方案。

该案是荆门市水行政主管部门运用《水土保持法》和《湖北省人民政府关于征收水土保持设施补偿费和水土流失防治费的通知》查处的第一起水保案例。该案从发现到处理执行完毕的整个过程中，自始至终紧紧抓住国网公司武汉工程部在施工建设中先斩后奏所造成的水土流失这一客观事实，程序合法，引用法律、法规、规章条款准确，处理得当，达到了预期的效果。

［法律问题］

1. 什么是水土流失和水土保持？我国环境资源法中有哪些水土保持的主要规定？

2. 联系本案分析水土保持法律制度。

［法理分析］

本案是一起比较典型的因水土流失而引发的行政处罚案。土地退化的主要表现形式是土地沙化和水土流失，前者由《防沙治沙法》规制，后者则由《水土保持法》管理。所谓"水土流失"，是指土壤表层由于缺乏植被保护，被水力、风力或人为侵蚀后导致土壤变薄变贫瘠的现象；所谓"水土保持"，是指对自然因素和人为活动造成水土流失所采取的预防和治理措施，水土保持是针对水土流失而言的。水土流失的危害性非常大，严重的水土流失使生态环境更趋恶化，加剧干旱等自然灾害的发生、发展，造成耕地面积减少、土壤肥力下降、农作物产量降低，激化人地矛盾，水土流失产生的大量泥沙会淤积于河床，威胁防洪安全，还会淤积于水库、水坝等水利设施，严重影响水资源合理和有效利用。我国是世界上水土流失最为严重的国家之一，水土流失面积大、分布广、危害重、治理难，严重威胁着我国的生态安全、粮食安全和防洪安全，已经成为制约经济社会可持续发展的重要因素之一。

水土流失是世界各国都面临的重大环境问题，因此各国都高度重视水土流失防治立法。例如，美国在20世纪30年代遭受黑风暴之后，很快就制定了《水土保持法》（1935）、《标准水土保持区法》（1937）、《水土保持行政区法》（2004），并设立了专门的土壤保持局负责监管；此外，还有欧盟的《土壤保护战略》（2002）、澳大利亚《水土保持法》（1986）、新西兰《水土保持法》（1983）、《加拿大土壤保护法》（1988）等；日本的土壤侵蚀问题除了一般的水蚀过程外，主要是由于降雨引发的山体滑坡、崩塌、陡坡地坍塌等重力侵蚀形式。因此，日本非常重视重力侵蚀的研究和防止，日本政府先后颁布了《砂防法》（1897）、《地滑防治法》（1958）、《陡坡地崩坍防治法》（1969）等。我国对水土保持的立法不仅在《环境保护法》、《森林法》、《草原法》、《防沙治沙法》等作出原则性规定，而且制定了专门性立法。从 1991 年首次制定《水土保持法》以来，逐渐形成了以《水土保持法》为核心的水土保持立法，如《辽宁省水土保持条例》（2014）、《江苏省水土保持条例》（2013）、《甘肃省水土保持条例》（2012）、《陕西省水土保持条例》（2013）、《贵州省水土保持条例》（2012）等，基本确立了水土流失防治和水土保持法律制度。

1. 水土保持监管体制的主要规定。国务院水行政主管部门主管全国的水土保持工作。国务院水行政主管部门在国家确定的重要江河、湖泊设立的流域管理机构，在所管辖范围内依法承担水土保持监督管理职责。县级以上地方人民政府水行政主管部门主管本行政区域的水土保持工作。县级以上人民政府林业、农业、国土资源等有关部门按照各自职责，做好有关的水土流失预防和治理工作。

2. 水土保持规划制度的主要规定。水土保持规划应当在水土流失调查结果及水土流失重点预防区和重点治理区划定的基础上，遵循统筹协调、分类指导的原则编制。水土保持规划的内容应当包括水土流失状况、水土流失类型区划分、水土流失防治目标、任务和措施等。水土保持规划包括对流域或者区域预防和治理水土流失、保护和合理利用水土资源作出的整体部署，以及根据整体部署对水土保持专项工作或者特定区域预防和治理水土流失作出的专项部署。水土保持规划应当与土地利用总体规划、水资源规划、城乡规划和环境保护规划等相协调。编制水土保持规划，应当征求专家和公众的意见。

3. 水土流失调查和公告制度。国务院水行政主管部门应当定期组织全国水土流失调查并公告调查结果。省、自治区、直辖市人民政府水行政主管部门负责本行政区域的水土流失调查并公告调查结果，公告前应当将调查结果报国务院水行政主管部门备案。县级以上人民政府应当依据水土流失调查结果划定并公告水土流失重点预防区和重点治理区。对水土流失潜在危险较大的区域，应当划定为水土流失重点预防区；对水土流失严重的区域，应当划定为水土流失重点治理区。

4. 水土流失预防的主要规定。地方各级人民政府应当按照水土保持规划，采取封育保护、自然修复等措施，组织单位和个人植树种草，扩大林草覆盖面积，涵养水源，预防和减轻水土流失。地方各级人民政府应当加强对取土、挖砂、采石等活动的管理，预防和减轻水土流失。禁止在崩塌、滑坡危险区和泥石流易发区从事取土、挖砂、采石等可能造成水土流失的活动。在林区采伐林木的，采伐方案中应当有水土保持措施。在五度以上坡地植树造林、抚育幼林、种植中药材等，应当采取水土保持措施。在禁止开垦坡度以下、五度以上的荒坡地开垦种植农作物，应当采取水土保持措施。生产建设项目选址、选线应当避让水土流失重点预防区和重点治理区；无法避让的，应当提高防治标准，优化施工工艺，减少地表扰动和植被损坏范围，有效控制可能造成的水土流失。在山区、丘陵区、风沙区以及水土保持规划确定的容易发生水土流失的其他区域开办可能造成水土流失的生产建设项目，生产建设单位应当编制水土保持方案。水土保持方案应当包括水土流失预防和治理的范围、目标、措施和投资等内容。水土保持方案经批准后，生产建设项目的地点、规模发生重大变化的，应当补充或者修改水土保持方案并报原审批机关批准。水土保持方案实施过程中，水土保持措施需要作出重大变更的，应当经原审批机关批准。

5. 水土流失治理的主要规定。①生态修复：国家加强水土流失重点预防区和重点治理区的坡耕地改梯田、淤地坝等水土保持重点工程建设，加大生态修复力度。县级以上人民政府水行政主管部门应当加强对水土保持重点工程的建设管理，建立和完善运行管护制度。②生态补偿：国家加强江河源头区、饮用水水源保护区和水源涵养区水土流失的预防和治理工作，多渠道筹集资金，将水土保持生态效益补偿纳入国家建立的生态效益补偿制度。在山区、丘陵区、风沙区以及水土保持规划确定的容易发生水土流失的其他区域开办生产建设项目或者从事其他生产建设活动，损坏水土保持设施、地貌植被，不能恢复原有水土保持功能的，应当缴纳水土保持补偿费，专项用于水土流失预防和治理。

6. 水土流失的监测和监督制度。①监测：国务院水行政主管部门应当完善全国水土保持监测网络，对全国水土流失进行动态监测。对可能造成严重水土流失的大中型生产建设项目，生产建设单位应当自行或者委托具备水土保持监测资质的机构，对生产建设活动造成的水土流失进行监测，并将监测情况定期上报当地水行政主管部门。从事水土保持监测活动应当遵守国家有关技术标准、规范和规程，保证监测质量。②督检查：县级以上人民政府水行政主管部门负责对水土保持情况进行监督检查。流域管理机构在其管辖范围内可以行使国务院水行政主管部门的监督检查职权。被检查单位或者个人拒不停止违法行为，造成严重水土流失的，报经水行政主管部门批准，可以查封、扣押实施违法行为的工具及施工机械、设备等。

7. 违反水土保持法律制度应承担的法律责任。①行政责任。违反水土保持法律制度关于行政监管的规定，根据情节轻重应依法承担一定的行政责任。例如，水行政主管部门不依法作出行政许可决定或者办理批准文件的，发现违法行为或者接到对违法行为的举报不予查处的，或者有其他未依法履行职责的行为的，对直接负责的主管人员和其他直接责任人员依法给予处分。再如，违反法律规定，在崩塌、滑坡危险区或者泥石流易发区从事取土、挖砂、采石等可能造成水土流失的活动的，由县级以上地方人民政府水行政主管部门责令停止违法行为，没收违法所得，对个人处 1000 元以上 1 万元以下的罚款，对单位处 2 万元以上 20 万元以下的罚款。②民事责任。违反水土保持法律制度需承担的主要是行政责任，但也有民事责任。如企事业单位、农村集体经济组织或者公民个人在生产生活过程中造成水土流失，给其他单位和个人的财产或者人身权利造成损害的，应对受害人承担民事责任。③刑事责任。违反水土保持法律制度，情节严重，构成犯罪，需承担法定的刑事责任。如企事业单位或公民个人违反水土保持法律制度的规定，造成水土流失危害比较大，触犯刑法，则应按刑法规定追究刑事责任。

本案只是我国当前众多水土流失案中的一个，实际上，我国当前的水土流失还是比较严重的。根据水利部发布的《第一次全国水利普查水土保持情况公报》显示，截至 2011 年 12 月 31 日，普查范围内的 31 个省共有土壤侵蚀面积 294.91 万平方公里，占到我国国土面积的 1/3，其中，水力侵蚀 129.32 万平方公里，风力侵蚀 165.59 万平方公里，西北黄土高原区共计有侵蚀沟道 66.67 万条，东北黑土地共计有侵蚀沟道 29.57 万条。由此可见，我国的水土保持任重而道远。2010 年修订的《水土保持法》显著提高了对水土保持违法行为处罚的最高限额，即由 1 万元提高到 50 万元，增加了代履行、滞纳金等规定，但却简化了对水土保持违法行为追究民事责任和刑事责任的规定，比如，在刑法对破坏环境资源保护罪的规定中，并没有破坏水土保持的罪名，这既不利于维护因水土流失受到损害的公民、法人或其他组织的合法权益，也不利于用刑罚来威慑潜在的水土保持违法行为者，因此，要有效治理水土流失，除了严格执法以外，还应综合利用民事、行政、刑事三大法律责任追究违法者的违法行为，才能切实保持水土，防止水土流失，真正有效地保护我国的生态环境。

[参考法律规范]

1. 《水土保持法》（1991 年颁布，2010 年修订）
2. 《水土保持法实施条例》（国务院 1993 年颁布，2011 年修订）
3. 《美国水土保持法》（1935 年颁布）

**四、生物多样性保护法**

**案例十：    小鱼 PK 大坝——美国田纳西河流域管理局诉希尔案**

[所属部分] 自然资源保护法之生物多样性保护

[大纲知识点] 生物多样性

[案例背景]

美国《濒危物种法》是美国 20 世纪 60 年代制定的，它是美国生物多样性保护法律体系中最重要的立法，而本案就是美国最高法院受理的第一起依据《濒危物种法》起诉的案件。案件发生于 1967 年，美国国会批准在小田纳西河上修建一座用于发电的大坝，作为配套设施，美国联邦机构——田纳西河流域管理局开始在小田纳西河上修建泰里克大坝，以应对可能发生的能源危机、刺激地区经济发展。1973 年 12 月 28 日，美国濒危物种法经尼克松总统签署生效。1975 年，生物学家发现小田纳西河有一种濒临灭绝的蜗牛飞鱼，同年，联邦内政部根据公民申请将这种鱼类列入濒危物种名单，从而使其进入美国《濒危物种法》的保护范围之内。[1]

[案情描述]

根据《美国濒危物种法》的规定，美国每一联邦机构都应该确保自己的任何行为都不可能危及任何濒危物种之持续存在，也不可能导致物种之关键栖息地受到破坏或不利变更。而所谓联邦行为，是指由"联邦机构授权、拨款或执行的任何行为"。据此规定，蜗牛飞鱼作为一种濒危物种，其本身和其关键栖息地都应受到《濒危物种法》的保护。

问题在于，蜗牛飞鱼很特别，只能在泰里克大坝修建地所在的泰里克水库栖息，内政部认为大坝的修建将会使蜗牛飞鱼的栖息地受到严重破坏，在蜗牛飞鱼被内政部列入濒危物种保护名单之后，国会仍然继续为泰里克大坝拨款近 2900 万美元，总统也签署同意了国会的拨款计划，在内政部宣布蜗牛飞鱼的关键栖息地将会受到泰里克大坝的破坏后，以希尔为首的田纳西州两环保组织和一些公民向联邦地方法院提起了公民诉讼，起诉田纳西河流域管理局，认为 TVA 违反了《美国濒危物种法》的规定，要求法院确认其违法并终止泰里克大坝的修建。

**图 5 田纳西河的小鱼——蜗牛飞鱼**

---

〔1〕 蔡守秋主编：《环境法案例教程》，复旦大学出版社 2009 年版，第 39 页。

联邦地方法院在初审时认为，虽然大坝的修建将会对蜗牛飞鱼的关键栖息地造成不利影响乃至破坏，但大坝在该法案生效 7 年前就已开始动工，当时TVA 已经为鱼类的洄游采取了合理措施，到蜗牛飞鱼被列入濒危物种名单时，大坝已经接近完工，以牺牲纳税人一亿多美元的利益为代价来保护一种微不足道的、没有重大经济价值且生态价值也不明显的鱼类是很不明智的，因而驳回了原告诉讼请求，拒绝对一个将近完成的大坝工程下达停工禁令。而且国会也通过增加大坝预算的议案表明尽管其制定了《美国濒危物种法》，但此时却支持大坝继续修建。

原告将案件上诉至联邦第六巡回上诉法院，上诉法院支持原告的诉求，认为"除非国会通过适当立法豁免泰里克大坝遵守《美国濒危物种法》，或者将蜗牛飞鱼从濒危物种名单上取消或有新的关键栖息地生存"，否则《美国濒危物种法》不允许进行利益衡平，必须将保护生物多样性置于绝对优先地位。

最终，田纳西河流域管理局将案件上诉到联邦最高法院，要求撤销上诉法院的判决。最高法院于 1978 年 6 月 15 日作出终审判决，这就是历史上有名的"小鱼战胜大坝"，有美国"环保第一案"之称的经典判例，判决主要有两项内容：一是尽管泰里克大坝在该法颁布之前，且在蜗牛飞鱼被列入濒危物种名单之前就已经动工，而国会在动工后每一年都有拨款，但《美国濒危物种法》可以禁止大坝的修建；二是最合适的救济手段就是停工禁令。

[法律问题]

1. 本案中如何依据《美国濒危物种法》确定保护蜗牛飞鱼的价值要超过耗资巨大的大坝建设？

2. 本案对完善我国保护生物多样性立法有什么借鉴意义？

[法理分析]

本案是美国保护生物多样性的一个经典案例。在美国 2001 年举行的一次由全国环境法教授决定美国最著名的十大环境法案例的网上投票中，该案名列榜首，其得票数几乎是位居第二位的两个案例的 2 倍。在联邦最高法院发布禁止令中止修建大坝后，一家新闻媒体对这个问题进行了公众调查，90% 以上的人认为停止大坝建设是正确的，其理由很简单："发电站可以在别处再建，而蜗牛飞鱼一旦灭绝就永远无法再生了。"

本案的主要法理问题是如何依据《美国濒危物种法》保护蜗牛飞鱼。该法规定，当出现某物种的栖息地受到破坏，或某物种受到过度开发利用，或由于捕食或疾病导致物种数量下降，或现有法律不足以保护某物种以及存在其他危及物种生存的自然或人为因素时，可将该物种列入濒危物种名单。根据上述规定，蜗牛飞鱼属于这种濒危物种，而大坝的修建又危及该物种的生存。同时，美国濒危物种法宣布了两项国家政策：一是所有的联邦政府部门和机构都必须努力保护濒危物种，并运用其权力促进《濒危物种法》立法宗旨的实现；二是所有联邦行政机关必须同州和地方政府合作，以与保护濒危物种相一致的方式解决水资源问题。据此规定，美国联邦最高法院作出的判决是完全正确的。

该案反映出的是生物多样性与经济发展之间的博弈，是生态利益和经济利益之间的较量。生物多样性是指生物之间的多样化和变异性及物种栖息地的生态复杂性，是地球上所有的生物构成的综合体。联合国《生物多样性公约》认为，生物多样性是指所有来源的形形色色生物体，这些来源包括陆地、海洋和其他水生生态系统及其所构成的生态综合体。生物多样性包括遗传多样性、生态系统多样性和物种多样性。物种多样性是指动物、植物以及微生物种类的丰富性，是人类生存和发展的基础；遗传多样性是指存在于生物个体内、单个物种内以及物种之间的基因多样性，包括分子、细胞和个体三个水平上的遗传变异度，是生命进化、物种分化的基础；生态系统的多样性是指森林、草原、荒漠、农田、湿地和海洋以及竹林和灌木丛等生态系统的多样化特性。所有的生态系统都保持着各自的生态过程，包括生命所必需的化学元素的循环和生态系统各组成部分之间能量流动的维持，生态系统对于所有生物的生存、进化和持续发展至关重要，因此，维持生态系统的多样性对于维持物种和基因的多样性是必不可少的。[1]

生物多样性给人类带来的价值是无法衡量的，否认生物多样性价值而只承认经济发展利益是不可取的。正如本案判决中提到的"《美国濒危物种法》明确清晰的语言及其立法史的支持都明确表明国会视濒危物种之价值是无法计算的"。

本案对我国建立和完善生物多样性保护立法的借鉴意义也是显而易见的，例如，我国大型水电站葛洲坝水电站建成时，阻隔了中华鲟上溯产卵，使得其种群受到严重伤害，中华鲟数量锐减，不得不进行人工孵化养殖放流。大坝还破坏了青、草、鲢、鳙四大家鱼的天然产卵繁殖场，使长江由过去每年产四大家鱼二百多亿尾降为仅 10 亿尾。长江名贵的鲥鱼，过去每年产五百多吨，最高达 1500 吨，因大坝建在其产卵场，破坏了生态环境，十多年前这种鱼就已经在长江里消失了。我国应借鉴《美国濒危物种法》，尽快构建和完善我国现有的生物多样性保护立法。

[参考法律规范]

1.《联合国生物多样性公约》（1992 年颁布）

---

〔1〕　汪劲：《环境法学》，北京大学出版社 2006 年版，第 426 页。

2. 《濒危野生动植物物种国际贸易公约》（1973 年颁布）

3. 《美国濒危物种法》（1973 年颁布）

4. 《野生动物保护法》（1988 年颁布，2004 年、2009 年修订）

5. 《自然保护区条例》（国务院 1994 年颁布，2011 年修订）

## 五、自然保护区法

### 案例十一：　　　　为取景损害碧沽天池——电影《无极》事件

［所属部分］ 自然资源保护法之自然保护区法

［大纲知识点］ 自然保护区法律制度

［案例背景］

碧沽天池位于香格里拉县小中甸镇西南七十余公里的高山纵谷顶端，海拔3500 米，面积 0.21 平方公里，平均水深 1.62 米，其周围环绕着原始森林和杜鹃灌木林，给人以明丽、清澈、幽雅、怡静的感觉，这里是藏民心中的"圣湖"，流传着七仙女在此洗澡的美丽传说。按照法律规定，碧沽天池属于核心保护区，在云南省三江并流国家重点风景名胜区中属于一级保护区。风景名胜资源是珍贵的、不可再生的自然和文化遗产，风景名胜区内地形地貌、自然山体、林木植被、河流水系、文物古迹等是风景名胜资源不可分割的有机组成部分。

碧沽天池以其烂漫的杜鹃花、高原湖泊、沿湖点缀的森林吸引了电影《无极》摄制组，片中不少美轮美奂的场景均在此处拍摄完成。2003 年底，《无极》剧组宣布在香格里拉碧沽天池拍摄外景时，当地政府大力欢迎，并成立了由一名州委宣传部副部长挂帅的"《无极》迪庆协拍领导小组"。后以碧沽天池为主景的电影《无极》获得超过 2 亿元的票房收入，在商业上大获成功，但却因其对云南迪庆藏族自治州香格里拉碧沽天池造成的生态破坏而广遭批评[1]

---

［1］ 本案参考资料：①佚名："无极未回应砍树问题 当地草地遭毁灭性破坏"，新浪网，http：//news. sina. com. cn/c/2006 – 05 – 11/08568894120s. shtml，2006 年 5 月 11 日；②佚名："环保总局：依法处罚无极剧组 限期恢复生态植被"，新浪网，http：//news. sina. com. cn/c/2006 – 05 – 16/20249878631. shtml，2006 年 5 月 16 日；③佚名："云南省环保局初步认定无极剧组破坏环境"，新浪网，http：//news. sina. com. cn/c/2006 – 05 – 14/02488918027s. shtml，2006 年 5 月 14 日；④佚名："再论自然保护区立法诸问题"，中国野生动物保护协会网，http：//www. forestry. gov. cn/portal/bhxh/s/711/content – 93941. html，2008 年 3 月 14 日；⑤孙自法："中国民间环保组织呼吁立法保护自然保护区"，中新网，http：//www. chinanews. com/gn/2012/04 – 19/3832928. shtml，2012 年 4 月 19 日；⑥佚名："拍电影追求自然，频频破坏环境"，中国林业网，http：//www. forestry. gov. cn/portal/slgy/s/2455/content – 329539. html，2006 年 8 月 12日；⑦杨章怀："无极剧组所毁杜鹃花丛完全恢复需 3 至 5 年"，新浪环保，http：//news. sina. com. cn/c/p/2006 – 05 – 22/14059933257. shtml，2006 年 5 月 22 日。

[案情描述]

2004年5月至6月，电影《无极》剧组进入云南省香格里拉县碧沽天池，进行外景拍摄。该地位于风景名胜区千湖山片区，属于"三江并流"世界自然遗产地。剧组在此搭建了3个临时工棚、1座取名"海棠精舍"的钢筋水泥建筑物，铺设了一条长100米、宽4米的沙石路，1座长约100米、宽2.7米的木桥，天池水底打了一百多根混凝土桩，1条长约20米、宽4米的栈道。为修建沙石道路、栈道及"海棠精舍"，剧组共毁坏并占用高山草甸及灌木林地500平方米。2004年6月14日，该剧组完成拍摄，撤离碧沽天池。2005年8月，剧组委托地方有关部门进行场地清理和拆除恢复工作，但因种种原因，直到2006年4月底，清理工作因环保部门介入和媒体曝光后才开始进行。

图6 《无极》拍摄现场被砍伐的树木和绽放的花朵

为搭建高13米、横跨梁46米的全钢架结构"海棠精舍"，碧沽天池变成了一个大工地，四十多吨的吊车开了进来，十多辆东风车穿梭在山路上，山上搭建起了临时厕所、窝棚。2004年4月，为了让发电车通过杜鹃花海抵达天池边，《无极》剧组自行将其中占地四五十平方米的杜鹃花树推平，用沙石和树干填埋出一条长约400米、宽约4米的简陋便道。2004年6月9日，耗资二百多万元的"海棠精舍"的钢梁焊接口出现崩裂，次日又有两次崩裂。当地质量安全检查部门初步鉴定后认为，"海棠精舍"存在安全隐患。导演陈凯歌和制片人陈红随即下达了全面撤出的命令。6月14日，三百多名剧组人员先后撤离，碧沽天池一下子冷清下来，遍地的塑料袋、雨衣、成堆的垃圾没人清理，残破的"海棠精舍"像个弃儿，孤零零地守着一潭碧水。

2006 年 5 月 9 日，在杭州举行的"城镇和风景区水环境治理国际研讨会"上，建设部副部长仇保兴在主题报告中对《无极》剧组污染香格里拉的行为提出严厉批评。此举一出，并经媒体曝光，引起极大的社会反响。很快，国家环保总局、国家林业局、云南省委、省政府等都先后介入，经过细致缜密的调查，建设部门作出了行政处罚，并追究了有关官员的责任。对《无极》剧组未履行相关的法定手续，在三江并流国家重点风景名胜区千湖山碧沽天池景区投资施工的行为给予通报批评，并因香格里拉生态环境造成破坏处以 9 万元罚款。已责成当地有关部门，将《无极》剧组修建的简易栈道和搭建的拍摄道具台全部拆除，恢复自然生态环境。对迪庆藏族自治州、香格里拉县以协议代替行政审批的相关协拍单位责任人责令写出书面检查，并通报批评，香格里拉县分管副县长因负有领导责任被免职。原国家环保总局（现为环保部）环评司司长祝兴祥约见新京报记者表示，《无级》破坏环境事件已有初步调查结果，云南省环保局对碧沽天池的现场初步调查显示，电影《无极》剧组在当地拍摄确实造成了对环境的影响和破坏；海棠精舍、铺设的沙石路和砍伐数十平方米的高山杜鹃等项目，事先应履行环境影响评价，但其并未向环保部门申报，可能存在违法问题，总局已经责成云南省环保局依法对剧组进行处罚。

［法律问题］

1. 什么是自然保护区？我国环境资源法中有哪些自然保护区的主要规定？
2. 联系本案分析自然保护区法律制度。

［法理分析］

本案是一起比较典型的因拍摄电影外景而破坏环境的案例。实际上，近年来，影视剧选择具有视觉震撼效果的自然美景用于外景拍摄已经成为惯例，而由此引发的环境污染也时有发生，例如，《神雕侠侣》剧组破坏九寨沟自然景观，《情癫大圣》剧组被指在神农架"用水泥浇筑成蘑菇形状，使原有地貌无法再复原"，《惊情神农架》破坏神农架生态，等等。"自然保护区"是指对有代表性的自然生态系统、珍稀濒危野生动植物物种的天然集中分布区、有特殊意义的自然遗迹等保护对象所在的陆地、陆地水体或者海域，依法划出一定面积予以特殊保护和管理的区域。自然保护区是组成整体环境的一种特殊环境要素，具有非常重要的生态、科学研究和美学价值：一是可保护各种珍稀濒危动植物；二是可进行与动植物相关的科学研究；三是可保留各种代表性的自然生态系统；四是可供人们休闲娱乐，感受大自然的美景；五是可用作环境保护宣传教育基地，使人类亲身感受到自然、动植物的可贵之处；六是可维持生态平衡，保护生物多样性。

由于自然保护区的重要作用，世界各国都高度重视自然保护区立法。例如，美国的《国家公园基本法》（1916）、《黄石公园法》（1872）等，加拿大《国家公园法》（1930），日本1972年颁布的《自然环境保全法》，韩国1991年颁布的《自然环境保护法》，俄罗斯1995年颁布的《俄罗斯联邦特保自然法》，新西兰1971年颁布的《保护区法》，澳大利亚1992年颁布的《自然保护法》等。

我国不仅在《环境保护法》、《森林法》、《野生动物保护法》、《草原法》等环境法律中原则性规定了自然保护区制度，也颁布了大量专门的自然保护区立法，主要有《中华人民共和国自然保护区条例》（以下简称《自然保护区条例》，1994）、《海洋自然保护区管理办法》（1995）、《地质遗迹保护管理规定》（1995）、《水生动植物自然保护区管理办法》（1997）、《自然保护区土地管理办法》（1995，国家土地管理局、国家环保局）、《四川省自然保护区管理条例》（1999年颁布，2009年修订）等，基本确立了我国自然保护区法律制度。

1. 自然保护区管理体制的主要规定。国家对自然保护区实行综合管理与分部门管理相结合的管理体制。国务院环境保护行政主管部门负责全国自然保护区的综合管理。国务院林业、农业、地质矿产、水利、海洋等有关行政主管部门在各自的职责范围内，主管有关的自然保护区。县级以上地方人民政府负责自然保护区管理的部门的设置和职责，由省、自治区、直辖市人民政府根据当地具体情况确定。

2. 自然保护区建设的主要规定。建立自然保护区的条件有：①典型的自然地理区域、有代表性的自然生态系统区域以及已经遭受破坏但经保护能够恢复的同类自然生态系统区域；②珍稀、濒危野生动植物物种的天然集中分布区域；③具有特殊保护价值的海域、海岸、岛屿、湿地、内陆水域、森林、草原和荒漠；④具有重大科学文化价值的地质构造、著名溶洞、化石分布区、冰川、火山、温泉等自然遗迹；⑤经国务院或者省、自治区、直辖市人民政府批准，需要予以特殊保护的其他自然区域。

3. 自然保护区分级制度的主要规定。自然保护区分为国家级自然保护区和地方级自然保护区。在国内外有典型意义、在科学上有重大国际影响或者有特殊科学研究价值的自然保护区，列为国家级自然保护区。除列为国家级自然保护区的外，其他具有典型意义或者重要科学研究价值的自然保护区列为地方级自然保护区。地方级自然保护区可以分级管理，具体办法由国务院有关自然保护区行政主管部门或者省、自治区、直辖市人民政府根据实际情况规定，报国务院环境保护行政主管部门备案。

4. 自然保护区建立的程序性规定。申请建立自然保护区，应当按照国家有关规定填报建立自然保护区申报书。自然保护区的范围和界线由批准建立自然保护区的人民政府确定，并标明区界，予以公告。确定自然保护区的范围和界线，应当兼顾保护对象的完整性和适度性，以及当地经济建设和居民生产、生活的需要。自然保护区的撤销及其性质、范围、界线的调整或者改变，应当经原批准建立自然保护区的人民政府批准。任何单位和个人，不得擅自移动自然保护区的界标。

5. 自然保护区发展和建设规划制度的主要规定。国务院环境保护行政主管部门应当会同国务院有关自然保护区行政主管部门，在对全国自然环境和自然资源状况进行调查和评价的基础上，拟订国家自然保护区发展规划，经国务院计划部门综合平衡后，报国务院批准实施。自然保护区管理机构或者该自然保护区行政主管部门应当组织编制自然保护区的建设规划，按照规定的程序纳入国家的、地方的或者部门的投资计划，并组织实施。

6. 自然保护区分区制度的主要规定。自然保护区可以分为核心区、缓冲区和实验区。自然保护区内保存完好的天然状态的生态系统以及珍稀、濒危动植物的集中分布地，应当划为核心区，禁止任何单位和个人进入。核心区外围可以划定一定面积的缓冲区，只准进入从事科学研究观测活动。缓冲区外围划为实验区，可以进入从事科学试验、教学实习、参观考察、旅游以及驯化、繁殖珍稀、濒危野生动植物等活动。原批准建立自然保护区的人民政府认为必要时，可以在自然保护区的外围划定一定面积的外围保护地带。

7. 自然保护区管理制度的主要规定。①自然保护区管理的技术规范和标准：全国自然保护区管理的技术规范和标准，由国务院环境保护行政主管部门组织国务院有关自然保护区行政主管部门制定。国务院有关自然保护区行政主管部门可以按照职责分工，制定有关类型自然保护区管理的技术规范，报国务院环境保护行政主管部门备案。②监督检查：县级以上人民政府环境保护行政主管部门有权对本行政区域内各类自然保护区的管理进行监督检查；县级以上人民政府有关自然保护区行政主管部门有权对其主管的自然保护区的管理进行监督检查。被检查的单位应当如实反映情况，提供必要的资料。检查者应当为被检查的单位保守技术秘密和业务秘密。③管理权限和范围：国家级自然保护区，由其所在地的省、自治区、直辖市人民政府有关自然保护区行政主管部门或者国务院有关自然保护区行政主管部门管理。地方级自然保护区，由其所在地的县级以上地方人民政府有关自然保护区行政主管部门管理。有关自然保护区行政主管部门应当在自然保护区内设立专门的管理机构，配备专业技术人员，负责自然保护区的具体管理工作。

8. 自然保护区的禁限制度。禁止在自然保护区内进行砍伐、放牧、狩猎、捕捞、采药、开垦、烧荒、开矿、采石、挖沙等活动；但是，法律、行政法规另有规定的除外。禁止任何人进入自然保护区的核心区。因科学研究的需要，必须进入核心区从事科学研究观测、调查活动的，应当事先向自然保护区管理机构提交申请和活动计划，并经省级以上人民政府有关自然保护区行政主管部门批准；禁止在自然保护区的缓冲区开展旅游和生产经营活动。因教学科研的目的，需要进入自然保护区的缓冲区从事非破坏性的科学研究、教学实习和标本采集活动的，应当事先向自然保护区管理机构提交申请和活动计划，经自然保护区管理机构批准。在自然保护区的核心区和缓冲区内，不得建设任何生产设施。在自然保护区的实验区内，不得建设污染环境、破坏资源或者景观的生产设施；建设其他项目，其污染物排放不得超过国家和地方规定的污染物排放标准。在自然保护区的实验区内已经建成的设施，其污染物排放超过国家和地方规定的排放标准的，应当限期治理；造成损害的，必须采取补救措施。在自然保护区的外围保护地带建设的项目，不得损害自然保护区内的环境质量；已造成损害的，应当限期治理。限期治理决定由法律、法规规定的机关作出，被限期治理的企业事业单位必须按期完成治理任务。

9. 自然保护区突发事件应急制度的主要规定。因发生事故或者其他突然性事件，造成或者可能造成自然保护区污染或者破坏的单位和个人，必须立即采取措施处理，及时通报可能受到危害的单位和居民，并向自然保护区管理机构、当地环境保护行政主管部门和自然保护区行政主管部门报告，接受调查处理。

10. 违反自然保护区法律制度应承担的法律责任。①行政责任。违反自然保护区法律制度关于行政监管的规定，根据情节轻重需承担一定的行政责任。例如，违反法律规定，擅自移动或者破坏自然保护区界标的单位和个人，或者未经批准进入自然保护区或者在自然保护区内不服从管理机构管理的单位和个人，由自然保护区管理机构责令其改正，并可以根据不同情节处以100元以上5000元以下的罚款。再如，自然保护区管理机构未经批准在自然保护区开展参观、旅游活动的，或者开设与自然保护区保护方向不一致的参观、旅游项目的，由县级以上人民政府有关自然保护区行政主管部门责令限期改正；对直接责任人员，由其所在单位或者上级机关给予行政处分。②民事责任。违反自然保护区法律制度一般主要追究行政责任，但也有民事责任。虽然我国《自然保护区条例》中没有明确规定民事责任，但在《风景名胜区条例》中明确规定了民事责任。例如，在风景名胜区内进行开山、采石、开矿等破坏景观、植被、地形地貌的活动，或者个人在风景名胜区内进行开荒、修坟立碑等破坏景观、植被、地形地貌的活动，或者在景物、设施上刻画、涂污或者在风景名胜区内乱扔垃圾的，或者未经风景名胜区管理机构审核，在风景名胜区内举办大型游乐等活动，侵害国家、集体或者个人的财产的，有关单位或者个人应当依法承担民事责任。③刑事责任。违反自然保护区法律制度，情节严重，构成犯罪，依法应追究刑事责任。例如，违反法律规定，造成自然保护区重大污染或者破坏事故，导致公私财产重大损失或者人身伤亡的严重后果，构成犯罪的，对直接负责的主管人员和其他直接责任人员依法追究刑事责任。再如，自然保护区管理人员滥用职权、玩忽职守、徇私舞弊，构成犯罪的，依法追究刑事责任。

虽然我国已建立各类各级自然保护区二千余个，约占国土总面积的15%，但是相关立法调整相对滞后，各项管理措施存在冲突或不完善。如本案反映出的自然保护区和风景名胜区管理体制冲突，法律地位不明确，自然保护区的主管部门有环保部门和林业部门，风景名胜区的主管机构是建设部门，在实践中主要是设立地方机构进行管理，相互重叠的风景名胜区和自然保护区隶属不同的部门出现管理冲突。现有的《自然保护区条例》、《森林和野生动物类型自然保护区管理办法》及其他相关立法，与自然保护区现实发展和管理需要存在较大差距，缺乏完整统一的标准规范，难以合理调整自然保护区在设立和保护管理中的各种利益关系或矛盾冲突，本案非常明显地反映出自然保护区的生态环境利益与区域经济发展之间的矛盾，同一个自然保护区或风景名胜区的管理体制不顺、权责不清、公众参与和社区管理机制不完善，自然保护区土地使用权属不明等问题。同时，我国的自然保护区虽然数量与年俱增，但不断被经济开发和工程建设项目蚕食，资本的圈地运动已经从城市、乡村向自然保护区、风景名胜区蔓延，应尽快将《自然保护区条例》升级为《自然保护区法》，按照自然保护区法律法规来规范政府和企业行为，坚决禁止一切不符合保护区功能定位的一切开发利用活动，严格实施环境影响评价制度，包括在保护区内的新建、扩建和改建项目以及规划，并实施严格的责任追究机制，以切实守住自然保护区这条国家的"自然保护底线"。

[参考法律规范]

1. 《自然保护区条例》（国务院1994年颁布，2011年修正）
2. 《环境保护法》（1989年颁布，2014年修正）
3. 《风景名胜区条例》（国务院2006年颁布）
4. 《美国国家公园基本法》（1916年颁布）

**六、湿地保护法**

**案例十二：** **非法开垦湿地被判缓刑案**

[所属部分] 自然资源保护法之湿地保护

[大纲知识点] 湿地保护法律制度

[案例背景]

在全球所有的生态系统中，湿地是最容易受人类经济开发侵犯的一个类型。可能也正因为如此，各种各样的让湿地变成干地的开发手段层出不穷地上演着。湿地持续消失和湿地生态系统衰退，带来了诸多难以逆转的生态伤害。[1]

据媒体报道，我国湿地正遭遇空前开发。山东东营，黄河在这里入海。因为携带的泥沙持续把大海淤平，因此，这片河口湿地与长江口湿地、辽河口湿地一样，经常被人们称之为"共和国最年轻的土地"。2006年，面积达232平方公里的东营港经济开发区化工园开工建设，这是一个由山东省政府批准设立的省级经济开发区。开发区相关负责人介绍说，山东省当时之所以批复东营港经济开发区，主要有两方面的考虑：一是改变河口临港资源未得到充分利用的现状，改变东营市"沿海的城市不见海"的境况；二是为山东省西北部寻找到新的经济增长点。而这个开发区，与山东黄河三角洲国家自然保护区仅有一路之隔。开发区里主要是化工企业，排放出来的废气严重污染着当地的空气，排放出来的废水严重污染着沿海滩涂。在青海，可可西里自然保护区里保护着一大片重要的"高原湿地"，这是中国的水塔甚至是亚洲的水塔。20世纪80年代以来，淘金潮、盗猎潮一度控制着这片土地。其成立了国家级自然保护区之后，仍旧难以阻挡开矿者的入侵。在河北，著名的白洋淀本来是"滞洪湖泊"，历史上十年九涝，而20世纪60年代之后，这里年年都遭遇干淀的威胁，造成这种后果的原因除了华北地区地下水超采导致水量补给永远跟不上渗漏之外，更重要的是，入淀河流上游修建了134座大中小型水库。水库建成后，一旦上游干旱，白洋淀也往往缺水，为保证上游供水，上游水库很少愿意放水给白洋淀。在内蒙古，地表上的河流和湖泊过去几乎全是"生态用水"，有水的地方就有草，有草的地方一定能找到河，而如今，不仅仅地表水绝大部分成了工业和生活用水，甚至地下水也遭受了严重的开采。在辽宁双台河口国家级自然保护区，石油开发、对虾养殖、水稻种植、地产开发、旅游开发等产业一直觊觎着这片脆弱的湿地。江西鄱阳湖是中国最大的内陆淡水湖，是重要的湖泊型湿地。但这里每年到秋冬季节，天鹅、大雁、白鹤、绿头鸭南迁的时候，沿湖一带的很多村庄都会纷纷树起"天网"，施放毒药来抓捕这些鸟类，再高价转售以牟利。为此，

---

〔1〕 本案参考资料：①佚名："我国湿地正遭遇空前开发 湿地生态系统饱受重创"，中国经济网，http://hj. ce. cn/news/2012 - 02 - 02/6700. html，2012年2月2日；②佚名："不听劝告开垦湿地种水稻犯非法占用农用地罪被判处缓刑"，新文化报，http://enews. xwh. cn/html/2012 - 03/05/content_336596. htm，2012年3月5日；③珲春市外经贸局："珲春敬信湿地简介"，商务部网站，http://hunchun. mofcom. gov. cn/article/tupianxw/200601/20060101370678. shtml，2006年1月16日。

这里的森林公安、环保组织多年来一直在同这种违法行为作斗争。2011年10月份，仅九江市一次专项行动就拆除、收缴"天网"1460多张。但即使这样，也仍旧难以消除当地捕杀候鸟尤其是珍稀候鸟的行为。

**图7　珲春敬信湿地风光**

我国拥有湿地面积六千多万公顷，约占世界湿地面积的10%，居亚洲第一位，世界第四位。而在20世纪90年代中期，便有50%的滨海滩涂不复存在，近1000个天然湖泊消亡，黑龙江三江平原78%的天然沼泽湿地丧失，七大水系63.1%的河段水质因污染失去了饮用水的功能。从全球层面看，湿地是现今全球退化、丧失最快的生态系统。从中国的现状看，各地自然湿地退化、丧失的趋势仍然没有得到根本改变。

辽宁省湿地资源丰富，尤其是滨海湿地占全国的1/10。滨海湿地与内陆湿地有很大的区别，由于每天都有潮涨潮落，一些区域时而被淹没、时而暴露出来，在含氧量上的变化也非常大，湿地的区域非常广，生物多样性非常丰富。从满潮的时候到潮水退下去，低潮的水线间分成三段——高潮带、中潮带、低潮带。现在高潮带几乎都被人开发完了，有的是填海，造成栖息地的彻底消失；有的是围海，让原本的天然湿地变成了人工湿地，将湿地围成一块块用于人工养殖；而在一些河口、海湾，建设了工业园、住宅、港口等。辽宁的高潮带区域的野生生物栖息地几乎消失，都被人类侵占了。

位于中、俄、朝三国交界处珲春市境内的敬信平原，内江河贯穿，湖泡连片，水域沼泽八千余公顷，被称为"敬信湿地"，亦称"图们江下游湿地"，是吉林省重点保护湿地之一。该区为长白山东部低山丘陵、地堑、盆地地形，四周被中俄交界的耶尔山脉环绕，中部为图们江及其支流冲积而成的湖成平原，平均海拔高度52米，耶尔山脉海拔694米，为本区最高处，南部的防川一带海拔仅为5米，为本区最低处，最近处距日本海3.5公里。该湿地内动植物资源丰富，其中拥有我国唯一一处大果野玫瑰生长地。据资料记载，湿地有鱼类32种，列入《珍贵稀有水生动植物种类名录》的有大马哈鱼、滩头鱼、日本七鳃鳗等五种。辽阔湿润及多样的环境，成为众多鸟类迁徙、繁衍和栖居地，每年都有成千上万的水鸟到此处繁衍生息。据统计，该区有199种鸟类，其中有丹顶鹤等稀有的国家一、二级保护鸟类18种。湿地边上的森林还为24种野兽提供了生活场所，其中，海豹、水獭、马鹿、猞猁、黑熊等5种野兽为国家二级保护兽类。冬暖夏凉、温和湿润的气候适合众多植物生长，据初步统计，分布在该区的野生植物有76科336种，占吉林省野生植物的15.2%。

[案情描述]

2006年10月，杨某在珲春林业局敬信林场71林班4小班内非法开垦湿地，并于2007年5月在开垦的湿地内种植了水稻。在种植期间，公安人员多次劝告，并在2009年4月下发责令停止通知书，但杨某拒不执行，仍然将所占湿地用于种植水稻。经鉴定，杨某非法所占湿地面积达5.7公顷。

这起案件被移送到珲春林区人民检察院，经审查认为，被告人杨某违反土地管理法规，非法占用林地，改变林地用途，数量较大，造成林地（湿地）大量毁坏的行为，触犯了《中华人民共和国刑法》（以下简称《刑法》）第342条之规定，构成非法占用农用地罪。2010年1月11日，被告人杨某犯非法占用农用地罪，被法院判处有期徒刑1年6个月，缓刑2年，并处罚金1.2万元。

珲春林区人民检察院副检察长潘忠云说，检察机关在走进林区、走进案发地乡镇村屯，充分调查了解情况时，有不少干部群众也积极向他们反映当地湿地被非法占用、毁坏的情况还有不少，还说有不少人也在等着看检察机关对已发生的非法占用、毁坏湿地的案件将如何处理。当然，检察机关明确表示：一定会合法、合理、合情地处理这些非法占用、毁坏湿地系列案件。在充分调查了解掌握情况的基础上，检察机关根据有关法律法规政策，认为敬信湿地被非法占用、毁坏系列案件，应该属于群发性案件，如果一概从严处理，追究全部行为人的刑事责任，虽然从办案的法律角度上讲并无不当，但从办案的法律效果与社会效果、政治效果必须有机统一的原则与要求看，无异扩大了打击面，其办案的社会效果与政治效果并不好，而办案的社会效果与政治效果不好，自然办案的法律效果也适得其反，办案的质量还是较差的。同时，一概从严处理，对今后处理类似案件也会产生不良的影响与效果。因此，珲春林区人民检察院党组要求公诉部门根据有关法律法规政策，充分利用"宽严相济"的刑事政策，积极与林业公安部门沟通，在双方参与的联席会议上，明确提出对敬信湿地被非法占用、毁坏系列案件的处理意见，原则上就是具体案件具体分析处理，综合平衡办案效果，打击重点，教育多数，实事求是，区别对待。另外，加大宣传力度，预防利用湿地犯罪。首先，为了保护湿地资源的安全，维护敬信湿地在珲春林区特有的生态魅力，检察机关结合办案深入到案发地搞调查研究、进行法制宣传之外，利用新闻媒体向社会广为宣传毁坏湿地资源对整个生态环境的危害，以及保护敬信湿地对珲春开发开放的重要性，提高社会与群众保护国家森林资源、维护生态安全环境的自觉性。其次，结合办案，向上级及林业有关部门提出相应建议。从严格意义上讲，湿地既非耕地，也非有林地，在实践中，群众容易产生歧义，缺乏相应的重视和保护意识。目前，国家并没有单独的湿地保护条例，当时吉林省也尚未公布《湿地保护条例》。因此，检察院结合案情撰写了相关的调研稿件，积极向上级反映，并建议对湿地资源重点保护的规定与措施应明确。2011 年 3 月 1 日起，《吉林省湿地保护条例》公布实施后，又跟进做了大量宣传工作。同时，又向林业有关部门提出建议，要求对全林区被非法占用、毁坏林地的情况进行全面清查，并及时做相应处理。最后，就是到相关的部门开展职务犯罪预防工作，用案例说法，教育行政审批部门的工作人员如何掌握好手中的权利，为民造福，保护资源。

[法律问题]

1. 什么是湿地？我国环境资源法中有哪些湿地保护的主要规定？

2. 联系本案分析湿地保护法律制度。

[法理分析]

本案是一起比较典型的因严重破坏湿地而引发的刑事犯罪案。所谓"湿地"，是指常年或者季节性积水地带、水域和低潮时水深不超过 6 米的海域，包括沼泽湿地、湖泊湿地、河流湿地、滨海湿地等自然湿地，以及重点保护野生动物栖息地或者重点保护野生植物的原生地等人工湿地。湿地与人类的生存、繁衍、发展息息相关，是自然界最富生物多样性的生态景观和人类最重要的生存环境之一。在世界自然保护大纲中，湿地与森林、海洋一起并称为全球三大生态系统。湿地的生态功能主要有：①提供水源：湿地常常作为居民生活用水、工业生产用水和农业灌溉用水的水源。溪流、河流、池塘、湖泊中都有可以直接利用的水。其他湿地，如泥炭沼泽森林可以成为浅水水井的水源。②补充地下水：我们平时所用的水有很多是从地下开采出来的，而湿地可以为地下蓄水层补充水源。从湿地到蓄水层的水可以成为地下水系统的一部分，又可以为周围地区的工农生产提供水源。如果湿地受到破坏或消失，就无法为地下蓄水层供水，地下水资源就会减少。③调节流量，控制洪水：湿地是一个巨大的蓄水库，可以在暴雨和河流涨水期储存过量的降水，均匀地把径流放出，减弱危害下游的洪水，因此，保护湿地就是保护天然储水系统。④保护堤岸和防风：湿地中生长着多种多样的植物，这些湿地植被可以抵御海浪、台风和风暴的冲击力，防止对海岸的侵蚀，同时它们的根系可以固定、稳定堤岸和海岸，保护沿海工农业生产。如果没有湿地，海岸和河流堤岸就会遭到海浪的破坏。⑤清除、转化毒物和杂质：湿地有助于减缓水流的速度，当含有毒物和杂质（农药、生活污水和工业排放物）的流水经过湿地时，流速减慢，有利于毒物和杂质的沉淀和排除。此外，一些湿地植物（像芦苇、水湖莲）能有效地吸收有毒物质。在现实生活中，不少湿地可以用做小型生活污水处理地，这一过程能够提高水的质量，有益于人们的生活和生产。⑥保留营养物质：流水流经湿地时，其中所含的营养成分被湿地植被吸收，或者积累在湿地泥层之中，净化了下游水源。湿地中的营养物质可以养育鱼虾、树林、野生动物和湿地农作物。⑦防止盐水入侵：沼泽、河流、小溪等湿地向外流出的淡水限制了海水的回灌，沿岸植被也有助于防止潮水流入河流。但是如果过多抽取或排干湿地、破坏植被，淡水流量就会减少，海水可大量入侵河流，减少了人们生活、工农业生产及生态系统的淡水供应。⑧提供可利用的资源：湿地可以供给多种多样的产物，包括木材、药材、动物皮革、肉蛋、鱼虾、牧草、水果、芦苇等，还可以提供水电、泥炭薪柴等多种能源利用。⑨保持小气候：湿地可以影响小气候。湿地水分通过蒸发成为水蒸气，然后又以降水的形式降到周围地区，保持当地的湿度和降雨量，影响当地人民的生活和工农业生产。⑩野生动物的栖息地：湿地是鸟类、鱼类、两栖动物的繁殖、栖息、迁徙、越冬的场所，其中有许多是珍稀、濒危物种。⑪航运：湿地的开阔水域为航运提供了条件，具有重要的航运价值，沿海沿江地区经济的迅速发展主要依赖于此。⑫旅游休闲：湿地具有自然观光、旅游、娱乐等美学方面的功能，是人们观光旅游的好地方。⑬教育和科研价值：复杂的湿地生态系统、丰富的动植物群落、珍贵的濒危物种等，在自然科学教育和研究中都具有十分重要的作用。有些湿地还保留了具有宝贵历史价值的文化遗址，是历史文化研究的重要场所。

据联合国环境署 2002 年的权威研究数据显示，1 公顷湿地生态系统每年创造的价值高达 1.4 万美元，是热带雨林的 7 倍，是农田生态系统的 160 倍。因此，湿地被誉为"地球之肾"。国际社会很早就意识到湿地的重要作用。1971年 2 月 2 日，在伊朗拉姆萨尔签署了一个旨在保护和合理利用全球湿地的公约——《关于特别是作为水禽栖息地的国际重要湿地公约》（Convention on Wetlands of International Importance Especially as Waterfowl Habitat ，简称《湿地公约》）。该公约于 1975 年 12 月 21 日正式生效，经 1982 年 3 月 12 日议定书修正。目前，有 158 个缔约方，中国于 1992 年加入该公约。公约主张以湿地保护和"明智利用"为原则，在不损坏湿地生态系统的范围之内可持续利用湿地。公约承认人类同其环境的相互依存关系；考虑到湿地的调节水分循环和维持湿地特有的动植物特别是水禽栖息地的基本生态功能；相信湿地是具有巨大经济、文化、科学及娱乐价值的资源，其损失将不可弥补；期望现在及将来阻止湿地的被逐步侵蚀及丧失；承认季节性迁徙中的水禽可能超越国界，因此应被视为国际性资源；确信远见卓识的国内政策与协调一致国际行动相结合能够确保对湿地及其动植物的保护。现在，国际重要湿地数量已达 1886 个。

近年来由于湿地对地球生态系统的重要作用越来越明显，我国逐渐转变了对湿地的态度，开始重视湿地保护。截止到 2011 年底，我国通过实施湿地保护工程项目，新增湿地和恢复湿地保护面积 529 万亩。目前，全国已建立国家湿地公园 18 处，面积 27 万公顷；建立 470 多处湿地自然保护区；每年预计新增湿地保护面积 33 万多公顷；一批退化湿地的生态功能正在恢复；湿地可持续利用的示范模式正在形成。我国湿地保护立法已经取得了重要进展。2014 年修订的《环境保护法》在第 2 条"本法所称环境"的定义中特别增加了"湿地"，从而从环境基本法的层次上确认了湿地也属于环境保护法的保护对象。国家林业局颁布了专门的《湿地保护管理规定》、《国家湿地公园管理办法（试行）》（2010年），湿地保护被纳入《国家"十二五"规划纲要》及《全国生态保护与建设规划（2013～2020 年）》，国务院审批通过了《全国湿地保护"十二五"实施规划》，财政部和国家林业局联合发布了《中央财政湿地保护补助资金管理暂行办法》（已失效），2014 年，财政部、国家林业局发布了《关于印发〈中央财政林业补助资金管理办法〉的通知》，初步构建了湿地生态系统健康价值功能评价指标，完成了《国际重要湿地管理计划编制指南》，北京、黑龙江、广东、江西、浙江等省、市、自治区都颁布了湿地保护条例等地方性法规，确立了我国湿地保护的基本法律制度。

1. 湿地管理体制的主要规定。国家林业局负责全国湿地保护工作的组织、协调、指导和监督，并组织、协调有关国际湿地公约的履约工作。县级以上地方人民政府林业主管部门按照有关规定负责本行政区域内的湿地保护管理工作。

2. 湿地保护规划制度的主要规定。国家林业局会同国务院有关部门编制全国和区域性湿地保护规划，报国务院或者其授权的部门批准。县级以上地方人民政府林业主管部门应当会同同级人民政府有关部门，按照有关规定编制本行政区域内的湿地保护规划，报同级人民政府或者其授权的部门批准。湿地保护规划应当包括下列内容：①湿地资源分布情况、类型及特点、水资源、野生生物资源状况；②保护和利用的指导思想、原则、目标和任务；③湿地生态保护重点建设项目与建设布局；④投资估算和效益分析；⑤保障措施。经批准的湿地保护规划必须严格执行；未经原批准机关批准，不得调整或者修改。

3. 湿地的调查、监测制度的主要规定。国家林业局定期组织开展全国湿地资源调查、监测和评估，按照有关规定向社会公布相关情况。湿地资源调查、监测、评估等技术规程，由国家林业局在征求有关部门和单位意见的基础上制定。县级以上地方人民政府林业主管部门及有关湿地保护管理机构应当组织开展本行政区域内的湿地资源调查、监测和评估工作，按照有关规定向社会公布相关情况。县级以上人民政府或者林业主管部门可以采取建立湿地自然保护区、湿地公园、湿地保护小区、湿地多用途管理区等方式，健全湿地保护体系，完善湿地保护管理机构，加强湿地保护。

4. 湿地分级管理制度的主要规定。湿地按照其重要程度、生态功能等，分为重要湿地和一般湿地。重要湿地包括国家重要湿地和地方重要湿地。重要湿地以外的湿地为一般湿地。国家林业局会同国务院有关部门划定国家重要湿地，向社会公布。县级以上地方人民政府林业主管部门会同同级人民政府有关部门划定地方重要湿地，并向社会公布。

5. 国际重要湿地特殊保护制度的主要规定。①国际重要湿地的认定：符合国际湿地公约国际重要湿地标准的，可以申请指定为国际重要湿地。申请指定国际重要湿地的，由国务院有关部门或者湿地所在地省、自治区、直辖市人民政府林业主管部门向国家林业局提出。国家林业局应当组织论证、审核，对符合国际重要湿地条件的，在征得湿地所在地省、自治区、直辖市人民政府和国务院有关部门同意后，报国际湿地公约秘书处核准列入《国际重要湿地名录》。②国际重要湿地的保护管理：国家林业局对国际重要湿地的保护管理工作进行指导和监督，定期对国际重要湿地的生态状况开展检查和评估，并向社会公布结果。国际重要湿地所在地的县级以上地方人民政府林业主管部门应当会同同级人民政府有关部门对国际重要湿地保护管理状况进行检查，指导国际重要湿地保护管理机构维持国际重要湿地的生态特征。③国际重要湿地的生态预警机制：国际重要湿地保护管理机构应当建立湿地生态预警机制，制订实施管理计划，开展动态监测，建立数据档案。④国际重要湿地的恢复机制：因气候变化、自然灾害等造成国际重要湿地生态特征退化的，省、自治区、直辖市人民政府林业主管部门应当会同同级人民政府有关部门进行调查，指导国际重要湿地保护管理机构制定实施补救方案，并向同级人民政府和国家林业局报告。因工程建设等造成国际重要湿地生态特征退化甚至消失的，省、自治区、直辖市人民政府林业主管部门应当会同同级人民政府有关部门督促、指导项目建设单位限期恢复，并向同级人民政府和国家林业局报告；对逾期不予恢复或者确实无法恢复的，由国家林业局会同所在地省、自治区、直辖市人民政府和国务院有关部门后，按照有关规定处理。

6. 湿地自然保护区和湿地公园。具备自然保护区设立条件的湿地，应当依法建立自然保护区，以保护湿地生态系统、合理利用湿地资源、开展湿地宣传教育和科学研究为目的，并且，可供开展生态旅游等活动的湿地，可以建立湿地公园。湿地公园分为国家湿地公园和地方湿地公园。建立国家湿地公园，应当具备下列条件：①湿地生态系统在全国或者区域范围内具有典型性；或者区域地位重要；或者湿地主体生态功能具有典型示范性；或者湿地生物多样性丰富；或者生物物种独特。②具有重要或者特殊科学研究、宣传教育和文化价值。

7. 湿地保护禁限制度的主要规定。除法律法规有特别规定的以外，在湿地内禁止从事下列活动：①开（围）垦湿地，放牧、捕捞；②填埋、排干湿地或者擅自改变湿地用途；③取用或者截断湿地水源；④挖砂、取土、开矿；⑤排放生活污水、工业废水；⑥破坏野生动物栖息地、鱼类洄游通道，采挖野生植物或者猎捕野生动物；⑦引进外来物种；⑧其他破坏湿地及其生态功能的活动。

8. 湿地占用的生态补偿制度。①湿地的生态修复补偿：工程建设应当不占或者少占湿地。确需征收或者占用的，用地单位应当依法办理相关手续，并给予补偿。临时占用湿地的，期限不得超过 2 年；临时占用期限届满，占用单位应当对所占湿地进行生态修复。②湿地的生态补水协调：县级以上地方人民政府林业主管部门应当会同同级人民政府有关部门，在同级人民政府的组织下，建立湿地生态补水协调机制，保障湿地生态用水需求。

9. 违反湿地保护法律制度的法律责任。①行政责任。违反湿地保护法律制度关于行政监管的规定，根据情节轻重，需承担一定的行政责任。如根据《浙江省湿地保护条例》（2012 年颁布）第 43 条的规定，违反本条例规定，擅自开垦、填埋湿地的，由有关湿地管理部门责令停止违法行为，限期改正，并处每平方米 10 元以上 30 元以下的罚款；再如，根据《江西省湿地保护条例》（2012年颁布）第 47 条的规定，违反本条例规定，在鄱阳湖湿地区域种植有碍湿地功能林木的，由所在地的县级人民政府林业主管部门责令停止违法行为，限期恢复原状；拒不恢复的，由县级以上人民政府林业主管部门代为恢复，所需费用由违法者承担。②民事责任。湿地保护主要是追究违法者的行政责任，但也有民事责任的规定。如按照《广西壮族自治区湿地保护条例》（2014 年颁布）第38 条的规定，在国家和自治区公布的重要湿地和湿地自然保护区、湿地公园等范围内擅自围垦、填埋、占用湿地或者改变湿地用途；或者擅自挖塘、采砂、采石、取土、烧荒、采集泥炭；或者擅自排放湿地水资源或者堵截湿地水系与外围水系的通道；或者采集国家和自治区重点保护野生植物，抓捕国家和自治区重点保护野生动物，捡拾、损坏鸟卵和鸟巢；或者破坏鱼类等水生生物洄游通道和野生动物的重要繁殖区及栖息地；或者使用电鱼、水枪喷射等破坏湿地生态资源的方法捕捞鱼类以及其他水生动物；或者投放有毒有害物质、倾倒废弃物和污染物或者排放未达到排放标准的污水；或者投放有害物种或者擅自引入外来物种；或者破坏湿地保护设施设备；或者擅自建造建筑物、构筑物，造成损害的，应依法赔偿损失。再如，根据《北京市湿地保护条例》（2012 年颁布）第 44 条的规定，违反本条例规定占用湿地、改变湿地用途、破坏湿地和保护标志的，湿地管理机构、责任单位或者湿地所有权人、使用人有权要求侵权人停止侵害、恢复原状或者赔偿损失。③刑事责任。违反湿地保护法律制度，情节严重，构成犯罪的，应依法承担刑事责任。如根据《云南省湿地保护条例》（2013 年颁布）第 37 条的规定，国家机关和湿地保护机构工作人员在湿地保护和管理工作中违反本条例，擅自变更湿地保护计划，或者有其他滥用职权、徇私舞弊、玩忽职守的行为，构成犯罪的，依法追究刑事责任。

虽然我国在党的十八大之后开始高度重视湿地保护和立法，但目前我国现有的湿地立法在完整性、系统性、针对性和操作性等方面都无法满足湿地保护的现实需要。近年来，随着我国经济的快速发展，对湿地的主要威胁因素和影响频次、面积都呈现增加的趋势，本案就反映出经济发展对湿地保护提出的新挑战。因此，湿地保护立法亟需加强。应提高湿地立法的等级，至少从当前国家林业局颁布的部门规章层次提高到国务院颁布的行政法规层次；此外，应把湿地作为一个独立的、完整的生态系统加以保护，逐步完善湿地保护立法的各项制度，如对退化湿地的综合性生态恢复制度、对湿地管理和保护的公众参与制度、对湿地生态系统保护红线制度、湿地生态系统的生态效益补偿制度等。特别强调要强化公众参与湿地保护，不能仅仅依靠行政主管机关的行政监管。正如本案所显示的，对敬信湿地的占用并非只是个别现象，而是不少公民都参与了，这就需要提高公众保护湿地的意识，使公众积极主动爱护湿地生态环境，而非占用从而间接破坏湿地生境。

**［参考法律规范］**

1. 《国际湿地公约》（关于特别是作为水禽栖息地的国际重要湿地公约，联合国 1971 年颁布）

2. 《湿地保护管理规定》（国家林业局 2013 年颁布）

3. 《全国湿地保护工程"十二五"实施规划》（国家林业局 2012 年颁布）

4. 《国家湿地公园管理办法（试行）》（国家林业局 2010 年颁布）

5.《云南省湿地保护条例》（云南省人大常委会 2013 年颁布）

6.《北京市湿地保护条例》（北京市人大常委会 2012 年颁布）

7.《广西壮族自治区湿地保护条例》（广西壮族自治区人大常委会 2014 年颁布）

8.《江西省湿地保护条例》（江西省人大常委会 2012 年颁布）

9.《浙江省湿地保护条例》（浙江省人大常委会 2012 年颁布）

### 七、应对气候变化法

## 案例十三：　　　美国麻省等州及 NGO 诉美国联邦环保局案

[所属部分] 自然资源保护法之应对气候变化法

[大纲知识点] 应对气候变化法律制度

[案例背景]

1898 年，瑞典科学家斯万 Svante Ahrrenius 警告说，二氧化碳排放量可能会导致全球变暖，提出了"温室效应"的概念。1955 年，美国科学家 Charles Keeling 发现大气层的二氧化碳水平升至 315ppm。1979 年，第一次世界气候大会通过的《世界气候大会宣言》提出，粮食、水源、能源、住房和健康等各方面均与气候有密切关系。人类必须了解气候，才能更好地利用气候资源、避免不利的影响。1988 年，联合国成立气候变化政府间会议（Intergovernmental Panel on Climate Change，以下简称 IPCC）。1990 年，第二次世界气候大会呼吁建立一个气候变化框架条约。IPCC 在 1990 年发布了第一份评估报告，确定了气候变化的科学依据，它对政策制定者和广大公众都产生了深远的影响，也影响了后续的气候变化公约的谈判。1992 年 5 月 22 日，联合国政府间谈判委员会就气候变化问题达成气候变化框架公约，并于 1992 年 6 月 4 日在巴西里约热内卢举行的联合国环发大会（地球首脑会议）上通过。

《联合国气候变化框架公约》（United Nations Framework Convention on Climate Change，简称 UNFCCC）是世界上第一个为全面控制二氧化碳等温室气体排放，以应对全球气候变暖给人类经济和社会带来不利影响的国际公约，也是国际社会在应对全球气候变化问题上进行国际合作的一个基本框架。该公约缔约方自 1995 年起每年召开缔约方会议（Conferences of the Parties，COP）以评估应对气候变化的进展。1997 年，《京都议定书》达成，使温室气体减排成为发达国家的法律义务。

[案情描述]

经过 4 年的漫长诉讼，历经三审法院的审理，轰动世界的美国州、市和环保组织联合起诉美国联邦环保局（U. S. Environmental Protection Agency，简称 EPA）案终于画上了一个圆满的句号，美国联邦最高法院作出了终审判决。

事情还得从 2003 年说起。[1]

2003 年，美国马萨诸塞州等 12 个州、3 个城市和一些环保组织向美国联邦环保局提出，大量排放的二氧化碳和其他温室气体已经对人体健康和环境造成危害，EPA 应当按照《清洁空气法》第 202（a）（1）条之规定，制定规章，对新车排放二氧化碳和其他温室气体的事项进行管制。美国联邦环保局认为，由于二氧化碳的环境效应具有科学不确定性，按照法律规定，其没有管制机动车排放的二氧化碳和其他温室气体的法定职责。即使法律有规定，他们也不会在这段时间执行，因而拒绝了请求者的申请。请求者随后向美国联邦地区法院起诉，要求法院裁决美国联邦环保局履行制定规章的职责。初审法院驳回了原告的诉讼请求。

原告对判决不服，于 2005 年 4 月向美国联邦上诉法院哥伦比亚地区巡回法庭提起上诉。由于案件涉及多方的利益，美国联邦的另外 10 个州、一些汽车制造商和民间社会团体也参加了诉讼。在法庭审理中，被告——美国联邦环保局认为：《清洁空气法》没有把二氧化碳列为污染物，因此美国联邦环保局无权监管；原告声称自己受到的健康和利益损害与美国联邦环保局制定的没有规定新机动车二氧化碳排放标准的规章之间没有因果关系，而且原告所受到的损害并不会因为自己制定一个满足原告愿望的规章就可以得到救济。基于此，被告按照美国《宪法》第 3 条之规定，向上诉法院提出，原告没有起诉资格。但此主张却没有得到法院的采纳，法院认可了原告的起诉资格。

对于美国联邦环保局的规章制定行为，上诉法院认为：机动车排放的二氧化碳仅是温室气体的一个来源，原告提出的要制定的规章无法解决二氧化碳以外的其他温室气体的减排问题。上诉法院认为，导致地球气候变化的原因很多，目前的证据很难科学地证明全球气候变化和机动车排放的二氧化碳、其他温室气体有关或者有很大的关系。如果以后有更加充分的科学证据证明需要采取机动车限制排放措施，美国联邦环保局则有义务来实施。如果现在就让美国联邦环保局制定限制排放的规章，难免不够成熟。上诉法院认为，根据《清洁空气

---

〔1〕　本案参考资料：①苑宣：“美国最高法院作出判决　美国政府必须管制汽车排放二氧化碳”，载《中国环境报》2007 年 4 月 13 日；②佚名：“英国成为首个气候变化立法国家”，人民网，http://env. people. com. cn/GB/8439643. html，2008 年 12 月 1 日；③贺娇：“墨西哥颁布气候变化法”，中国环保网，http://www. chinaenvironment. com/view/ViewNews. aspx? k = 20120612163701963，2012 年 6 月 12 日；④石莉、张大成：“加拿大出台法规限制煤电业温室气体排放”，新华网，http://news. xinhuanet. com/world/2012 -09/06/c_ 112987428. htm，2012 年 9 月 6 日。

法》第 202（a）（1）条之规定，看不出美国联邦环保局有对新车和新马达制定温室气体排放标准的正当性，即法院承认美国联邦环保局的判断是合理的。2005 年 7 月，上诉法院裁决美国联邦环保局胜诉。

为了减少公众的担忧，并获得公众的谅解，美国联邦环保局也指出，他们正在进行新技术研究和开发的努力，包括鼓励燃料电池、混合动力马达的使用，并把清洁能源氢的使用作为主要的能源来开发。一些美国汽车制造商对此判决表示欢迎，认为如果美国制定了汽车温室气体减排的立法，势必会增加企业和民众的负担。一些学者则对此判决提出了批评，认为这是美国法院向一些汽车制造商妥协。还有一些学者认为，法院的判决和美国联邦政府在温室气体减排方面的国际行径是完全一致的，如美国没有批准《联合国气候变化框架公约》，也没有参加《京都议定书》。布什政府一直拒绝限制温室气体排放，并称这将对商业活动构成不良影响。原告不服，将案件上诉至美国联邦最高法院。2006 年 6 月，美国联邦最高法院受理了上诉。原告上诉的目的很明显，就是针对布什政府在大气环境保护方面的懈怠行为。

2007 年 4 月上旬，美国马萨诸塞州等州以及一些环保组织起诉美国联邦环保局一案经过 4 年、三级法院审理之后，终于有了最终结果，美国联邦最高法院的 9 名大法官以 5 票对 4 票的比例通过判决认定：二氧化碳也属于空气污染物；除非美国联邦环保局能证明二氧化碳与全球变暖问题无关，否则就得予以监管；美国联邦环保局没能提供合理解释说明为何拒绝管制汽车排放的二氧化碳和其他有害气体。基于此，美国联邦最高法院裁决：美国政府声称无权限管制新下线汽车和货车的废气排放并不正确，政府须管制汽车污染。美国联邦最高法院的裁决立即得到美国众多环保团体和人士的欢迎。不过，美国联邦环保局、参与诉讼的汽车制造商以及部分在经济上依赖汽车制造业的州则表示反对，认为此判决可能损害经济，因为美国经济有 85% 与温室效应气体来源有关。不过，在司法独立的美国，联邦最高法院裁决的确信力是不容怀疑的，反对也无济于事。因此，美国汽车生产商联盟呼吁制定全国性策略应对温室气体问题。美国联邦环保局在判决后表示，将会研究判决，再决定最合适的下一步行动。美国联邦最高法院的最终裁决，解决了自小布什总统就职以来一直悬而未决的气候变化争议。基于此，此案被广泛认为是美国联邦最高法院数十年来处理的最重要的一个环境诉讼案件。

[法律问题]

1. 什么是全球气候变暖？我国环境法中有哪些应对气候变化的主要规定？

2. 联系本案谈谈气候变化立法。

[法理分析]

本案是一起典型的因温室气体排放而引发的行政诉讼案件，被中国环保网评为 2007 年世界十大环境新闻之一。[1] 全球气候逐渐变暖是温室效应加剧的后果。随着人类经济的发展，大量化石燃料的使用，森林、草原等植被的破坏日益加剧，造成地球上以二氧化碳为主的温室气体日益增多。所谓"温室气体"，是指大气中那些吸收和重新放出红外辐射的自然的和人为的气态成分。温室气体具有吸热和隔热的功能，它们在大气中增多的结果是形成一种无形的玻璃罩，使太阳辐射到地球上的热量无法向外层空间发散，导致地球表面变热起来，这就是温室效应（Green House Effect）。

全球变暖将会产生以下危害：①海平面上升。气温过高会造成冰山消融，海冰和极地冰盖不断融化，使海洋里的水量增多，进而造成海平面升高。②全球气温上升。2003 年，横扫欧洲的致命热浪害死了约 3.5 万人，在最近的 50～100 年中，酷热热浪的发生频率比往常高出了 2～4 倍。③干旱的发生。当世界上的一些地方被风暴和泛滥的洪水袭击时，另一些地方却遭受着干旱的威胁。随着气候变暖，专家估计旱情可能至少增加 66%，旱情的增加使供水量萎缩，并且导致农作物生产的质量下降。④危及粮食生产。由于全球变暖，干旱肆虐，会使全球的粮食生产和供给处于危险之中，人们面临饥饿威胁的危险越来越大。⑤疾病频发。伴随着洪水、干旱的高温天气，给病毒创造了极好的生长环境，蚊子、扁虱、老鼠等携带疾病的生物愈发繁盛。世界卫生组织声称，新生的或复发的病毒正在迅速传播中，它们会生存在跟以往不同的国家中，一些热带疾病也可能在寒冷的地方发生。比如，蚊子就使加拿大人感染了西尼罗河病毒。⑥极端天气高发。在短短 30 年里，四级到五级强烈飓风的发生频率几乎增加了一倍。⑦危及全球安全。优质粮食、水源和土地的减少，会使威胁全球安全的隐患增多，从而引起冲突和战争。⑧影响生物多样性。全球气温的上升，对物种生存的危害越来越大。如果年平均气温保持 1.1～6.4 摄氏度的增长速度，到 2050 年，约 30% 的现有动植物都会面临着灭绝的威胁。这些物种会因为荒漠化、

---

〔1〕 本案参考资料：①佚名："2007 年世界十大环境新闻回眸"，中国环保网，http://www.china-environment.com/action/Topic/top102007wai/index.aspx，2013 年 7 月 26 日；②佚名："全球变暖的十大可怕危害"，人民网，http://scitech.people.com.cn/n/2012/1127/c1007-19706622.html，2012 年 11 月 27 日；③贺娇："美首次发布温室气体大型排放源数据"，新民网，http://news.xinmin.cn/rollnews/2012/01/17/13359030.html，2012 年 1 月 17 日；④何孟洁："我国启动气候变化应对法立法工作"，中国气象局官网，http://www.cma.gov.cn/2011xwzx/2011xtt/201204/t20120412_169306.html，2012 年 4 月 12 日；⑤佚名："中美元首宣布两国 2020 年后应对气候变化行动"，中国新闻网，http://www.chinanews.com/gn/2014/11-12/6768674.shtml，2014 年 11 月 12 日；⑥马维辉："中美减排声明让气候谈判'死里逃生'"，新浪财经，http://finance.sina.com.cn/roll/20141115/010420824947.shtml，2014 年 11 月 15 日。

森林砍伐、海洋变暖、无法适应气候等原因而灭绝。⑨影响人类生存。气候变化和二氧化碳增多是对人类生态系统的一项测试，它威胁着淡水、清洁的空气、燃料和能源资源、粮食、药品和其他对人类生存产生影响而不是对生活方式产生影响的生存条件。⑩造成严重的经济损失。随着温度的增高，为弥补由于气候变化造成损失的花费越来越多。严重的风暴和洪水造成的农业损失多达数十亿美元，同时，治疗传染性疾病和预防疾病传播也需要很多开销。极端天气也会造成极其严重的经济滑坡。2005 年，破纪录的飓风在路易斯安那州停留数月，造成财产损失至少 1350 亿美元。

由于温室气体可能产生的巨大危害，国际社会高度重视气候变化立法。《联合国气候变化框架公约》是世界上第一个为全面控制二氧化碳等温室气体排放，应对全球气候变暖给人类经济和社会带来不利影响的国际公约，也是国际社会在应对全球气候变化问题上进行国际合作的一个基本框架。目前已有 192 个国家批准了 UNFCCC，缔约方作出了许多旨在解决气候变化问题的承诺。每个缔约方都必须定期提交专项报告，其内容必须包含该缔约方的温室气体排放信息，并说明为实施公约所执行的计划及具体措施。UNFCCC 于 1994 年 3 月生效，奠定了应对气候变化国际合作的法律基础，是具有权威性、普遍性、全面性的国际框架。UNFCCC 由序言及 26 条正文组成，指出历史上和目前全球温室气体排放的最大部分源自发达国家，发展中国家的人均排放仍相对较低，因此，应对气候变化应遵循"共同但有区别的责任"原则。根据这个原则，发达国家应率先采取措施限制温室气体的排放，并向发展中国家提供有关资金和技术；而发展中国家在得到发达国家技术和资金支持的前提下，采取措施减缓或适应气候变化。自 1995 年以来，UNFCCC 缔约方大会每年召开一次，第二次至第六次缔约方大会分别在日内瓦、京都、布宜诺斯艾利斯、波恩和海牙举行。1997 年 12 月，第三次缔约方大会在日本京都举行，会议通过了《京都议定书》，对 2012 年前主要发达国家减排温室气体的种类、减排时间表和额度等作出了具体规定。根据这份议定书，2008 ~ 2012 年间，主要工业发达国家的温室气体排放量要在 1990 年的基础上平均减少 5.2%，其中，欧盟将 6 种温室气体的排放量削减 8%，美国削减 7%，日本削减 6%。2007 年 12 月，第十三次缔约方大会在印度尼西亚巴厘岛举行，会议着重讨论"后京都"问题，即《京都议定书》第一承诺期在 2012 年到期后如何进一步降低温室气体的排放，并通过了"巴厘岛路线图"，启动了加强 UNFCCC 和《京都议定书》全面实施的谈判进程，致力于在 2009 年底前完成《京都议定书》第一承诺期 2012 年到期后全球应对气候变化新安排的谈判并签署有关协议。2009 年 12 月 7 日 ~ 19 日，第十五次缔约方会议暨《京都议定书》第五次缔约方会议在丹麦哥本哈根举行。经过马拉松式的艰难谈判，大会分别以《联合国气候变化框架公约》及《京都议定书》缔约方大会决定的形式发表了不具法律约束力的《哥本哈根协议》。2012 年 11 月 26 日～12 月 8 日，第十八次缔约方会议暨《京都议定书》第八次缔约方会议在多哈举行。会议通过了《京都议定书》第二承诺期修正案，为相关发达国家和经济转型国家设定了 2013 年 1 月 1 日～2020 年 12 月 31 日的温室气体量化减排指标。会议要求发达国家继续增加出资规模，帮助发展中国家提高应对气候变化的能力。会议还对德班平台谈判的工作安排进行了总体规划。

英国是世界上首个将温室气体减排目标写进法律的国家。2009 年 3 月，英国《气候变化法案》得到正式批准，该法案要求英国本届及下届政府必须致力于削减二氧化碳以及其他温室气体的排放，到 2050 年达到减排 80% 的目标。实现这一目标的工作进程将交由一个新成立的独立气候变化委员会来组织完成，该委员会将提交第一份 3 个五年计划的"减排预算"，就如何达成减排 80% 的目标给英国政府提供了建议，并且让公众知道他们的建议，以便将来可以要求政府解释为何没有采纳他们的某项建议。该气候变化法还规定了一些控制能源的具体措施，例如，要求能源企业向使用低碳能源而向英国高压输电线网输入电力的居民住户、企业单位和商户支付"回购税"。这是全球第一个确定温室气体减排目标的法案。

2012 年，墨西哥颁布了《墨西哥气候变化法》，该法对减少温室气体排放和增加可再生能源使用设置了目标。该法律将使墨西哥成为"第一个针对气候变化进行整体立法的发展中国家"，本法案在该类立法中属全球第二例。墨西哥承诺，到 2020 年将温室气体排放量减少 30%，到 2050 年减少 50%。这项法律是墨西哥为了在环保领域处于国际领先地位所做出的努力的一部分。除了设置温室气体排放目标，法律还规定，到 2024 年，墨西哥将有 35% 的能源为可再生能源，政府机构必须使用可再生能源。该法规还要求设立温室气体排放许可证交易体系。

此外，菲律宾也在 2009 年 10 月颁布了《菲律宾气候变化法》。根据该法，菲律宾将成立气候变化委员会，由总统亲自掌管，负责气候变化方面的政策制定、发展规划及扶贫项目等。该委员会还将负责协调、监督、评价政府在应对气候危机所实施的行动和项目，为本国研究和发展提供技术和资金支持。该项法律是菲律宾这个灾害频发国应对由气候变化引发的诸如暴风雨、地震、洪灾及泥石流等自然灾害的重要举措。

加拿大也在 2012 年正式出台《关于减少煤炭发电行业二氧化碳气体排放的法规》，为推进减排努力。该法规规定，煤炭发电行业二氧化碳气体排放的标准与天然气和可再生能源行业一致，同为每百万千瓦时排放 420 吨。据统计，煤电只占加拿大发电总量的约15%，但其温室气体排放量却占发电行业总量的约77%，占全国温室气体排放总量的11%。加拿大将继续执行《哥本哈根协议》确定的减排目标，即到2020年，在2005年的基础上，温室气体排放量减少17%，减至6.07亿吨。

美国虽然没有颁布专门控制温室气体排放的法律法规，但美国公众和地方政府对温室气体的减排是有很大影响的，以本案为例，如此多的州、市和非政府组织联合起诉联邦环保局，要求EPA对温室气体履行控制减排义务，反映出美国社会对温室气体控制的关切，而最高法院对本案的判决也支持了美国社会和公众要求控制温室气体排放的意愿，正是在美国社会、公众参与和最高法院判决的有力推动下，美国政府逐渐转变了对温室气体减排的消极态度，联邦环保局开始了控制温室气体的行动。2012年1月，美国联邦环保局首次发布温室气体大型排放源数据，EPA通过工业界、各州及其他组织提供的意见和强有力的协作发布温室气体报告体系，这一透明而强大的数据资源库为企业及其他创新者提供了一个重要工具，可以帮助他们找到降低成本和提高能效以减少温室气体的办法，并推动保护公共卫生和环境的技术的发展。根据全美大型设施及产品供应商向美国环保局提交的温室气体排放数据，发电厂为美国2010年温室气体排放量最大的固定排放源，炼油厂居其次。其中，二氧化碳在直接温室气体排放中所占份额最大，为95%；其次是甲烷，占4%；氧化亚氮和几种氟化气体共占1%。这些气体在大气中积聚，被视为造成全球气温上升的主要原因。根据联合国政府间气候变化专门委员会的数据，20世纪温室气体使全球气温上升约0.74℃，其中一半以上的升温幅度发生在1979年以后。根据美国国家气候数据中心的信息，2010年与2005年已并列成为有记录以来全球平均气温最高的年份。据环境新闻服务网（ENS）报道，美国联邦环保局采用了新的在线数据发布工具，允许用户查看2010年的6700多个排放设施的温室气体数据并为之排序，这些数据包括工厂名称、地理位置、所属产业领域和温室气体排放类型及数量。2012年，美国将有100个单体碳排放超过700万吨二氧化碳当量，其中包括96个电厂、两个钢铁厂和两家炼油厂。根据最新数据，2012年最大的二氧化碳单体排放源将是格鲁吉亚电力公司位于佐治亚州朱丽叶地区的罗伯特·W.舍雷尔燃煤电厂。作为美国第五大发电厂，舍雷尔发电厂的年温室气体排放量已位居前列。按照《2008财年综合拨款法案》的要求，联邦环保局于2009年10月推出了温室气体报告体系。该体系要求跨越9个行业部门的大型排放源，以及有燃烧或排放需求的产品供应商报告温室气体排放情况。向EPA上报2010年温室气体信息的排放源包括：电厂、垃圾填埋场、金属制造、矿物生产、炼油厂、纸浆和纸张生产、化学品制造、政府和商业设施，以及其他工业设施。

另外，还有新增的 12 个产业群将在 2012 年首次向美国环保局报告 2011 年温室气体排放数据，包括：电子产品制造、含氟气体生产、镁生产、石油和天然气系统、电力传输和配电设备使用、井下煤矿、工业废水处理、二氧化碳地质封存、输配电制造、工业废物填埋场、地下注入二氧化碳，以及氟化温室气体预充电或含氟化温室气体闭孔泡沫设备的进出口。EPA 解释称，采用温室气体报告体系收集的数据将不会取代年度国家温室气体排放清单，排放清单用于满足《联合国气候变化框架公约》关于报告年度国家温室气体排放量的要求，同时也是有关美国各行业温室气体总排放量的最佳来源数据，而温室气体报告方案主要关注大排放源，并非百分百涵盖美国的温室气体排放量。不过，环保局认为报告体系"是一个有用的工具，可以从整体上提高排放清单的准确性"。

我国政府也高度重视气候变化立法。早在 2007 年，我国就正式发布了《中国应对气候变化国家方案》，2008 年出台了《中国应对气候变化的政策和行动》（白皮书），2009 年制定颁布了《全国人大常委会关于积极应对气候变化的决议》，2011 年再次发布了《中国应对气候变化的政策与行动（2011）》，针对十二五时期的目标任务和政策行动等做出安排，除此之外，还制定颁布了一系列环境资源和能源方面的法律法规，如《中华人民共和国可再生能源法》（2005年制定，2009 年修订）、《中华人民共和国节约能源法》（1997 年制定，2007 年修订）以及《中华人民共和国清洁生产促进法》（2002 年制定，2012 年修订）、《中华人民共和国循环经济促进法》（2008 年）等，为制定应对气候变化法奠定了法律基础。在 2009 年春召开的全国政协会议上，全国政协人口资源环境委员会副主任、中科院院士、原中国气象局局长秦大河曾提案建议，研究制定《中华人民共和国应对气候变化法》。两年前，中国颁布实施了《应对气候变化国家方案》，成为第一个制定应对气候变化国家方案的发展中国家。不过，这个方案仅制定了到 2010 年中国应对气候变化的目标，而且，限于方案的执行效力及经济局势的变化，其全面实现仍面临压力。据悉，目前由中国社会科学院研究项目组提交的《中华人民共和国气候变化应对法（征求意见稿）》也已广泛征求意见，我国的气候变化立法正在进行中。

尽管中国的气候变化立法尚未正式颁布，但随着中国经济步入"新常态"，中国逐渐转变经济发展模式，应对气候变化成为可持续发展的内在要求。而美国在能源革命成功之后，在诸如最高法院对本案判决、公众和社会要求削减温室气体的压力下，也有降低温室气体排放的意愿。从 2010 年开始，中美两国在共同应对气候变化问题上有了很大进展。2013 年 4 月，双方成立了中美气候变化工作组。在 2013 年 6 月的"习奥会"上，两国又同意限制和逐步取消加剧温室气体排放的制冷物质的使用，加强中美环保和减排合作。2014 年 11 月 12 日，中美两国在北京联合发表了一份关于气候变化的声明。宣布了两国各自 2020 年后应对气候变化行动，认识到这些行动是向低碳经济转型长期努力的组成部分并考虑到 2℃ 全球温升目标。美国计划于 2025 年实现在 2005 年的基础上减排 26% ~28% 的全经济范围减排目标并将努力减排 28%。中国计划 2030 年左右二氧化碳排放达到峰值且将努力早日达峰，并计划到 2030 年，非化石能源占一次能源消费比重提高到 20% 左右。

[**参考法律规范**]

1. 《联合国气候变化框架公约》（1992 年颁布）

2. 《京都议定书》（1997 年颁布）

3. 《全国人大常委会关于积极应对气候变化的决议》（2009 年颁布）

4. 《中国应对气候变化国家方案》（国务院 2007 年发布）

第四章

# 环境法律责任

　　环境资源法中的环境责任，是指违反环境资源法，破坏或者污染环境的单位或个人应承担的法律上的不利后果。依据环境资源法的规定，环境法律责任可以分为行政责任、刑事责任和民事责任三种，既包括实体法律责任制度，也包括追究法律责任的程序性制度。另外，由于传统的法律责任追究都是针对已经发生了的环境污染或资源破坏的后果，而环境公益的保护要求预防性控制，即在环境损害后果尚未发生，但已有环境污染行为或者针对尚无环境损害后果，只是可能发生环境污染或资源破坏后果的行为，这就需要引入环境公益诉讼制度。本章精心选择了 9 个案例，分别代表一类制度，其中每一类制度包含的多个知识点则在法理分析中具体阐述。

## 第一节　环境民事法律责任与诉讼

### 一、环境民事法律责任

### 案例一：　昊华公司氯化氢气体泄漏案——全国首例环境责任保险案

　　[所属部分]　环境法律责任之民事法律责任
　　[大纲知识点]　环境民事法律责任
　　[案例背景]
　　20 世纪以来，特别是世界八大公害事件发生以后，由企业造成的重大环境污染事故时有发生。博帕尔惨案历历在目，切尔诺贝利的核爆炸声犹在耳畔，墨西哥湾深海地平线石油泄漏造成的严重环境污染令人震惊，凡此种种重大环境污染事件，给人类带来了无尽的人身伤害和精神摧残。然而，在很多情况下，人类在饱受环境污染的损害之后，却得不到应有的赔偿，曾经深受污染之痛的肉体和灵魂都难以得到慰藉。在面对由于重特大环境污染事件对人们造成的巨大伤害面前，如何尽量分散环境风险，弥补受害人的人身、财产乃至精神损失？这是一个人们不得不认真解决的崭新课题。环境责任保险制度作为一种环境污染风险分散的最佳制度设计应运而生。

中国也经历着同样的问题，从 2007 年开始，中国开始在各地进行环境责任保险试点。湖南省于 2008 年开展环境污染责任保险试点，将 18 家化工、有色、钢铁等环境污染风险较大的企业列为重点。农药生产企业株洲昊华公司于 2008 年 7 月 31 日购买了平安保险公司"污染事故"赔偿险。[1]

**[案情描述]**

2008 年 9 月 28 日，湖南省株洲市农药生产企业——昊华公司发生氯化氢气体泄漏事件，导致周边村民的菜田受到污染。这家企业于 2008 年 7 月 31 日投保了由中国平安集团旗下平安产险承保的环境污染责任险，根据企业生产状况和往年污染事故造成损失的情况，投保额为 4.08 万元。

事后，企业对上门要求索赔的一些村民进行了赔偿，但事件并未平息，虽然此次污染事故并未伤及人畜，污染范围较小，但周边村民前后分三批共计 120 多户找到企业提出索赔，企业将情况报告了保险公司。接到报案后，平安产险立即派出勘察人员赶赴现场，确定了企业对污染事件负有责任以及保险公司应当承担的相应保险责任。依据"环境污染责任险"条款，平安产险与村民们达成赔偿协议，在不到 10 天的时间内就将 1.1 万元赔款给付到村民手中。这起牵涉到 120 多户村民投诉的环境污染事故得以快速、妥善解决。

在这起案例中，环境责任保险制度有效地维护了污染受害者的合法权益，维护了企业的正常生产秩序和当地社会的稳定。通过这次事件，当地环保部门和企业对投保环境污染责任保险有了新的认识：一是企业加入污染责任保险后，一旦发生污染损害，保险公司将成为企业的坚强后盾，减少企业经济损失；二是在发生污染事故纠纷时，有保险公司加入和协调，可安定民心，给企业创造良好的生产环境，避免受污染者与企业纠缠不清，加大处理难度；三是过去是

---

〔1〕本案参考资料：①佚名："我国首例环境污染责任保险获赔案例"，中国环境网，http://www.cenews.com.cn/xwzx/hjkp/kpqt/201112/t20111213_710374.html，2011 年 12 月 13 日；②习人："环境污染责任保险"，中国网，http://www.china.com.cn/environment/2009-01/07/content_17067121.htm，2009 年 1 月 7 日；③佚名："潘岳：全国环境污染责任保险试点取得阶段性进展"，中国网，http://www.china.com.cn/environment/2009-01/08/content_17073028.htm，2009 年 1 月 8 日；④佚名："全国首例环境污染责任获赔"，中国质量新闻网，http://www.cqn.com.cn/news/zgzlb/diba/242238.html，2008 年 12 月 5 日；⑤张瑞丹："中国首例环境污染责任险获赔"，财经网，http://www.caijing.com.cn/2008-12-01/110033206.html，2008 年 12 月 1 日；⑥欧阳洪亮："环保总局联手保监会推'绿色保险'"，财经网，http://www.caijing.com.cn/2008-02-18/100048645.html，2008 年 2 月 18 日。

由企业和环保机构来处理污染事件，有了保险公司的加入后，处理结果显得更有说服力。

[法律问题]

1. 什么是环境民事责任？如何认定环境民事责任？

2. 什么是环境责任保险？联系本案谈谈环境责任保险立法。

[法理分析]

本案是我国设立环境责任保险制度之后的第一件案件。所谓"环境污染责任保险"，是一种国际上普遍采用的分散企业环境风险的制度，由污染企业就可能发生的环境事故风险在保险公司投保，一旦发生保险事故，则由保险公司对污染受害者进行赔偿。

环境责任保险制度是由环境民事责任制度发展而来。所谓环境民事责任，是指因污染或破坏环境而侵犯他人的民事权利，根据环境法律法规的规定，应承担对其不利的法律后果。环境民事责任的构成要件有：①实施了污染或破坏环境的行为；②发生了损害后果；③污染或破坏环境行为与损害后果之间具有因果关系。其中不包括一般民事责任要求的过错要件，这是因为对环境民事责任实行无过错责任的归责原则，《民法通则》、《环境保护法》、《侵权责任法》、《大气污染防治法》、《水污染防治法》、《固体废物污染环境防治法》等法律法规都没有把故意或过失作为环境损害赔偿的要件。环境民事责任具有法定的免责要件，在以下情形中虽然也发生了环境污染损害后果，但行为人可免予承担民事责任：①由不可抗力造成并且行为人及时采取了合理措施；②受害者自我致害；③第三者过错。承担环境民事责任的方式与一般民事责任无异，主要有：停止侵害；排除妨碍；消除危险；返还财产；恢复原状；修理、重作、更换；赔偿损失；支付违约金；消除影响、恢复名誉；赔礼道歉；等等。

然而，与一般民事责任侵权行为不同的是，环境污染往往具有缓发性、潜伏性、累积性和复合性，一旦发生比较严重乃至重大的环境污染事故，在巨大的赔偿和污染治理费用面前，事故企业往往只得被迫破产，而受害者也得不到及时的补偿救济，造成的环境破坏只能由政府花巨资来治理，受害者个人、企业、政府三方都将承受巨大损失。如果企业参加了环境污染责任保险，一旦事故发生，由保险公司及时给被害者提供赔偿，既可以使企业避免破产，又能减轻政府的财政负担，这符合三方的共同利益，但这并不意味企业就可以放心大胆地去污染，因为环境保险的收费与企业污染程度成正比，如果企业发生污染事故的风险极大，那么高昂的保险费会压得企业不堪重负。保险公司还会聘请专家，对被保险人的环境风险进行预防和控制，这种市场机制的监督作用将迫使企业降低污染排放。环境污染责任保险已被许多国家证明是一种有效的环境风险管理的市场机制，是一项经济和环境"双赢"的制度。当前，我国正处在由农业社会向工业社会、工业社会向后工业社会的转型期，这是一个高风险社会，工业企业污染事故高发，例如，全国7555个大型重化工业项目中，有81%布设在江河水域、人口密集区等环境敏感区域，其中，45%为重大风险源。原国家环保总局（现环保部）数据显示，仅2007年一年全国就发生环境污染事故108起，而事故发生后，由于没有合理的善后处理机制的保障，企业往往难以承受高额的赔偿和环境修复费用，一些污染事故受害者得不到及时赔偿，由此引发了许多社会矛盾，影响社会稳定。利用保险工具来参与环境污染事故处理，有利于分散企业经营风险，促使其快速恢复正常生产；有利于发挥保险机制的社会管理功能，利用费率杠杆机制促使企业加强环境风险管理，提升环境管理水平；有利于使受害人及时获得经济补偿，稳定社会经济秩序，减轻政府负担，促进政府职能转变。

作为一种比较有效的风险分散工具，发达国家广泛制定并实施了环境责任保险制度。美国的环境污染责任保险又称污染法律责任保险，包括两类：一是环境损害责任保险，以约定的限额承担被保险人因其污染环境、造成邻近土地上的任何第三人的人身损害或财产损失而发生的赔偿责任；二是自有场地治理责任保险，以约定的限额为基础，承担被保险人因其污染自有或者使用的场地而依法支出的治理费。美国的保险人一般只对非故意的、突发性的环境污染事故所造成的人身、财产损害承担保险责任，对企业正常、累积的排污行为所致的污染损害也可予以特别承保。美国针对有毒物质和废弃物的处理所可能引发的损害赔偿责任实行强制保险制度。德国环境污染责任保险采取强制责任保险与财务保证或担保相结合的制度。德国《环境责任法》规定，存在重大环境责任风险的"特定设施"的所有人，必须采取一定的预先保障义务履行的措施，包括与保险公司签订损害赔偿责任保险合同，或由州、联邦政府和金融机构提供财务保证或担保。该法直接以附件方式列举了"特定设施"名录。名录覆盖了关系国计民生的所有行业，对于高环境风险的"特定设施"，不管规模和容量如何，都要求其所有者投保环境责任保险。法国和英国的环境污染责任保险是以自愿保险为主、强制保险为辅。一般由企业自主决定是否就环境污染责任投保，但法律规定必须投保的则强制投保。

环境污染责任保险涉及多个部门和企业，包括环保部门、保险监管部门、保险公司、投保企业等。环境污染责任保险制度主要包括：明确环境污染责任保险的投保主体；建立环境污染事故勘察、定损与责任认定机制；环保部门制定环境污染事故损失核算标准和相应核算指南；建立规范的理赔程序；等等，主要目的是提高企业对环境污染事故的预防能力。

针对我国进入污染事故高发期的现实，扭转"污染企业获利、损害大家埋单"的局面，2007年12月，国家环保总局与中国保监会联合出台《关于环境污染责任保险工作的指导意见》（以下简称《意见》），正式启动了绿色保险制度建设。《意见》提出在"十一五"初步建立符合我国国情的环境污染责任保险制度，在重点行业和区域开展环境污染责任保险的试点示范工作，以生产、经营、储存、运输、使用危险化学品企业、易发生污染事故的石油化工企业、危险废物处置企业等为对象开展试点。最终目标是到2015年，基本完善环境污染责任保险制度，建立起从风险评估、损失评估、责任认定到事故处理、资金赔付等各项机制。

《意见》发布一年以来，许多地方环保和保监部门以及保险行业积极行动起来，各地结合控制污染风险、保障环境安全的实际需要，组织开展试点工作。湖南、江苏、湖北等省和宁波、沈阳等市的工作已取得了明显成效。湖南省在2008年推出了保险产品，确定了化工、有色、钢铁等18家重点企业，积极引导并组织保险机构主动上门说明，做好服务工作。目前，湖南试点的18家企业已有7家投保，其他企业也表示将积极参加。江苏省2008年8月推出了船舶污染责任保险，经交通、环保、保监等部门推动，由人保、平安、太平洋和永安4家保险公司组成共保体，承保2008～2009年度江苏省船舶污染责任保险项目。湖北省于2008年9月启动了环境污染责任保险试点工作，在武汉城市圈范围进行试点，其中，武汉市专门安排200万资金作为政府引导资金，按保费的50%为购买保险企业进行补贴。宁波市已有4家保险公司开展了环境污染责任保险业务，并在危险品运输、化工园区开展试点。沈阳市率先在地方立法实现突破，在《沈阳市危险废物污染环境防治条例》中明确规定，"支持和鼓励保险企业设立危险废物污染损害责任险种；支持和鼓励产生、收集、贮存、运输、利用和处置危险废物的单位投保危险废物污染损害责任险种"。

作为运用市场机制减轻环境风险的有效措施，环境污染责任保险在我国毕竟还是个新生事物，目前仍以自愿投保为主，但企业普遍不积极，尚需立法支持。如本案中湖南省内企业对环境责任保险制度普遍持"不积极"的态度，一方面，规模较小的企业苦于资金缺乏；另一方面，拥有经济实力的大型企业则认为自身可以"内部消化"环境污染事故所造成的损失。早在2008年年初，湖南省就将18家化工、有色、钢铁等环境污染风险较大的企业列为重点，但具体推广直到2008年7月才正式开始。截至目前，湖南省内也仅有7家企业投保，还远远达不到预期目标。因此，当前我国应迅速明确相关法律法规中环境污染责任险的地位和适用范围，建立健全环境责任保险制度，建立环境污染责任险运转的长效机制。首先，应确定环境污染责任保险的法律地位，在国家和各省区市环保法律法规中增加"环境污染责任保险"条款，条件成熟的时候还将出台"环境责任保险"专门法规。其次，现阶段环境污染责任保险的承保标的将明确以突发、意外事故所造成的环境污染直接损失为主。试点工作将先期选择环境危害大、最易发生污染事故和损失容易确定的行业、企业和地区等。最后，通过法律法规明确各部门的职责，各司其职。环保部门提出企业投保目录以及损害赔偿标准；保险公司开发环境责任险产品，合理确定责任范围，分类厘定费率；保险监管部门制定行业规范，进行市场监管。环保部门与保险监管部门还应建立环境事故勘查与责任认定机制、规范的理赔程序和信息公开制度。

2013年，为进一步健全环境污染责任保险制度，在原国家环境保护总局和中国保险监督管理委员会2007颁布的《关于环境污染责任保险工作的指导意见》的基础上，环境保护部和中国保险监督管理委员会联合颁布了《关于开展环境污染强制责任保险试点工作的指导意见》（以下简称《意见》）。《意见》针对试点中出现的几个问题加以改进：

1. 明确环境污染责任保险是以企业发生污染事故对第三者造成的损害依法应承担的赔偿责任为标的的保险，明确环境污染强制责任保险的试点企业范围，即包括涉重金属企业、按地方有关规定已被纳入投保范围的企业、石油天然气开采、石化、化工等高环境风险企业。

2. 合理设计环境污染强制责任保险条款和保险费率。①责任范围。保险条款载明的保险责任赔偿范围应当包括：第三方因污染损害遭受的人身伤亡或者财产损失；投保企业（又称被保险人）为了救治第三方的生命，避免或者减少第三方财产损失所发生的必要而且合理的施救费用；投保企业根据环保法律法规规定，为控制污染物扩散，或者清理污染物而支出的必要而且合理的清污费用；由投保企业和保险公司约定的其他赔偿责任。②责任限额。投保企业应当根据本企业环境风险水平、发生污染事故可能造成的损害范围等因素，确定足以赔付环境污染损失的责任限额，并据此投保。③保险费率。保险公司应当综合考虑投保企业的环境风险、历史发生的污染事故及其造成的损失等方面的总体情况，兼顾投保企业的经济承受能力，科学合理地设定环境污染责任保险的基准费率。保险公司根据企业环境风险评估结果，综合考虑投保企业的环境守法状况（包括环境影响评价文件审批、建设项目竣工环保验收、排污许可证核发、环保设施运行、清洁生产审核、事故应急管理等环境法律制度执行情况），结合投保企业的行业特点、工艺、规模、所处区域环境敏感性等方面的情况，在基准费率的基础上，合理确定适用于投保企业的具体费率。

3. 健全环境风险评估和投保程序。企业投保或者续签保险合同前，保险公司可以委托或者自行对投保企业开展环境风险评估。投保企业环境风险评估可以按照下列规定开展：①对已有环境风险评估技术指南的氯碱、硫酸等行业，按照技术指南开展评估。②对尚未颁布环境风险评估技术指南的行业，可以参照氯碱、硫酸等行业环境风险评估技术指南规定的基本评估方法，综合考虑生产因素、厂址环境敏感性、环境风险防控、事故应急管理等指标开展评估。

　　4. 建立健全环境风险防范和污染事故理赔机制。①风险防范：在对企业日常环境监管中，环保部门应当监督企业严格落实环境污染事故预防和事故处理等责任，积极改进环境风险管理。保险监管部门应当督促保险公司加强对投保企业环境风险管理的技术性检查和服务，充分发挥保险的事前风险防范作用。保险公司应当按照保险合同的规定，做好对投保企业环境风险管理的指导和服务工作，定期对投保企业环境风险管理的总体状况和重要环节开展梳理和检查，查找环境风险和事故隐患，及时向投保企业提出消除不安全因素或者事故隐患的整改意见，并可视情况通报当地环保部门。投保企业是环境风险防范的第一责任人，应当加强对重大环境风险环节的管理，对存在的环境风险隐患积极整改，并做好突发环境污染事故的应急预案、定期演练和相关准备。②事故报告：发生环境污染事故后，投保企业应当及时采取必要、合理的措施，有效防止或减少损失，并按照法律法规要求，向有关政府部门报告；投保企业应当及时通知保险公司，书面说明事故发生的原因、经过和损失情况；投保企业应当保护事故现场，保存事故证据资料，协助保险公司开展事故勘查和定损。保险公司在事故调查、理赔中，可以参考当地环保部门掌握并依法可以公开的事故调查结论。③出险理赔：投保企业发生环境污染事故后，保险公司应当及时组织事故勘查、定损和责任认定，并按照保险合同的约定，规范、高效、优质地提供出险理赔服务，及时履行保险赔偿责任。对损害责任认定较为清晰的第三方人身伤亡或者财产损失，以及投保企业为了救治第三方的生命所发生的必要而且合理的施救等费用，保险公司应当积极预付赔款，加快理赔进度。保险监管部门应当引导保险公司简化理赔手续，优化理赔流程，提升服务能力和水平。④损害计算：环境污染事故造成的对第三方的人身损害、财产损失，投保企业为防止污染扩大、降低事故损失而采取相应措施所发生的应急处置费用，可以按照环境保护部印发的《环境污染损害数额计算推荐方法》规定的方法进行鉴定评估和核算。⑤争议案件的处理：投保企业与保险公司发生争议时，按照双方合同约定处理。保险经纪机构可以代表投保企业就有争议的案件与保险公司进行协商谈判，最大程度保障投保企业的合法权益，减少投保企业的损失和索赔成本。

　　5. 强化信息公开。①环境信息。环保部门应当根据《环境信息公开办法》的有关规定，公布投保企业的下列环境信息：建设项目环境影响评价文件受理情况、审批结果和建设项目竣工环保验收结果；排污许可证发放情况；污染物排放超过国家或者地方排放标准，或者污染物排放总量超过地方人民政府依法核定的排放总量控制指标的污染严重的企业名单；发生过污染事故或者事件的企业名单，以及拒不执行已生效的环境行政处罚决定的企业名单；环保部门掌握的依法可以公开的有利于判断投保企业环境风险的其他相关信息。投保企业应当按照国家有关规定，建立重金属产生、排放台账，以及危险化学品生产过程中的特征化学污染物产生、排放台账，建立企业环境信息披露制度，公布重金属和特征化学污染物排放、转移和环境管理情况信息。②保险信息。保险监管部门应当依照《中国保险监督管理委员会政府信息公开办法》有关规定，公开与环境污染强制责任保险试点相关的信息。保险公司应当依照《保险企业信息披露管理办法》等有关规定，全面准确地公开与环境污染强制责任保险有关的保险产品经营等相关信息。

6. 完善促进企业投保的保障措施。①强化约束手段。对应当投保而未及时投保的企业，环保部门可以采取下列措施：将企业是否投保与建设项目环境影响评价文件审批、建设项目竣工环保验收、排污许可证核发、清洁生产审核，以及上市环保核查等制度的执行紧密结合；暂停受理企业的环境保护专项资金、重金属污染防治专项资金等相关专项资金的申请；将该企业未按规定投保的信息及时提供给银行业金融机构，为其客户评级、信贷准入退出和管理提供重要依据。②完善激励措施。对按规定投保的企业，环保部门可以采取下列鼓励和引导措施：积极会同当地财政部门，在安排环境保护专项资金或者重金属污染防治专项资金时，对投保企业污染防治项目予以倾斜；将投保企业投保信息及时通报银行业金融机构，推动金融机构综合考虑投保企业的信贷风险评估、成本补偿和政府扶持政策等因素，按照风险可控、商业可持续原则优先给予信贷支持。③健全政策法规。地方环保部门、保险监管部门应当积极争取将环境污染强制责任保险政策纳入地方性法规、规章，或者推动地方人民政府出台规范性文件，并配合有关部门制定有利于环境污染强制责任保险的经济政策和措施。环保部门应当推动健全环境损害赔偿制度，加快建立和完善环境污染损害鉴定评估机制，支持、规范环境污染事故的责任认定和损害鉴定工作。企业发生污染事故后，地方环保部门应当通过提供有关监测数据和相关监管信息，依法支持污染受害人和有关社会团体对污染企业提起环境污染损害赔偿诉讼，推动企业承担全面的污染损害赔偿责任，增强企业环境风险意识和环境责任意识。

2013 年环保部和保监委联合意见的颁布对我国环境污染保险制度的发展具有很大的促进作用，2014 年修订的《环境保护法》第 52 条规定："国家鼓励投保环境污染责任保险"，为我国构建环境污染责任保险法律制度奠定了基础，但目前我国环境责任保险的推进仍然面临诸多问题。比如，环境污染责任保险立法不够健全，当前关于环境污染强制保险的执行依据只有环保部和保监委联合颁布的《关于开展环境污染强制责任保险试点工作的指导意见》和地方政府出台的政策性规定，强制力不够，在执行时经常遇到企业以种种理由拒绝参保的现象。再如，保险产品也比较单一，仅针对突发性环境污染事故所致人身和财产等直接损失，并不包括生态污染的损失，不能真正分散环境风险，无法为实施生态修复提供保障；还有环境污染责任保险费率还比较高，难以刺激企业投保的积极性。因此，当务之急应是迅速构建和完善我国环境污染责任保险法律制度，提高立法等级，强化执法，增加环境污染责任保险产品类型，适度降低保险费率，有效推动我国环境责任保险制度的发展。

[参考法律规范]

1.《关于环境污染责任保险工作的指导意见》（原国家环保总局和保监会2007年联合颁布）

2.《德国环境责任法》（1989年颁布）

3.《关于开展环境污染强制责任保险试点工作的指导意见》（环保部和保监委2013年联合颁布）

4.《环境保护法》（1989年颁布，2014年修订）

**二、环境民事诉讼**

**案例二：　青岛王娟环境污染损害赔偿案——中国环境民事诉讼第一案**

[所属部分] 环境法律责任篇之环境民事诉讼

[大纲知识点] 环境民事诉讼

[案例背景]

氯气，一种常温下呈淡黄绿色、具有刺激性气味的剧毒气体。氯气的化学活性很高，可以和多种化学物质和有机物发生反应，氯气可以在一定压力下进行液化，大量工业用氯气往往通过电解食盐获得，由于液氯是纯氯气加压后液化所得，储存压力较大，加之氯气的化学活泼性，所以氯气必须用特制的储气罐高密封装。氯气的化学活性使得它的毒性很强，可损害全身器官和系统，它的毒性远远大于硫化氢气体，少量氯气可以引起呼吸道困难，刺激咽喉、鼻腔和扁桃体发炎，导致眼睛红肿、刺痛、流泪，能引起胸闷和呼吸道综合征，激发哮喘病人呼吸发生困难，甚至休克。氯气进入血液可以同许多物质发生化合作用，引起神经功能障碍，杀伤和破坏血细胞，并引起盗汗、头痛、呕吐不止、胃肠痉挛、肝脏受损等，严重者可致全身性水肿、电解质失衡。氯气还对皮肤、衣物等具有强烈腐蚀、损毁作用，大剂量氯气可以两分钟内致人缺氧并急速中毒死亡，七窍流血，面目狰狞，场面十分恐怖。严重氯气中毒的人员可能会遗留下严重的器质性功能障碍，身体长期得不到良好恢复，部分中毒者可能会重度瘫痪，乃至终身残疾。

| 症　　状 | 大气中所存在氯浓度 | |
| --- | --- | --- |
| | mg/L | PPM（百万分浓度） |
| 数小时作用感受到 | 0.001 | 0.35 |
| 长时间作用能忍受的界限 | 0.003 | 1.0 |
| 6 小时作用之明显症状 | 0.003~0.006 | 1.0~2.0 |
| 0.5~1 小时感到臭气的无危害 | 0.01 | 3.5 |
| 0.5~1 小时作用能忍受的界限 | 0.012 | 4.0 |
| 对咽喉有刺激 | 0.04 | 14.0 |
| 发生强烈咳嗽 | 0.08 | 28 |
| 0.5~1 小时接触有生命危险 | 0.04~0.06 | 14~21 |
| 0.5~1 小时接触后死亡 | 0.1~0.15 | 35~50 |
| 立即死亡 | 25~28 | 900~1000 |

**图8　各种浓度氯气的致害症状（数据采自国家防化专业标准书）**

1978 年 7 月 1 日晚，青岛市天降大雨，电闪雷鸣。位于青岛市的青岛市化工厂的电器设备因遭雷击毁坏，不能正常工作，从而造成该厂大量氯气外溢，污染了周围的大气环境。该厂附近居民十余人因吸入氯气中毒，当晚送医院抢救。[1]

**［案情描述］**

青岛某工厂女工王娟，因家住距本次氯气外溢事故发生地较近，大约 100 米处，故中毒症状较重，在医院住院观察及治疗共计 384 天。其间，王娟花费的住院费、医疗费及误工的工资、生活补贴等费用全部由青岛市化工厂承担，二者之间并无纠纷。

王娟中毒病情好转之后办理出院。医院在为其办理出院检查时诊断王娟还

〔1〕　本案参考资料：①王树义主编：《环境与自然资源法案例教程》，知识产权出版社 2004 年版，第 125～133 页。②佚名："氯气泄漏危害到底有多大？"，科学人网站，http：//www. sciencehuman. com/party/focus/focus2004/focus200404e. htm，2004 年 4 月 21 日。

患有"过敏性支气管哮喘",建议其出院后继续服药治疗。然而,青岛市化工厂则拒绝为王娟的继续服药治疗再承担医疗及其他相关费用。其理由是:王娟的"过敏性支气管哮喘"与氯气中毒无关,与氯气中毒无关也就是与该厂的氯气外溢事故无关。同时,王娟本人所在的工厂也拒绝发放王娟在继续治疗期间的工资和支付王娟继续治疗的医药费用。其理由为:王娟的病乃青岛市化工厂的氯气污染所造成的,故王娟的误工工资和医疗费用理应由青岛市化工厂承担。面对这种情况,王娟多次找有关行政管理部门处理解决,但均无结果。在万般无奈之下,王娟于1980年5月13日以青岛市化工厂为被告,向青岛市中级人民法院提起诉讼,要求青岛市化工厂赔偿其因受氯气污染患过敏性支气管哮喘疾病而受到的各种损失。

青岛市中级人民法院依法受理了此案。法院在审理该案的过程中调查了王娟的病史,走访了有关的医疗卫生部门并收集了大量的医学旁证。法院经审理查明:①女工王娟在此次患病以前从未患过过敏性支气管哮喘,并且其本人无此类疾病之家族病史;②医学证明氯气中毒可致人患过敏性支气管哮喘疾病;③女工王娟患过敏性支气管哮喘疾病的时间正是在青岛市化工厂发生氯气外溢污染事故以后。

综合考虑上述各种情况,青岛市中级人民法院认定,女工王娟患过敏性支气管哮喘疾病系青岛市化工厂氯气外溢污染事故所致,故青岛市化工厂应对王娟因患病所遭受的各种财产损失负赔偿责任。

最后,经法院调解,青岛市化工厂与女工王娟之间达成赔偿协议。1980年6月3日,青岛市中级人民法院正式制成民事调解书。

[法律问题]

1. 什么是环境民事诉讼?具有什么特点?

2. 什么是因果关系推定?如何在环境损害赔偿诉讼中实行因果关系推定?

3. 联系本案谈谈我国环境民事诉讼中的因果关系推定。

[法理分析]

本案是我国最早采用因果关系推定方法认定污染损害行为与损害结果之间因果关系的环境民事诉讼案件。所谓环境民事诉讼,是指公民、法人或其他组织受到污染或破坏环境行为的损害,依照民事诉讼程序向法院提起诉讼的活动。环境民事诉讼具有明显的不同于一般民事诉讼的特点:一是环境民事诉讼实行举证责任倒置。传统的诉讼举证规则一般是谁主张、谁举证,因此,原告要承担主要的、繁重的举证责任。在环境民事诉讼中,如果由原告承担主要举证责任会遇到很多困难:作为污染受害人的原告(多为公众或居民)由于文化、科学知识的限制和对致害物检测、化验手段的缺乏,很难取得有关证据,我国的

《民事诉讼法》没有针对环境民事诉讼提出举证责任倒置的原则，为了补救环境民事诉讼中遇到困难，最高人民法院《关于适用〈中华人民共和国民事诉讼法〉若干问题的意见》（1992）第 74 条规定：在因环境污染引起的损害赔偿诉讼中，对原告提出的侵权事实，被告否认的，由被告负责举证。《最高人民法院关于民事诉讼证据的若干规定》（2001）第 4 条第 3 款规定："因环境污染引起的损害赔偿诉讼，由加害人就法律规定的免责事由及其行为与损害结果之间不存在因果关系承担举证责任。"二是诉讼时效延长为 3 年。环境污染案件一般比较复杂，由于环境污染的潜伏性、累积性和复合性，取证、鉴定等需要比较长的时间，因此，《环境保护法》第 66 条规定："提起环境损害赔偿诉讼的时效期间为3 年，从当事人知道或者应当知道其受到损害时起计算。"三是实行因果关系推定。所谓"因果关系"，是指现象或事物之间所存在的内在的和必然的联系，能引起另一种或数种现象产生的现象为原因，被引起的另一种或数种现象为结果。从民法学理论上来讲，因果关系是指侵权行为和损害事实之间的前因后果联系，即侵权行为和损害事实之间的前者引起后者的客观联系。因果关系是侵权行为人承担责任的基础，是民事法律责任构成的不可缺少的必要条件。由于因果关系在民事法律责任构成中的主要作用，民法对因果关系的认定采取了极为严格的态度：一是要求证明侵权行为和损害事实之间存在着客观和必然的联系；二是要求对二者之间存在的这种客观和必然的联系提供直接的证据。这种证明标准对于环境损害而言，很难达到。原因在于：①环境污染并非直接作用于人体或财产，而是通过大气、水、土壤等这样普遍存在的环境介质作用于人身或财产。②环境污染具有累积性、潜伏性、复合性、缓发性等特点，而人体也具有一定的忍受力，环境具有一定的自净能力，从污染物排放到发生环境污染后果，实际上要经历一个长期、渐进的损害累积和转化过程。③环境污染行为和损害后果之间的因果关系涉及复杂的生物化学反应过程，有些甚至是当代科学尚无法准确证实的，受制于人的认知能力的限制，要想取得直接和明显的证据，基本是不可能的，而这样将会导致受害人所遭受的损害不能得到及时和应有的救济。基于以上原因，环境民事诉讼应实行因果关系推定，不要求对因果关系有严格直接的证明。

基于环境污染的特点，一些国家在环境污染民事诉讼中放宽对因果关系证明的要求，不再要求用直接证据严格证明因果关系，而采用因果关系推定的方法予以认定。日本是最早采用推定方法确定侵权行为与损害结果之间的因果关系的国家之一，日本在 1970 年 12 月 16 日颁布实施的《关于危害人体健康的公害犯罪处罚法》第 5 条中明确规定，如果某人由于工厂或者企业的业务活动排放了可能危害人体健康的物质，并且其单独排放量已达到足以危害公众健康的程度，而公众的健康在该物质排放后受到了或者正在受到危害，此时便可推定此种危害是该排放者所排放的那种物质所引起的。

因果关系推定是人为的针对环境污染的高度复杂性而设定的，为避免因果关系推定可能产生的错误判断，日本学者又扩展出因果关系推定的补充理论。

1. 因果关系盖然性说。其基本观点在于对侵权行为与损害事实之间的因果关系不必要求对每一个环节都加以严格的、科学上的证明，只要能说明在侵权行为与损害结果之间存在着某种程度的盖然性，而且这种说明从科学上看并无矛盾，即可认为因果关系得到了证明。某种程度的盖然性，一般是指超过50%的状态。"有超过50%以上的盖然性证明度，即可作出结论。"换句话说，对环境污染损害赔偿诉讼中因果关系的证明，降低了证明要求，只需要说明"如果无此行为，就不会发生彼结果"的盖然性程度，即可认定其因果关系成立。盖然性说对环境污染损害的受害人而言，是非常有利的，但它遭到了许多企业的反对，认为它在某种程度上侵害了企业的利益，对企业（尤其是生产性企业）是不公平的。

2. 疫学因果关系说。其主要内容是运用流行病统计学的方法来证明侵权行为与损害结果之间的因果关系。具体做法为，用医学实验的方法确定一定区域内流行疾病的发生与该区域环境中存在的某些污染物质有关，并且流行疾病患者居住地附近的某些污染源所排放的污染物中恰好含有这些污染物质，则可推定患者所患疾病与某些污染源排放污染物这一行为之间存在着因果关系。

疫学因果关系的推定基础为：一是流行疾病产生的区域内有致该疾病产生的某因子存在；二是某因子在该流行疾病产生前已在区域内存在；三是某因子在环境中的存在完全可能引发该流行疾病的产生；四是某因子的作用程度与流行疾病的患病率成正比：某因子的存在量愈多，则患者的患病率愈高、病情愈严重；反之，患者的患病率就低，病情则轻；五是一定区域内有一定数量的患者患同一疾病；六是某因子作为某流行疾病的致病原因，其机理基本上能与生物学上的说明相一致。满足以上的条件，并有一定的统计数据说明，便可推定某因子与某流行疾病之间的因果关系成立。据此，也就可以推定排污者排放含有某污染物质的排污行为与患者患某种疾病之损害结果之间存在着因果关系。疫学因果关系说较之盖然性说，似乎更为合理，因为它提出了一些具体的判断标准。

3. 间接反证说。其基本含义是指因环境污染损害因果关系的证明十分复杂，涉及因素甚多，因此，如果原告能证明其中的部分关联事实存在，其余部分则可推定存在，并由被告负反证其不存在的责任。而如果被告不能就自己的行为与污染源无关提供证明，即应认为原告已经提供了因果关系的证明。

　　间接反证说与疫学因果关系说相比，间接反证方法的应用范围更宽，它可应用于所有因环境污染损害引起的民事诉讼，而疫学因果关系方法则只能适用于因环境污染造成人体健康损害的民事诉讼。

　　运用推定的方法确定环境侵权行为与损害结果之间的因果关系，是近几十年来许多国家环境民事诉讼发展的一个显著特点。目前，除日本以外，德国、法国的法院在审理环境污染损害赔偿的案件中，也可以推定的方法认定环境侵权行为与损害结果之间的因果关系。

　　具体到本案来说，本案的关键问题是要弄清楚王娟的患病与青岛市化工厂氯气外溢污染事故有无因果关系，如果二者之间存在着因果关系，则青岛市化工厂就应对王娟因患过敏性支气管哮喘疾病所遭受的各种损失承担赔偿责任；如果二者之间不存在因果关系，那么青岛市化工厂就不应对王娟患病所受到的损失承担赔偿责任。在我国的环境立法及其他有关立法中，均无关于环境民事诉讼因果关系认定方面的特别规定。从这一点上来看，应当说我国在环境民事诉讼因果关系的认定上适用的是一般民事诉讼因果关系的认定规则，这显然不能适合我国环境民事诉讼的实际需要。为此，多年以来，我国环境法学界以及民法学界的许多学者都建议，在我国关于环境污染损害赔偿的诉讼中也应当实行因果关系推定的原则。司法实践中亦出现了多起在因果关系的认定上不要求严格的因果关系证明的环境民事诉讼案件，本案就是一个典型。这预示着，在我国环境污染民事诉讼中实行因果关系推定原则已是一个必然的趋势。

　　2014年7月，最高人民法院颁布了《关于全面加强环境资源审判工作 为推进生态文明建设提供有力司法保障的意见》（以下简称《意见》），明确提出要畅通司法救济渠道，完善司法便民措施，依法及时受理环境资源保护民事案件。妥善审理与土地、矿产、草场、林场、渔业、水、电、气、热力以及海洋等环境资源保护相关的物权、合同和侵权案件，特别要加强对污染土壤、污染水源等环境侵权案件的审理。对于涉及矿业权、林权及其他自然资源权属的股权转让、承包、联营、出租、抵押等案件，要将保护生态环境和自然资源作为裁判的重要因素予以综合考量。充分发挥保全和先予执行措施的预防和减损作用，对于保全和先予执行申请，要及时受理、迅速审查、依法裁定、立即执行。依法确定当事人的举证责任，对于因污染环境、破坏生态发生的纠纷，原告应当就存在污染行为和损害承担举证责任，并提交污染行为和损害之间可能存在因果关系的初步证据，被告应当就法律规定的不承担责任或者减轻责任的情形及其行为与损害之间不存在因果关系承担举证责任。该意见的出台明确了我国环境民事诉讼案件审理的下一步发展方向，对我国环境民事诉讼案件的审理具有很好的指导和促进作用。

［参考法律规范］

1.《民事诉讼法》（1991 年颁布，2007、2012 年修订）

2.《最高人民法院关于适用〈中华人民共和国民事诉讼法〉的解释》（最高人民法院 2015 年颁布）

3.《关于民事诉讼证据的若干规定》（最高人民法院 2001 年颁布，2008 年修订）

4.《关于全面加强环境资源审判工作 为推进生态文明建设提供有力司法保障的意见》（最高人民法院 2014 年颁布）

# 第二节 环境行政法律责任与诉讼

## 一、环境行政法律责任之一——环境行政处罚

**案例三：　　　　　广东电网公司被环境行政处罚案**

［**所属部分**］环境法律责任之行政法律责任
［**大纲知识点**］环境行政处罚法律制度
［**案例背景**］

中国疾控中心环境所研究员曹兆进及其同事于 2009 年 11 月在《环境与健康》杂志发表一篇调查报告，指出高压线两侧 50 米内的居室工频磁场强度与高压线电磁污染密切相关，这一范围内不宜建设学校、幼儿园、住宅和医院。曹兆进等选择了 18 条典型的高压输电线，其中包括 110 千伏高压线 12 条、220 千伏高压线 4 条及 500 千伏高压线 2 条，对线路两侧 100 米范围内的 103 户住宅进行调查。结果显示，高压线两侧 50 米的室内外工频磁场测量值，一般均大于 0.4 微特斯拉的健康影响基准值。而已经有流行病学调查表明，长期暴露在高压电的电磁辐射下可导致特定类型儿童白血病发病率增加。尽管对高压电的安全距离有争议，但高压电的电磁辐射会危害健康却是不争的事实。本案就是围绕着高压线的危害发生的。

1997 年，文路皮具公司取得广州市番禺区东涌镇三沙村公路西侧的工业用地，其中厂房占地 1036 平方米，宿舍占地 258.5 平方米。工厂有 250 多名工人，约一半住在工厂宿舍。2002 年，麦鸿业听到风声，因兴建高压线，工厂要拆迁。他去镇政府询问，得到的答复是高压线不经过其工厂和宿舍所在区域。但到了 2005 年，麦鸿业突然接到拆迁通知。一份《广南变电站线路工程东涌段（三沙

村）拆线补偿方案》提出，对皮具厂补偿 195 万元。文件是复印件，既没有公章也没有注明时间。麦鸿业要求提供正式文件或通知，却一直未见回音。2006年春节刚过，回到工厂的麦鸿业发现，厂房和宿舍几十米之外的高压线塔已经完工，有直升机正在工厂上空搭建电线。[1]

高压线通电前后的一段时间，工厂曾不明原因停电。麦鸿业说，此前在用电高峰期，也曾有过工厂限电，但从未有一个月停电 28 天的情况。当年 10 月，高压线开始通电试运行。一到阴雨天，整个厂房和宿舍的金属支撑物，包括工人们睡的铁质床都会带电，接触起来有轻微麻痹感。由于广东地区容易发生台风和暴雨，一下雨，工人们担心触电，麦鸿业决定停止整修，工厂也因此无法正常生产。一些工人害怕触电，还有人担心辐射，纷纷辞职离开。从高压线施工开始，麦鸿业就多次到镇政府要求处理问题，直到 2007 年初，才从镇政府获知，工程由广东电网公司旗下广州供电局兴建，政府只是受委托负责拆迁事宜。麦鸿业给广东电网和广州供电局分别发去信函，要求公开相关信息，但无人理睬。当他表示要提起诉讼后，对方工作人员才与其接触。几个月后，对方又派出代表，称将委托第三方评估，按照评估价格和明细给出拆迁补偿，但电网运营以来皮具厂受到的损失等很难得到赔偿。麦鸿业表示，要么拆除线路，要么协商出拆迁补偿和损失赔偿的数额。他同时担心，评估机构在大公司压力下很难独立评估，自己的权益得不到保证。

在广东电网与皮具厂僵持之际，当地"有关系"的人士找到麦鸿业，称可以帮他从广东电网拿到 500 万元，条件是不要去追究合同上的数目到底是多少，麦鸿业从通过类似途径拿到钱的村民处得知，合同上的实际数目可能高得多。

2007 年，文路皮具公司正式向广州市番禺区法院提起侵权诉讼。曾在香港当过 5 年警察的麦鸿业说，只有通过法律途径才能解决问题。此时，工厂只剩下二十多位工人，濒于倒闭。但番禺区法院认为，这是一起征地引发的纠纷，不是侵权诉讼，因此不予受理。麦鸿业遂查找相关法规，发现根据电力施工的条例，除了输电线的地面设施，电网公司对电线横跨区域并没有征地的权力。他向广州市国土部门要求公开相关信息。国土部门回函称，没有权力干涉电网通电。但这个回函也证明这不仅仅是征地纠纷，麦鸿业再次向番禺区法院提交诉讼，法院终于在 2008 年立案。

文路皮具公司依然在起诉书中要求电网停运。麦鸿业清楚，这样的诉讼请

---

〔1〕　本案参考资料：①佚名："环保部叫停广东电网一条线路 处10万元罚款"，腾讯财经，http://finance.qq.com/a/20110519/004882.htm，2011 年 5 月 19 日；②屈运栩："高压线离宿舍近在咫尺 环保部叫停广东电网"，新浪财经，http://finance.sina.com.cn/roll/20110530/02159915460.shtml，2011 年 5 月30 日。

求很难获得支持。在法庭上，广东电网的律师提供了一系列政府部门的批复文件，包括广东省发改委 2003 年批准立项建设、广州市规划局 2004 年批准规划、原国家环保总局 2006 年的环评审批等。这是麦鸿业第一次看到上述文件，他注意到，原国家环保总局在环评审批中指出，需要拆迁高压电网下住人的建筑物和环保验收合格后，方可通电。

广东电网认为，根据国家标准《110kV～500kV 架空送电线路设计技术规程》，500 千伏电线和建筑物的最小垂直距离为 9 米，而此案中电线距皮具厂厂区最高建筑物，即两层宿舍楼的最小垂直距离为 11.4 米，符合电网建设的安全技术标准。法院最终在 2009 年 2 月宣判文路皮具公司败诉。判决称该电网工程"形式上合法"，且关系到公共利益，原告的主张"有违公共利益需要"。麦鸿业向广州市中级人民法院提起上诉。当年 11 月，法院二审维持原判。

[案情描述]

2011 年 5 月 19 日，环保部网站披露，该部辐射安全管理司于 5 月 13 日对广东电网环境违法作出行政处罚。根据《建设项目环境保护管理条例》的规定，责令其 500 千伏沙江甲、乙线解口入广南站送电线路工程停止运行，并处 10 万元行政罚款。考虑到电线停运会影响到广州部分地区的供电，环保部将停运缓期至 2011 年 12 月 31 日。要求在其期间，广东电网应采取切实有效的措施解决环境违法的问题，并向环保部申请竣工环境保护验收。

该工程是广东省 500 千伏内环网的重要组成部分，负责向广州南部、中部及西南部地区供电。广东电网在申辩书中承认违法行为，但请求减免行政处罚，理由有二：一是停止运行将造成上述区域大面积停电；二是违法事实造成的原因在于广州市文路皮具有限公司未与地方政府就拆迁赔偿方案达成一致意见。2006 年 10 月 31 日，广东电网这条线路工程已经投入试运行。此后，环保部在 2010 年 4 月向广东电网发函，要求其做出环保验收限期整改，但广东电网没有落实整改。

广东电网是南方电网有限责任公司的全资子公司，是国内最大的省级电网，供电人口超过 1 亿人，该公司多次出现环境违法事件。根据环保部网站消息，广东电网 2008 年就因线路配套环保设施未经环保验收受到环保部处罚。此次环境违法事件的直接受害者是广州市文路皮具有限公司。公司负责人麦鸿业称，广东电网相关线路从 2004 年、2005 年动工至 2006 年运行都没有向皮具公司发出通知，高压线路横跨其工厂宿舍区，造成很大辐射。2007 年，在麦的一再要求下，广东电网派出专家对宿舍区电压和辐射情况作出检测，证实辐射会危害工人身体健康。之后则要求其拆迁，并征用其土地。但皮具厂坚持认为自己合法用地，拒绝拆迁。两方对峙之下，皮具厂向番禺区人民法院提起了上诉，最后以败诉告终，而宿舍区的工人们因为害怕辐射相继离开，麦鸿业经营 18 年的公司只能停产。此后麦鸿业开始了维权之路。每隔 2 个月，香港商人麦鸿业就会向环保部、广东省环保厅、广东省国土资源厅等数十个政府部门分别递出投诉信，起因是广东电网一条高压线路，直接威胁其经营的皮具厂。5 年来，麦鸿业向法院提起过诉讼，换来的是败诉。他还向电网公司和各级政府部门寄出上万封投诉信，均石沉大海，所幸，环保部终于站了出来。2011 年 5 月 19 日，环保部官方网站披露，该部认定广东电网 500 千伏沙江甲、乙线解口入广南站送电线路，非法跨越广州市文路皮具有限公司（下称文路皮具公司）宿舍，责令其解决环境违法问题，否则于 12 月 31 日前停运。2010 年 4 月 21 日，环保部曾经要求广东电网于当年年底之前，对线路非法跨越皮具厂的问题予以整改。这一要求被广东电网置若罔闻。环保部终于出手，于 5 月 13 日下发处罚书，指广东电网违反《环境保护法》第 26 条和《建设项目环境保护管理条例》第 23 条关于建设项目"三同时"验收制度的规定。所谓"三同时"，是指建设项目中防治污染的设施，必须与主体工程同时设计、同时施工、同时投产使用，且配套环保设施经环保部门验收合格后方可投入使用。环保部因此责令广东电网的违法线路停止运行，并处 10 万元罚款。广东电网表示，线路一旦停止运行，将导致广州主电源之一的 500 千伏广南站及其所有 220 千伏线路停运，对整个广州南部、中部以及西南部供电影响巨大。环保部称，已经考虑到这一因素，把责令停止运行的处罚缓期至 2011 年 12 月 31 日执行。在此期间，广东电网应切实解决环境违法的问题，并向环保部申请竣工环保验收。

[法律问题]

1. 什么是环境行政处罚？

2. 联系本案分析环境行政处罚法律制度。

[法理分析]

本案是一起比较典型的因违反环境影响评价法的规定而被处以行政处罚的案例。所谓"环境行政处罚"，是指由法律授权的环保部门和其他行使环境监督管理权的主管部门，按照行政处罚法规定的程序，对违反环境法的有关规定但尚未构成犯罪的行为人实施的一种行政制裁。环境行政处罚是具有法定职权的环境监管部门针对环境违法行为人采取的最主要的一种行政制裁方式。根据《中华人民共和国行政处罚法》（以下简称《行政处罚法》）制定的《环境行政处罚办法》是环境行政处罚的主要法律依据，主要规定了环境行政处罚的实施主体与管辖、处罚的一般程序（包括立案、调查取证、案件审查、告知和听证、处理决定）、处罚的简易程序、执行、结案和归档等内容，确立了环境行政处罚法律制度。

1. 环境行政处罚的一般规定。公民、法人或者其他组织违反环境保护法律、法规或者规章规定，应当给予环境行政处罚的，应当依照《行政处罚法》和《环境行政处罚办法》规定的程序实施。实施环境行政处罚，应当依法维护公民、法人及其他组织的合法权益，保守相对人的有关技术秘密和商业秘密。实施环境行政处罚，实行调查取证与决定处罚分开、决定罚款与收缴罚款分离的规定。处罚不免除缴纳排污费义务。实施环境行政处罚，不免除当事人依法缴纳排污费的义务。

2. 自由裁量权的适用。环境行政处罚行使行政处罚自由裁量权必须符合立法目的，并综合考虑以下情节：①违法行为所造成的环境污染、生态破坏程度及社会影响；②当事人的过错程度；③违法行为的具体方式或者手段；④违法行为危害的具体对象；⑤当事人是初犯还是再犯；⑥当事人改正违法行为的态度和所采取的改正措施及效果。

3. 环境行政处罚处罚种类。根据法律、行政法规和部门规章，环境行政处罚的种类有：①警告；②罚款；③责令停产整顿；④责令停产、停业、关闭；⑤暂扣、吊销许可证或者其他具有许可性质的证件；⑥没收违法所得、没收非法财物；⑦行政拘留；⑧法律、行政法规设定的其他行政处罚种类。

4. 环境行政命令。环境保护主管部门实施行政处罚时，应当及时作出责令当事人改正或者限期改正违法行为的行政命令。令改正期限届满，当事人未按要求改正，违法行为仍处于继续或者连续状态的，可以认定为新的环境违法行为。根据环境保护法律、行政法规和部门规章，责令改正或者限期改正违法行为的行政命令的具体形式有：①责令停止建设；②责令停止试生产；③责令停止生产或者使用；④责令限期建设配套设施；⑤责令重新安装使用；⑥责令限期拆除；⑦责令停止违法行为；⑧责令限期治理；⑨法律、法规或者规章设定的责令改正或者限期改正违法行为的行政命令的其他具体形式。根据《最高人民法院关于规范行政案件案由的通知》的规定，行政命令不属行政处罚。行政命令不适用行政处罚程序的规定。

5. 环境行政处罚实施主体。县级以上环境保护主管部门在法定职权范围内实施环境行政处罚。经法律、行政法规、地方性法规授权的环境监察机构在授权范围内实施环境行政处罚。环境保护主管部门可以在其法定职权范围内委托环境监察机构实施行政处罚。受委托的环境监察机构在委托范围内，以委托其处罚的环境保护主管部门的名义实施行政处罚。委托处罚的环境保护主管部门，负责监督受委托的环境监察机构实施行政处罚的行为，并对该行为的后果承担法律责任。

6. 环境行政处罚管辖。县级以上环境保护主管部门管辖本行政区域的环境行政处罚案件。造成跨行政区域污染的行政处罚案件，由污染行为发生地环境保护主管部门管辖。发现不属于环境保护主管部门管辖的案件，应当按照有关要求和时限移送有管辖权的机关处理。涉嫌违法，依法应当由人民政府实施责令停产整顿、责令停业、关闭的案件，环境保护主管部门应当立案调查，并提出处理建议报本级人民政府。涉嫌违法依法应当实施行政拘留的案件，移送公安机关。涉嫌违反党纪、政纪的案件，移送纪检、监察部门。涉嫌犯罪的案件，按照《行政执法机关移送涉嫌犯罪案件的规定》等有关规定移送司法机关，不得以行政处罚代替刑事处罚。两个以上环境保护主管部门都有管辖权的环境行政处罚案件，由最先发现或者最先接到举报的环境保护主管部门管辖。对行政处罚案件的管辖权发生争议时，争议双方应报请共同的上一级环境保护主管部门指定管辖。下级环境保护主管部门认为其管辖的案件重大、疑难或者实施处罚有困难的，可以报请上一级环境保护主管部门指定管辖。

7. 环境行政处罚的一般程序。一是立案。符合下列四项条件的，予以立案：①有涉嫌违反环境保护法律、法规和规章的行为；②依法应当或者可以给予行政处罚；③属于本机关管辖；④违法行为发生之日起到被发现之日止未超过2年，法律另有规定的除外。二是调查取证。环境保护主管部门对登记立案的环境违法行为，应当指定专人负责，及时组织调查取证。需要委托其他环境保护主管部门协助调查取证的，应当出具书面委托调查函。受委托的环境保护主管部门应当予以协助。无法协助的，应当及时将无法协助的情况和原因函告委托机关。三是案件审查。案件审查的主要内容包括：①本机关是否有管辖权；②违法事实是否清楚；③证据是否确凿；④调查取证是否符合法定程序；⑤是否超过行政处罚追诉时效；⑥适用依据和初步处理意见是否合法、适当。违法事实不清、证据不充分或者调查程序违法的，应当退回补充调查取证或者重新调查取证。四是告知和听证。在作出行政处罚决定前，应当告知当事人有关事实、理由、依据和当事人依法享有的陈述、申辩权利。五是处理决定。本机关负责人经过审查，分别作出如下处理：①违法事实成立，依法应当给予行政处罚的，根据其情节轻重及具体情况，作出行政处罚决定；②违法行为轻微，依法可以不予行政处罚的，不予行政处罚；③不属环境行政机关管辖的，应移送有权机关处理。

8. 环境行政处罚的简易程序。违法事实确凿、情节轻微并有法定依据，对公民处以50元以下、对法人或者其他组织处以1000元以下罚款或者警告的行政处罚，可以适用简易程序，当场作出行政处罚决定。

9. 环境行政处罚案件的监督和备案制度。除涉及国家机密、技术秘密、商业秘密和个人隐私外，行政处罚决定应当向社会公开。上级环境保护主管部门负责对下级环境保护主管部门的行政处罚工作情况进行监督检查。环境保护主管部门应当建立行政处罚备案制度。下级环境保护主管部门对上级环境保护主管部门督办的处罚案件，应当在结案后 20 日内向上一级环境保护主管部门备案。环境保护主管部门通过接受当事人的申诉和检举，或者通过备案审查等途径，发现下级环境保护主管部门的行政处罚决定违法或者显失公正的，应当督促其纠正。环境保护主管部门经过行政复议，发现下级环境保护主管部门作出的行政处罚违法或者显失公正的，依法撤销或者变更。环境保护主管部门可以通过案件评查或者其他方式评议行政处罚工作。对在行政处罚工作中做出显著成绩的单位和个人，可依照国家或者地方的有关规定给予表彰和奖励。

环境行政处罚在我国所有环境法中都有规定，可以说是适用最为广泛的一种环境行政法律责任形式。然而，由于环境污染的特殊性，在实际生活和工作中，环境行政处罚的执行往往不够给力，一方面是因为环境行政处罚本身缺乏可操作的执行依据，尤其是程序性规定；另一方面也是因为我国对环境与经济社会发展的关系处理不当，经济发展优先于环境保护而造成的后果。以本案为例，本案发生在环保部颁布正式的《环境行政处罚办法》、《环境行政处罚听证程序规定》之前，虽然我国早在 1996 年就颁布了《行政处罚法》，但环境行政主管机关却迟迟不对违反《环境影响评价法》规定的行政管理相对人进行行政处罚，导致第三人人身财产权利受到损害。2014 年修订的《环境保护法》明确了"环境优先"的基本原则，环保部也逐渐完善了环境行政处罚的具体规定，包括证据适用、自由裁量权的规范、听证程序等规定，反映出我国环境行政处罚法律制度在逐渐完善。然而，在我国环境行政处罚法律制度中，亟需落实公众参与的相关规定，比如，对听证程序的公众参与，必须依靠公众监督环保行政主管机关是否依法处罚，只有这样才能真正做到公正执法、合法处罚。

[参考法律规范]

1. 《行政处罚法》（1996 年颁布，2009 年修订）
2. 《环境行政处罚办法》（环境保护部 2010 年颁布）
3. 《规范环境行政处罚自由裁量权若干意见》（环境保护部 2009 年颁布）
4. 《环境行政处罚证据指南》（环境保护部 2011 年颁布）
5. 《环境行政处罚听证程序规定》（环境保护部 2010 年颁布）

## 二、环境行政法律责任之二——环境行政复议

### 案例四：　　　　　　武汉"锦绣龙城"环境行政复议案

[所属部分] 环境法律责任之行政法律责任

[大纲知识点] 环境行政复议法律制度

[案例背景]

2005 年 8 月，一个在几年前还是荒郊野外的叫"锦绣龙城"的大型住宅项目于湖北省武汉市东湖新技术开发区某地开工，开发商请环评机构编制了环评文件后呈送所在地的环保部门审批。到 2006 年底，环保部门相继批复了此项目的环评报告，认为这些文件"编制合理"、"项目采取环评文件提出的环保措施后可以满足环保要求"，因此均"原则同意"。

然而，好景不长。由于"锦绣龙城"位于武汉市光谷核心地带，中环线内，紧邻两湖大道、近邻南湖、汤逊湖，形成两湖怀抱的极佳地理优势，交通网络发达，附近毗邻武汉大学科技园、华中科技大学科技园、武汉信息港、华中师大科技园，人文气息浓郁，拥有得天独厚的交通、教育等优越条件，促使该房地产销售火爆，业主纷纷入住。等到业主们入住一段时间之后，才发现锦绣龙城也有重大瑕疵。[1]

[案情描述]

2009 年 4 月 22 日，业主向武汉市城市规划管理局提出行政复议申请，要求其依法撤销东湖新技术开发区分局颁发给武汉市源兴房地产开发有限公司（锦绣龙城开发商）的《建设工程规划许可证》和《建设工程规划验收合格证》。7 月 20 日，武汉市规划局作出行政复议决定，认为其开发区分局在发放《建设工程规划许可证》之前，要求开发商征求环保管理部门的意见，环评机构出具了《环境影响报告表》，开发区分局在审批意见中明确表述"同意该项目在拟定地点按拟定规模实施"。武汉市规划局认为，环保管理部门认可规划设计方案中确定的规划设计要求，开发区分局颁发许可证的行为符合《环境噪声污染防治法》的有关规定。

2009 年 6 月，"锦绣龙城"的 67 名业主先后向武汉市环保局递交行政复议申请书，提出这一住宅区紧邻武汉—大冶铁路线，火车噪声严重干扰他们的生

---

〔1〕　本案参考资料：①佚名："三问环评：从'锦绣龙城'复议案引发的反思"，搜狐网，http：// green. sohu. com/20091201/n268594474. shtml，2009 年 12 月 1 日；②宗荷："什么是环境行政复议？"，载《中国环境报》2009 年 2 月 24 日第 8 版。

活，要求对环保部门批准此项目环评文件的行政行为予以审查。经仔细调查后，武汉市环保局组织了业主代表与开发商、环评机构和区环保部门参加复议听证会。环保部门称，根据我国《环境影响评价法》的规定，环评针对的是建设项目"可能造成的环境影响"，环评文件的主要内容是"建设项目对环境可能造成影响的分析、预测和评估"，在此基础上得出"评价的结论"。因此，环保部门审批环评文件的标准是项目本身对外部的影响问题，而没有义务审核外部环境对项目的影响。据此，武汉市环保局认为，武汉市城市规划管理局东湖开发区分局原则同意锦绣龙城规划总平面设计，"《民用建筑隔声设计规范》属于建筑设计标准，对建筑设计是否满足相关设计规范，环保部门没有审查权限"。听证之后不久，武汉市环保局即依法作出了维持原行政行为的决定。

[法律问题]

1. 什么是环境行政复议？

2. 联系本案分析环境行政复议法律制度。

[法理分析]

本案是一起比较典型的环境行政复议案例。"行政复议"是指行政相对人认为具体行政行为侵犯其合法权益，向行政复议机关提出审查该具体行政行为的申请，行政复议机关对被申请的具体行政行为进行合法性、适当性审查，并作出行政复议决定。行政复议是解决行政争议的一种广泛运用的行政方法。"环境行政复议"是行政相对人（即公民、法人或者其他组织）不服环保部门作出的具体行政行为，依据《中华人民共和国行政复议法》（以下简称《行政复议法》）和《环境行政复议办法》的规定，向行政复议机关提出申请，请求重新审查并纠正原具体行政行为，行政复议机关据此对行政机关的具体行政行为是否合法，依法进行审查并作出决定的法律制度。

行政复议是一项行政机关内部自我纠正错误的监督制度，环境行政复议是不服环境行政管制的主要救济措施之一，其目的是防止环保部门以及环保部门的工作人员作出违法的或者不适当的具体行政行为，通过行政机关自身的监督机制，依照法定的程序，由法定的机关予以纠正。一般而言，行政复议并非最终救济手段，还可针对行政复议决定提起行政诉讼，但也有少数情况以行政复议决定为终局裁定。例如，《行政复议法》第30条第2款规定："根据国务院或者省、自治区、直辖市人民政府对行政区划的勘定、调整或者征用土地的决定，省、自治区、直辖市人民政府确认土地、矿藏、水流、森林、山岭、草原、荒地、滩涂、海域等自然资源的所有权或者使用权的行政复议决定为最终裁决。"

国家出台《行政复议法》后，原国家环保总局于2001年制定了《国家环境保护总局环境行政复议工作廉政规范》及相应的工作程序流程图，对环境行政复议工作进行了规范，主要从廉政建设方面对原国家环保总局办理行政复议案件进行规范，但规定相对简单，难以适应日益复杂的环境行政复议审查工作的需要。2006年，国家环保总局发布《环境行政复议与行政应诉办法》，根据《行政复议法》和《行政诉讼法》的规定，细化了环保系统各级环保部门办理行政复议和行政诉讼案件的程序、机关各部门间的协调配合机制、复议案件的决定和执行程序等，并根据环境行政复议和行政诉讼实践设立了一些新的复议审查机制。2007年8月，国务院发布实施了《中华人民共和国行政复议法实施条例》（以下简称《行政复议条例》），因此，环境保护部于2008年12月出台了《环境行政复议办法》，《环境行政复议与行政应诉办法》同时废止。

《环境行政复议办法》畅通了行政复议申请渠道，进一步明确了申请行政复议的方式、期限，以及环保部门受理行政复议案件的条件、审查方式和期限等；改进和完善了行政复议的审理方式，提高了办案质量，保留了现场调查机制、和解协调机制、复议建议制度等，增加了复议中止、终止的法定情形和驳回行政复议申请这一新的结案方式等；进一步细化了环境法制机构在行政复议方面的职责；明确规定了环境法制机构有通知申请人补正行政复议申请、通知第三人参加行政复议、中止与恢复复议案件审理、提出对有关责任人员的处分建议等职责。

1. 复议机构。公民、法人或者其他组织认为地方环境保护行政主管部门的具体行政行为侵犯其合法权益的，可以向该部门的本级人民政府申请行政复议，也可以向上一级环境保护行政主管部门申请行政复议。依法履行行政复议职责的环境保护行政主管部门为环境行政复议机关。环境行政复议机关负责法制工作的机构（以下简称环境行政复议机构），具体办理行政复议事项，履行下列职责：受理行政复议申请；向有关组织和人员调查取证，查阅文件和资料；审查被申请行政复议的具体行政行为是否合法与适当，拟定行政复议决定；按照职责权限，督促行政复议申请的受理和行政复议决定的履行等。

2. 复议主体，包括申请人和被申请人。①申请人：依照《行政复议法》和《行政复议法实施条例》规定申请行政复议的公民、法人或者其他组织为申请人。同一环境行政复议案件，申请人超过5人的，推选1~5名代表参加行政复议。②被申请人：公民、法人或者其他组织对环境保护行政主管部门的具体行政行为不服，依法申请行政复议的，作出该具体行政行为的环境保护行政主管部门为被申请人。环境保护行政主管部门与法律、法规授权的组织以共同名义作出具体行政行为的，环境保护行政主管部门和法律、法规授权的组织为共同被申请人。环境保护行政主管部门与其他组织以共同名义作出具体行政行为的，环境保护行政主管部门为被申请人。环境保护行政主管部门设立的派出机构、内设机构或者其他组织，未经法律、法规授权，对外以自己名义作出具体行政行为的，该环境保护行政主管部门为被申请人。

3. 复议申请条件。①对环境保护行政主管部门作出的查封、扣押财产等行政强制措施不服的；②对环境保护行政主管部门作出的警告、罚款、责令停止生产或者使用、暂扣、吊销许可证、没收违法所得等行政处罚决定不服的；③认为符合法定条件，申请环境保护行政主管部门颁发许可证、资质证、资格证等证书，或者申请审批、登记等有关事项，环境保护行政主管部门没有依法办理的；④对环境保护行政主管部门有关许可证、资质证、资格证等证书的变更、中止、撤销、注销决定不服的；⑤认为环境保护行政主管部门违法征收排污费或者违法要求履行其他义务的；⑥认为环境保护行政主管部门的其他具体行政行为侵犯其合法权益的。行政复议期间，环境行政复议机构认为申请人以外的公民、法人或者其他组织与被审查的具体行政行为有利害关系的，可以通知其作为第三人参加行政复议。行政复议期间，申请人以外的公民、法人或者其他组织与被审查的具体行政行为有利害关系的，可以向环境行政复议机构申请作为第三人参加行政复议。

4. 复议程序。

第一步，环境行政复议机关收到行政复议申请后，应当在5个工作日内进行审查，并分别作出如下处理：①对符合《行政复议法》、《行政复议法实施条例》及《环境行政复议办法》第7条的规定、属于行政复议受理范围且提交材料齐全的行政复议申请，应当予以受理；②对不符合《行政复议法》、《行政复议法实施条例》及《环境行政复议办法》规定的行政复议申请，决定不予受理，制作不予受理行政复议申请决定书，送达申请人；③对符合《行政复议法》、《行政复议法实施条例》及《环境行政复议办法》的规定，但是不属于本机关受理的行政复议申请，应当制作行政复议告知书送达申请人；申请人当面向环境行政复议机构口头提出行政复议的，可以口头告知，并制作笔录当场交由申请人确认。

第二步，环境行政复议机构应当自受理行政复议申请之日起7个工作日内，制作行政复议答复通知书。行政复议答复通知书、行政复议申请书副本或者口头申请行政复议笔录复印件以及申请人提交的证据、有关材料的副本应一并送达被申请人。

第三步，被申请人应当自收到行政复议答复通知书之日起10日内提出行政复议答复书，对申请人的复议请求、事实及理由进行答辩，并提交当初作出被申请复议的具体行政行为的证据、依据和其他有关材料。被申请人无正当理由逾期未提交上述材料的，视为该具体行政行为没有证据、依据，环境行政复议机关应当制作行政复议决定书，依法撤销该具体行政行为。

第四步，环境行政复议机构审理行政复议案件。对重大、复杂的案件，申请人提出要求或者环境行政复议机构认为必要时，可以采取听证的方式审理。环境行政复议机构进行调查取证时，可以查阅、复制、调取有关文件和资料，向有关人员询问，必要时可以进行现场勘验。行政复议期间涉及专门事项需要鉴定、评估的，当事人可以自行委托鉴定机构进行鉴定、评估，也可以申请环境行政复议机构委托鉴定机构进行鉴定、评估。

第五步，环境行政复议机关作出复议决定。环境行政复议机构应当对被申请人作出的具体行政行为进行审查，拟定行政复议决定书，报请环境行政复议机关负责人审批。环境行政复议机关应当自受理行政复议申请之日起60日内作出行政复议决定。情况复杂，不能在规定期限内作出行政复议决定的，经环境行政复议机关负责人批准，可以适当延长，但是延长期限最多不超过30日。

5. 环境行政复议中的和解与调解。①和解：申请人因对被申请人行使法律、法规规定的自由裁量权作出的具体行政行为不服申请行政复议，申请人与被申请人在行政复议决定作出前自愿达成和解的，应当向环境行政复议机构提交书面和解协议，和解内容不损害社会公共利益和他人合法权益的，环境行政复议机构应当准许。②调解：环境行政复议机关也可以按照自愿、合法的原则进行调解。当事人经调解达成协议的，环境行政复议机关应当制作行政复议调解书。调解书应当载明行政复议请求、事实、理由和调解结果，并加盖环境行政复议机关印章。行政复议调解书经双方当事人签字，即具有法律效力。调解未达成协议或者调解书生效前一方反悔的，环境行政复议机关应当及时作出行政复议决定。

6. 行政复议意见书和建议书。环境保护行政主管部门通过接受当事人的申诉、检举或者备案审查等途径，发现下级环境保护行政主管部门作出的行政复议决定违法或者明显不当的，可以责令其改正。环境行政复议机关在行政复议过程中，发现被申请人或者其他下级环境保护行政主管部门的相关行政行为违法或者需要做好善后工作的，可以制作行政复议意见书。被申请人或者其他下级环境保护行政主管部门应当自收到行政复议意见书之日起60日内将纠正相关行政违法行为或者做好善后工作的情况通报环境行政复议机构。行政复议期间，环境行政复议机构发现法律、法规、规章实施中带有普遍性的问题，或者发现环境保护行政执法中存在的普遍性问题，可以制作行政复议建议书，向有关机关提出完善制度和改进行政执法的建议。

近年来，随着我国经济迅速发展，经济发展与环境保护的矛盾日益加剧，环境纠纷和冲突时有发生，环境行政复议案件呈迅速增加趋势，群体性事件和疑难复杂案件不断增加，本案只是其中一个群体性行政复议案例的代表。本案也反映出环境行政复议制度在实施中尚存在一些问题。比如，以书面审查为原则，公开审查仅涉及重大、复杂案件，应该改书面审查原则为公开审查原则。近年来发生的环境侵权案件，多数都是涉及群体性的民生案件，影响面广、涉及面宽，如本案的环境噪声污染案件，如果能够增加环境行政复议案件的透明度，发挥公众参与的优势，有利于妥善解决环境行政争议。再如，建立有效的部门沟通联系制度，强化环境行政复议部门与相关行政主管部门之间、与信访、监察部门之间的沟通联系，做到各司其职、形成合力，有利于环境行政争议的最终解决。

　　[参考法律规范]
　　1.《行政复议法》（1999 年颁布，2009 年修正）
　　2.《环境影响评价法》（2002 年颁布）
　　3.《行政复议法实施条例》（国务院 2007 年颁布）
　　4.《环境行政复议办法》（原国家环保总局 2008 年颁布）

## 三、环境行政法律责任之三——环境行政许可

### 案例五：　　环评遏制天池旁建煤矿——新疆首例环评否决建设项目案

　　[所属部分]　环境法律责任之行政法律责任
　　[大纲知识点]　环境行政许可
　　[案例背景]
　　天山天池是新疆最为知名的旅游景点之一，距乌鲁木齐约 100 公里，传说曾是王母娘娘的洗澡盆，现在每年接待游客达 150 万人次，并以每年 30% 的速度增长。

　　新疆是中国煤炭资源大区，煤炭预测资源量达 2.19 万亿吨，占中国总量的 40%，其中，准噶尔盆地东部地区煤炭蕴藏总量高达 3700 多亿吨，已被确定为新疆发展煤电煤化工产业的主要基地。2008 年 7 月初，新疆维吾尔自治区环保部门决定，不批准新疆焦煤集团阜康气煤有限公司拟建的二号井煤矿建设项目，而其被否决的关键原因是"与新疆著名风景区天池为邻"。此前，考虑到该拟建项目可能对天池风景区造成的环境影响，新疆环保局首次在其网站上进行公众

投票调查，而环评部门的最终否决决定，对这一事件给出了明确结论。[1]

这是新疆首次对拟建项目因环境问题而作出否决决定。那么，这个准备在风景名胜区天山天池附近修建煤矿的项目为何会被新疆环境保护局否决呢？

[案情描述]

新疆焦煤集团阜康气煤有限公司拟投资 3 亿多元在天池公路附近新建煤矿，煤矿称为"二号井"。拟建设方提供的环境影响报告书显示，此新建项目所处地区煤质不错，总投资为 33 350.56 万元，环保投资 544 万元，占总投资的 1.63%。环评报告同时指出，该项目建成后工业场地位于新规划的天池风景名胜区入口服务区的东面，矿区位于天池风景名胜区入口服务区的西面，项目建设将对天池风景名胜区产生不可预见的影响。该项目在环境影响评价方面提出了几项具体措施：煤的外运道路不经过天池公路；工业场地布置了一条与天池公路的连接线，此连接线只能作为人流通道，不作运煤道路；进行绿化增景等。环评报告认为，上述几项措施落实后，该矿的建设不仅不会对天池景区入口服务区东侧游人视野范围内的景观产生不利影响，还会起到有效的增景作用。与天池风景区密切关联的新疆天池景区管委会、阜康市政府对该项目持反对意见。

新疆天池景区管委会相关负责人称："天池是新疆的标志性景区之一，只要是有损天池景区发展的事情，我们毫不犹豫地坚决反对。为了打造精品线路，我们这几年持续不断地开展三工河生态移民、天池公路沿线绿化工程，在这个时候还要建煤矿，实在是不能理解。"

2008 年 4 月 28 日，当地环保部门在乌鲁木齐市召开了该项目环境影响报告书技术审查会。专家组一致要求对项目建设的环境可行性和资源开发的必要性重新进行论证。随后，环评单位煤矿方对报告书进行了修改和补充，再次报送到环保部门。按照相关程序，新疆维吾尔自治区环保局在网上发布了建设项目的基本情况，并展开网上投票调查，广泛听取社会各界意见，为管理部门审批提供科学、民主决策的依据。7 月 2 日，新疆环保局所属的新疆环境保护评估中心作出决定：综合评估意见，在目前的经济条件、技术条件下，从环境保护角度分析项目建设是不可行的。

新疆环保评估部门主要的否定理由有三点：①根据《关于在建设中认真保护文物古迹和风景名胜的通知》的规定，"新的建设项目选址，要避开文物和风

---

〔1〕 本案参考资料：①佚名："'环评'断了天池旁建煤矿的欲念 新疆首次因环境影响评价否决拟建项目"，搜狐网，http://news.sohu.com/20080715/n258147392.shtml，2008 年 7 月 15 日；②汪金生："新疆天池附近拟建煤矿遭环保部门否决"，搜狐网，http://news.sohu.com/20080702/n257890303.shtml，2008 年 7 月 2 日；③佚名："什么是环境行政许可？"，找法网，http://china.findlaw.cn/jingjifa/huanjin-baohu/flfg/60065.html，2011 年 3 月 2 日。

景名胜集中的地区"，"邻近文物保护单位和风景名胜区建设时，必须注意保护周围环境风貌，在建设项目的性质、规模、体型、造型上要同环境取得协调……"项目建设与上述规定不符，该项目建设不妥。②风景名胜区及其邻近地区的建设项目，应与风景名胜区规划目标和规划的功能区相协调，建设项目应不产生有碍观瞻的烟尘、雾气，不成为不良景观构筑物，不阻碍主要居民点对风景区的观瞻，不破坏与风景名胜区直接联系的自然景观如水体、山体等。环评提出的保护措施不足以消除对上述问题的影响，该项目建设不妥。③该项目在实施过程中，将产生大量的固体废物和二次扬尘，特别是二次扬尘，这种面源污染难以治理，对周围植被感观影响极大，也将造成局部地区环境空气的污染；生产废水的排放去向也存在明显的环境隐患；地表塌陷也将对自然景观产生影响。因此，该项目建设不妥。

图9　新疆天山天池是我国西北干旱地区典型的山岳型自然景观

　　此前，因新疆环保局在其网站公开对此项目进行网民投票调查，在天池风景区边建煤矿这一敏感内容立即引发了众多网民的关注，这一方式在新疆环保局还是首次。结果显示，有万余人次参与了环境保护部门举办的网站投票，对项目建设持反对态度的人数超过六成。

**［法律问题］**

1. 什么是环境行政许可？我国环境法中有哪些环境行政许可的主要规定？
2. 联系本案谈谈环境行政许可法律制度。

**［法理分析］**

本案是一起比较典型的建设项目因环评不过关而被否决的案例。《中华人民共和国行政许可法》第11条规定："设定行政许可，应当遵循经济和社会发展规律，有利于发挥公民、法人或者其他组织的积极性、主动性，维护公共利益和社会秩序，促进经济、社会和生态环境协调发展。"根据《行政许可法》第12条的规定，下列事项可以设定行政许可：①直接涉及国家安全、公共安全、经济宏观调控、生态环境保护以及直接关系人身健康、生命财产安全等特定活动，需要按照法定条件予以批准的事项；②有限自然资源开发利用、公共资源配置以及直接关系公共利益的特定行业的市场准入等，需要赋予特定权利的事项；③提供公众服务并且直接关系公共利益的职业、行业，需要确定具备特殊信誉、特殊条件或者特殊技能等资格、资质的事项；④直接关系公共安全、人身健康、生命财产安全的重要设备、设施、产品、物品，需要按照技术标准、技术规范、通过检验、检测、检疫等方式进行审定的事项；⑤企业或者其他组织的设立等，需要确定主体资格的事项；⑥法律、行政法规规定可以设定行政许可的其他事项。根据《中华人民共和国环境影响评价法》的规定，建设项目开工建设前，建设单位应组织编制环境影响评价文件。环境影响评价文件未经法律规定的审批部门审查或审查后未予批准的，该项目审批部门不能批准其建设，建设单位不得开工建设。擅自开工建设者可处5~20万元罚款，同时对建设单位相关人员依法给予行政处分。因此，建设项目的环评属于必须要获得行政许可的事项。

所谓"环境行政许可"，是指具有法定职权的环境资源监督管理部门，根据行政相对人的申请，通过发放执照、许可证等形式，赋予行政相对人实施某种法律禁止行为的权利或资格的具体行政行为。环境行政许可是世界各国在环境资源行政管制中普遍采用的一项执法管理形式，具有针对性、灵活性、实用性。环境行政许可的书面形式是环境行政许可证。环境资源行政许可证制度规定了环境资源行政许可证的申请、审查、颁发和监督管理的规则。环境行政许可证广泛适用于不同环境资源要素的保护和一个环境资源要素的不同开发利用阶段的保护。如取水许可证、狩猎证、林木采伐证、渔业捕捞许可证、排污许可证等，相关的法律依据有：《水行政许可实施办法》（2005年颁布）、《危险废物经营许可证管理办法》（2004年颁布，2013年修订）、《放射性同位素与射线装置安全许可管理办法》（2006年颁布，2008年修订）、《取水许可管理办法》（2008年颁布）等。

目前，我国的环境行政许可法律制度体现在各个部门颁布的不同的具体部门规章的规定中，不同的利益诉求、不同的工作职责、不同的立法和执法目标、不同的执法程序等都可能会导致在实施行政许可时产生冲突，这些冲突在《行政许可法》颁布之后就应该被整合起来，为此，原国家环保总局在 2004 年颁布了《关于发布环境行政许可保留项目的公告》和《环境保护行政许可听证暂行办法》。前者主要整合规定了环境保护行政主管部门有权实施的行政许可项目，后者则对影响公众环境权益的各类建设项目和专项规划的环境审查以及环境行政许可立法草案实行公众听证进行了规制。前述法律法规和部门规章基本确立了我国的环境行政许可法律制度。

环境保护行政主管部门实施的行政许可项目主要有：

1. 根据《环境保护法》、《水污染防治法》、《大气污染防治法》、《固体废物污染环境防治法》、《环境噪声污染防治法》、《放射性污染防治法》和《环境影响评价法》等环境保护法律的规定，环境保护行政主管部门实施下列环境行政许可项目，共 18 项：①建设项目环境影响报告书（表）、环境影响登记表的审批［含核设施选址、建造、运行和退役，核技术应用，铀（钍）矿和伴生放射性矿的开发、关闭的环境影响评价文件的审批］；②建设项目发生重大变化，环境影响报告书（表）、登记表重新审批（含环境影响报告书经过审批后超过 5 年的重新审核）；③建设项目环境影响评价单位资格审查；④建设项目环境保护设施验收［含核设施、核技术应用、铀（钍）矿和伴生矿的放射性污染防治设施验收］；⑤防治污染设施的拆除或闲置批准；⑥排污许可证（大气、水）核发；⑦危险废物经营许可证核发；⑧固体废物跨省转移许可证核发；⑨国家限制进口的可用作原料的废物进口审查；⑩向大气排放转炉气等可燃气体的批准；等等。

2. 根据《民用核设施安全监督管理条例》、《核材料管制条例》、《放射性同位素与射线装置放射防护条例》、《自然保护区条例》和《危险化学品安全管理条例》等环境保护行政法规的规定，环境保护行政主管部门实施下列环境行政许可项目，共 6 项：①民用核设施操纵人员执照核发；②民用核材料许可证核发；③在水体进行放射性实验的批准；④因教学科研进入自然保护区缓冲区的审批；⑤进入自然保护区实验区开展参观、旅游的审批；⑥危险化学品进口环境管理登记。

3. 根据《国务院对确需保留的行政审批项目设定行政许可的决定》（国务院令第 412 号，2004 年 6 月 29 日发布），国务院对环境保护法律、行政法规以外的环境保护规范性文件设定的，但确需保留且符合《行政许可法》的规定的项目，决定予以保留并设定为环境行政许可项目，共 7 项：①环境保护设施运营单位资质认定；②加工利用进口、可用作原料的废电器定点企业认定；③民用核承压设备设计制造安装许可证核发；④新化学物质环境管理登记证核发；⑤危险废物越境转移核准；⑥民用核承压设备焊接和无损检验人员资格证书核发；⑦危险化学品出口环境管理登记证核发。

虽然国家环保总局颁布的《关于发布环境行政许可保留项目的公告》较好地整合了各个不同领域的环境行政许可项目，明确了职责范围，提高了环境行政许可效能，但是与环境资源有关的行政许可并非只有环境保护行政许可，还包括自然资源方面的行政许可，如取水行政许可、矿产资源开发利用许可等，这些都是与环境资源保护密切相关的，但却不归环境保护行政主管部门管辖。因此，如何避免或化解在实施环境资源开发利用行政许可时可能产生的跨部门、跨区域冲突，这应该是完善我国环境行政许可法律制度的一个重要方面，也是当前亟待解决的一个问题。

为保证环境保护行政许可听证的程序规范、保证公众参与、推进政务公开和透明，国家环保总局颁布了《环境保护行政许可听证暂行办法》，确立了环境保护行政许可听证法律制度。

1. 听证的适用范围。①按照法律、法规、规章的规定，实施环境保护行政许可应当组织听证的；②实施涉及公共利益的重大环境保护行政许可，环境保护行政主管部门认为需要听证的；③环境保护行政许可直接涉及申请人与他人之间重大利益关系，申请人、利害关系人依法要求听证的。

除国家规定需要保密的建设项目外，建设下列项目的单位，在报批环境影响报告书前，未依法征求有关单位、专家和公众的意见，或者虽然依法征求了有关单位、专家和公众的意见，但存在重大意见分歧的，环境保护行政主管部门在审查或者重新审核建设项目环境影响评价文件之前，可以举行听证会，征求项目所在地有关单位和居民的意见：①对环境可能造成重大影响、应当编制环境影响报告书的建设项目；②可能产生油烟、恶臭、噪声或者其他污染，严重影响项目所在地居民生活环境质量的建设项目。对可能造成不良环境影响并直接涉及公众环境权益的工业、农业、畜牧业、林业、能源、水利、交通、城市建设、旅游、自然资源开发的有关专项规划，设区的市级以上人民政府在审批该专项规划草案和作出决策之前，指定环境保护行政主管部门对环境影响报告书进行审查的，环境保护行政主管部门可以举行听证会，征求有关单位、专家和公众对环境影响报告书草案的意见。

2. 听证主持人和听证参加人。①听证主持人：环境保护行政许可的听证活动，由承担许可职能的环境保护行政主管部门组织，并由其指定听证主持人具体实施。听证主持人应当由环境保护行政主管部门许可审查机构内审查该行政许可申请的工作人员以外的人员担任。环境行政许可事项重大、复杂，环境保护行政主管部门决定举行听证，由许可审查机构的人员担任听证主持人可能影响公正处理的，由法制机构工作人员担任听证主持人。②听证参加人：行政许可申请人、利害关系人或者其法定代理人，委托他人代理参加听证的，应当向组织听证的环境保护行政主管部门提交由委托人签名或者盖章的授权委托书。授权委托书应当载明委托事项及权限。组织听证的环境保护行政主管部门可以通知了解被听证的行政许可事项的单位和个人出席听证会。有关单位应当支持了解被听证的行政许可事项的单位和个人出席听证会。证人确有困难不能出席听证会的，可以提交有本人签名或者盖章的书面证言。

3. 听证程序。①听证公告和告知。环境保护行政主管部门对本办法规定的环境保护行政许可事项，决定举行听证的，应在听证举行的 10 日前，通过报纸、网络或者布告等适当方式，向社会公告。公告内容应当包括被听证的许可事项和听证会的时间、地点，以及参加听证会的方法。环境保护行政主管部门在作出行政许可决定之前，应当告知行政许可申请人、利害关系人享有要求听证的权利，并送达《环境保护行政许可听证告知书》。行政许可申请人、利害关系人人数众多或者其他必要情形时，可以通过报纸、网络或者布告等适当方式，将《环境保护行政许可听证告知书》向社会公告。②听证申请和听证通知送达。行政许可申请人、利害关系人要求听证的，应当在收到听证告知书之日起 5 日内以书面形式提出听证申请。组织行政许可听证的环境保护行政主管部门收到听证申请书后，应当对申请材料进行审查。申请材料不齐备的，应当一次性告知听证申请人补正。组织听证的环境保护行政主管部门经过审核，对符合听证条件的听证申请，应当受理，并在 20 日内组织听证。组织听证的环境保护行政主管部门应当在听证举行的 7 日前，将《环境保护行政许可听证通知书》分别送达行政许可申请人、利害关系人，并由其在送达回执上签字。环境保护行政许可申请人、利害关系人接到听证通知后，应当按时到场；无正当理由不到场的，或者未经听证主持人允许中途退场的，视为放弃听证权利，并记入听证笔录。③听证过程。在听证过程中，主持人可以向行政许可审查人员、行政许可申请人、利害关系人和证人发问，有关人员应当如实回答。组织听证的环境保护行政主管部门，对听证会必须制作笔录。听证结束后，听证笔录应交陈述意见的行政许可申请人、利害关系人审核无误后签字或者盖章。无正当理由拒绝签字或者盖章的，应当记入听证笔录。④听证终结后，听证主持人应当及时将听证笔录报告本部门负责人。环境保护行政主管部门应当根据听证笔录，作出环境保护行政许可决定，并应当在许可决定中附具对听证会反映的主要观点采纳或者不采纳的说明。

4. 听证会程序。①听证主持人宣布听证会场纪律，告知听证申请人、利害关系人的权利和义务，询问并核实听证参加人的身份，宣布听证开始；②记录员宣布听证所涉许可事项、听证主持人和听证员的姓名、工作单位和职务；③行政许可审查人员提出初步审查意见、理由和证据；④行政许可申请人、利害关系人就该行政许可事项进行陈述和申辩，提出有关证据，对行政许可审查人员提出的证据进行质证；⑤行政许可审查人员和行政许可申请人、利害关系人进行辩论；⑥行政许可申请人、利害关系人做最后陈述；⑦主持人宣布听证结束。

5. 罚则。环境保护行政主管部门及其工作人员违反《行政许可法》的规定，有下列情形之一的，由有关机关依法责令改正；情节严重的，对直接负责的主管人员和其他直接责任人员依法给予行政处分：①对法律、法规、规章规定应当组织听证的环境保护行政许可事项，不组织听证的；②对符合法定条件的环境保护行政许可听证申请，不予受理的；③在受理、审查、决定环境保护行政许可过程中，未向申请人、利害关系人履行法定告知义务的；④未依法说明不受理环境保护行政许可听证申请或者不予听证的理由的。

本案实际上也可以通过举行听证会的形式来实现程序公正。当然，环境行政许可可以采取多种多样的公众参与形式，不一定非要采取听证会的形式，但一般听证会适用得比较普遍。本案采用网络投票形式让公众参与，应该说是一个比较好的公众参与形式，案件在公众参与下处理得也比较得当，较好地解决了当地环境保护和经济发展的矛盾。当前我国环境行政许可制度的一个突出问题是公众参与机制不够完善，影响到环境行政许可制度的有效实施。应该创新公众参与的具体形式，如环境行政许可的信息公开，在信息公开的范围、内容、形式等方面应方便公众参与，本案就是一个很好的范例。在环境行政许可听证的举行上，应扩大听证范围和参与人的范围，更好地选择真正代表公众的参与人等。总之，随着我国环境行政许可法律制度的不断完善，环境行政许可制度将在切实保护环境，协调经济社会发展和环境保护的关系方面发挥着越来越大的作用。

[参考法律规范]

1. 《行政许可法》（2003 年颁布）

2. 《环境影响评价法》（2002 年颁布）

3. 《环境保护行政许可听证暂行办法》（原国家环保总局 2004 年颁布）

4. 《水行政许可实施办法》（水利部 2005 年颁布）

5. 《关于发布环境行政许可保留项目的公告》（原国家环保总局 2004 年颁布）

## 四、环境行政诉讼

### 案例六：　　　　　农民状告苏州环保局要求公开环评信息

[所属部分] 环境法律责任之环境行政诉讼
[大纲知识点] 环境行政诉讼法律制度
[案例背景]

　　黄建新今年 40 岁，是江苏省张家港市锦丰镇洪桥村的一个普通农民，一家三代五口人的生活幸福而平静。但 2003 年 4 月，张家港市合兴污水处理厂在距离黄家不足 60 米的地方建成投产，它的出现马上带来了噪音、废水和废气。由于 24 小时运转的工厂机器轰鸣，黄建新夫妇无法在自己的主卧室睡眠，和父母、儿子挤到了离工厂略远的一侧小客房；污水被偷排进附近的小河塘里，自家门前的蔬菜种植基地只能使用被污染的水源浇灌；空气里始终弥漫着一股刺鼻的味道，不少邻居因为忍受不了而选择外出打工来逃避污染。

　　2004 年，黄建新 60 岁父亲患肺癌去世，一邻居也被检查出患了肠癌，几年里，患病死亡的人口明显增多，村里人开始怀疑是环境污染造成的。从 2005 年开始，黄建新带领村民们走上维权的道路，他们找到镇政府质问成立污水处理厂有无通过环保部门的批准，镇领导拿出了沙洲印染公司的扩建项目的环评和验收报告，称污水处理厂是作为扩建项目的附属设施一起通过验收的，但实际上扩建项目的环评和验收报告是 2003 年 11 月出来的，而污水处理厂在 2003 年 4 月已经营运。

　　那么到底这个污水处理厂有没有《环境影响报告书》？如果有的话，为什么环保局拒绝公开呢？6 年来，黄建新和附近的几十户居民深受污染之害，却无法得到真实的信息，黄建新认为镇政府欺骗了他们，一气之下，将苏州市环保局告上了法庭，原因是环保局没有公布张家港合兴污水处理厂的《环境影响报告书》。这起"民告官"案件也因此成为苏州第一例"政府信息公开"的行政案件。[1]

[案情描述]

　　自合兴污水处理厂运营以来，洪桥村的村民就一直深受污染之害，村民忍无可忍，就一直坚持信访，但没有得到回音。2009 年年初，黄建新在中央电视

---

〔1〕　本案参考资料：①彭昊："污水厂距民宅 60 米 农民状告环保局公开环评报告"，搜狐网，http: //news. sohu. com/20091112/n268139822. shtml，2009 年 11 月 12 日。②佚名："农民状告环保局要求公开环评报告 近日已拿到"，环评爱好者网站，http: //www. eiafans. com/thread - 59781 - 1 - 1. html，2009 年 12 月 19 日。

台《社会与法》栏目记者的帮助下，开始了法律维权的道路。5月份，黄建新多次向张家港市环保局申请信息公开，要求了解沙洲印染公司及合兴污水厂扩建项目建设的合法性，对方答复说，该项目系由江苏省环保厅审批同意建设。8月，黄建新又向江苏省环保厅申请信息公开，省环保厅称，扩建项目的《环境影响报告书》由苏州市环保局初审，省环保厅对被告的初审意见予以批复，但合兴污水处理厂并非省厅批复同意建设。9月，黄建新向苏州环保局申请公开扩建项目相关信息，答复为无法提供。最后，黄建新选择提起行政诉讼。10月初，他决定起诉苏州市环保局拒绝公开政府信息，侵犯了公民知情权。黄建新接受记者采访时坦言，他为了维权到处举报、信访、申请，算上律师费已经花费了10万元，其他乡亲也赞助了几万元经费，要不是早年经商攒下了些积蓄，自己根本无法走到今天这一步，但直到10月21日才拿到法院传票，觉得自己的维权也许真的有指望了。"我已经不在乎最后能得到多少赔偿，人活一口气，我争取的是大家的生存环境！"

2009年11月10日上午9点半，黄建新的"民告官"行政案件在苏州市沧浪区人民法院开庭审理。因为此案是苏州第一例"政府信息公开"的行政案件，法院还特意邀请了17位沧浪区人大代表前来旁听。法庭上，黄建新反复重复着几个问题："距离我家60米不到的污水处理厂，有没有《环境影响报告书》？如果有的话，为什么环保局拒绝向我公开？"他在起诉书里称，被告苏州市环保局拒绝公开政府信息，影响了原告的知情权，侵犯了原告的合法权益，违反了法律规定，故提出了两个诉请：一是请求法院判令苏州市环保局依法公开印染公司扩建项目的《环境影响报告书》及"初审意见"；二是请求法院判令苏州市环保局依法公开张家港市合兴污水处理厂的环境影响报告书及验收报告。苏州市环保局则在庭审中辩称：印染公司的扩建项目，其审批机关是省环保厅，是否对外公开也应由审批该扩建项目的省环保厅决定；此外，合兴污水处理厂作为沙洲印染公司的附属设施，没有独立的《环境影响报告书》，苏州市环保局没有受理过，所以也就无法提供给原告，原告所提的诉讼请求均不在该局的职责权限范围内。

当日两个多小时的庭审结束后，法官宣布择日开庭宣判结果。经过激烈的庭审，法院查明，苏州市环保局并没有受理过张家港合兴污水处理厂的《环境影响报告书》等材料，江苏省环保厅也明确没有受理过合兴污水处理厂环评等材料。合兴污水处理厂实际上是张家港市沙洲纺织印染公司的污水处理设施，与扩建项目一起由江苏省环保厅审批，没有单独的环境影响报告书和验收报告。为此，追加张家港沙洲印染公司列为第三人参加诉讼。

在案件开庭审理过程中，被告苏州市环保局和第三人沙洲印染公司方面一直在通过法院跟原告沟通意见。经过双方协商，达成折中方案：原告同意撤诉，第三人将扩建项目的环境影响报告书的复印件提供给他。由于第三人已经主动向原告提供了扩建项目环境影响报告评估书中不涉及商业秘密的部分材料复印件，合兴污水处理厂又无单独的环境影响评估报告，原告以继续诉讼无必要为由申请撤回起诉。法院作出行政裁定书，准许了黄建新的撤回起诉申请。

　　[法律问题]
　　1. 什么是环境信息公开？我国环境法中有哪些环境信息公开的主要规定？
　　2. 联系本案分析环境行政诉讼法律制度。
　　[法理分析]
　　本案是一起比较典型的因政府拒绝公开环境信息而引发的行政诉讼案件。实际上，近年来随着环境污染事件的高发，已经发生了多起申请公开环境信息的案件，本案就是其中的一个代表性案例。
　　所谓"政府信息"，是指行政机关在履行职责过程中制作或者获取的，以一定形式记录、保存的信息。根据《中华人民共和国政府信息公开条例》的规定，县级以上各级人民政府及其部门应当依照本条例的规定，在各自职责范围内确定主动公开的政府信息的具体内容，并重点公开下列政府信息：①行政法规、规章和规范性文件；②国民经济和社会发展规划、专项规划、区域规划及相关政策；③国民经济和社会发展统计信息；④财政预算、决算报告；⑤行政事业性收费的项目、依据、标准；⑥政府集中采购项目的目录、标准及实施情况；⑦行政许可的事项、依据、条件、数量、程序、期限以及申请行政许可需要提交的全部材料目录及办理情况；⑧重大建设项目的批准和实施情况；⑨扶贫、教育、医疗、社会保障、促进就业等方面的政策、措施及其实施情况；⑩突发公共事件的应急预案、预警信息及应对情况；⑪环境保护、公共卫生、安全生产、食品药品、产品质量的监督检查情况。
　　所谓"环境信息"，包括政府环境信息和企业环境信息。"政府环境信息"是指环保行政主管部门在履行环境保护职责中制作或者获取的，以一定形式记录、保存的信息。"企业环境信息"是指企业以一定形式记录、保存的，与企业经营活动产生的环境影响和企业环境行为有关的信息。2014年修订的《环境保护法》专章规定了"信息公开和公众参与"，明确规定"各级人民政府环境保护主管部门和其他负有环境保护监督管理职责的部门，应当依法公开环境信息、完善公众参与程序，为公民、法人和其他组织参与和监督环境保护提供便利。"《水污染防治法》、《大气污染防治法》、《水土保持法》、《固体废物污染环境防治法》、《矿产资源法》等单项环境法律也都要求主管部门公开相应的环境信息。例如，《水污染防治法》第19条规定："国务院环境保护主管部门对未按照要求完成重点水污染物排放总量控制指标的省、自治区、直辖市予以公布。省、自治区、直辖市人民政府环境保护主管部门对未按照要求完成重点水污染物排放总量控制指标的市、县予以公布。县级以上人民政府环境保护主管部门对违反本法规定、严重污染水环境的企业予以公布。"再如,《水土保持法》第42条规定:"国务院水行政主管部门和省、自治区、直辖市人民政府水行政主管部门应当根据水土保持监测情况,定期对下列事项进行公告:①水土流失类型、面积、强度、分布状况和变化趋势;②水土流失造成的危害;③水土流失预防和治理情况。"不过,《环境保护法》和单项环境法律规定的环境信息公开过于原则化,对环境信息公开的程序和要求需要细化,因此,2007年国家环保总局颁布了《环境信息公开办法(试行)》,主要规定了政府环境信息公开和企业环境信息公开;其后,2013年为进一步加大环境影响评价信息公开力度,推进环评公众参与,维护公众环境权益,环境保护部颁布了《建设项目环境影响评价政府信息公开指南(试行)》,基本确立了我国环境信息公开的主要法律制度。

1. 政府环境信息公开的主要内容。环保部门应当在职责权限范围内向社会主动公开以下政府环境信息:①环境保护法律、法规、规章、标准和其他规范性文件;②环境保护规划;③环境质量状况;④环境统计和环境调查信息;⑤突发环境事件的应急预案、预报、发生和处置等情况;⑥主要污染物排放总量指标分配及落实情况,排污许可证发放情况,城市环境综合整治定量考核结果;⑦大、中城市固体废物的种类、产生量、处置状况等信息;⑧建设项目环境影响评价文件受理情况,受理的环境影响评价文件的审批结果和建设项目竣工环境保护验收结果,其他环境保护行政许可的项目、依据、条件、程序和结果;⑨排污费征收的项目、依据、标准和程序,排污者应当缴纳的排污费数额、实际征收数额以及减免缓情况;⑩环保行政事业性收费的项目、依据、标准和程序;⑪经调查核实的公众对环境问题或者对企业污染环境的信访、投诉案件及其处理结果;⑫环境行政处罚、行政复议、行政诉讼和实施行政强制措施的情况;⑬污染物排放超过国家或者地方排放标准,或者污染物排放总量超过地方人民政府核定的排放总量控制指标的污染严重的企业名单;⑭发生重大、特大环境污染事故或者事件的企业名单,拒不执行已生效的环境行政处罚决定的企业名单;⑮环境保护创建审批结果;⑯环保部门的机构设置、工作职责及其联系方式等情况;⑰法律、法规、规章规定应当公开的其他环境信息。

2. 环境信息公开的审查。环保部门在公开政府环境信息前,应当依照《中华人民共和国保守国家秘密法》以及其他法律、法规和国家有关规定进行审查。环保部门不得公开涉及国家秘密、商业秘密、个人隐私的政府环境信息。但是,经权利人同意或者环保部门认为不公开可能对公共利益造成重大影响的涉及商业秘密、个人隐私的政府环境信息，可以予以公开。环保部门对政府环境信息不能确定是否可以公开时，应当依照法律、法规和国家有关规定报有关主管部门或者同级保密工作部门确定。

3. 政府环境信息公开的方式和程序。环保部门应当将主动公开的政府环境信息，通过政府网站、公报、新闻发布会以及报刊、广播、电视等便于公众知晓的方式公开。属于主动公开范围的政府环境信息，环保部门应当自该环境信息形成或者变更之日起20个工作日内予以公开。环保部门应当编制、公布政府环境信息公开指南和政府环境信息公开目录，并及时更新。政府环境信息公开指南，应当包括信息的分类、编排体系、获取方式、政府环境信息公开工作机构的名称、办公地址、办公时间、联系电话、传真号码、电子邮箱等内容。政府环境信息公开目录，应当包括索引、信息名称、信息内容的概述、生成日期、公开时间等内容。公民、法人和其他组织申请环保部门提供政府环境信息的，应当采用信函、传真、电子邮件等书面形式；采取书面形式确有困难的，申请人可以口头提出，由环保部门政府环境信息公开工作机构代为填写政府环境信息公开申请。对政府环境信息公开申请，环保部门应当在收到申请之日起15个工作日内予以答复；不能在15个工作日内作出答复的，经政府环境信息公开工作机构负责人同意，可以适当延长答复期限，并书面告知申请人。

4. 企业环境信息公开的内容。国家鼓励企业自愿公开下列企业环境信息：①企业环境保护方针、年度环境保护目标及成效；②企业年度资源消耗总量；③企业环保投资和环境技术开发情况；④企业排放污染物种类、数量、浓度和去向；⑤企业环保设施的建设和运行情况；⑥企业在生产过程中产生的废物的处理、处置情况，废弃产品的回收、综合利用情况；⑦与环保部门签订的改善环境行为的自愿协议；⑧企业履行社会责任的情况；⑨企业自愿公开的其他环境信息。

5. 企业环境信息公开的方式和要求。依法向社会公开环境信息的企业，应当在环保部门公布名单后30日内，在所在地主要媒体上公布其环境信息，并将向社会公开的环境信息报所在地环保部门备案。环保部门有权对企业公布的环境信息进行核查。依法自愿公开环境信息的企业，可以将其环境信息通过媒体、互联网等方式，或者通过公布企业年度环境报告的形式向社会公开。

6. 环境信息公开的监督。①自我监督：环保部门应当建立健全政府环境信息公开工作考核制度、社会评议制度和责任追究制度，定期对政府环境信息公开工作进行考核、评议。环保部门应当在每年3月31日前公布本部门的政府环境信息公开工作年度报告。②社会监督：公民、法人和其他组织认为环保部门不依法履行政府环境信息公开义务的，可以向上级环保部门举报。收到举报的环保部门应当督促下级环保部门依法履行政府环境信息公开义务。公民、法人和其他组织认为环保部门在政府环境信息公开工作中的具体行政行为侵犯其合法权益的，可以依法申请行政复议或者提起行政诉讼。

7. 违反环境信息公开规定应承担的法律责任。①环境行政处分。环保部门违反规定，有下列情形之一的，上一级环保部门应当责令其改正；情节严重的，对负有直接责任的主管人员和其他直接责任人员依法给予行政处分：不依法履行政府环境信息公开义务的；不及时更新政府环境信息内容、政府环境信息公开指南和政府环境信息公开目录的；在公开政府环境信息过程中违反规定收取费用的；通过其他组织、个人以有偿服务方式提供政府环境信息的；公开不应当公开的政府环境信息的情形等。②环境行政处罚。违反规定，污染物排放超过国家或者地方排放标准，或者污染物排放总量超过地方人民政府核定的排放总量控制指标的污染严重的企业，不公布或者未按规定要求公布污染物排放情况的，由县级以上地方人民政府环保部门依据《中华人民共和国清洁生产促进法》的规定，处 10 万元以下罚款，并代为公布。

因环境信息公开而引发的行政诉讼案件是环境行政诉讼的主要案源之一，但是我国目前在环境信息公开方面还很不够，主要原因在于污染企业的信息公开不够，因为信息公开对企业而言要承担巨大的经济压力和舆论压力，有实力的大污染企业往往会利用自身的影响力对政府环境行政主管机关施加压力，不愿公开或尽量不公开环境信息，这就导致公众很难获得所需要的环境信息。比如，本案中作为应该公开的环境影响评价信息，涉及建设项目周围公众环境权益，按照法律规定必须要告知其有关建设项目的污染信息，但政府环境行政主管部门却不作为，这就导致公众因无法得到需要的环境信息而无法通过举报、信访等非诉讼途径真正维护自己的权益，最后不得不通过诉讼途径维权。

所谓"环境行政诉讼"，是指公民、法人或其他组织认为环境行政监督管理部门的具体行政行为侵犯其合法权益，依照《行政诉讼法》规定的程序，向人民法院起诉，由法院对该具体行政行为的合法性进行审查并作出裁判的诉讼活动。环境行政诉讼是环境诉讼的主要形式之一，行政诉讼不同于行政复议，虽然也是一种主要的违法行政行为救济方式，但行政诉讼可归属于司法审查，而行政复议仍然属于一种行政行为。不过，有些行政诉讼的提起是以行政复议为前置条件的。例如，《行政复议法》第 30 条第 1 款规定："公民、法人或者其他组织认为行政机关的具体行政行为侵犯其已经依法取得的土地、矿藏、水流、森林、山岭、草原、荒地、滩涂、海域等自然资源的所有权或者使用权的，应当先申请行政复议；对行政复议决定不服的，可以依法向人民法院提起行政诉讼。"我国多部单项环境法律都规定了环境行政诉讼制度，例如，《水污染防治法》第 84 条规定:"当事人对行政处罚决定不服的,可以申请行政复议,也可以在收到通知之日起 15 日内向人民法院起诉;期满不申请行政复议或者起诉,又不履行行政处罚决定的,由作出行政处罚决定的机关申请人民法院强制执行。"再如,《固体废物污染环境防治法》第 26 条规定:"进口者对海关将其所进口的货物纳入固体废物管理范围不服的,可以依法申请行政复议,也可以向人民法院提起行政诉讼。"《矿产资源法》第 46 条第 1 款规定:"当事人对行政处罚决定不服的,可以依法申请复议,也可以依法直接向人民法院起诉。"《森林法》第 17 条规定:"单位之间发生的林木、林地所有权和使用权争议,由县级以上人民政府依法处理。个人之间、个人与单位之间发生的林木所有权和林地使用权争议,由当地县级或者乡级人民政府依法处理。当事人对人民政府的处理决定不服的,可以在接到通知之日起 1 个月内,向人民法院起诉。"但环境污染防治法中对环境行政诉讼的规制不够,除了《水污染防治法》明确了行政诉讼救济之外,其他污染防治法大多对行政管理相对人赋予通过行政问责、行政处罚、行政复议等行政法律制度的途径加以救济的权利,而非通过诉讼途径进行司法审查。即便有起诉的规定,也往往被定位为民事诉讼,而非行政诉讼。例如,《大气污染防治法》第 62 条规定:"造成大气污染危害的单位,有责任排除危害,并对直接遭受损失的单位或者个人赔偿损失。赔偿责任和赔偿金额的纠纷,可以根据当事人的请求,由环境保护行政主管部门调解处理;调解不成的,当事人可以向人民法院起诉。当事人也可以直接向人民法院起诉。"其中,对调解不服,当事人起诉的对象曾经引发争议,是以环境行政主管部门为被告提起行政诉讼,还是以污染者为被告提起民事诉讼?全国人大常委会法制工作委员会对此问题如何处理请示的批复中特别明确了由环境污染损害引起的赔偿责任和赔偿金额的纠纷属于民事纠纷,环境保护行政主管部门依据环境保护法的规定,根据当事人的请求,对因环境污染损害引起的赔偿责任和赔偿金额的纠纷所作的处理,当事人不服的,可以向人民法院提起民事诉讼,但这是民事纠纷双方当事人之间的民事诉讼,不能以作出处理决定的环境保护行政主管部门为被告提起行政诉讼。

除了受案范围过于狭窄,环境行政诉讼案件还有诉讼时效不足、起诉条件过高、举证责任负担分配不合理等问题。例如,行政诉讼一般诉讼时效规定为 3 个月,而《森林法》、《土地管理法》等规定了 1 个月的诉讼时效,《水污染防治法》更是只规定了 15 天的起诉时效,但是环境污染具有潜伏性、缓发性、复合性的特点,即便公民、法人或其他组织发现环境行政机关已经作出具体行政行为,也会由于环境损害结果尚未发生,无法提起行政诉讼,而等到环境损害结果发生,则已经过了诉讼时效。2014 年修订的《行政诉讼法》有很大改进,一般诉讼时效延长为 6 个月，除不动产诉讼案件之外的诉讼案件最长诉讼时效为 5 年。再如，《行政诉讼法》要求原告必须具有具体的诉讼请求和事实根据才能提起诉讼，这对环境污染案件受害者而言是比较困难的，受害者往往是作为行政管理相对人的个体，缺乏环境污染形成和致害的专业知识，加上环境污染企业信息公开不够，很难获得足够的事实根据提起诉讼。2014 年 7 月，最高人民法院颁布了《关于全面加强环境资源审判工作 为推进生态文明建设提供有力司法保障的意见》（以下简称《意见》），提出要依法审理环境资源行政案件。依法受理环境资源行政案件，充分保障当事人诉权。案件审理既要从程序上审查行政机关的执法程序是否合法，也要从实体上审查行政许可、行政处罚等行为是否符合法定标准，特别要加强对行政机关不履行查处违反环境资源保护法律法规行为职责案件的审理，督促行政机关依法履职。谨慎适用协调手段结案，最大限度保护行政相对人的合法权益以及社会公众的环境健康与安全。妥善审理山林权属纠纷及确权行政案件，促进健全自然资源资产产权制度，加强对土地、矿产、水源、森林等自然资源的保护。妥当处理因同一环境资源纠纷引发的民事诉讼与行政诉讼的关系，避免不同审判组织对同一行政行为作出彼此矛盾的认定。积极探索环境行政诉讼与民事诉讼的合并审理，不断完善环境行政诉讼证据规则和法律适用规则。这个《意见》的出台，为我国下一阶段的环境行政诉讼指明了发展和改进的方向。

总之，环境行政诉讼需要在现行行政诉讼法律制度的基础上，结合环境污染损害的特点，进行相应的制度改进，才能适应和满足环境行政诉讼的现实需要，才能最终借助司法权监督环境行政主管部门依法行使环境行政权。

[参考法律规范]

1.《行政诉讼法》（1989 年颁布，2014 年修订）

2.《关于执行〈中华人民共和国行政诉讼法〉若干问题的解释》（最高人民法院 2000 年颁布）

3.《政府信息公开条例》（国务院 2007 年颁布）

4.《环境信息公开办法（试行)》（原国家环保总局 2007 年颁布）

5.《关于全面加强环境资源审判工作 为推进生态文明建设提供有力司法保障的意见》（最高人民法院 2014 年颁布）

## 第三节　环境刑事法律责任与诉讼

### 一、环境刑事法律责任

**案例七：**　　　　排放污水被判刑——浙江首例环境污染刑事案

［**所属部分**］　环境法律责任之刑事法律责任
［**大纲知识点**］　环境刑事法律责任
［**案例背景**］

随着经济社会发展，为进一步强化对环境的保护，加大对环境污染犯罪的打击力度，2011 年 5 月 1 日起施行的《中华人民共和国刑法修正案（八）》（以下简称《刑法修正案（八）》）对 1997 年《刑法》规定的"重大环境污染事故罪"作了进一步完善：一是扩大了污染物的范围，将原来规定的"其他危险废物"修改为"其他有害物质"；二是降低了入罪门槛，将"造成重大环境污染事故，致使公私财产遭受重大损失或者人身伤亡的严重后果"修改为"严重污染环境"。修改后，罪名由原来的"重大环境污染事故罪"相应调整为"污染环境罪"。为确保法律准确、统一适用，依法严厉惩治、有效防范环境污染犯罪，最高人民法院、最高人民检察院会同公安部、环保部等有关部门在深入调研的基础上，对迫切需要解决的法律适用问题进行了认真梳理，经广泛征求意见并反复研究论证，制定了《关于办理环境污染刑事案件适用法律若干问题的解释》（以下简称《解释》）。《解释》根据法律规定和立法精神，结合办理环境污染刑事案件取证难、鉴定难、认定难等实际问题，对有关环境污染犯罪的定罪量刑标准作出了新的规定，进一步加大了打击力度，严密了刑事法网。制定本《解释》，是人民法院、人民检察院充分发挥刑事司法职能、积极回应人民群众关切的一项重要举措。《解释》的公布施行，对于强化环境保护、维护人民群众生命健康财产安全、推进美丽中国建设必将发挥重要作用。2013 年 6 月 19 日，《解释》开始施行。《解释》实施后，对环境污染行为的打击面更广，入刑门槛降低。对于严重污染环境的行为，除了要承担行政责任、民事责任外，还要被追究刑事责任。

浙江金华市浦江县盛产水晶，而磨盘是加工水晶过程中必不可少的工具。犯罪嫌疑人邓某是广西临川县人，今年 5 月初，邓某盘过来一家磨盘加工厂，之后雇了两个老乡，开始生产磨盘。邓某在生产磨盘过程中会使用到含重金属镍的化合物以及一些强酸。磨盘做好后，还要进行清洗，由此产生了严重的重金属废水，那么邓某是如何处理这些重金属废水的呢？[1]

[案情描述]

邓善飞今年35岁，广西临川县人。2012年来到浦江，跟着姐夫打工。2013年5月初，他花了12万元从姐夫手中转让了一家磨盘加工厂。当天他便把磨盘厂中的设备工具转移到了仙华街道十里亭金冠样村一所废弃的小学内。所谓"磨盘生产"，就是利用电解的原理，在铁板上镀上金刚石、硫酸镍、氯化钠、糖精、高锰酸钾等物质。磨盘做好后需要用清水清洗磨盘，而这些清洗完的废水中就含有重金属"镍"。在邓善飞的磨盘厂里，有12个电解桶，工人每做好一组磨盘都要进行清洗，清洗完成后便将这些含有重金属"镍"的污水、废水、废物等直接排放到厂外的水沟，随后流到周边居民区。为偷排废水，邓某在加工点东侧墙角挖了一个洞，这些废水直接排放到门口的小水沟，流向周边居民区一条小溪，最终汇入浦阳江，对当地环境及周边居民产生很大的影响。

6月22日，浦江县环保执法人员查到了这个加工点，他们对加工点的排入环境口（地上）、排入沟的废水、废水排放口分别采样。检测显示：加工点地上的废水 pH 值 6.29，化学需氧量 $1.71 \times 10^4$，废水镍浓度为 $5.10 \times 10^4$；排入沟的废水 pH 值 4.20，化学需氧量 153，镍浓度为 47.0；废水排放口 pH 值 2.05，化学需氧量 253，镍浓度为 $1.60 \times 10^3$，三个废水样品 pH 值、化学需氧量均不符合《污水综合排放标准》；镍浓度超过《污水综合排放标准》限值要求的3倍以上。之后，邓某被警方控制。7月5日，省环境保护厅对县环保部门的检测报告出具认可意见，同意检测结果。

根据2013年6月19日起施行的两高《关于办理环境污染刑事案件适用法律若干问题的解释》第1条第3款之规定，非法排放含重金属、持久性有机污染物等严重危害环境、损害人体健康的污染物超过国家污染物排放标准或者省、自治区、直辖市人民政府根据法律授权制定的污染物排放标准3倍以上的，应当认为"严重污染环境"。

犯罪嫌疑人邓善飞经营的磨盘加工厂在生产过程中非法排放含重金属的严重危害环境污染物，超过国家污染物排放标准3倍以上，达到构罪标准。污染

---

〔1〕　本案参考资料：①佚名："浙江省首例因环境污染而被追究刑责的案件"，浙江在线，http：//zjnews. zjol. com. cn/05zjnews/system/2013/07/18/019474905. shtml，2013年7月18日；②韩德培主编：《环境保护法教程》，法律出版社2012年版，第433～443页；③佚名："浙江首例环境污染追究刑责案犯罪嫌疑人排放含重金属废水被捕"，浦江新闻网，http：//pjnews. zjol. com. cn/pjnews/system/2013/07/22/016685684. shtml，2013年7月22日；④贾学胜："美国对环境犯罪的刑法规制及其启示"，载《暨南学报》2014年第4期。

环境罪是最高人民法院、最高人民检察院对《刑法修正案（八）》罪名作出的补充规定，取消原"重大环境污染事故罪"罪名，改为"污染环境罪"。而6月18日公布的司法解释则将构成这一罪名的犯罪情形具体规定下来。据办案人员透露，半年来，全县共拘留相关污染企业主130多名。在修正案出台之前，"重大环境污染事故罪"界定比较模糊，类似邓善飞这样的情形很难找到可以定罪的法律，他们大多被处以行政处罚，止步于公安机关，"污染成本"很低，罚款或者至多15日行政拘留，出来后他们依旧会加入污染的行列。《刑法修正案（八）》和《解释》出台以后，检察机关可以依照法律规定参与监督办案，如果构成犯罪则面临的刑罚是很严厉的。根据法律规定，邓善飞将面临3年以下有期徒刑或者拘役，并处或者单处罚金；污染环境后果特别严重的，还可处3年以上7年以下有期徒刑，并处罚金。

[法律问题]

1. 什么是污染环境罪？
2. 联系本案分析环境刑事责任法律制度。

[法理分析]

本案是一起比较典型的因严重污染环境而被追究刑事责任的案例。2013年7月17日，金华浦江县人民检察院以污染环境罪对犯罪嫌疑人邓某批准逮捕。该案是2013年6月18日最高人民法院、最高人民检察院发布《关于办理环境污染刑事案件适用法律若干问题的解释》后，浙江省首例因环境污染而追究刑责的案件。

多年来，我国主要运用命令控制手段处理环境问题，虽然成本很高，手段也几乎穷尽，但还是不足以解决环境保护问题，地方政府为了追求GDP，往往忽视环境问题，而一般的污染企业都是地方政府的利税大户，也是地方政府重点扶持的企业，真正有环境污染发生时，地方政府往往会偏袒企业方，而损害环境公益，这就使得我国的环境污染日益严重，迫使司法走向前台，发挥能动作用。然而，由于立法的缺陷，环境污染案件本身就面临着取证难、鉴定难、执行难等问题，导致环境污染犯罪的立案困难重重，有些地方法院干脆发布公告称不受理环境案件。针对这种情况，2011年颁布的《刑法修正案（八）》第338条规定："违反国家规定，排放、倾倒或者处置有放射性的废物、含传染病病原体的废物、有毒物质或者其他有害物质，严重污染环境的，处3年以下有期徒刑或者拘役，并处或者单处罚金；后果特别严重的，处3年以上7年以下有期徒刑，并处罚金。"根据该修正案，最高人民法院、最高人民检察院发布了《关于办理环境污染刑事案件适用法律若干问题的解释》。《解释》出台后，环境问题不再仅仅是地方政府的问题，而且是关系到环保、公安、检察院以及法院各部门的问题。

该司法解释具体规定了严重污染环境的认定标准。具有下列情形之一的，应当认定为"严重污染环境"：①在饮用水水源一级保护区、自然保护区核心区排放、倾倒、处置有放射性的废物、含传染病病原体的废物、有毒物质的；②非法排放、倾倒、处置危险废物 3 吨以上的；③非法排放含重金属、持久性有机污染物等严重危害环境、损害人体健康的污染物超过国家污染物排放标准或者省、自治区、直辖市人民政府根据法律授权制定的污染物排放标准 3 倍以上的；④私设暗管或者利用渗井、渗坑、裂隙、溶洞等排放、倾倒、处置有放射性的废物、含传染病病原体的废物、有毒物质的；⑤2 年内曾因违反国家规定，排放、倾倒、处置有放射性的废物、含传染病病原体的废物、有毒物质受过 2 次以上行政处罚，又实施前列行为的；⑥致使乡镇以上集中式饮用水水源取水中断 12 小时以上的；⑦致使基本农田、防护林地、特种用途林地 5 亩以上，其他农用地 10 亩以上，其他土地 20 亩以上基本功能丧失或者遭受永久性破坏的；⑧致使森林或者其他林木死亡 50 立方米以上，或者幼树死亡 2500 株以上的；⑨致使公私财产损失 30 万元以上的；⑩致使疏散、转移群众 5000 人以上的；⑪致使 30 人以上中毒的；⑫致使 3 人以上轻伤、轻度残疾或者器官组织损伤导致一般功能障碍的；⑬致使 1 人以上重伤、中度残疾或者器官组织损伤致严重功能障碍的；⑭其他严重污染环境的情形。

司法解释的出台，大大降低了环境污染入刑的门槛，也在一定程度上解决了环境案件取证难、认定难和鉴定难的问题。环境污染刑事案件面临的一个关键问题是，确定环境污染排放行为是否构成犯罪，对证明标准要求比较高，而对环境污染物的认定、污染行为和损害后果之间的因果关系认定、因环境污染导致的损失评估等都是专业性很强的问题，需要由专门司法鉴定机构出具鉴定意见。但是，目前我国具有专门环境污染鉴定资质的机构较少、费用昂贵，难以满足办案实践的需求。针对这个问题，《解释》第 11 条规定："对案件所涉的环境污染专门性问题难以确定的，由司法鉴定机构出具鉴定意见，或者由国务院环境保护部门指定的机构出具检验报告。县级以上环境保护部门及其所属监测机构出具的监测数据，经省级以上环境保护部门认可的，可以作为证据使用。"本案就很好地依据这个规定，解决了环境污染刑事案件取证难、认定难和鉴定难的问题。此外，《解释》还有针对实施环境污染犯罪同时又构成其他犯罪的犯罪竞合的处理原则规定，对"有毒物质"的认定，对"公私财产损失的计算范围"等内容的确定，使得追究污染环境罪变得更加具有操作性。

在环境法律责任体系中，环境刑事责任是除了行政责任之外的另一种主要的责任追究手段。近 30 年来，国际组织不断加强国际环境保护刑事立法的研究与合作。例如，1973 年欧洲共同体在其行动纲领中要求加强对环境的刑事保护；1978 年第十届国际比较法会议、第十二届国际刑法学预备会议、1979 年第十二届刑法学会议都讨论了对环境的刑事保护问题；欧洲议会还作出了关于"应用刑法保护环境"的议案和关于"公司危害环境的责任"的议案；1990 年联合国第八届预防犯罪和罪犯处理大会作出了"用刑法保护环境"的决议；1992 年第十五届国际刑法学预备会议提出了关于"对危害环境犯罪适用刑法总则"的建议。这些建议、议案都极大地促进了国际环境刑事立法和各国环境保护刑事立法的发展。1989 年 3 月 22 日联合国主持下在巴塞尔签订的《控制危险废物越境转移及其处置的巴塞尔公约》第 4 条"一般义务"中规定："各缔约国认为危险废物或者其他废物的非法运输是犯罪行为。"该公约要求各缔约国采取措施以防止和惩办违反本公约的行为。这是具有约束力的国际条约关于惩治环境犯罪的首次规定，具有重大意义。

各国政府也高度重视运用刑法手段保护环境。例如，日本不仅在 1971 年就颁布了专门的《关于涉及人体健康的公害犯罪处罚的法律》（简称《公害犯罪处罚法》），还在该国《刑法》以及《水污染防治法》中设有惩治环境犯罪的刑法规范。美国针对环境污染的刑事立法始于 1899 年的《废物法》（*Refuse Act*），其后，1980 年的《固体废物处置法修正案》（*Solid Waste Disposal Act Amendments*）、1984 年的《危险和固体废物修正案》（*the Hazardous and Solid Waste Amendments of* 1984）、1986 年的《超级基金修正案和再授权法》（*the Superfund Amendments and Reauthorization Act of* 1986）、1987 年的《水质法》（*the Water Quality Act of* 1987）、1990 年的《清洁空气法修正案》（*CAA Amendments of* 1990）中均增设了重罪条款。随着对环境犯罪的制裁日趋严厉，被提起公诉的案件日渐增加，环境刑法成为美国发展最快并日益成熟的一个法律领域，为美国的碧海蓝天作出了重要贡献。俄罗斯在 1996 年的《刑法典》中，除了在第 2 条规定刑法的任务包括保护环境之外，还在第 9 篇"危害公共安全和社会秩序的犯罪"中，设"生态犯罪"专章共 17 条，分别规定了进行工程建设违反环境保护规则罪、违反关于有害生态的物质和废物管理规则罪、污染水罪、污染大气罪、污染海洋环境罪等。

我国的环境刑事责任立法在各个单行环境法律中只是作出了原则性规定，2014 年修订的《环境保护法》第 69 条也作了原则性的规定："违反本法规定，构成犯罪的，依法追究刑事责任。"因此，我国环境刑事责任立法主要依据的是 1997 年修订的《刑法》，该刑法专设了"破坏环境资源保护罪"类，规定了污染环境罪，非法倾倒、堆放、处置进口固体废物罪，非法捕捞水产品罪，非法狩猎罪，非法采矿罪，非法采伐、毁坏珍贵树木罪，盗伐林木罪等罪名。为配合 1997 年《刑法》新增加的破坏环境资源保护罪的实施，结合环境刑事诉讼中出现的新情况、新问题，2006 年最高人民法院发布了《关于审理环境污染刑事案件具体应用法律若干问题的解释》（法释〔2006〕4 号），对上述环境污染犯罪涉及的法律适用问题作了明确规定。

其后，从 2006 年最高法的环境污染刑事案件司法解释出台到 2011 年，数年间，我国各地重大环境污染事故仍然时有发生，相当一部分重大环境污染事故未得到应有的刑事责任追究，其中的一个重要原因是环境犯罪的门槛过高，即"必须是造成重大环境污染事故，致使公司财产遭受重大损失或人身伤亡的严重后果"，为此，2011 年《刑法修正案（八）》将入罪门槛降低为"严重污染环境"，同时扩大了适用范围，由"向土地、水体、大气排放、倾倒或者处置……危险废物"改为"向环境排放了有害物质"，加大了对环境污染犯罪的打击力度。2013 年两高《解释》的出台，进一步解释了"严重污染环境"的认定标准，同时针对刑事案件证明标准要求较高，环境污染案件存在鉴定难、认定难、取证难等情况都作出了专门性的规定。《解释》的一个重大突破是对环境污染罪从单纯结果犯到行为犯和结果犯并存的转变。也就是说，只要有了严重污染环境的这种行为，比如，只要在饮用水水源一级保护区、自然保护区核心区排放、倾倒、处置有放射性的废物、含传染病病原体的废物、有毒物质的，或者有非法排放、倾倒、处置危险废物 3 吨以上等情形的，即使未造成严重的人身或财产损害后果，也可以认定这种行为"严重污染环境"，可以追究刑事责任。从结果认定到行为认定，从结果犯到行为犯，两高的司法解释对排污企业起到了很强的威慑作用。

随着经济的发展，环境犯罪的新形式将会不断出现，环境刑事责任作为最有威慑力的一种责任追究形式，将会始终发挥着至关重要的作用，而刑法也必将按照罪刑法定原则而不断被修正，以适应日新月异的新形势下追究环境刑事责任的需要。

[参考法律规范]

1.《刑法》（1979 年颁布，1997、1999、2001、2002、2005、2006、2009、2011 年修正）

2.《关于办理环境污染刑事案件适用法律若干问题的解释》（最高人民法院、最高人民检察院 2013 年颁布）

3.《日本公害犯罪处罚法》（1971 年颁布）

4.《联合国控制危险废物越境转移及其处置的巴塞尔公约》（联合国 1989 年颁布，1995 年修订）

## 二、环境刑事诉讼

### 案例八：　　杨军武重大环境污染事故案——中国首例环境犯罪案

[所属部分]　环境法律责任之刑事法律责任
[大纲知识点]　环境刑事诉讼
[案例背景]

　　山西省，位于中国第二大河——黄河的中游，是中国有名的能源和重化工基地。近几十年，由于气候变化，再加上人为因素的破坏，这里的水资源变得严重短缺。全省人均占有水资源量只有全国人均水平的17%，每公顷土地水资源占有量只有全国的13%，是全国最缺水的省份之一。据统计，在山西全省119个县中，绝大多数都不同程度地缺水，其中有70个县属严重缺水。由于缺水，山西很多企业不能正常生产，仅太原和大同两个市，每年因缺水影响的工业产值就近60亿元人民币。由于供水不足，许多城市的生活用水也不能保证。全省80%以上的灌区水源也严重不足，农业生产受到很大影响。针对山西缺水严重的问题，山西采取了引水、节水、保水相结合的对策：在节水方面，山西开发了一批节水技术，在各地推广节水灌溉；在保水方面，山西人一方面建设水库，使不多的降水能保存下来，另一方面加大水土保持力度，开荒种树；在引水方面，最重要的是引黄工程。山西境内别的河流由于干旱等原因，常出现断流或干涸，只有黄河常年保持一定的水位，可用做引水的水源，这就是著名的引黄工程。引黄工程是从根本上解决山西水资源紧缺，促进山西经济、社会和生态环境可持续发展，提高人民生活水平，促进山西省新型能源和工业基地发展的大型跨流域引水工程。作为国家重点工程的引黄工程，同时被称作"山西人民的生命工程"。

　　运城位于山西省西南端，秦晋豫黄河金三角，是山西省下辖的一个地级市，古称河东，是三国蜀汉名将关羽的故乡。运城市因"盐运之城"而得名，然而，正因为运城靠近盐池，地下水含盐量过高，各处浅井里汲出的水多是苦水，多年间，运城老百姓备受苦水之苦。据统计，运城市多年平均降水量约为570毫米，本地天然水资源量为13.34亿立方米，人均占有量仅有267立方米，在山西省排名倒数第一，且远低于国际公认的人均1000立方米的危险警戒线。加之近年来城市大量超采地下水，致使地下水位全面下降，最大下降幅度超过100米。而缺水已经严重影响了运城工农业的发展，并使运城的生态环境急剧恶化，饮水安全得不到保证。

　　为了保障运城市的经济发展、保障人民饮水健康，运城市水务局积极启动了"三引六扩"兴水战略。所谓"三引",就是建设小浪底水库引水工程,把黄河水调至涑水河,实现涑水河清水复流;建设三门峡水库引水工程,把黄河水调至运城市南山生态规划区;建设青石板引水工程,在黄河禹门口上游 3.2 公里处把水引至小北干流的七处泵站,有效解决运城的水源问题。"六扩"就是禹门口灌区东扩、西范灌区东扩、北赵引黄工程东扩、夹马口灌区东扩、尊村引黄配套建设和大禹渡灌区扩建工程。通过这些灌区的扩建,可使运城的农田灌溉面积增加到 700 万亩。然而,在这样一个极为缺水的城市,作为生命之水的饮用水却受到严重污染。

本案就发生在这个城市的引黄工程中。

[案情描述]

被告人杨军武于 1993 年开办了独资企业——天马文化用纸厂(以下简称天马纸厂),设立在利用黄河水灌溉农田和解决城市供水问题的引黄干渠附近。该厂自投产以来,一直没有配置污水处理设备,生产过程中产生的含有挥发酚等有毒物质的污水,都积存在工厂附近的坑里,靠自然蒸发、渗入地下或者排入引黄干渠。天马纸厂因向引黄干渠中排放污水,曾经受到引黄管理局的经济处罚。[1] 但这并没有引起杨军武足够的重视,他仍然我行我素,最终酿成了重大环境污染事故。

污染事故是这样发生的:

1997 年 10 月上旬,天马纸厂的污水坑决口,大量污水流入与引黄干渠一闸之隔的壕沟里,将壕沟中的引黄支渠(当地人俗称斗渠)淹没。10 月 14 日下午,被告人杨军武在明知壕沟里积存着大量污水的情况下,指派该厂工人郑武强、杨新红,以修理引黄干渠闸门启闭机上的传动齿轮为由,借故将闸门提起,致使壕沟里的部分污水流入引黄干渠。10 月 15 日上午,引黄管理局五级站站长刘自强发现干渠内进入污水后,找到该厂并责令杨军武即时排除污水。杨军武虽然采取了排污措施,但是未能将污水完全排净,亦未将闸门堵严。当天下午 3 时许,引黄管理局五级站开机,通过引黄干渠向水库管委会管辖的樊村水库供水两个多小时。10 月 16 日早 6 时许,当引黄水流入樊村水库时,引黄管理局工

---

〔1〕 本案参考资料:①赵钢:"山西的缺水和引水",人民网,http://www.people.com.cn/GB/14576/33320/33321/2490585.html,2004 年 5 月 11 日;②佚名:"杨军武重大环境污染事故案",110 网,http://www.110.com/panli/panli_61495.html,1998 年 12 月 7 日;③佚名:"杨军武重大环境污染事故案",华律网,http://www.66law.cn/laws/61904.aspx,2011 年 6 月 9 日;④佚名:"环境刑事诉讼",好搜百科,http://baike.haosou.com/doc/7790033.html,2014 年 11 月 20 日;⑤苏景岳、南阳红:"从缺水断流到河库绕城 运城引水扩灌打造山西小江南",新华网,http://www.sx.xinhuanet.com/newscenter/2013-09/28/c_117546686.htm,2013 年 9 月 28 日。

作人员看到有大量污水同时进入水库，库存的 41 万方水被污染，遂逆流而上查看，发现污水来自天马纸厂积存污水的壕沟中。此时，原来被污水淹没的引黄支渠已经露出，壕沟里的污水也所剩不多。

由于引黄管理局在发现污水进入樊村水库后，未能及时将此情况通知水库管委会，因此水库管委会又将被污染的水供给供水公司，使该公司的供水系统被严重污染。为避免发生饮水事故，供水公司只得将北城区的供水中断三天。引黄管理局供给樊村水库的水共计 41 万方，价值 24.6 万元，已被水库管委会拒付水费。水库管委会为清除污染支付各项费用共计 73 495 元，后将 41 万方被污染的水以 3.6 万元卖给运城盐化局。扣除所卖水费，水库管委会的实际经济损失为 37 495 元。供水公司因污染遭受各项经济损失共计 10.76 万元，其中有2000 元用于为清除污染而购置特种工具。案发后，被告人杨军武已经向引黄管理局和水库管委会各赔偿 3 万元。

山西省运城市人民检察院以被告人杨军武犯重大环境污染事故罪，向山西省运城市人民法院提起公诉，山西省运城地区尊村引黄灌溉管理局（以下简称引黄管理局）和山西省运城市北城供水公司（以下简称供水公司）同时提起附带民事诉讼。起诉书指控：被告人杨军武独资开办的运城市天马文化用纸厂（以下简称天马纸厂）将含有挥发酚等有毒有害物质的污水排入引黄干渠，随干渠内的供水流入樊村水库，污染了水体，致使本市北城供水系统被污染，供水中断三天，公共财产遭受重大损失，其行为构成重大环境污染事故罪，请依法判处。

附带民事诉讼原告人引黄管理局要求被告人杨军武赔偿该单位 41 万方水被污染造成的经济损失 24.6 万元；附带民事诉讼原告人水库管委会要求被告人杨军武赔偿该单位为清除水体污染所遭受的经济损失，扣除杨军武已经赔偿的 3万元，还应赔偿 43 495 元；附带民事诉讼原告人供水公司要求杨军武赔偿该单位的营业损失及清除污染费等共 10.96 万元。

被告人杨军武承认天马纸厂的污水曾经流入引黄干渠，但是辩称引黄干渠放水时，该污水已经被排除干净。樊村水库和供水公司供水系统被污染，并非该厂污水所致，责任应当由引黄管理局承担，水库管委会和供水公司不应直接向其索赔。事发后，其为了城市早日恢复供水，才分别与引黄管理局、水库管委会达成协议，出资排污和赔偿损失，并非自愿承担责任。

杨军武的辩护人辩称，引黄管理局是在杨军武排污后，总调度才下令放水，这说明此时污水已经排净。起诉书指控的事实没有确凿的证据，指控的罪名不能成立。另外，引黄管理局知道有污水进入樊村水库后，既不采取任何措施，也不通知供水公司，因此造成城市供水系统被污染，引黄管理局是有责任的。

三原告的经济损失应当由引黄管理局承担。水库管委会和供水公司与杨军武没有直接的法律关系，依法应当驳回其诉讼请求。

运城市人民法院经审理认为，被告人杨军武从事造纸业，应当清楚挥发酚是有毒物质。全国人大常委会1984年5月颁布的《中华人民共和国水污染防治法》第21条规定："禁止向水体排放油类、酸液、碱液或者剧毒废液。"《中华人民共和国刑法》（以下简称《刑法》）第338条规定："对违反国家规定，向土地、大气排放、倾倒或者处置有放射性的废物、含传染病病原体的废物、有毒有害物质或者其他危险废物，造成重大环境污染事故，致使公私财产遭受重大损失或者人身伤亡严重后果的，处3年以下有期徒刑或者拘役；并处或者单处罚金；后果特别严重的，处3年以上7年以下有期徒刑，并处罚金。"《刑法》已经于1997年10月1日起施行。庭审查证，流入樊村水库的有毒污染物源于天马纸厂积存污水的壕沟中。杨军武在《刑法》施行后，仍然违反国家关于水污染防治的法律规定，将含有有毒物质的污水排入引黄干渠，严重污染了水体，致使公共财产遭受重大损失，造成重大环境污染事故，其行为已构成重大环境污染事故罪，依法应负刑事责任。因杨军武的犯罪行为给引黄管理局和水库管委会造成的经济损失，杨军武应承担全部赔偿责任。供水公司要求杨军武赔偿的全部经济损失中，包含购置特种工具的2000元费用，鉴于该特种工具是供水公司必备的工具，况且仍可正常使用，杨军武可以不予赔偿。供水公司的其他经济损失，主要原因系杨军武的犯罪行为所致，但是引黄管理局未能及时通知，亦有一定责任。《刑法》第36条规定："由于犯罪行为而使被害人遭受经济损失的，对犯罪分子除依法给予刑事处罚外，并应根据情况判处赔偿经济损失。"本案三家附带民事诉讼原告人所遭受的经济损失，都与杨军武的犯罪行为有因果关系，杨军武及其辩护人认为该经济损失应当全部由引黄管理局承担的意见，理由不足，不予支持。据此，运城市人民法院于1998年9月17日判决：

被告人杨军武犯重大环境污染事故罪，判处有期徒刑2年，并处罚金5万元人民币。被告人杨军武赔偿附带民事诉讼原告人引黄管理局经济损失24.6万元（含已付的3万元）；赔偿水库管委会经济损失37 495元（含已付的3万元）；赔偿供水公司经济损失75 320元。

第一审宣判后，被告人杨军武不服，仍以原辩护理由提出上诉。附带民事诉讼原告人水库管委会也以赔偿数额少为由，同时提出上诉。山西省运城地区中级人民法院经审理认为，原判认定事实清楚，定罪准确，量刑适当，民事赔偿合理，审判程序合法。上诉人杨军武上诉并未提出新的理由；上诉人水库管委会所提上诉理由，没有相应的证据支持，因此均不予采纳。据此，运城地区中级人民法院于1998年12月7日裁定驳回上诉，维持原判。

[法律问题]

1. 什么是破坏环境资源保护罪？

2. 联系本案分析环境刑事诉讼法律制度。

[法理分析]

本案是我国第一例因污染环境而定罪的环境犯罪案件。该案发生时，我国在 1997 年颁布的《刑法》中专门设立了"破坏环境资源保护罪"。所谓"破坏环境资源保护罪"，是指违反国家环境与资源保护法律的规定，向环境排放污染物或非法进口固体废物，造成重大环境污染事故并致使公私财产遭受重大损失或人身伤亡的严重后果，以及破坏自然资源，情节严重，构成犯罪的行为。

利用刑法手段制裁环境违法行为，已经得到世界各国的普遍采用。如 1970 年日本的《关于危害人体健康的公害犯罪制裁法》、1978 年联邦德国的《环境犯罪惩治法案》、1989 年澳大利亚新南威尔士州的《环境犯罪与惩治法》、美国 1970 年颁布的《清洁空气法》等。破坏环境资源保护罪的罪名主要有：重大环境污染事故罪，非法捕捞水产品罪，非法狩猎罪，非法占用耕地罪，破坏性采矿罪，非法采伐、毁坏珍贵树木罪，非法收购盗伐、滥伐的林木罪。该类犯罪的犯罪构成是：①犯罪主体是达到刑事责任年龄、具有刑事责任能力的自然人，包括一般主体（普通公民）和特殊主体（国家公职人员）。②犯罪的主观方面包括故意和过失两大类。一般来说，重大环境污染事故犯罪行为人的行为多出于过失，而破坏环境与资源犯罪行为人则多为故意，如盗伐滥伐林木罪，非法捕捞水产品罪，非法狩猎罪以及非法捕杀国家重点保护的珍贵、濒危野生动物罪等。③犯罪客体主要是国家对环境的管理秩序。对于重大环境污染事故犯罪来说，应当有造成重大环境污染事故并导致公私财产重大损失或者人身伤亡的严重后果出现。对于破坏自然资源犯罪来说，就只要求同时具备情节严重或者数量较大，而不要求有严重的危害结果出现。④犯罪的客观方面是指造成重大环境污染事故导致公私财产重大损失或者人身伤亡，以及造成环境与资源破坏且情节严重，具有社会危害性的行为，包括作为和不作为两个方面。"作为"就是行为人积极地实施了刑法和环境法所禁止的行为。如向环境排放严重超标的污染物质或捕杀国家重点保护的珍贵、濒危野生动物等，它是破坏环境与资源保护犯罪的一种基本形式。不作为就是行为人在能够履行法律规定必须履行的特定义务的情况下消极地不履行该法定义务。例如，当行为人的排污行为造成环境严重污染时，就负有采取措施降低严重环境污染带来重大危害后果的特定义务以及及时通报、报告的特定义务等，还包括诸如有关负有特定环境监管职责的工作人员渎职犯罪，导致发生重大环境污染事故，致使公私财产遭受重大损失或造成人员伤亡的严重后果。

为统一法律适用，依法惩治环境污染犯罪，2006 年 7 月，最高人民法院专门制定了《关于审理环境污染刑事案件具体应用法律若干问题的解释》，明确了 1997 年《刑法》规定的重大环境污染事故罪、非法处置进口的固体废物罪、擅自进口固体废物罪和环境监管失职罪的定罪量刑标准。但是，随着经济社会发展，我国的环境污染形势依然在持续恶化，为进一步强化对环境的保护，加大对环境污染犯罪的打击力度，2011 年 5 月 1 日起施行的《刑法修正案（八）》对 1997 年《刑法》规定的"重大环境污染事故罪"作了进一步完善：一是扩大了污染物的范围，将原来规定的"其他危险废物"修改为"其他有害物质"；二是降低了入罪门槛，将"造成重大环境污染事故，致使公私财产遭受重大损失或者人身伤亡的严重后果"修改为"严重污染环境"。修改后，罪名由原来的"重大环境污染事故罪"相应调整为"污染环境罪"。为确保法律准确、统一适用，依法严厉惩治、有效防范环境污染犯罪，最高人民法院、最高人民检察院会同公安部、环保部等有关部门在深入调研的基础上，对迫切需要解决的法律适用问题进行了认真梳理，经广泛征求意见并反复研究论证，制定了《关于办理环境污染刑事案件适用法律若干问题的解释》（以下简称《解释》）。《解释》根据法律规定和立法精神，结合办理环境污染刑事案件取证难、鉴定难、认定难等实际问题，对有关环境污染犯罪的定罪量刑标准作出了新的规定，进一步加大了打击力度，严密了刑事法网。

本案是我国第一例依据 1997 年《刑法》关于破坏环境资源保护罪规定实施的环境刑事诉讼案件。所谓"环境刑事诉讼"，是指国家司法机关在当事人及其他诉讼参与人参加下，依照法定程序，揭露和证实环境犯罪，追究环境犯罪者刑事责任的活动。环境刑事诉讼可以根据不同的标准进行分类，依据提起环境刑事诉讼的基础行为的性质不同，可以将环境刑事诉讼分为以下三类：①污染环境型刑事诉讼。污染型环境刑事诉讼是指因环境污染行为而引发的环境刑事诉讼。它在环境刑事诉讼中占有很大的比例，可以说是最为常见的环境刑事诉讼。本案就是一起典型的污染型环境刑事诉讼案件。其他污染型环境刑事诉讼案件还有诸如非法倾倒、堆放、处置进口固体废物案，擅自进口固体废物案等。污染型环境刑事诉讼的特征是无论其原因行为为何，都具有污染环境的事实或者有污染环境的危险，都以污染环境这一事实作为提起环境刑事诉讼的基础行为。②自然资源破坏型环境刑事诉讼。破坏型环境刑事诉讼是指因资源破坏行为而引发的环境刑事诉讼。例如，非法捕捞水产品案，非法狩猎案，非法占用农用地案，非法采矿、破坏性采矿案，盗伐、滥伐林木案，等等。自然资源破坏型环境刑事诉讼的一个鲜明特质是无论其原因行为在司法实践中如何表现，都具有一个共同的特征，即它不是直接对环境资源进行了破坏，就是对这种破坏行为提供了某种形式的"帮助"或促进，形成对环境资源的间接破坏。③职务型环境刑事诉讼。职务型环境刑事诉讼是指因职务原因而引发的环境刑事诉讼，这主要是对负有环境监管职责的环境行政机关工作人员因环境监管不严、玩忽职守，导致重大环境事故发生而设置的环境刑事诉讼。近年来，我国有不少因为环境监管失职而提起刑事诉讼的案例。

环境刑事诉讼的主要问题在于环境犯罪的特殊性，即因环境污染常常具有潜伏性、缓发性、累积性和隐蔽性，导致环境刑事案件的取证难、认定难和鉴定难。继而导致环境犯罪案件的起诉难、质证难、审理难等诉讼程序上的困难。尤其是按照我国《刑事诉讼法》的规定，负责侦查职能的公安机关缺乏环境污染案件所需要的专业知识、设备和技能，为此，2013 年 11 月 4 日，环保部和公安部联合下发了《关于加强环境保护与公安部门执法衔接配合工作的意见》，明确提出各级环境保护、公安部门要紧密结合当地实际，强化部门执法联动，发挥综合监管优势，各级环境保护、公安部门要牢固树立证据意识，及时、全面、准确收集涉嫌环境污染犯罪的各类证据。环境保护部门在执法过程中要及时收集、提取、监测、固定污染物种类、浓度、数量等证据。各级公安机关依法侦办环境污染刑事案件，要借助环境保护部门的专业知识和技术支持，提高办案质量。主要在以下几个方面展开部门联动执法：

（1）建立联动执法联席会议制度，解决重大联动事项。各级环境保护、公安部门应建立联席会议制度，必要时可邀请人民检察院、政府法制机构等相关部门共同参加联席会议。定期组织召开联席会议，充分发挥联席会议的协调指导作用，通报查处环境违法犯罪行为以及联动工作的有关情况，研究联动工作中存在的问题，提出加强联动工作的对策。协调解决涉及相关部门的环境执法问题，建立长效工作机制，促进联动协作配合。

（2）建立联动执法联络员制度，强化日常联动执法。各级环境保护、公安部门应明确内部机构在环境违法案件查处中的职能分工，分别确定具体牵头部门及联络人员，开展经常性的信息互通、协调办理环境违法犯罪案件。制定联动工作方案和行动计划，积极开展执法联动专项行动，依法加大对重大环境违法犯罪案件的综合惩处力度。

（3）建立完善案件移送机制，规范联动执法程序。各级环境保护、公安部门要严格按照法律规定，不断完善涉嫌违反治安管理、环境污染犯罪案件的移送、受理、立案机制。各级环境保护部门、公安部门要按照《关于环境保护行政主管部门移送涉嫌环境犯罪案件的若干规定》（环发〔2007〕78 号）和本地区制定的关于案件移送规定的要求，明确案件移送的职责、时限、程序和监督等要求，积极做好案件调查、证据收集、法律适用等工作，防止"以罚代刑"。

（4）建立重大案件会商和督办制度，加强案件风险研判。对于案情重大、复杂、社会影响大的案件，由环境保护部门会同公安部门联合挂牌督办，必要时邀请人民检察院和政府法制、安监等部门，针对案件性质、复杂程度、涉及范围、可能导致的后果等情况，进行事前风险评估研判，并对案件的调查、证据的使用等细节进行讨论，确保案件依法处理。

（5）建立紧急案件联合调查机制，做到执法工作无缝衔接。遇到重大环境污染等紧急情况，环境保护、公安部门要及时启动相应的调查程序，分工协作，防止证据灭失。环境保护部门负责对污染物进行取样、监测，出具监测报告，依法进行调查取证工作，提高案件查处效率。对环境污染涉案责任人身份不易确定、可能逃逸、证据难保全或可能涉嫌违反治安管理或者环境污染犯罪的，公安部门应当依法及时调查、立案侦查。

（6）建立案件信息共享机制，提高联动执法效率。各级环境保护、公安部门应根据各自的专业特长和执法特点相互学习，相互指导，共同研究，努力提高调查取证的能力和证据质量，实现证据的互信和共享。两个部门应当及时通报环境污染犯罪案件的办理动态、共同分析案件办理中的疑难问题、共同研究打击环境污染犯罪的对策和机制。有条件的地区可借助电子化办公系统设置电子化环境保护、公安联合执法系统，实现环境违法案件信息互联互通，提高联动执法效率。

（7）建立奖惩机制，提高执法效率。各级环境保护、公安部门要将本部门查处打击环境污染违法犯罪、开展联合执法情况等纳入本系统考核目标，组织开展年度表彰奖励工作，有效调动执法人员的积极性和主动性。对环境污染违法犯罪案件该查不查、该移送不移送，或者干扰案件查处，甚至包庇纵容的，要依法追究失职、渎职、滥用职权人员的法律责任。

与公安部门缺乏环境专业知识一样，负责提起环境犯罪案件公诉的检察官、负责审理环境犯罪案件的法官等都存在同样问题。在环境刑事诉讼案件的司法实践中存在的三个重大问题难以解决：一是"重大环境污染事故罪"修改为"污染环境罪"后，如何确定"严重污染环境"等犯罪构成要件，以统一法律适用。二是虽然2011年通过的《刑法修正案（八）》已经降低了入罪门槛，但重大、恶性环境污染违法犯罪案件时有发生，如何再次适当降低入罪门槛，以加大环境刑事诉讼案件的惩治力度。三是在环境刑事诉讼案件审理中反映普遍存在取证难、鉴定难、认定难等问题。这些问题必须尽快解决，以提高环境刑事诉讼案件的审判效率和效力。因此，最高人民法院、最高人民检察院在2013年出台了《关于办理环境污染刑事案件适用法律若干问题的解释》，不仅完善了对"严重污染环境"的认定标准等实体性法律规定，还规范了一些环境刑事诉讼的程序性问题。比如，针对环境污染案件的鉴定程序进行规范。在办理环境污染刑事案件时，常常涉及污染物认定、损失评估等专门性问题，需要由司法鉴定机构出具鉴定意见。但是，目前具有环境污染鉴定资质的机构较少、费用昂贵，难以满足办案实践需求。为有效解决办理环境污染刑事案件过程中的专门性问题，该《解释》第 11 条明确规定，对案件所涉的环境污染专门性问题难以确定的，由司法鉴定机构出具鉴定意见，或者由国务院环境保护部门指定的机构出具检验报告。县级以上环境保护部门及其所属监测机构出具的监测数据，经省级以上环境保护部门认可的，可以作为证据使用。

2014 年 6 月 23 日，最高人民法院颁布了《关于全面加强环境资源审判工作 为推进生态文明建设提供有力司法保障的意见》，强调要按照环境资源保护优先的要求，加大对污染环境和破坏资源行为的惩处力度，依法严惩污染环境、破坏资源犯罪。加大对涉及环境资源保护刑事案件的审判力度，依法严惩污染环境、乱砍滥伐、滥捕野生动物、乱采滥挖矿产资源、非法占用农用地、制污排污、非法处置进口固体废物、擅自进口固体废物等污染环境和破坏资源违法犯罪行为。严厉惩治环境监管失职犯罪。对造成环境污染严重后果的投放危险物质犯罪、重大安全责任事故犯罪，以及受害群众较多的涉众型案件，积极配合有关部门做好善后处置工作，最大限度地维护人民群众的合法权益。

综上所述，我国已经在逐渐完善环境刑事诉讼制度，加大了对环境刑事诉讼案件的审理力度，通过环境刑事诉讼的正确实施，依据刑法的规定，保护环境，实现环境法治。

[参考法律规范]

1. 《刑事诉讼法》（1979 年颁布，1996、2012 年修正）

2. 《关于适用〈中华人民共和国刑事诉讼法〉的解释》（最高人民法院 2012 年颁布）

3. 《关于办理环境污染刑事案件适用法律若干问题的解释》（最高人民法院、最高人民检察院 2013 年颁布）

4. 《关于全面加强环境资源审判工作 为推进生态文明建设提供有力司法保障的意见》（最高人民法院 2014 年颁布）

# 第四节 环境公益诉讼

## 案例九：自然之友等诉陆良化工铬渣污染案——民间环保公益诉讼第一案

[所属部分] 环境法律责任之环境民事公益诉讼
[大纲知识点] 环境民事公益诉讼法律制度
[案例背景]

南盘江为珠江正源，发源于云南省曲靖市沾益县马雄山东麓，流经云南曲靖、陆良、宜良、华宁、弥勒、开远、泸西、罗平，贵州省兴义市、安龙、册亨，广西隆林等县。南盘江出云南省后为贵州、广西的界河。南盘江在贵州省望谟县蔗香乡附近与来自贵州省黔西南州的北盘江汇合后称红水河，最终汇为珠江，经珠江三角洲，于广州附近的磨刀门注入南海。珠江以南盘江为源的长度为 2197 公里，其中，南盘江河段长 914 千米，与红水河是全国十大水力发电基地之一。南盘江流域还拥有抚仙湖、阳宗海、异龙湖、星云湖、杞麓湖、大屯海、万峰湖等众多高原湖泊。南盘江下段以万峰湖为主体，也是其重要组成部分，是珠江三角洲水质调剂的重要源泉。万峰湖是国家重点水电工程——天生桥高坝电站建成蓄水后形成的人工湖，烟波浩渺，湖光潋滟。湖内上千座山峰构成上千个全岛或半岛，景色十分迷人。万峰湖形成时间虽短，但却跻身于全国五大淡水湖之列。万峰湖周边万峰环绕，故得此名。万峰湖蓄水 102 亿立方米，水面达 816 平方公里，迂回环绕在黔、桂、滇三省（区）之间。本案就发生在南盘江上游的云南省陆良县。

2011 年 6 月，云南陆良化工厂将五千余吨的重毒化工废料铬渣非法倾倒在曲靖市麒麟山区，致珠江源头南盘江附近水库水体遭到严重污染。同年 8 月，民间环保组织"自然之友"、重庆绿色志愿者联合会委托公益律师前往调查取证，了解到云南陆良化工厂存在诸多违反我国环境法律、污染环境的行为。该厂长期在南盘江边非法堆放及处置铬渣的行为，已经造成了严重的环境污染。[1]

---

[1] 本案参考资料：①佚名："关注自然之友等诉陆良化工实业有限公司等铬渣污染环境赔偿案"，公益中国法治研究网，http：//www. gongyichina. com/news_ show. asp? id =188，2012 年 3 月 18 日；②佚名："云南铬渣污染责任工厂遭公益诉讼案上午开审"，新浪网，http：//news. sina. com. cn/green/news/roll/2012 − 05 − 23/035924461122. shtml，2012 年 5 月 23 日；③佚名："南盘江"，百度百科之百科名片，http：//baike. baidu. com/view/281329. htm，2013 年 7 月 28 日。

**[案情描述]**

作为在我国境内依法设立登记的，以保护环境为目的的公益性社团组织，北京市朝阳区自然之友环境研究所（以下简称自然之友）、重庆市绿色志愿者联合会根据我国《环境保护法》第6条、《水污染防治法》第10条、《固体废物污染环境防治法》第9条的法律规定，结合云南省委、省政府"生态立省、环境优先"的发展战略，和《云南省高级人民法院全省法院环境保护审判庭建设及审理环境保护案件座谈会纪要》（以下简称《云南高院会议纪要》）关于"在我国境内经依法设立登记的，以保护环境为目的的公益性社会团体可以作为环境公益诉讼的原告向人民法院提起环保公益诉讼"的规定，以及《国务院关于落实科学发展观加强环境保护的决定》关于"发挥社会团体的作用，鼓励检举和揭发各种环境违法行为，推动环境公益诉讼"的规定，向曲靖市中级人民法院提起环境保护公益民事诉讼（后在案件审理过程中，曲靖市环保局加入原告之列），起诉云南陆良化工厂。

经调查发现，陆良化工厂早在2003年就违法在南盘江边堆放铬渣，给南盘江以及周边农田和农民造成了严重污染。2003年10月25日，陆良化工厂委托陆良县环境监测站，为其新建项目1万吨铬粉建设项目作建设项目环境影响评价。同年12月30日，陆良县环境监测站编制《建设项目环境影响报告表》，在"营运期环境影响分析"中，对于"废渣"的分析为："主要是生产维生素$K_3$过程中产生的，但该废渣全部用于铬粉生产，故该工艺无废渣排放。"报告表结论认为："该建设项目市场销售前景良好，资金回收期短，基本能做到无三废排放，社会效益和经济效益显著，有利于增强产品的市场竞争力。同时也促进了我县经济的发展，解决了部分剩余劳动力的就业问题。故该项目可行。"2004年1月7日，陆良县环境保护局同意该项目建设，但提出应注意以下几点：①严格执行环保三同时制度；②废水必须循环使用，严禁外排，并防止跑冒滴漏渗现象；③废气必须做到达标排放；④保护周边环境，搞好厂区绿化美化工作；⑤该项目竣工验收合格后方能正式投入生产。

根据《环境影响评价法》的规定，陆良化工厂理应按照陆良县环保部门的要求，对于生产过程中产生的铬渣全部用于铬粉生产，做到"无废渣外排"。但是，在南盘江边，环保组织发现化工厂不仅外排废渣，而且已经堆存近15万吨的铬渣。更为严重的是，在该铬渣堆放场下游几十米的南盘江边有一个泵房，该泵房从该段南盘江抽水灌溉铬渣堆放场周边的农田，灌溉的作物包括水稻和玉米。很显然，陆良化工厂对南盘江的污染已经扩大到附近的农田和农民。经珠江水利委员会调查组取样分析，在黄泥堡水库、南盘江下桥闸上下游等敏感点水体检出六价铬污染，被告铬堆渣场范围内，六价铬检出超标。

据专家分析，针对被告给环境造成的污染危害和生态损害，恢复和修复的过程将是漫长而艰巨的。针对陆良化工厂的环境污染违法行为，曲靖市环保局积极有效地依据环境保护法律赋予的职权对其进行了应有的行政处罚。在民事责任方面，原告愿意通过提起环境公益诉讼，将被告应承担的环境污染损失及生态恢复费用，包括受铬渣污染的农田以及珠江源流域生态恢复费用（损失）支付给第三人设立的铬渣污染环境生态恢复专项公益金专门账户，协助第三人建立环保公益资金制度，在原告等环境保护组织和第三人的共同监管下，专款专用于被告铬渣污染的治理和南盘江及周边生态的环境保护。

原告认为：被告无视我国环境法律法规及地方环保行政部门的监管要求，违法在南盘江边堆放被我国政府列入危险废物的铬渣，造成具有严重毒性的六价铬污染南盘江江水和周围农田，给环境和生态造成极大的损害，根据我国《环境保护法》、《水污染防治法》、《固体废物污染环境防治法》、《侵权责任法》等法律规定，以及《云南高院会议纪要》的司法精神，被告应当承担停止侵害、消除危险和赔偿损失等连带法律责任。

10 月 19 日，法院正式受理本案。2012 年 5 月 23 日～24 日，法庭组织双方进行了证据交换。此后，本案在法庭组织下进入调解程序。12 月 6 日，云南省环保厅对被告的历史铬渣治理工作通过了阶段性验收。12 月 28 日，在法庭组织下，双方初步达成调解协议草案：被告愿意承担环境侵权的全部法律责任，包括停止侵害、消除危险和环境修复的法律责任与经济责任，同时愿意接受包括原告在内的公众监督及第三方审核。

［法律问题］

1. 什么是环境民事公益诉讼？

2. 联系本案分析我国的环境民事公益诉讼制度。

［法理分析］

本案是我国由民间社会团体提起的环境公益诉讼第一案，该案不同于由中华环保联合会提起的环境公益诉讼案件，因为原告"自然之友"和重庆绿联会基本上是纯粹的草根社团，是真正的民间环保组织，因此，本案对研究和促进我国草根社团参与环境公益诉讼具有非常重要的理论意义和实践价值。

美国的环境公民诉讼和德国的环境团体诉讼都主要是由环境 NGO 代表环境公益起诉的，环境团体代表环境公益起诉具有很多优势，环境团体拥有专业性的团队，长期从事环境科学研究，具有收集、调查环境污染证据的能力，同时，环境团体相对于个人而言，也具有对环境污染做出鉴定、取证的经济能力。

2012 年修订的《中华人民共和国民事诉讼法》（以下简称《民事诉讼法》）为我国的环境民事公益诉讼打开了闸门。修订后的《民事诉讼法》第 55 条规定："对污染环境、侵害众多消费者合法权益等损害社会公共利益的行为，法律规定的机关和有关组织可以向人民法院提起诉讼。"但对于究竟哪些机关和组织有权提起环境民事公益诉讼还没有明确。一般而言，环境公益诉讼包括环境行政公益诉讼与环境民事公益诉讼两大类，前者旨在督促环境行政监管机关采取有效措施依法保护环境，以负有环境监管职责的行政机关为被告提起公益诉讼；后者目的则为监督污染企业等私主体污染或破坏环境的行为，是以排放污染物或损害自然资源的公民、法人或其他组织为被告提起公益诉讼。二者最大的不同点在于：一个属于行政诉讼，双方的实体地位并不平等；另一个则属于民事诉讼，双方处于平等的主体地位。

所谓"环境民事公益诉讼"，是指公民、法人或其他组织，在环境受到或可能受到污染损害的情况下，为维护环境公共利益不受侵害，以行为人为被告向法院提起诉讼，请求判令该行为人停止环境损害行为及赔偿公益损害的诉讼制度。环境公益诉讼并非一种独立的诉讼制度，只是一种放松对起诉人资格限制的民事诉讼，其所依据的程序依然是民事诉讼程序，但在诉讼过程中，也适用举证责任倒置、因果关系推定等环境民事诉讼特有的诉讼制度。虽然我国也发生了多起环境民事公益诉讼案件，但这些案件的原告基本上都是检察院或环境行政机关，也有中华环保联合会，没有一例民间草根社团起诉成功的案例，本案是我国第一例民间草根社团提起的环境民事公益诉讼，具有很强的参考研究价值。当前，伴随着我国环境污染的高发态势，推行环境民事公益诉讼制度势在必行，应借鉴美国环境公民诉讼制度、德国环境团体诉讼制度等环境公益诉讼制度，迅速完善我国的环境民事公益诉讼制度，特别是加强我国社会团体建设，鼓励和支持更多的环境草根社团参与环境民事公益诉讼。

2014 年修订的《环境保护法》第 58 条规定："对污染环境、破坏生态，损害社会公共利益的行为，符合下列条件的社会组织可以向人民法院提起诉讼：①依法在设区的市级以上人民政府民政部门登记；②专门从事环境保护公益活动连续 5 年以上且无违法记录。符合前款规定的社会组织向人民法院提起诉讼，人民法院应当依法受理。提起诉讼的社会组织不得通过诉讼牟取经济利益。"这条规定的出台，为我国草根社团参与环境公益诉讼案件真正奠定了坚实的法律基础。2014 年 12 月，为正确审理环境民事公益诉讼案件，根据《中华人民共和国民事诉讼法》、《中华人民共和国侵权责任法》、《中华人民共和国环境保护法》等法律的规定，结合审判实践，最高人民法院出台了《最高人民法院关于审理环境民事公益诉讼案件适用法律若干问题的解释》，确立了环境民事公益诉讼制度的主要内容。

1. 起诉条件。法律规定的机关和有关组织依据《民事诉讼法》第 55 条、

《环境保护法》第58条等法律的规定，对已经损害社会公共利益或者具有损害社会公共利益重大风险的污染环境、破坏生态的行为提起诉讼，符合《民事诉讼法》第119条第2项、第3项、第4项规定的，人民法院应予受理。这里的起诉条件除了不要求原告是与本案有直接利害关系的公民、法人或其他组织以外，其他与一般民事诉讼起诉条件相同。

2. 起诉主体。依照法律、法规的规定，在设区的市级以上人民政府民政部门登记的社会团体、民办非企业单位以及基金会等，可以认定为《环境保护法》第58条规定的社会组织。设区的市、自治州、盟、地区，不设区的地级市、直辖市的区以上人民政府民政部门，可以认定为《环境保护法》第58条规定的"设区的市级以上人民政府民政部门"。社会组织章程确定的宗旨和主要业务范围是维护社会公共利益，且从事环境保护公益活动的，可以认定为《环境保护法》第58条规定的"专门从事环境保护公益活动"。社会组织提起的诉讼所涉及的社会公共利益，应与其宗旨和业务范围具有关联性。社会组织在提起诉讼前5年内未因从事业务活动违反法律、法规的规定受过行政、刑事处罚的，可以认定为《环境保护法》第58条规定的"无违法记录"。

3. 环境民事公益诉讼案件的管辖。第一审环境民事公益诉讼案件由污染环境、破坏生态行为发生地、损害结果地或者被告住所地的中级以上人民法院管辖。中级人民法院认为确有必要的，可以在报请高级人民法院批准后，裁定将本院管辖的第一审环境民事公益诉讼案件交由基层人民法院审理。同一原告或者不同原告对同一污染环境、破坏生态行为分别向两个以上有管辖权的人民法院提起环境民事公益诉讼的，由最先立案的人民法院管辖，必要时由共同上级人民法院指定管辖。经最高人民法院批准，高级人民法院可以根据本辖区环境和生态保护的实际情况，在辖区内确定部分中级人民法院受理第一审环境民事公益诉讼案件。中级人民法院管辖环境民事公益诉讼案件的区域由高级人民法院确定。

4. 支持起诉制度。检察机关、负有环境保护监督管理职责的部门及其他机关、社会组织、企业事业单位依据《民事诉讼法》第15条的规定，可以通过提供法律咨询、提交书面意见、协助调查取证等方式支持社会组织依法提起环境民事公益诉讼。

5. 举证责任倒置。原告请求被告提供其排放的主要污染物名称、排放方式、排放浓度和总量、超标排放情况以及防治污染设施的建设和运行情况等环境信息，法律、法规、规章规定被告应当持有或者有证据证明被告持有而拒不提供，如果原告主张相关事实不利于被告的，人民法院可以推定该主张成立。

6. 专家证人制度。当事人申请通知有专门知识的人出庭，就鉴定人作出的鉴定意见或者就因果关系、生态环境修复方式、生态环境修复费用以及生态环境受到损害至恢复原状期间服务功能的损失等专门性问题提出意见的，人民法院可以准许。专家意见经质证，可以作为认定事实的根据。

7. 责任承担方式。对污染环境、破坏生态，已经损害社会公共利益或者具有损害社会公共利益重大风险的行为，原告可以请求被告承担停止侵害、排除妨碍、消除危险、恢复原状、赔偿损失、赔礼道歉等民事责任。原告为防止生态环境损害的发生和扩大，请求被告停止侵害、排除妨碍、消除危险的，人民法院可以依法予以支持。原告为停止侵害、排除妨碍、消除危险采取合理预防、处置措施而发生的费用，请求被告承担的，人民法院可以依法予以支持。

8. 生态修复责任。原告请求恢复原状的，人民法院可以依法判决被告将生态环境修复到损害发生之前的状态和功能。无法完全修复的，可以准许采用替代性修复方式。人民法院可以在判决被告修复生态环境的同时，确定被告不履行修复义务时应承担的生态环境修复费用；也可以直接判决被告承担生态环境修复费用。生态环境修复费用包括制定、实施修复方案的费用和监测、监管等费用。生态环境修复费用难以确定或者确定具体数额所需鉴定费用明显过高的，人民法院可以结合污染环境、破坏生态的范围和程度、生态环境的稀缺性、生态环境恢复的难易程度、防治污染设备的运行成本、被告因侵害行为所获得的利益以及过错程度等因素，并可以参考负有环境保护监督管理职责的部门的意见、专家意见等，予以合理确定。

9. 和解和调解制度。环境民事公益诉讼当事人达成调解协议或者自行达成和解协议后，人民法院应当将协议内容公告，公告期间不少于30日。公告期满后，人民法院审查认为调解协议或者和解协议的内容不损害社会公共利益的，应当出具调解书。当事人以达成和解协议为由申请撤诉的，不予准许。调解书应当写明诉讼请求、案件的基本事实和协议内容，并应当公开。

10. 环境民事公益诉讼判决的执行。被告因污染环境、破坏生态环境在民事公益诉讼和其他民事诉讼中均承担责任，其财产不足以履行全部义务的，应当先履行其他民事诉讼生效裁判所确定的义务，但法律另有规定的除外。发生法律效力的环境民事公益诉讼案件的裁判，需要采取强制执行措施的，应当移送执行。

至此，我国环境民事公益诉讼制度已经具备了在司法实践中大力推行的条件，相信将会有越来越多的环境民事公益诉讼案件出现，对促进公众参与环境治理、实现环境法治必将起到越来越大的作用。

[参考法律规范]

1.《民事诉讼法》（1991年颁布，2012年修订）

2.《国务院关于落实科学发展观 加强环境保护的决定》（国务院 2005 年颁布）

3.《全省法院环境保护审判庭建设及环境保护案件审理工作座谈会纪要》（云南省高级人民法院 2009 年发布）

4.《关于办理环境民事公益诉讼人民案件的试行规定》（无锡市中级人民法院 无锡市人民检察院 2008 年发布）

5.《关于办理环境民事公益诉讼案件若干问题的意见（试行）》（昆明市中级人民法院　昆明市检察院 2010 年发布）

6.《大力推进环境公益诉讼、促进生态文明建设的实施意见》（贵阳市中级人民法院 清镇市人民法院 2010 年发布）

7.《环境保护法》（1989 年颁布，2014 年修订）

8.《关于审理环境民事公益诉讼案件适用法律若干问题的解释》（最高人民法院 2014 年颁布）

9.《关于全面加强环境资源审判工作 为推进生态文明建设提供有力司法保障的意见》（最高人民法院 2014 年发布）

10.《关于贯彻实施环境民事公益诉讼制度的通知》（最高人民法院、民政部、环境保护部 2014 年发布）

# 主要参考文献

［1］王树义主编：《环境与自然资源法学案例教程》，知识产权出版社 2004 年版。

［2］王曦编著：《国际环境法》，法律出版社 2005 年版。

［3］吕忠梅：《环境法学》，法律出版社 2008 年版。

［4］韩德培主编：《环境保护法教程》，法律出版社 2012 年版。

［5］汪劲：《环境法学》，北京大学出版社 2006 年版。

［6］张梓太：《环境法律责任研究》，商务印书馆 2010 年版。

［7］蔡守秋主编：《环境法案例教程》，复旦大学出版社 2009 年版。

［8］王灿发主编：《环境纠纷处理的理论与实践》，中国政法大学出版社 2002 年版。

［9］常纪文：《环境法原论》，人民出版社 2003 年版。

［10］周珂主编：《环境与资源保护法》，中国人民大学出版社 2010 年版。

［11］李艳芳、唐芳主编：《环境保护法典型案例》，中国人民大学出版社 2003 年版。

［12］秦天宝主编：《环境法——制度、学说、案例》，武汉大学出版社 2013 年版。

# 后　记

经反复修改原稿，在向出版社提交定稿之际，我心里面真是如临深渊、如履薄冰。坦率地讲，目前国内环境资源法的案例教材已有不少，在我编写这本案例教材的时候，难免会参考和借鉴其他案例教材，但又要推陈出新，凸显出本书的特点。然而，毕竟我本人的水平有限，在写作过程中，可能会有错讹之处，而我或许尚未意识到。因此，我恳切地请求各位读者多提宝贵意见。

我要衷心感谢广东财经大学设立的高等学校实践实验教学系列教材编委会，为我提供了写作本书的机会，并提供了出版本书所需的费用。衷心感谢广东财经大学法学院为我提供的良好的研究条件，使我可以有充足的时间查询资料和写作。

在本书校对和办理出版相关事宜的过程中，非常感谢中国政法大学出版社唐朝编辑，她为我提供了非常热情、周到、细致的帮助。

为了能为我国环境资源法实验教学的发展贡献绵薄之力，我对环境资源法实验案例教学的研究还将继续深入下去，凡有兴趣的读者，均可与我联系进行学术交流和探讨，我的邮箱是 15360097048@163.com。

谢　伟
2015 年 5 月

**图书在版编目（ＣＩＰ）数据**

环境资源法实验案例教程/谢伟编著.—北京：中国政法大学出版社,2015.6

ISBN 978-7-5620-6054-3

Ⅰ.①环⋯　Ⅱ.①谢⋯　Ⅲ.①环境保护法-案例-中国-高等学校-教材②自然资源保护法-案例-中国-高等学校-教材　Ⅳ.①D922.605

中国版本图书馆CIP数据核字(2015)第102136号

---------------------------------------------------------------------------------------------------------------------

| | |
|---|---|
| 出 版 者 | 中国政法大学出版社 |
| 地　　址 | 北京市海淀区西土城路25号 |
| 邮　　箱 | fadapress@163.com |
| 网　　址 | http://www.cuplpress.com（网络实名：中国政法大学出版社） |
| 电　　话 | 010-58908435(第一编辑部)　58908334(邮购部) |
| 承　　印 | 固安华明印业有限公司 |
| 开　　本 | 720mm×960mm　1/16 |
| 印　　张 | 20.5 |
| 字　　数 | 379千字 |
| 版　　次 | 2015年6月第1版 |
| 印　　次 | 2015年6月第1次印刷 |
| 印　　数 | 1～2000 册 |
| 定　　价 | 45.00元 |